생의 철학 – 제국을 내파하는 아나키즘

1판 1쇄 발행 2024년 3월 1일

오스기 사카에 지음 김병진, 김태진, 서동주, 양지영, 최호영 옮김

편집 정철 표지 디자인 김상만

발행 정철 출판사 빈서재

이메일 pinkcrimson@gmail.com

ISBN 979-11-980639-7-7

빈서재는 근현대사 고전 전문 출판사를 지향합니다. 번역하고 싶은 고전이 있다면 연락주세요. 제타위키에서 '빈서재 출판사'를 검색하시면 다양한 정보를 더 얻을 수 있습니다. https://zetawiki.com

이 책의 본문 편집은 LaTeX로 작업되었습니다. 많은 도움을 주신 KTUG 회원 여러분께 감사드립니다. http://ktug.org

생의 철학
제국을 내파하는 아나키즘

生の闘争
労働運動の哲学, 外

오스기 사카에 지음, 1912~1922
김병진·김태진·서동주·양지영·최호영 옮김, 2024년

빈서재

오스기 사카에, 1921년경.

지은이 오스기 사카에(大杉栄). 20세기 초 일본을 대표하는 아나키스트로
반역자·순교자 등 다양한 이미지로 대중의 상상력을 사로잡은 인물이다. 군인의
아들로 태어나 육군유년학교에 입학했지만, 상관에 반항하여 퇴교당한다.
도쿄외국어학교 불문과에 재학 중 평민사에 출입하면서 고토쿠 슈스이 등에게
영향을 받아 사회운동에 참여한 후, 수차례 투옥당한다. 옥중에서 '대역사건'에
연좌되는 것을 피했다. 1912년《근대사상》을 창간을 시작으로《평민신문》,
《문명비평》,《노동신문》등을 창간하면서 문단과 노동운동의 총아로 떠오른다.
1920년에 코민테른 극동사회주의자대회 참석을 위해 상하이로 밀항, 1922년에는
국제아나키스트대회(베를린) 참석을 위해 일본을 탈출한 후, 이듬해 파리 교외
생드니에서 열린 메이데이 집회에서 연설한 후 검거되어 귀국길에 오른다.
관동대지진 때, 일제 헌병의 손에 의해 잔혹하게 학살당했다. 그의 사상은
코민테른 등 타인의 지도에 의한 운동이 아니라 "오직 노동자 자신"에 의한
노동운동에 있으며, 창간했던 잡지명(《근대사상》,《문명비평》등)에서도 짐작할
수 있듯이 20세기 초에 일본에서 누구보다 '근대'를 체현한 인물이다.

옮긴이

김병진. 단국대학교 일본연구소 재직. 오스기 사카에 연구로 박사학위를 받았다.
일본 근현대 사상에 나타난 '생명주의'의 흐름에 주목하고서 사회운동 및
여성운동 내에서의 전개 양상을 추적하고 있다.

김태진. 동국대 일본학과 재직. 정치사상 전공으로, 근대 일본의 신체정치 담론
분석을 중심으로 근대 동아시아의 정치서사를 연구하는 작업을 진행 중이다.

서동주. 서울대학교 일본연구소 재직. 근대 일본 사회주의 문학의 식민지주의에
대한 연구로 박사 학위를 취득했다. 연구 분야는 일본 근현대문학과 사상이며,
최근에는 냉전기 전후 일본의 문화적 상상력에 관해 연구하고 있다.

양지영. 가천대학교 아시아문화연구소 연구원. 번역 전반에 관심을 가지고
한일비교문화를 연구하고 있다.

최호영. 강원대학교 국어교육과 재직. 주로 사상사, 비교문학, 문화콘텐츠의
관점에서 한국 현대시의 동아시아적 지평과 장르적 확장 가능성을 탐색하는
연구를 하고 있다.

『생의 투쟁』재간본(1923) 표지

□ 일러두기

1. 외국의 인명과 지명의 경우 외래어 표기법에 따라서 표기하였음.

2. 단행본의 경우 『 』로 표기하였으며, 잡지명이나 신문명의 경우 《 》로 표기하였음.

3. 개념어 중에서 현대어 표현이 적합하다고 판단되는 경우 현대어로 바꿔서 번역하였음.
   예) 신사벌 → 부르주아

4. 개념어 중에서 외래어 본래의 의미를 살릴 필요가 있는 경우 발음 나는 대로 번역하고 원어를 병기하였음.
   예) 딜레탕티슴(dilettantism)

5. 검열로 삭제된 복자는 ××으로 표시하였으며, 이후 다른 문서를 통해 원문이 확인된 경우 복자처럼 표시하였음.

차 례

차 례 8

제 1 장 생과 자아 11
   1.1 본능과 창조 . . . . (1912.10) 11
   1.2 노예근성론 . . . . (1913.2) 18
   1.3 정복의 사실 . . . . (1913.6) 25
   1.4 생의 확충 . . . . (1913.7) 31
   1.5 헛꽃 . . . . (1913.8) 37
   1.6 쇠사슬 공장 . . . . (1913.9) 38
   1.7 생의 창조 . . . . (1914.1) 45
   1.8 제정신인 광인 . . . . (1914.5) 53
   1.9 도박본능론 . . . . (1914.7) 61
   1.10 자아의 탈피 . . . . (1915.5) 68

제 2 장 과학 71
   2.1 근대과학의 경향 . . . . (1912.11) 71
   2.2 사색인간 . . . . (1913.1) 81
   2.3 근대 개인주의의 제상 . . . . . . (1915.11) 85
   2.4 생물학에서 본 개성의 완성 . . . . . (1919.4) 104

제 3 장   서양사상 **121**

    3.1 창조적 진화 . . . . (1913.3) 121

    3.2 주관적 역사론 . . . . (1914.4) 130

    3.3 의지의 교육 . . . . (1915.11) 142

    3.4 베르그송과 소렐 . . . . (1916.1) 151

    3.5 인류사에서의 전통주의 . . . . (1917.10) 170

제 4 장   전쟁 **189**

    4.1 부르주아의 애국심 . . . . (1914.10) 189

    4.2 이른바 신군국주의 . . . . (1915.10) 194

    4.3 이른바 정부적 사상 . . . . (1915.11) 199

    4.4 민족국가의 허위 . . . . (1918.4) 211

제 5 장   민중예술 **221**

    5.1 새로운 세계를 위한 새로운 예술 . . . . (1917.1) 221

    5.2 사회문제인가 예술문제인가 . . . . . (1917.1) 239

    5.3 정의를 구하는 마음 . . . . (1918.1) 244

    5.4 나는 정신이 좋다 . . . . (1918.2) 250

    5.5 민중예술의 기교 . . . . (1918.7) 251

    5.6 노동운동과 노동문학 . . . . (1922.9) 256

제 6 장   생디칼리슴 **269**

    6.1 개인주의자와 정치운동 . . . . (1915.4) 269

    6.2 노동운동과 프래그머티즘 . . . . . . (1915.10) 295

    6.3 노동운동과 개인주의 . . . . (1915.12) 304

    6.4 철저사회정책 . . . . (1919.4) 313

    6.5 노동운동의 정신 . . . . (1919.10) 316

    6.6 지식계급에 고함 . . . . (1920.1) 319

6.7 노동운동의 전환기	(1920.4)	322
6.8 사회적 이상론	(1920.6)	326
6.9 새로운 질서의 창조	(1920.6)	329
6.10 조합운동과 혁명운동	(1920.6)	335
6.11 왜 진행 중인 혁명을 옹호하지 않는가? .	(1922.9)	338

해제 : '생명'을 중심으로 한 변혁 구상 . . (김병진) . . 345
    1   들어가며 345
    2   '생의 확충'과 실천 349
    3   동아시아 네트워크와 혁명의 소용돌이 속에서 . . . 360
    4   나가며 369

역자 후기와 부록 371
   역자 후기 371
   연보 374
   저술 목록 379
   연구 목록 383

찾아보기 389

제 1 장

생과 자아

1.1 본능과 창조[1]

온화한 전횡

최근 쓰보우치(坪內 박사[2])의 『소위 신여성』[3]을 읽었다.

노인은 어리석지만 영리하고, 영리하지만 또 어리석은 존재라고 말한 사람은 프랑스의 독설가 라 로슈푸코[4]이다. 쓰보우치 박사는

---

1) 「본능과 창조」(本能と創造, 1912.10). 《근대사상》제1권 제1호에 발표되었고, 나중에 단행본 『자유의 선구』(アルス, 1924)에 수록된다.
2) 쓰보우치 쇼요(坪內逍遙, 1857~1935)는 일본의 소설가, 평론가로 본명은 쓰보우치 유조(坪內雄藏)이다. 대표작으로 『소설신수』, 『당세서생기질』및 셰익스피어 전집 번역이 있다.
3) '신여성'은 교양 있는 하이칼라풍의 여성 혹은 자유분방한 여성을 가리키는 메이지 시대의 유행어였다. 쓰보우치는 1910년 와세다대학에서 강연을 했는 데 그 때 제목이 「근세극에서 보이는 신여성(近世劇に見えたる新しい女)」이었다. 강연록을 같은해《와세다강연(早稻田講演)》제5호-제7호에 수록한다. 후에 개정집필하여 『소위 신여성(所謂新シイ女)』으로 제목으로 바꿔 1912년 단행본으로 출판하였다. 1890년대 영미권에서 입센이나 쇼의 작품 속 여성의 영향을 받아 New Women이란 말이 신문 잡지에 빈번하게 등장하던 시기였다.
4) 라 로슈푸코(François de La Rochefoucauld, 1613~1680)는 프랑스의 귀족 출신 작가이다. 그가 남긴 『잠언과 성찰』은 볼테르, 플로베르, 니체, 쇼펜하우어, 톨스토이 등에 많은 영향을 주었다고 평가된다.

제1장 생과 자아

근대인의 사상이나 감정을 훤하게 꿰뚫고 있는 아주 영리한 사람이다. 하지만 정작 평가를 해야할 상황이 되면 정말 말도 안 되는 이야기를 지껄이는 어리석은 자이다.

지금 내가 시도하려는 것은 이 책의 소개나 비평이 아니다. 오히려 이 책의 글을 빌려 평소 내가 지닌 감상의 일부를 보여줄 수 있다면 그것으로 충분하다.

입센의 『인형의 집』에서 헬마는 노라가 그의 이기적인 성격을 매도하자 일단 훌륭한 신사답게 바로 반성하고 결국에는 마음을 고쳐먹는다. 그럼에도 불구하고 노라가 더 거센 반항심으로 가출한다는 설정이 실로 이상하기 짝이 없다는 비평이 있었고, 서양은 물론 일본의 신문잡지에서도 자주 논의되어왔다.

이에 대한 박사의 해석이 흥미롭다.

> 그러나 작가 입센에게는 오히려 이 부분이 핵심이다. 술을 마시고 아내에게 폭력을 행사하는 나쁜 품행의 남편들이란 입센에게 논외의 문제였다. 헬마는 세상에서 말하는 소위 이상적인 신사였고 아무리 화가 나도 절대로 폭력을 휘두르지 않았다. 하지만 속으로는 여자를 노리개처럼 생각했다. 겉으로는 소중히 여기는 것처럼 보여도 사실 속으로는 사랑해야 할 형제자매처럼 여길 마음이 없다는 점이 입센이 문제 삼고자 했던 핵심이다. 남편이 폭력을 사용한다거나 하는 문제 따위는 입센의 안중에 없었다.
>
> 대체로 세상은 폭군의 가혹한 정치를 두려워해야 하거나 비난해야 마땅하지만 오히려 그보다 더 두려워해야할 것은 온화한 전횡이다. 이것이 오히려 인간을 타락시킨다. 만성적이라 부지불식간에 길들여지고 그 압제에 의지하기 때문에 자각하지 못한다. 느닷없이 가혹한 정치를 행사하면 어떤 얼간이도 견뎌내지 못할 것이다. 그러다 보니 자각을 해서 반항하는 것일 테지만, 은근히 풀어주는 교묘한 방법으로 조종하면 아무리

시간이 지나도 그것이 희생이라고 자각할 순간이 오지 않기 때문에 종국에는 인간의 타락을 만들게 된다 .

이런 의미에서 보면 헬마와 같은 남편은 오히려 좋지 않은 남편이기도 하다. 진정한 문명의 견지에서 보면 이런 자야말로 일종의 진드기라고 말하는 것이 입센의 냉소적인 견해이다.

이만큼 명쾌한 해석에는 나 역시 덧붙일 말이 없다. 그러나 좋지 않은 남편이라든가, 입센의 냉소적인 견해라는 것은 아마도 앞서 말한 박사의 어리석음이 초래한 말일 것이다. 입센의 글에 담긴 속뜻은 사실 이런 작자야말로 두려워해야 마땅한 좋지 않은 남편이라는 것이 아닐까.

우리는 특히 온화한 전횡을 증오한다. 사탕 발린 말을 싫어한다.

원수는 원수로

그리고 박사는 더욱더 그의 어리석음을 발휘해서 이번에는 박사 자신이 가진 '의문'을 제시한다.

노라가 남편이 어떤 짓을 하든 그 행위와 상관없이 아내로서의 본분만을 끝까지 지키려 했던 것은 아니다. 어떠한 형태로든 반드시 자신의 노력에 대한 보상을 요구했다. 따라서 자신에 대한 남편의 태도가 남편에 대한 자신의 태도와 동일하거나 평등하지 않다는 사실을 알고, 너무나 뜻밖이라는 생각에 크게 깨달음을 얻었다. 과연 사랑의 이치가 이토록 타산적이어야하는 것일까.

남성에게 흔한 일시적인 분노를 이용해 [헬마의 실언을 구실로 삼아] 8년의 정교^{情交}가 하룻밤에 헌신짝처럼 버려진다면 참을 수 없는 노릇이다. 가정과 개인, 개인과 사회와의 관계는 떼려야 뗄 수 없을 만큼 밀접한 것은 아닐까.

제1장 생과 자아

앞에서 온화한 전횡에 반항하는 것에도 이해심을 보이던 박사가 일순 돌변해서 타산적인 도덕으로 매도하는 모순을 보며 나는 굳이 비웃지 않는다. 거듭 말한다. 박사는 노인이다. 어리석지만 영리하고, 영리하지만 또 어리석은 사람이다.

같은 인간인 남과 여를 주인과 노예로 구분해서 소유주와 노리개의 관계로 있는 동안에, 노예 또는 노리개에게 남편이 남편답지 않아도 아내가 아내다워야 한다는 등의 도덕을 내세우는 것이야말로 실로 노예 또는 노리개에게 참을 수 없는 모욕이다. 이와 같은 도덕을 준수하는 동안에 노예는 영원히 노예가 될 수밖에 없다. 노리개는 영원히 노리개가 될 수밖에 없다. 노라는 그것을 자각한 것이다.

호의에 보답하는 호의, 악의에 보복하는 악의, 관용에 보답하는 관용, 가혹에 보복하는 가혹과 같은 이른바 타산적 도덕은 그렇기 때문에 노예 또는 노리개의 당연한 권리이자 당연한 의무이지 않을까. 덧붙여 말하면 이러한 타산적 도덕이 있기 때문에 비로소 인류 간에 진정한 질서와 평화가 찾아오는 것이 아닐까.

그리고 달리 생각해보면 이른바 타산적 도덕을 매도하는 도학자 무리가 적에게 은혜를 베푸는 도덕도 그것이 실제로 눈에 띄는 효과가 나타난다거나 내심 꽤 통쾌하다거나 하여, 본심에는 일종의 타산적인 정신이 깃들어 있는 것이 아닐까. 우리도 순수한 개인적 관계에서는 자주 이러한 방법을 취한다.

그 때문에 남성에게 흔한 일시적인 분노라고 하지만, 그것은 주인인 남자가 오랜 세월 동안 노예인 여자를 경멸해서 생긴, 여자로서는 묵인할 수 없는 남자의 선입관에서 비롯된 것은 아닐까.

마지막으로 가정과 개인, 개인과 사회가 떼려야 뗄 수 없는 관계라는 점은 새삼 강조할 필요가 없다. 하지만 가정을 위해 개인이 있는 것은 아니다. 사회를 위해 개인이 있는 것은 아니다. 이런 게 마치 대단한 의견이라도 되는 양 새삼스럽게 언급하는 것도 우스꽝스러운 일이다.

본능과 창조

끝으로 같은 입센의 『대건축사 솔네즈』5)에서 힐데에 대해 말한 박사의 문구를 인용한다.

> [힐데는] 그곳에서 그때 느낀 감정을 그대로 행동으로 옮기는 여자다 … 생각하지 않는다 … 주저하지 않는다 … 만사 본능적으로 해버린다 … 외국 근대소설에는 때때로 이러한 기질의 여자가 등장한다 …
>
> 이것은 대단히 의미 있는 일로 … 지나치게 문명이 진보하고 지육智育이 확대되어서 인간은 신경과민이 되고 지혜는 지나치게 번잡할 정도로 작동하기 때문에, 옛날에 뛰어난 용기를 가진 남성들 중에서도 지금은 지나치게 걱정이 많고 쓸데없는 걱정만 하는 여자 같은 기질의 자들이 나타나기 시작했다. 마치 최고 도수의 근시 안경을 쓰고 험한 구름다리를 건너는 것 같이 생각하는 남자가 많고 너무 걱정을 해서 아무것도 못하는 자도 적지않다.
>
> [요컨대] 지식이 너무 발달해서 아무도 옛날만큼 충동적으로 일할 수 없다. 비교해 보면 여자는 본래 태생이 감정적이기 때문에 남자가 지식과 근심이 지나쳐서 겁쟁이라 아무것도 판단하지 못하는 것을 여자는 본능으로 보완한다. 때로는 과감한 영단英斷을 행한다. …

나는 이 충동적 행위 혹은 본능적 행위에 중요한 의미를 연관시키고 싶다. 즉 본능의 위대한 창조력에 대해 생각해보고 싶다.

---

5) 원저명은 『건축가 솔네스』 *Bygmester Solness*, 1892이다. 한국어판은 조태준 역, 지만지, 2019.

제1장 생과 자아

　나는 이 충동적 행위 혹은 본능적 행위가 근대의 지나치게 총명하고 지나치게 우유부단한 청년에게 일종의 해독제가 되고, 나아가 베르그송[p.121]의 이른바 창조적 진화의 한 원동력이 되어 현대의 침체된 퇴폐적 기분에서 구제할 수 있는 중요한 요소가 되지 않을까 하고 생각한다. 그리고 민중의 정신이 원시적 상태로 돌아가 모든 것이 본능적으로 되고 창조적으로 되며 또는 시적으로 될 때, 거기서 역사의 반복이 일어난다고 말한 비코[6]의 이른바 순환론도 이런 점에서 보면 다소 의미가 있다고 생각한다.

　본능은 맹목적이다. 그러므로 본능 그 자체의 표현은 많은 오류를 수반한다. 하지만 실패는 오히려 무위보다 낫다. 상당한 오류를 범하면서도 오히려 오랫동안 그것을 지속하다보면 마침내 본능의 행위 자체에서 아이디어가 나온다. 사람의 행위를 다루는 기존의 많은 아이디어는 기존의 환경에서 형성된 옛 사람의 아이디어다. 새로운 사람은 이러한 기존의 아이디어를 버리고 더욱더 새로운 사람 자신의 새로운 아이디어를 창출해야 한다.

　또한 이와 관련해서 흥미로운 사실은 힐데가 "신·여론·습관·도덕까지 전부 배척하려고, 그리고 자유와 자주를 동경해서 중고中古시대의 북만北蠻해적 이야기에 미칠 정도로 빠져든다"고 말한 점이다. 이 또한 현대의 모든 질곡과 압박에 견디기 힘든 끓어오르는 듯한 본능의 행위로 볼 수밖에 없다.

　소년의 가슴에는 경이를 사랑하고 모험을 즐기며 강용剛勇을 흠모하는 본능이 넘쳐난다. 이런 본능은 오랫동안 질서의 미명하에서 억압받았지만 머지않아 주위에 퇴폐적 공기가 가득해지자 소년의 예민한 마음을 감염시키고 순식간에 폭발시켰다. 이것은 수년 전부터

---

　6) 잠바티스타 비코(Giambattista Vico, 1668~1744)는 이탈리아의 철학자로 역사철학의 기초를 닦았다. 그는 나선형적 순환사관을 통해 역사는 순환하지만 동시에 진보한다고 주장했다.

유럽의 여러 나라를 떠들썩하게 했고 조금씩 일본에서도 문제시되고 있다. 이른바 악덕문학이 유행하는 근원도 여기에서 시작한다고 생각한다.

우리는 야만인이 아니다. 따라서 원시인처럼 본능적인 행위를 그대로 드러내지 않는다. 우리는 원시시대 이래 축적한 경험과 지식이 있다. 그리고 많은 근대인을 초조하고 울적하게 만들던 이 경험과 지식은 오히려 우리의 본능에 모럴과 아이디어를 부여해서 용맹정진할 노력을 더해주었다.

제1장 생과 자아

1.2 노예근성론[7]

1.

칼에 베여 죽든, 타 죽든 혹은 잡아먹히든 어찌하든 그 목숨을 부지하기 어려운 포로가 목숨만은 건져 고된 노동에 시달린다. 한 마디로 말하면 이것이 원시시대의 노예 기원 중에서 가장 중요한 요인이다.

옛날에는 적을 잡자마자 그 자리에서 고기로 먹어치우던 적색 인종도 나중에는 얼마간 이를 살려두고서 부락 사람들이 모인 자리에서 작은 횃불로 화형을 한다거나, 혹은 팔다리를 한 마디씩 잘라 버린다거나, 혹은 달궈진 철봉으로 지진다거나, 혹은 작은 칼로 난도질하는 등 잔인한 복수의 쾌락을 즐겼다.

그러나 이윽고 농업의 발달은 다소의 식인 풍습이 남아있던 야만인의 이러한 쾌락을 앗아갔다. 포로는 가축으로 농사짓는 노역에 이용되었다.

또한 농업의 발달과 함께 토지사유의 제도가 발생했다. 이것도 노예의 기원 중에 또 다른 중요한 이유로 꼽힌다. 현재 카필 부락에서는 가난이라는 말과 노예라는 말이 같은 의미로 사용된다. 빌린 돈을 갚을 수 없는 가난한 사람은 부자의 노예가 되어 매년 열리는 토지의 분배에도 참여하지 못한다. 그리고 마치 개처럼 주인의 뜻대로만 움직인다.

이렇게 해서 이전의 무정부공산無政府共産 원시 자유부락 중에서 주인과 노예가 생겨났다. 상하의 계급이 생겨났다. 그리고 각 개인이 속한 사회적 지위에 따라 그 도덕이 변하기 시작했다.

---

[7] 「노예근성론」(奴隷根性論, 1913.2). 《근대사상》제1권 제5호에 발표되었고, 이후 『자유의 선구』에 수록된다. 『생의 투쟁』에도 수록할 예정이었으나 당국의 검열로 인해 포기했다. 이 경위에 대해서는 「나의 사회관(僕の社會觀)」, 《제3제국(第三帝國)》제49호, 1915년 8월 15일에 간략히 언급하고 있다.

1.2 노예근성론

2.

승리자가 패배자의 위에 군림하는 권리는 절대적이고 제한이 없다. 주인은 노예에 대해 생사여탈권을 쥐고 있다. 그러나 노예에게는 의무만 있을 뿐 어떠한 권리도 없다.

노예는 항상 짐승이나 가축과 마찬가지로 취급되었다. 일을 할 수 있는 동안에는 먹여주지만 병이 들거나 불구가 되면 가차 없이 버려졌다. 조금이라도 주인의 기분에 거슬리면 곧바로 죽음에 처해졌다. 돈 대신 교환되었다. 제단에 올려지는 희생양이 되었다. 때에 따라서는 추장이 손님에게 베푸는 음식 속의 고기가 되었다.

그렇다고 해도 노예들은 이 잔혹한 주인의 행동을 지나치다고 생각하지 않고 단지 자신들이 그렇게 취급당할 운명이라며 체념한다. 그리고 사회가 다른 식으로 조직될 수 있다는 것 따위는 주인도 노예도 꿈에서조차 생각하지 못한다.

노예의 이러한 절대적 복종은 그들을 이른바 노예근성의 비열함에 빠지게 하는 동시에 일반 도덕상에도 극심한 퇴폐를 불러일으켰다. 무릇 사람이 도덕적으로 완성된다는 것은 소극적으로 말하면 다른 사람에게 해를 끼치거나 자신을 타락시키는 행위를 본능적으로 피하려는 덕성을 얻는 것이다. 따라서 어떠한 비난 또한 형벌의 두려움도 없이, 어떠한 보호도 받을 수 없고 저항도 할 수 없는 사람에게 인정사정없이 자신의 충동을 만족시키는 행위가 도덕의 완성과는 반대의 효과를 낳음은 두말할 여지도 없다. 만족을 모르는 난폭함과 잔학함이 만연한다.

이렇게 해서 그 사회의 성원들은 약자를 학대하는 것에 길들여짐과 동시에 강자 앞에서는 자진해서 노예 역할을 떠맡는 것에도 길들

제1장 생과 자아

여진다. 소주인小主人은 자신의 노예 앞에서는 오만하지만 대주인大主人의 앞에서는 스스로 노예의 태도를 배운다.

강자에 대한 맹목적이고 절대적인 복종은 노예제도를 낳은 가장 큰 도덕률이다. 그리고 주인이나 추장에 대한 노예근성이 그 이후 도덕의 진화에 있어서 어떠한 영향을 미쳤는지에 대해서는 다음에서 보고자 한다.

3.

앞서도 말했던 것처럼 노예는 짐승이자 가축이다. 그리고 노예는 우선 가축 중에서 개를 흉내낸다.

카필족은 추장을 만날 때에 "나는 당신의 개입니다"라고 인사한다고 한다. 그러나 자기 몸을 개로 비유하는 이 풍습은 몸의 형태만 인간일 뿐이지, 말뿐만이 아니라 몸짓이나 행동까지도 개 흉내를 내는 일이 거의 예외 없이 야만인 사이에서 행해지고 있다.

우선 그 일반적인 방법은 어느 정도 옷을 벗은 채 땅에 엎드려 흙먼지를 뒤집어쓴다.

아프리카는 노예제도가 가장 엄격한 곳이었다. 따라서 개를 흉내내는 의식도 극단적이라 할 정도로 행해지고 있다.

알겐섬 부근의 아자나기스족은 추장 앞에 설 때 벌거벗은 채 이마를 땅에 붙이고 머리와 어깨에 모래를 뒤집어쓴다. 이시니족도 우선 옷을 벗고 배로 기면서 입에다 모래를 채운다.

크라츠 버튼에 의하면 그가 카통가족의 추장을 알현할 당시 20여 명의 대관大官 모두가 허리까지 벌거벗고 배로 기면서 얼굴과 가슴도 흙투성이가 되어 추장 옆으로 기어가야, 비로소 거기에 앉아 추장과 말을 섞는 것이 허용되었다.

그런데 이 귀족들은 자신이 추장에게 한 것과 똑같은 행위를 그 신하들에게 강요한다. 바롱다족의 평민은 길에서 귀족 앞에 설 때 네 발로 기어 몸과 팔다리에 흙을 바른다. 키아마족도 귀족 앞에 서면 갑자기 땅바닥에 납작 엎드린다.

다호메의 추장 집에서 신하는 옥좌에서 20보 이내로 접근하는 것이 금지되고 다클로라 불리는 노파에게 추장과 이루어지는 모든 중개를 맡긴다. 우선 그 중개를 청하는 자는 다클로의 앞에 네 발로 기어간다. 그리고 다클로 역시 네 발로 기어 추장 앞으로 간다.

4.

이렇게 네 발로 기는 야만인의 노예근성을 낳게 한 것은 처음부터 노예가 주인에게 가졌던 공포였다. 그렇지만 곧이어 이 공포심에 다른 도덕적 요소가 더해졌다. 즉 이에 길들여짐에 따라 네 발로 기는 행위는 고통이 아니라 오히려 유쾌함으로 다가와 마침내 종교적 숭배라고도 할 만한 존경의 관념으로 변해 버렸다. 본래 인간의 두뇌는 생물학적으로 그런 성질이 있는 것이다.

그리고 추장은 인간 이상의 존재가 되어 버린다.

나체족의 추장은 태양의 형제였다. 그리고 이 자격으로 신하 위에 절대적인 권력을 쥐고 있다. 추장의 아들은 태어나자마자 엄마의 유방에 매달린 모든 갓난아기의 주인으로 여겨진다.

중앙 아프리카에서도 큰 부족이든 작은 부족이든 추장은 모두 신권을 갖고 있어 지수풍화地水風火의 원소를 자유자재로 부린다. 특히 비를 내리는 신묘함을 갖고 있다.

바텔에 의하면 루아곤에서는 밭에 비가 와야 할 필요가 있으면

제1장 생과 자아

추장에게 빌어 하늘에 활을 쏘아 달라고 한다. 그것은 구름에게 할 일을 명하는 것이다.

인민이 추장에게 기우祈雨해 줄 것을 원하면 추장은 그 대가로 조세를 요구하여 실랑이가 오간다. "양을 갖고 오지 않으면 비를 내리게 할 수 없다"는 식의 협박이다. 또한 홍수가 났을 때에는 얼마간의 보리를 바치지 않으면 영원히 폭풍우가 멈추지 않을 것이라고 위협한다.

부사족의 추장이 유럽에서는 일부다처가 금지되고 있다는 말을 들었을 때 "다른 이들에게는 그것이 상관없을지 모르지만 추장에게는 이상한 일이다"라고 말했다고 한다.

아샨티족의 추장은 모든 법률을 초월해 있고 추장의 아들은 어떤 악한 짓을 해도 벌을 받지 않는다. 그리고 신하는 추장을 위한 죽음이 지상의 의무로 여긴다.

5.

또한 이 시대의 야만인은 일반적으로 극히 조잡한 영혼불멸관을 품고 있었다. 즉 사람이 죽으면 얼마 동안은 살아있다고 믿었다. 죽은 자의 그림자가 지상의 삶처럼 어딘가에서 생활을 이어간다고 믿었다.

그런데 이 천상의 생활은 특별히 큰 인물에게만 한정되었다. 평민과 노예의 죽음은 이 세상에서 끝난다. 크고 작은 추장이 죽으면 식량이니, 무기니, 노예니, 여자니 여러 가지를 미래의 생활을 위해 데리고 간다.

카라이브족의 추장이 죽었을 때 그의 처 가운데 한 사람이 같이 매장되었다. 그녀는 이 추장의 아이를 몇 명 낳았다는 이유로 이 역할에 선택되었다.

일찍이 하와이에서 하와이의 나폴레옹이라 불렸던 학살왕 카메하메하[8]가 죽었을 때는 수많은 사람들이 강제적으로 희생되었을 뿐만 아니라 많은 충성스러운 신하가 자살 혹은 자해하여 불구가 되었다. 그리고 그후 수년간 국민은 매년 그 날에 송곳니를 뽑아 카메하메하를 추모했다.

배녱족 추장의 장례식에는 무덤 옆에 술병 모양의 크고 깊은 굴을 파서 입구에 많은 노예와 하인들을 집어던진 후 굶겨 죽였다.

아샨티 추장이 죽자 그 친족들은 밖으로 뛰쳐나가 손에 잡히는 대로 사람들을 죽였다. 그리고 나서 수백 또는 수천의 노예를 목 졸라 죽였다. 그리고 종종 어떤 일이 생길 때마다 천상의 추장이 사용할 수 있도록 수많은 노예들을 죽였다.

6.

나는 너무나 어이없는 사실을 열거했다. 오늘날 이러한 이야기를 한다 한들 무슨 도움이 될까 싶은, 터무니없는 사실을 열거했다. 하지만 한 마디의 결론은 내리고 싶다.

주인에게 기쁨을 준다. 주인을 맹목적으로 따른다. 주인을 숭배한다. 이것이 모든 사회조직의 폭력과 공포 위에 구축된 원시시대부터 근대에 이르기까지 거의 유일한 도덕률이었다.

그리고 이 도덕률은 인류의 두뇌에 쉽게 사라질 수 없는 깊은 도랑을 팠다. 복종을 근본으로 하는 오늘날의 모든 도덕은 요컨대 이 노예근성을 가리킨다.

정부의 형식을 바꾸고 헌법의 조문을 바꾸는 것은 아무 것도 아닌 일이다. 하지만 과거 수만년 내지 수십만년 동안 우리 인류의 두뇌에

---

8) 카메하메하(Kamehameha, 1758~1819)는 하와이 왕국의 초대 군주였다.

제1장 생과 자아

새겨진 이 노예근성을 제거하는 일이야말로 결코 쉬운 사업이 아니다. 하지만 진정으로 우리들이 자유인이 되고자 한다면 어떻게 해서든지 이 일을 완성하지 않으면 안 된다.

1.3 정복의 사실[9]

조규[10] 전집 중에 게오르그 브라네스[11]가 쓴 어떤 책에서 인용한 다음과 같은 문장이 있다.

> 적어도 유럽 4대 국민의 이름은 전부 외국명이다. 프랑스의 명칭은 라인강의 서쪽 해안에 살던 프랑크족 사람에서 유래한 것으로 이 국민의 선조인 옛 켈트족과는 아무런 인연도 없다. 영국의 이름은 원래 독일의 어느 지방에서 유래한 것으로 앵글로색슨 민족과는 혈족상 어떤 관계도 없다. 러시아라는 이름은 원래 북방에서 기원한 스칸디나비아의 한 민족인 루스^{Rus}[12]에서 와전된 것이다. 프러시아는 프로이센이라는 슬라브의 한 야만족 이름으로 12세기 말엽에 독일로 유입된 것이다.

이 사실은 내가 지금 여기에서 이야기하려는 내용과 관계가 있는 것도 있고 별로 없는 것도 있을 것이다. 하지만 이 문장을 읽을 당시 나 자신은 강한 암시를 받고 심오한 사회의 사실事實을 자각했다.

정복이다! 나는 이렇게 외쳤다. 사회는, 적어도 오늘날 사람들이 말하는 사회는 정복에서 시작된 것이다.

---

9) 「정복의 사실」(征服の事實, 1913.6).《근대사상》제1권 제9호에 발표되었고, 이후 단행본『생의 투쟁』,『정의를 추구하는 마음』등에 수록되었고,《동아지론(東亞持論)》제2권 제1호(1918년 4월)에 재수록되었다. 또한《노동운동(勞働運動)》제1차 4호(1920년 3월)에 제2절의 일부가 같은 제목으로 게재된다.《근대사상》제1권 제12호(1913년 9월)에 수록된「이그노런트(イグノラント, ignorant)」에서 오스기는 이 논설이 미국의 고생물학자이자 사회학자인 레스터 워드(Lester F. Ward)의 *Pure Sociology - A Treatise on the Origin and Spontaneous Development of Society*, New York: Macmillan, 1903의 일부를 개작한 것이라 밝히고 있다.

10) 다카야마 조규(高山樗牛, 1871~1902)는 일본의 평론가, 소설가이다.

11) 게오르그 브라네스(Georg Brandes, 1842~1927)는 덴마크의 평론가이다. 유럽 근대 리얼리즘 문학의 태동에 영향을 미쳤다.

12) 8세기말~9세기에 걸쳐 스칸디나비아 반도의 스웨덴 지역에서 동유럽 지역으로 이주해 온 바이킹의 일파를 가리킨다. 어원은 '노를 젓는 사람'이라는 뜻의 고대 노르드어로 추정된다.

제1장 생과 자아

칼 마르크스와 프리드리히 엥겔스는 공저『공산당선언』머리말에서 언급하고 있다. "이제까지 모든 역사는 계급투쟁의 역사이다"라고. 그러나 계급투쟁 이전에 그리고 그와 동시에 종족의 투쟁이 있었다. 그리고 거기에서 이러한 정복이라는 사실이 나타났다.

인류가 아직 동물의 영역에 속했을 때 주거지는 아마도 열대지의 어딘가에 있었을 거라고 추측된다. 그래서 대부분의 사실은 인류가 시작된 지역으로 남아시아를 가리킨다.

이곳에서 초기 인류는 자연의 풍요로움과 따뜻한 공기 속에서 동물처럼 생활하면서도 작게나마 환경을 바꾸었고 또한 다른 육식동물을 피하거나 아니면 속이기에 충분한 지식도 있어서 상당히 빠른 속도로 번식할 수 있었다. 그리고 혈족관계에서 생겨난 각 집단의 인구가 늘어나면서 서로 접촉하고 충돌하게 되자 그 집단은 자유롭게 사방팔방으로 이주했다. 그리고 긴 시간동안 원시인류 사이에 안락과 평화가 이어졌다. 이 시대가 오래전부터 일컬어지는 이른바 황금시대였다.

어떤 집단은 점점 멀리 또는 크고 작은 섬들로 이주해서 다른 집단과의 접촉이 없던 탓에 아무 걱정 없이 단순하면서 반쯤 짐승적인 존재를 유지했다. 오늘날에도 세계 각지에 남아있는 원시인종은 바로 이런 존재이다. 그러나 중심지에서 그리 멀리 벗어나지 못한 집단들 사이에서 얼마 지나지 않아 급속한 인구의 증가와 함께 상호 접촉과 충돌이 발생하기 시작했다. 그리고 과거 평안하던 반짐승적인 자유 생활이 사라지면서 이른바 문명이 태어나기 시작했다. 역사가 시작되었다.

그러는 사이에 각 집단은 공통기원의 전습은 물론 그 흔적까지 잃어버리고 서로 다른 언어와 풍습, 종교를 가지게 되면서 완전히 다른 종족의 형태를 만들었다. 그리고 각 종족간의 접촉은 매번 충돌과 전쟁으로 번지고 잔혹한 원수관계가 되었다.

이 형세는 발명, 특히 주로 공격과 방어의 방법을 생산하는 방면의 발명에 유력한 자극이 되었다. 전쟁의 승패는 예나 지금이나 개인의 용감함보다는 오히려 무기의 기계적인 우열로 가려진다. 게다가 상무심尙武心은 발달했다. 야심찬 추장들은 서로 경쟁하듯 공략하기 시작했다.

루트비히 굼플로비치[13])와 구스타프 라첸호퍼[14])는 이와 같은 종족간의 투쟁으로 사회가 창조된 것을 솜씨 좋게 논증하고 있다. 종족 투쟁의 첫걸음은 어느 한 종족에 의한 다른 종족의 정복이다. 다른 종족보다 뛰어난 무기와 전략적 재능이 있는 어느 한 종족이 승리를 거두어 정복자가 된다. 그리고 다른 종족은 피정복자의 지위로 떨어진다.

이러한 정복으로 인해 전혀 다른 두 종족이 매우 가까운 접촉을 하게 된다. 그러나 그들은 도저히 동화하지 못한다. 즉 사회는 양극으로 나뉜다. 정복자는 언제나 피정복자를 멸시한다. 갖은 방법을 다해 노예화한다. 피정복자 또한 하는 수 없이 복종하면서도 정복자의 폭력 이외의 모든 것을 부정한다. 이렇게 서로 적대시하며 반감을 가진 두 종족이 사회의 양극을 형성하는 것이다.

그러나 이런 두 종족의 불평등에는 지위의 불평등을 넘어서는 것이 있었다. 본디 두 종족은 앞서 말한 바와 같이 전혀 다른 종족이다. 그들은 다른 언어를 사용한다. 다른 신을 숭배한다. 다른 양식과

---

13) 루트비히 굼플로비치(Ludwig Gumplowicz, 1838~1909)는 오스트리아의 정치학자, 사회학자이다. 사회 발전이 집단 사이의 상호 작용에 있다고 보고 사회학에 계급 투쟁적인 자연 과학적 방법을 적용하였다. 저서에 『종족 투쟁론』 등이 있다.
14) 구스타프 라첸호퍼(Gustav Ratzenhofer, 1842~1904)는 오스트리아의 군인, 사회학자, 정치학자이다. 사회는 집단 투쟁을 기초로 하여 진화한다고 제창하였다. 저서에 『정치의 본질과 목적』 등이 있다.

제1장 생과 자아

예배를 행한다. 다른 풍속과 습관, 제도를 가지고 있다. 그리고 피정복종족은 이런 것들 중 하나라도 소실되느니 차라리 완전히 말살되는 쪽을 바란다. 정복종족은 신하가 가진 모든 것에 대해 무조건적인 경멸을 자행한다. 하지만 그것을 자신의 것으로 동화시키지는 못한다.

그래서 이 두 양극의 조화보다는 오히려 정복자가 피정복자를 완벽하게 정복하기 위한 다양한 사회제도가 생겨났다.

피정복자의 모든 행위에 대해 끊임없이 병력을 사용해야 하는 곤란과 비용 그리고 부분적 실패는 결국 정복자에게 커다란 부담이 되었다. 때로는 승리의 자부심에 이끌려 그 권위에 대항하는 모든 반역자들을 발견하는 즉시 엄벌에 처하기도 했지만 결국 한 사람 한 사람을 별도로 지배하는 일이 번거로워지자 무언가 정리된 통치 방법이 요구되었다.

즉 자주 일어나는 여러 반항을 억압하기 위해 어떤 일반적 규칙을 세우는 것이 발명되었다. 그리고 이 방법이 매우 경제적임이 확인되자 다른 많은 범위에서 다양한 종류의 행위에도 마찬가지로 각각의 일반적 법칙을 만들게 되었다. 이렇게 해서 결국 오늘날과 같은 법치적 지배의 기초가 형성되었다. 그리고 법률을 범하지 않는 선에서 피정복자에게 다소의 자유가 피정복자에게 부여되었다. 환언하면 법률에 복종하는 것이 통치받는 사람의 의무이며 법률에 저촉되지 않는 행위가 그 권리로 인정받게 되었다.

이와 동시에 정복계급의 이른바 교육이라는 것이 행해졌다. 두 계급의 지위불평등을 유지하기 위해서는 처음부터 피정복계급이 모든 점에서 열등종족이라는 관념을 반드시 피정복계급의 마음속에 확실하게 심어두어야 한다. 만약 피정복계급이 조금이라도 이것에 의혹을 품게 된다면 사회의 안녕과 질서에 대한 커다란 혼란이 발생하게 된다. 그래서 이 관념을 강제하기 위해 여러 종류의 정책이 시행되었다. 이른바 국민교육의 기원이면서 기초가 되는 조직적 기만의 여러 수단이 시행되었다.

하지만 이것만으로는 충분하지 않았다. 원래 어떤 한 종족이 정복되는 이유는 단지 우연의 산물이거나 혹은 전쟁술이 서툴기 때문이다. 그 밖의 다른 점에서는 오히려 피정복자 쪽이 우수했을지도 모른다. 그래서 정복자는 이해가 전혀 다른 피정복자를 통치하는 데 생기는 곤란에서 벗어나기 위해 피정복자 가운데 어떤 자에게 도움을 청하지 않을 수 없다. 피정복자 가운데에서도 다소의 특권을 얻어 쉽게 거기에 응하는 자가 나온다. 즉 피정복자 중에서 지식인이 정복자계급의 일원이 됨으로써 그 정복 사업에 협력하게 된다. 그리고 권리와 의무가 두 계급 사이에, 좀 더 적절하게 말하면 정복계급과 피정복계급의 일부가 다소 상호적인 관계가 된다. 여기서 상호적이라는 것은 아직 불평등이 생겨나지 않은 피정복계급에 대한 최고의 기만수단이었다. 즉 지식인은 말한다.

보라, 지금 우리 부족은 정복계급만의 부락이 아니다. 그들은 이미 저지른 잘못을 깨닫고 피정복계급인 우리에게 참정권을 주었다. 만인은 법률 앞에 평등하다고. 특히 다양한 사정은 한편으로 정복자에게 여러 가지 종류의 양보를 하게 했고 다른 한편으로 피정복자에게 공허한 자부심과 체념을 갖게 만들었다. 그리고 두 계급 사이에 점차 피상적인 타협이 이루어졌다.

나는 지금 이 정복의 사실에 관해 상세하게 논할 여유는 없다. 하지만 이상에서 말한 사실은 적어도 정직한 사회학자라면 누구도 부인할 수 없을 것이다.

역사는 복잡하다. 하지만 그 복잡함을 관통하는 단순함은 있다. 예를 들어 정복의 형식은 여러 가지가 있다. 그러나 고금을 통해 모든 사회에는 반드시 그 양극에 정복자계급과 피정복자계급이 놓여있다.

다시 『공산당선언』을 빌리면 "그리스의 자유민과 노예, 로마의 귀족과 평민, 중세의 영주와 농노, 동업조합원과 피고용직인"이 바로 그것이다. 그리고 근세에 이르러 사회는 자본가라는 정복계급과 노동자라는 피정복계급의 양극으로 나뉜다.

사회는 진보했다. 따라서 정복의 방법도 발달했다. 폭력과 기만의 방법은 점점 교묘하게 조직되었다.

정치! 법률! 종교! 교육! 도덕! 군대! 경찰! 재판! 의회! 과학! 철학! 문예! 그 밖의 모든 사회적 제도!!

그리고 양극인 정복계급과 피정복계급의 중간에 있는 어떤 계급의 사람들은 원시시대의 저 지식인과 마찬가지로 혹은 의식적으로 혹은 무의식적으로 이런 조직적 폭력과 기만의 협력자와 보조자가 되고 있다.

이 정복의 사실은 과거와 현재 그리고 가까운 장래의 수만 혹은 수천 년 동안 인류사회의 근본 사실이다. 이 정복이라는 것이 명료하게 의식되지 않으면 사회에서 발생하는 어떤 사건도 정당하게 이해받지 못할 것이다.

민감함과 총명함을 자랑으로 여기면서 개인 권위의 극치를 부르짖는 문예의 무리들이여. 제군의 민감함과 총명함이 이 정복의 사실과 그에 대한 반항을 다루지 않는 한 제군의 작품은 놀이이고 장난이다. 우리의 일상생활까지 압박해 온 이 사실의 엄중함을 망각케 하는 체념이다. 조직적 기만의 유력한 한 부분이다.

우리를 쓸데없이 황홀케 하는 정적미靜的美는 이제 우리와 관계가 없다. 우리는 황홀감ecstasy과 동시에 영감enthousiasme을 낳는 동적미動的美를 동경하고 싶다. 우리가 요구하는 문예는 이 사실에 대한 증오미憎惡美와 반역미叛逆美의 창조적 문예이다.

1.4 생의 확충[15]

「정복의 사실」에서 나는 "과거와 현재 그리고 가까운 장래의 수만 혹은 수천년 동안 인류사회의 근본 사실"이 정복이라는 점을 논했고 이것이 "명료하게 의식되지 않는 동안에는 사회에서 발생하는 어떤 사건도 정당하게 이해받지 못할 것이다"고 논했다.

그리고 나아가 이 논의를 예술계로 연장해서 "이 정복의 사실과 그에 대한 반항을 다루지 않는 한 제군의 작품은 놀이이고 장난이다. 우리의 일상생활까지 압박해 온 이 사실의 엄중함을 망각케 하는 체념이다. 조직적 기만의 유력한 한 부분"이라 말하고 마지막으로 다음과 같이 결론 내렸다.

> 우리를 쓸데없이 황홀케 하는 정적미靜的美는 이제 우리와 관계가 없다. 우리는 황홀감^{ecstasy}과 동시에 영감^{enthousiasme}을 낳는 동적미動的美를 동경하고 싶다. 우리가 요구하는 문예는 이 사실에 대한 증오미憎惡美와 반역미叛逆美의 창조적 문예이다.

이제 나는 다시 이 문제에 대해 3항 사이의 연결을 좀 더 긴밀히 하여 나의 주장에 좀 더 내용적으로 명백함을 덧붙이고자 한다.

생이라는 것, 생의 확충이라는 것은 말할 것도 없이 근대사상의 기조이다. 근대사상의 알파와 오메가이다. 그렇다면 생이란 무엇인가, 생의 확충이란 무엇인가, 나는 우선 여기서부터 출발하지 않을 수 없다.

생에는 광의와 협의가 있다. 나는 여기에서는 가장 좁은 의미인 개인의 생에 대해 논하고자 한다. 이때 생의 진수는 자아이다. 그리

---

[15] 「생의 확충」(生の擴充, 1913.7). 《근대사상》 제1권 제10호(1913년 7월)에 발표되었고, 이후 『생의 투쟁』, 『정의를 추구하는 마음』에 수록된다. 이 책에 수록된 「제정신인 광인」에서 이 평론이 언급되고 있다.

고 자아란 일종의 힘이다. 역학 법칙을 따르는 일종의 힘이다.

힘은 곧바로 동작이 되어 나타난다. 왜냐하면 힘의 존재와 동작이란 같은 뜻이기 때문이다. 따라서 힘의 활동은 피할 수 있는 것이 아니다. 활동 자체가 힘의 전부이다. 활동은 힘의 유일한 양상^{aspect}이다.

그렇다면 우리 생의 필연적 논리는 우리에게 활동을 명한다. 또한 확장을 명한다. 왜냐하면 활동이란 어떤 존재물을 공간적으로 전개하고자 하는 것과 마찬가지이기 때문이다.

하지만 생의 확충은 생의 충실을 수반하지 않으면 안 된다. 오히려 그 충실이 확장을 불러온다. 따라서 충실과 확장이란 같은 것이어야 한다.

그렇게 해서 생의 확충은 우리의 생에서 유일한 의무가 된다. 우리의 생에서 집요한 요청을 만족시키는 것은 오로지 가장 바람직한 활동에 달려있다. 또한 생의 필연적 윤리는 생의 확충을 방해하려 하는 모든 것을 제거하고 파괴하라고 우리에게 명령한다. 그리고 이 명령을 거역할 때 우리의 생은, 우리의 자아는 정체되고, 부패되고, 파멸된다.

생의 확충은 생 그것의 근본적인 성질이다. 원시 이래 인류는 모두 생의 확충 때문에 주위와 투쟁하고 주위를 계속 이용해왔다. 또한 인류 동지 간에도 서로 생의 확충을 위해 투쟁과 이용을 계속해왔다. 그리고 이 인류 간의 투쟁과 이용은 인류가 여전히 발달된 지식의 빛을 받지 못하게 하고, 그 생의 길을 잃고 헤매게 했던 것이다.

인류 간의 투쟁과 이용이라는 것은 오히려 생의 확충에 장애가 되었다. 즉 그릇된 방법의 투쟁과 이용의 결과 같은 인류 안에 정복자와 피정복자의 양극이 생겨났다. 이것은 모두 「정복의 사실」에서

1.4 생의 확충

상세히 논했다.

피정복자의 생의 확충은 대부분 단절되었다. 그들은 거의 자아를 잃었다. 그들은 그저 정복자의 의지와 명령에 따라 움직이는 노예가 되었고 기계가 되어버렸다. 자기의 생, 자아의 발전을 멈춘 피정복자는 급속히 타락하고 부패하지 않을 수 없다.

또한 정복자도 마찬가지이다. 노예의 부패와 타락이라는 것은 나아가 주인에게도 영향을 미치지 않을 수 없다. 또한 노예에게는 노예의 부덕이 있다면 주인에게는 주인의 부덕이 있다. 노예에게 비굴이 있다면 주인에게는 오만이 있다. 말하자면 노예는 소극적으로 생을 훼손하고 주인은 적극적으로 생을 손상시킨다. 사람인 이상 생의 확충을 방해하는 것은 모두 동일하다.

또한 이 인류 간의 투쟁과 이용은 인류가 환경과 투쟁하고, 환경을 이용하는 것에 현저한 장애를 초래했다.

양극에서 일어난 생의 훼손이 바야흐로 괴멸에 가까워지려 할 때 항상 침략이라든가 혹은 혁명이 일어났다. 비교적 건전한 생을 가진 중간계급이 주도권을 잡고 피정복계급을 구제한다는 명목하에 원조라는 형태를 빌려 일을 꾀했다. 혹은 피정복계급의 절망적 반란이 일어났을 때 중간계급은 이를 이용해 일을 꾀했다. 그리고 당연한 결과로써 항상 중간계급이 새로운 주인이 되는 것으로 끝난다. 인류의 역사는 요컨대 이것의 반복이었다. 반복할 때마다 다소의 진화를 거치며 반복하고 있다.

하지만 인류는 결국 원시로 돌아갈 줄을 몰랐다. 인류가 아직 주인과 노예로 나뉘지 않았던 원시로 돌아갈 줄을 몰랐다. 자기의식이 없던 원시의 자유시대로 충분한 자기의식을 갖고 돌아갈 줄을 몰랐다. 절대적인 의미의 역사를 반복할 줄을 몰랐다.

오랫동안 주인과 노예의 사회에 있던 인류는 주인이 없고 노예가 없는 사회를 상상할 수 없었다. 사람 위에 있는 사람의 권위를 배제해서 스스로 자신을 주재하는 일이 생의 확충을 위한 최고의 수단임에 생각이 미치지 못했다.

그들은 그저 주인을 선택했다. 주인의 이름을 바꿨다. 그리고 결국 근본적인 정복의 사실 그 자체에는 감히 손대지 못했다. 이것이 인류 역사의 최대 오류이다.

우리는 이제 역사의 반복을 끝내지 않으면 안 된다. 수천 년 수만 년 동안의 순례pilgrimage 는 이미 우리에게 이 반복의 어리석음을 가르쳐주었다. 우리는 이 반복을 끝내기 위해 최후의 아주 거대한 반복을 행하지 않으면 안 된다. 개인으로서 생의 참된 확충을 위해, 인류로서 생의 참된 확충을 위해.

바야흐로 근대사회의 정복 사실은 거의 그 절정에 다다랐다. 정복계급 자신도, 중간계급도, 또한 피정복계급도 모두 이 사실의 무게를 감당할 수 없게 되었다. 정복계급은 그 과대한 혹은 이상한 생의 발전으로 고뇌하기 시작했다. 피정복계급은 압박받는 생의 질식으로 고뇌하기 시작했다. 그리고 중간계급은 이 두 계급의 고뇌에 사로잡혔다. 이것이 근대의 생이 갖는 고뇌의 주된 요인이다.

여기서 생이 살아나려면 그 정복의 사실에 대한 증오가 생겨야 한다. 증오가 오히려 반역을 낳아야 한다. 신생활의 요구가 일어나야 한다. 사람 위에 사람의 권위를 받들지 않고 자아가 자아를 주재하는 자유생활의 요구가 일어나야 한다. 진정한 소수자 사이에, 특히 피정복자 중에서 소수자 사이에 이러한 감정, 이러한 사상, 이러한 의지가 생겨나기 시작했다.

우리 생의 집념어린 요청을 만족시키는 유일하고도 가장 효과적인 활동으로 먼저 그 정복 사실에 대한 반역이 나타났다. 또 그 정복

1.4 생의 확충

사실에서 생겨난, 그리고 우리 생의 확충을 가로막는 일체의 사물에 대한 파괴가 나타났다.

생의 확충 속에서 극치미를 보는 나는 이 반역과 파괴 속에서만 오늘날 생의 극치미를 본다. 정복 사실이 그 정점에 오른 오늘날 조화階調는 더 이상 미가 아니다. 미는 오직 난조亂調에 있다. 조화는 거짓이다. 진짜는 오직 난조에 있다.

이제 생의 확충은 오직 반역에 의해서만 이루어진다. 신생활의 창조, 신사회의 창조는 오직 반역에 의할 뿐이다.

나는 나 자신의 생활에서 반역 속에서, 무한한 미를 향락하고 있다. 나의 이른바 실행의 예술이 갖는 의의 또한 여기에 있다. 실행은 생의 직접적인 활동이다. 그리고 두뇌의 과학적 세련洗練을 받은 근대인의 실행은, 이른바 '제정신이 아닌' 실행은 아니다. 전후의 고려가 없는 실행이 아니다. 또 억지로 손대중에 맡긴 실행도 아니다.

다년간의 관찰과 사색에서 생의 가장 바람직한 활동이라고 믿었던 것은 실행이다. 실행의 전후는 물론 한참 실행 중이라 해도, 당면한 사건의 배경이 충분히 머릿속에 그려지는 실행이다. 실행에 따른 관조가 있다. 관조에 따른 황홀이 있다. 황홀에 따른 열정이 있다. 그리고 이 열정은 더욱 새로운 실행을 부른다. 거기에는 이미 단일한 주관도 단일한 객관도 없다. 주관과 객관이 합치한다. 이것이 혁명가로서 내 법열法悅의 경지다. 예술의 경지다.

이러한 경지에 있는 동안 그 정복의 사실에 대한 나의 의식은 전적으로 가장 명료하다. 나의 자아는, 나의 삶은 가장 확실하게 수립된다. 그리고 이 경지를 경험할 때마다 나의 의식과 나의 자아는 점점 더 명료해지고 점점 더 확실해진다. 생의 환희가 넘쳐흐른다.

내 생의 이런 충실함은 동시에 내 생의 확장이다. 그리고 동시에

제1장 생과 자아

인류의 생의 확충이다. 나는 내 생의 활동 속에서 인류 생의 활동을 본다.

또한 이와 같은 가장 바람직한 생의 활동 방향을 취하고 있는 것은 나 혼자만이 아니다. 진실로 자기를 자각하고 또 자기와 주위와의 관계를 자각하는 사람들은 오늘날 아주 극소수이긴 해도, 이미 단호한 걸음으로 이 길로 나아가고 있다. 장님이 아니라면 어떤 사람이든 볼 수 밖에 없는 장래 사회의 대세를 형성하고 있다.

사실에 입각한다는 요즘 일본의 문예는 왜 사회의 근본 사실이자 나아가 오늘날 그 절정에 이른 정복에 대해서는 언급하지 않는가? 근대적 생의 고민을 근본적으로 건드리지 않는가? 더 나아가 왜 그에 대한 이 반역의 사실을 언급하지 않는가? 이 새로운 생, 새로운 사회의 창조를 다루지 않는가? 확실한 사회적 지식의 바탕 위에 구축된, 철저한 증오미와 반역미의 창조적 문예가 나타나지 않는가?

나는 생이 요구하는 바에 따라 이러한 의미의 경향적 문예를 요구하고, 과학을 요구하며, 철학을 요구한다.

1.5 헛꽃[16]

생은 영원한 투쟁이다.
자연과의 투쟁, 사회와의 투쟁, 다른 생과의 투쟁,
영원히 해결되지 않는 투쟁이다.

싸워라.
투쟁은 생의 꽃이다.
열매가 많은 생의 꽃이다.

자연력에 굴복한 생의 포기,
사회력에 굴복한 생의 포기,
이렇게 해서 생의 투쟁을 회피한
열매가 없는 생의 꽃은 피었다.

종교가 그러하다.
예술이 그러하다.

헛꽃의 꿀을 찾아다니는 벌레 같은 무리여.

---

16) 「헛꽃」(むだ花, 1913.8). 《근대사상》 제1권 제1호에 발표되었고, 이후 『만문만화(漫文漫画)』·『자유의 선구』에 수록된다. 또한 이 시의 전반부는 「영원한 투쟁(永久の鬪ひ)」이라는 제목으로 《노동운동》 제3권 3호에 실린다.

제1장 생과 자아

1.6 쇠사슬 공장[17]

한밤중에 문득 눈을 뜨자 나는 묘한 곳에 있었다.

시선이 닿는 곳에는 무수한 인간이 우글거리고 모두 제각각 뭔가 일을 하고 있다. 쇠사슬을 만들고 있는 것이다.

내 바로 옆에 있는 녀석이 꽤 길게 늘어뜨린 쇠사슬로 자신의 몸을 칭칭 감고 그 끝을 옆에 있는 녀석에게 건넸다. 옆에 있는 녀석은 또 이것을 길게 이어서 자신의 몸을 감고 그 끝을 맞은편에 있는 녀석에게 건넸다. 그 사이 맨 앞의 녀석은 옆에 있는 녀석에게서 쇠사슬을 건네받고 마찬가지로 그것을 이어서 자신의 몸에 감고 또 옆에 있는 녀석에게 그 끝을 건넸다. 모두 이렇게 같은 일을 계속 반복하고 있고 게다가 눈이 돌아갈 정도로 신속하게 이루어지고 있다.

열 겹, 스무 겹이나 되는 많은 쇠사슬을 몸에 감고 있어서 언뜻 보면 미동도 못 할 것처럼 보이지만, 쇠사슬을 만드는 동작과 그것을 몸에 감는 동작만은 손발이 자유롭게 움직인다. 부지런히 움직이고 있다. 모두의 얼굴에는 어떤 고통도 없어 보인다. 오히려 즐기고 있는 것처럼 보인다.

그러나 모두 그런 것은 아닌 듯하다. 내가 있는 곳에서 십여 명 정도 건너편에 있는 녀석이 뭔가 큰 소리를 내며 쇠사슬의 끝을 집어 던졌다. 그러자 옆에 있던 똑같이 쇠사슬로 몸을 감고 있는 녀석이 거침없이 그 녀석 쪽으로 다가가 들고 있던 굵직한 곤봉으로 서너 대 내리쳤다. 가까이에 있던 사람들은 함성을 지르며 환호했다. 조금 전의 녀석은 울면서도 다시 쇠사슬의 끝을 주워들어 작은 고리를 만

---

17) 「쇠사슬 공장」(鎖工場, 1913.9). 《근대사상》 제1권 제12호 (1913년 9월)에 발표되었고, 이후 『생의 투쟁』에 수록된다. 『정의를 추구하는 마음』에도 수록될 예정이었으나, 검열로 인해 전문이 삭제되었다. 오스기 사후에 간행된 『오스기 사카에 전집(大杉榮全集)』(アルス, 1925~26)에서도 검열로 의한 전문 삭제 지시가 있어 실리지 못했다.

들어 끼우고 또 만들어 끼우고 있다. 그리고 어느새 그 녀석의 눈물도 말라버렸다.

또 여기저기서 역시 몸을 쇠사슬로 감고 있는, 그러나 군중 중에서 다소 풍채가 좋은 녀석이 서서 뭔가 축음기 같은 카랑카랑한 소리를 내며 쉴 새 없이 떠들고 있다. "쇠사슬은 우리들을 보호하고 우리들을 자유롭게 해주는 신성한 것이다"라는 의미의 말을 어려운 말투와 어려운 논리를 이용해 주장하고 있다. 모두 감동한 듯이 듣고 있다.

그리고 이 넓은 광야와 같은 공장 한 가운데에 잘 차려입은, 아마도 이 공장의 주인 가족으로 보이는 녀석이 소파 위에 누워서 시가 같은 것을 피우고 있다. 그 동그란 연기가 때때로 직공의 얼굴 앞에 두둥실 날아와 주변의 모든 이들을 몹시 숨막히게 만들었다.

이상한 광경이라 생각하며 보고 있으니 왠지 내 몸 마디마디가 아파오기 시작했다. 정신을 차리고 자세히 보니 내 몸도 열 겹 스무 겹의 쇠사슬을 칭칭 감고 있다. 그리고 나 또한 열심히 쇠사슬 고리를 연결하고 있다. 나 역시 공장 노동자 중 하나였다.

나는 나 자신을 저주했고, 슬퍼했고 또 분노했다. 나는 헤겔의 말을 떠올렸다. "존재하는 모든 것은 도리가 있고 도리가 있는 모든 것은 존재한다."

빌헬름 1세[18]와 그의 충량한 신하들은 이 말을 이용해 당시의 전제정치, 경찰국가, 봉인장에 의한 재판, 언론압박 등 현실의 모든 정치적 사실에 철학적 축성祝聖을 부여한 것으로 해석했다고 한다.

---

18) 빌헬름 1세(Wilhelm I, 1797~1888)는 독일 왕국의 초대 황제(1871~1888)이다. 제국의회에서 1878년 반사회주의자 법이 제정되어, 독일 사회민주당의 법적 상태를 박탈하였고, 노동자들의 대중 조직들과 사회주의자와 노동자의 언론을 금지시켰다.

제1장 생과 자아

정치적 사실만이 아니다. 모든 일이 그러하다. 저 우둔한 프로이센 민중에게는 확실히 그 모든 현실이 필연적이고 이치에 맞는 것이었다.

내가 내 쇠사슬을 만들고 게다가 스스로 내 자신을 구속하는 동안에는 결국 이런 현실은 필연일 수밖에 없다. 이치이고 인과이다.

나는 내 쇠사슬 만드는 일을 그만두어야 한다. 스스로 나 자신을 구속하는 일을 멈추어야 한다. 나를 구속하는 쇠사슬을 풀어야 한다. 그리고 나는 새로운 나를 구축하고 새로운 현실, 새로운 이치, 새로운 인과를 창조해야 한다.

내 뇌를 휘감고 있던 쇠사슬은 대부분 생각보다 쉽게 풀 수 있었다. 하지만 손발의 쇠사슬은 끈질기게 살 속까지, 때로는 뼛속까지 파고들어 살짝 건들기만 해도 고통스러워 참을 수가 없다. 그런데도 그 고통을 참으면서 조금씩 풀고 또 풀었다. 그러자 나중에는 그 통증이 다소 시원하다는 느낌까지 들었다. 감시하는 놈들의 곤봉도 서너 대 정도는 아무렇지 않을 정도가 되었다. 옆에 있는 녀석들의 조소와 욕은 내 쪽에서 기꺼이 받아주고 싶을 정도가 되었다.

하지만 혼자 풀려고 애를 써도 도저히 풀 수 없는 쇠사슬이 많다. 내 쇠사슬과 모두의 쇠사슬이 교묘하게 얽혀서 연결되어 있다. 달리 방법이 없다. 게다가 조금이라도 방심하면 애써 힘들게 풀어놓은 쇠사슬이 어느새 내 몸을 다시 감는다. 부지불식 중에 내 손은 다시 내 쇠사슬을 연결하고 있다.

쇠사슬 공장의 주인이란 놈이 우리의 위장 열쇠를 쥐고 있어서 그 열쇠를 돌리는 방법에 따라 우리의 손발이 움직이고 있는 것이다. 지금까지 나는 내 뇌가 나의 손발을 움직인다고 믿었는 데 그것은 큰 착각이었다. 주변을 둘러보니 내남직없이 모든 녀석들의 손발이 조종당하고 있다. 자신들의 위장 열쇠를 쥐고 있는 놈의 뇌에 지배되

1.6 쇠사슬 공장

어 움직이고 있는 것이다. 너무나 어처구니없는 이야기지만 사실은 사실이니 어쩔 도리가 없다.

그래서 나는 내 위장 열쇠를 그 녀석의 손아귀에서 빼앗으려고 결심했다. 그런데 그 녀석에게서 내 위장 열쇠만 빼앗는 것은 도저히 불가능한 일이었다. 내 위장 열쇠와 다른 사람의 위장 열쇠가 그 녀석의 손아귀에서 한데 뒤엉켜 있어 아무래도 나 혼자서는 빼낼 수가 없다.

게다가 그 녀석의 주변에는 여러 명의 감시자가 있다. 하나같이 몸에 쇠사슬을 칭칭 감은 채 창이나 활 따위를 들고 지키고 서 있다. 무서워서 근처에 갈 엄두도 못 낸다.

나는 거의 실망한 상태였다. 그리고 주변에 있는 녀석들을 둘러봤다. 쇠사슬로 묶여있는 사실조차 모른 채 있는 녀석이 여럿 있다. 다행히 알고는 있지만 오히려 고마운 물건이라고 생각하는 녀석도 여럿 있다. 고마워 할 것까지는 없지만, 어쩔 수 없는 일이라 포기하고 부지런히 쇠사슬을 만드는 녀석도 여럿 있다. 쇠사슬 만드는 일도 바보짓 같아 감시하는 틈을 타 몰래몰래 손놓고 머릿속으로는 자유롭게 공상과 망상의 나래를 펼치면서 "나는 쇠사슬에 묶여있는 게 아니야", "나는 자유로운 인간이야"라고 열에 들떠 잠꼬대 같은 소리를 하는 녀석도 여럿 있다. 기가 막혀서 차마 눈 뜨고 볼 수가 없다.

그러다 나는 갑자기 놀라 눈이 휘둥그레졌다. 내 편처럼 보이는 녀석들을 발견한 것이다. 수는 적다. 게다가 여기저기 흩어져있다. 그런데 녀석들은 하나같이 주인의 손아귀에 있는 위장 열쇠만 노리고 있는 듯했다. 그리고 나처럼 자신들의 열쇠만 빼앗는 일은 도저히 어렵다고 생각한 모양인지 계속 가까이 있는 녀석들에게 속삭이며 단결을 설득했다.

제 1장 생과 자아

"주인은 수가 적다. 우리는 수가 많다. 머릿수 싸움이다. 우리가 모두 하나로 뭉치면 단 한 번의 공격으로 저 열쇠를 빼앗을 수 있다."

"하지만 정의와 평화를 주장하는 우리는 폭력을 삼가야 한다. 평화의 수단을 써야만 한다. 게다가 그 수단으로 쉬운 방법이 있다."

"우리는 매년 한 번씩 우리의 대표자를 주인에게 보내서 우리 생활에 관한 모든 것을 결정하고 있다. 지금이야 그 회의에 참석하는 녀석들 전부 주인 쪽 대표자이지만 지금부터는 어떻게든 우리 편에 있는 진정한 대표자를 보내 그 회의에서 다수당이 되어 우리가 생각하는 대로 의결하면 된다."

"여러분은 조용히 쇠사슬을 만들고 있으면 된다. 쇠사슬을 몸에 감고 있으면 된다. 그러다 몇 년 뒤에 다시 대표자를 뽑을 때 우리 편 대표자한테 투표하면 되는 거다."

"우리 대표자는 조금씩 우리의 쇠사슬을 느슨하게 해주다가 결국에는 우리의 위장 열쇠를 주인의 손아귀에서 빼앗을 것이다. 그리고 우리는 그 쇠사슬을 우리 대표자의 손에 맡기고 우리가 꿈꾸던 새로운 조직, 새로운 제도의 공장으로 들어가는 거다."

나는 처음에 아주 그럴듯한 논의라고 생각했다. 그러나 오직 숫자에만 의지한다는 점 그리고 자신보다 타인을 의지한다는 점 등이 아무래도 탐탁지 않았다. 게다가 그 녀석들이 과학적이라고 주장하는 철학을 들어보니 이 녀석들 역시 내 편이 아님을 깨달았다.

이 녀석들은 지독한 범논리주의자^{panlogists}이다. 그리고 지독한 기계적인 정명론자이다. 자신들이 꿈꾸는 새로운 공장조직이 경제적 과정의 필연적인 결과로 자연스럽게 현재 공장조직의 후계자로 나타날 것임을 믿고 있다. 따라서 녀석들은 오로지 이런 경제적 과정을 통해 공장 제도나 조직을 바꾸면 된다고 믿고 있다.

1.6 쇠사슬 공장

사실 원래는 나도 범논리주의자에 가깝다. 기계적인 정명론자이다. 하지만 내 논리 속에는, 내 기계적인 정명론 속에는 꽤 다양한 미지수가 들어있다. 내 이상의 실현은 이 미지수가 명백하게 드러나지 않는 동안에는 필연적이 아니다. 단지 다소의 가능성을 가진 개연일 뿐이다. 나는 녀석들처럼 미래를 낙관하지 못한다. 그리고 미래에 대한 내 비관은 현재의 내 노력을 고무시킨다.

내 미지수라 하는 것 대부분은 인간 자체이다. 생의 발전 자체이다. 생의 능력 그 자체이다. 더 자세하게 말하면 자아의 능력이나 자아의 권위를 자각하면서도, 만족할 줄 모르고 발전을 위해 싸우는 노력이다.

경제적 과정이 우리 공장의 미래를 결정하는 큰 동력이라는 사실은 의심하지 않는다. 그러나 그 과정의 결과가 어떤 조직과 제도를 초래할지는 미지수, 즉 우리의 능력과 노력에 달려있다. 조직이든 제도든 그것은 인간과 인간의 접촉을 구체화한 형태에 불과하다. 제로와 제로의 접촉, 제로와 제로의 관계는 어떻게해도 결국은 제로다.

그렇다고 해도 나는 오늘날 이미 완성된 조직이나 제도를, 거의 만능에 가까운 그 세력을 소름 끼치게 두려워할 수밖에 없다. 그것의 파괴를 관심 밖에 두고 개인의 완성을 칭송하는 녀석들은 꿈속에서 꿈을 꾸는 녀석들이다.

게으른 자에게 비약은 없다. 게으른 자는 역사를 창조하지 않는다. 나는 다시 내 주위를 둘러봤다. 온통 게으른 자뿐이다. 쇠사슬을 만드는 일과 그것을 자신의 몸에 칭칭 둘러 감는 일만은, 즉 타인의 뇌로 조종당하는 일만은 부지런히 하고 있지만, 자신의 뇌로 자신을 움직여 일하는 사람은 거의 없다. 이런 녀석들이 아무리 많이 모인들 무슨 비약을 할 수 있을까, 무슨 창조를 할 수 있을까.

나는 다시 어리석은 대중에게 절망했다. 내 희망은 오직 나한테

달렸다. 자아의 능력과 권위를 자각하고 다소의 자기 혁명을 거쳐서 다시 자기 확대를 위해 분투하고 노력하는 극소수의 사람한테만 달렸다.

우리는 우리의 위장 열쇠를 쥐고 있는 녀석을 향해, 그 녀석들의 생각대로 완성된 이 공장의 조직과 제도를 향해 짐승처럼 덤벼들어야 한다.

우리는 어쩌면 마지막까지 극소수일지도 모른다. 하지만 우리에게는 의견이 있고 노력이 있다. 그리고 이 노력에서 비롯된 활동의 경험이 있다. 활동의 경험에서 비롯된 이상이 있다. 우리는 끝까지 싸울 것이다.

전투는 자아 능력의 연습이다. 자아 권위의 시금석이다. 게으른 자들을 점차 우리들의 테두리 안으로 끌어들여 그 녀석들을 전사로 탈바꿈시키는 자석이다.

그리고 이 전투는 우리의 생활 속에 새로운 의미와 새로운 힘을 낳고 우리가 건설하려는 새로운 공장의 싹을 틔울 것이다.

아, 나는 너무 이론만 내세웠다. 이론은 쇠사슬을 풀지 못한다. 이론은 위장 열쇠를 빼앗지 못한다.

쇠사슬은 더욱더 꽉 우리를 조이기 시작했다. 위장 열쇠도 더욱더 엄격하게 관리하기 시작했다. 아무리 게으르고 어리석은 대중들도 서서히 몸부림치기 시작했다. 바로 지금이 자각한 전투적 소수자의 노력이 나타날 때다. 나는 내 손발을 감고 있는 쇠사슬을 버리고 일어섰다.

나는 잠에서 깨어났다. 어느새 새벽이 밝아와 8월 중순의 아침 해가 아직 잠에 취한 내 얼굴을 내리쬐고 있다.

1.7 생의 창조[19]

1.

> 모든 생산방법을 사회의 소유로 귀속시키면서, 상품의 생산은 배제되고, 그와 동시에 생산자에 대한 생산물의 지배도 배제된다. 사회생산을 지배하는 혼란에 이어서 자각적인 조직이 생겨난다. 개인적인 생존경쟁이 멈춘다.
>
> 이렇게 하여 사람은 확실한 의미에서 완전히 동물계를 벗어나 동물적 존재의 상태에서 인간적 존재의 상태로 변한다. 종래 인간을 지배하던 생의 조건의 총체가 인간 자신의 지휘 및 토의와 연구 하에 놓이면서 비로소 인간은 자기 단체생활의 주인이 되고, 자연의 참된 주인이 된다.
>
> 종래에는 인간 바깥에서 외적 법칙으로 그들을 지배하던 인간 자신의 사회적인 활동 법칙을, 인간 자신이 원인에 대한 충분한 지식으로 적용하고 통제한다. 종래에는 자연에 의해 혹은 역사에 의해 인간에게 부과되던 단체생활 자체도 인간 자신이 자유롭게 제작하게 된다. 종래의 역사를 지배하던, 외적이고 객관적인 여러 종류의 힘들이 인간의 감독하에 놓이게 된다.
>
> 이때 이후로 비로소 인간은 충분한 자각을 가지고 자신의 역사를 만든다. 이때 이후로 비로소 인간이 의도하는 여러 사회적 원인이, 대부분 그리고 점점 증가하는 비례를 통해, 추구하던 결과를 얻기에 이르렀다.
>
> 이것은 필연의 세계에서 자유의 세계로 향하는 인류의 비약이다. 세계의 이 해방적인 활동을 성취하는 근대 평민계급의 역사적인 임무이다.

나는 지금 나의 「생의 창조」론을 펼치기 위한 하나의 방편으로 사회주의자 사이에서는 이미 유명한 엥겔스의 『과학적 사회주의와

---

[19] 「생의 창조」(生の創造, 1914.1). 《근대사상》 제2권 제4호(1914년 1월)에 발표되었고, 이후 『생의 투쟁』·『정의를 추구하는 마음』에 수록된다. 후에 제목을 「자아의 발전」으로 바꾸었다.

공상적 사회주의』[20] 중의 일부를 빌려왔다. 또한 이 구절은 로마대학의 사회주의 교수 고 안토니오 라브리올라의 저서『역사의 물질적 개념』[21] 결론 중에 있는 사회주의 물질론이 내포하는 거대한 이상론을 증명하기 위해 특별히 인용된 것이다.

2.

필연에서 자유로의 비약적인 생활! 외적 강박에서 내적 발의로의 창조적인 생활! 이것은 실로 사회주의가 이상으로 삼는 최후의 목표이다. 그리고 최근 사상계에서 가장 선명한 색채의 깃발이다.

사회주의는 이와 같은 이상에 도달하기 위해서 먼저 모든 사람의 자유로운 발달의 조건인 각 개인의 자유로운 발달이 가능한 환경에 이르게 할 목적으로 모든 생산방법의 공유를 주장했다. 사회주의가 계획하는 이런 환경, 즉 사회주의적 사회에 대해서는 이미 여러 이론 異論도 있지만 어쨌든 그 착안점만은 좋았다.

우리는 개인이 없는 사회를 상상할 수 없고 엄밀한 의미에서 사회가 없는 개인도 상상할 수 없다. 따라서 사회적 환경이 배경에 없는 개인론은 대단히 가치가 없다고 생각한다. 그런데 사회주의는 이 사회적 환경을 지나치게 중시한 결과 사회론에서 개인적 요소를 제거해 버렸다. 이상적 환경에 이르기까지 각 개인의 태도에 대해서는, 진정한 개인의 태도에 대해서는 결국 말해주는 바가 거의 없었다.

---

[20] 원제는 『공상에서 과학으로의 사회주의의 발전』 *Die Entwicklung des Sozialismus von der Utopie zur Wissenschaft*이다. 한국어판 박광순 역, 『공상에서 과학으로』, 범우문고, 2006.

[21] 안토니오 라브리올라(Antonio Labriola, 1843~1904)는 이탈리아의 맑스주의 이론가 및 철학자이다. 맑스주의 정당의 활동적 구성원은 아니지만 그의 사상은 이탈리아자유당의 창설자인 베네데토 크로체나 이탈리아공산당의 지도자였던 안토니오 그람시와 아마데오 보르디가 등 20세기 초 이탈리아의 많은 정치이론가들에게 영향을 미쳤다. 『역사의 물질적 개념』의 원제는 *La concezione materialistica della storia*, 1895.

사회주의는 믿는다. 평민의 해방은 우리 의지와 상관없는 어떤 종류의 상황, 특히 공업의 발달로 생기는 상황과 관련이 있다고. 노동계급의 정신적 진보는 이러한 평민의 해방을 수월하게 하는 것에 지나지 않는다고. 새로운 경제가 새로운 도덕을 만드는 거라고.

사회주의는 이와 같은 소위 유물사관에 기반하여 사회진화의 요소로서 경제적 과정과 공업기술 과정을 과대평가했다. 그리고 그 필연적인 결과에서 자유로 향하는 도약이나 외적인 강박에서 내적인 발의로 향한 창조를 단지 도착점으로만 강조할 뿐, 이것이 또한 출발점이기도 하다는 사실을 잊어버렸다.

경제적 과정이 도덕을 만든다는 것을 지나치다 싶을 정도로 대강 주장한 사회주의자의 철학 앞에서, 미리 각 개인의 도덕적 성질에 대해 설명하는 것은 처음부터 아무 쓸모없는 일이었다. 그러나 사회주의가 좌절한 것은 결국 이 지점에서였다. 나는 이것을 이론보다는 오히려 사실을 통해서 먼저 보고 싶다.

사회주의는 수십 년간 악전고투를 거친 후에 이론에서도, 운동에서도 처음에 품었던 목적에서 점점 멀어졌다. 이것은 구미 각국의 사회주의 역사에서 볼 때 어쩌면 조금도 의심할 여지가 없는 사실이다. 과거 우리 편이자 진정으로 자각했던 노동자 무리가 지금은 오히려 이를 적대시하면서 거부감을 드러내기까지 한다. 그리고 그 주된 요인의 하나로 봐야할 것은 결국 사회주의 철학의 오류이다. 나는 근래 갑자기 생디칼리슴이 대두하는 것을 보면서 그것을 더욱 통감한다.

3.

생디칼리슴은 말한다. 사회주의는 운명적 생성 le devenir fatal 이 아니라고. 임의적 구성 la formation volontaire 이라고. 노동자가 우월한 정신적 교화 수준에 도달하지 못하는 한 사회주의의 경제적 변혁은 실현되지 않는다고. 새로운 도덕은 현재 이 사회 안에서 만들어져야 한다고. 그리고 이 새로운 도덕의 힘이 새로운 사회상태를 가능하게 한다고.

나아가 말한다. 자본가 제도 안에서 사회주의가 성숙하려면 공업의 기술적인 발달을 기다리는 것이 당연하다고. 사회주의는 충분히 발달한 동시에 끊임없이 진보하는 생산력 위에서만 성립되는 하나의 경제조직이라고.

그러나 이런 기술적 발달은 단지 그 한 부분에 지나지 않는다. 결코 무시할 수 없는 중대한 다른 한 면은 구舊조직 안에서 발달하는 새로운 정신적인 힘이다. 즉 노동계급의 정치적, 사법적, 정신적인 다양한 재능들의 발달이다.

전습傳襲된 국가를 완전히 제거하고 노동자 자신의 조직으로 그것을 대체하려는 이와 같은 대변혁은 노동자의 높은 정신수양과 사회의 경제적 직업능력을 지도할 재능을 준비해야 한다. 노동자 자신에게 이런 준비가 되었을 때, 즉 스스로 사회를 경영할 수 있다고 느낄 때 비로소 사회혁명이 도래하는 것이다.

따라서 노동자의 정신적 교육이라는 것이 무엇보다 중요하다. 노동자에게 스스로 의지를 갖게 가르치고, 활동으로 그들을 훈련시키고, 그리고 그들의 재능을 그들 자신에게 가르쳐야 한다. 이것이 사회주의 교육의 비결이라고 하겠다.

이렇게 소위 신사회주의는 "노동자의 해방은 노동자 자신의 일이어야 한다"는 공산당선언의 결론을 문자 그대로의 의미로 부활시키려 했다.

그리고 이 '노동자 자신의 일'이라는 것에서 생디칼리스트는 자유와 창조를 발견한 것이다. 과거와는 절연한, 즉 부르주아사회가 낳은 민주적 사상과 제도와는 독립된, 그리고 그것들의 모방도 아닌 전혀 다른 사상과 제도를 그들 자신 안에서, 그들 자신의 단체 안에서 그들 자신의 노력으로 발육 생장시키려 했다.

즉 생디칼리슴은 엥겔스의 "모든 생산수단을 사회적 소유로 귀속시키면서" 다음과 같은 예상을 먼저 자신 안에서 조금 실현시킨 후에, 적어도 정신적으로 실현시킨 후에 비로소 사회적 가능성을 믿고 사회혁명의 가능성을 믿는다. 생디칼리슴의 강력한 힘은 이 원천에서 끌어올려지는 것이다.

4.

운동에는 방향이 있다. 그러나 최후의 목적은 없다. 어떤 운동이 가진 이상은 마지막 목적 안에서 자신을 발견하는 것이 아니다. 이상에는 항상 운동이 따르고 그 운동과 함께 전진한다. 이상이 운동 앞에 있는 것이 아니다. 운동 그 안에 있다. 운동 그 안에 자신의 형태를 새겨가는 것이다.

자유와 창조는 우리가 장래의 것으로서만 동경할 이상이 아니다. 우리는 우선 이것들을 현실에서 포착해야만 한다. 우리 자신 안에서 획득해야 한다.

자유와 창조를 우리 자신 안에서 획득한다는 것은 즉 자기가 자기임을 알고 동시에 이런 자기 안에서 자기의 힘으로 살아가는 것을 깨닫는 것을 말한다.

사회주의자는 흔히 자각이 사회생활을 창조하는 것이 아니라고, 사회생활이 자각을 만든다고 말한다. 그리고 항상 이것을 과장한다. 우리도 또한 그런 사실이 진실이고 매우 중대하다는 것을 알고 있다. 하지만 동시에 그 자각이 새로운 사회생활을 만든다는 사실도 잊지 않는다. 즉 우리는 여러 가지 사회적 경향을 판단하고, 그 안에서

제1장 생과 자아

우리의 내적 동경과 가까운 것, 우리의 개인적 생활의지와 가까운 것을 선택한다는 사실을 알고 있다. 때로는 그것들의 다양한 경향을 부인하고 초월한다는 사실도 알고 있다. 즉 우리의 권력의지가 분기하는 사실을 목격한다. 이렇게 해서 우리는 자아의 개인적 발의인 자유와 창조를 떠올리고 여기에 개인 및 사회 진화의 기초를 놓아야 함을 느낀다.

자아는 자유롭게 사색하고 자유롭게 행동하는, 니체가 말한 것처럼 피안을 향한 갈망의 화살이다. 우리는 우선 자아를, 모든 장래를 내포한 신비한 맹아를 포착해서 발육시켜야 한다.

자유와 창조는 우리 밖에 또는 장래에 있는 것이 아니다. 우리 안에, 지금, 있는 것이다.

5.

자아는 활동과 반성을 통해 포착하고 발육시킬 수 있다. 그리고 우리는 우선 포착한 자아를 고유한 성질인 자유와 창조, 자유로운 사색과 행동을 달성할 수 있는 모든 방면으로 작동하게 해야 한다.

이렇게 해서 우리는 처음으로 그곳에서 자아와 환경의 준열한 투쟁을 보게 된다. 새로운 인간의 가공할만한 노력을 보게 된다.

이 노력과 투쟁이 없는 곳에 자아의 진정한 발전은 기대할 수 없다. 자아의 강대함은 이 노력과 투쟁 속에서만 찾을 수 있다. 자유와 창조의 이상을 향한 진행과 인격의 단련을 위해서는 반드시 이 투쟁의 들판을 거쳐야만 한다.

게다가 오늘날처럼 거의 모든 사회적 제도가 자아의 압박과 파괴에 힘을 쏟는 상황에서 자아가 향할 곳은 사회적 제도에 대한 반역 외에는 없다.

우리는 이 노력과 투쟁의 가장 위대한 것을 오늘날 아나키스트와 생디칼리스트의 운동에서 볼 수 있다.

그들은 생활의지와 권력의지가 가장 강대한 소수자이다. 가장 많은 과거를 해탈한 새로운 인간이다. 개인적으로 또는 사회적으로 가장 결실이 많고, 많아야 할 창조자이다.

그들은 사상 및 감정의 유사성 혹은 이해관계의 인연을 통해 강고한 단결을 조직하면서, 다른 한편으로 환경과의 단호한 투쟁에 따른다. 그들의 암호는 단결과 반역이다.

그들 소수자는 다수자의 무위와 나태를 알고 있다. 다수자가 스스로 자아를 포착할 수 없음을 알고 있다. 자동력自働力이 결여되어 있음을 알고 있다. 따라서 그들의 일을 하는 데 있어 결코 다수자의 일반의지를 도모하는 것과 같은 우를 범하지 않는다. 그들은 먼저 스스로 일어났다. 그리고 그 대담한 사상과 행동을 통해 다수자에게 발의와 실례와 선도성을 주었다. 다수자는 자신을 운전하게 만들어서 강력한 잠재력을 발휘하게 하는 어떤 충동력이 필요한 존재이다.

그들 소수자는 무엇이든 스스로 처리, 관리하려는 자가 아니다. 다수자·군집을 가능하면 온정적으로, 무위로, 온순하게 처분하려는 자도 아니다. 오히려 자신과 함께 군집을 움직이고 동시에 군집을 직접 투쟁에 관여시키는 것을 통해서만 그 활동의 유용성을 믿는 자이다. 또한 이를 통해 다수자에게, 군집에게, 적어도 그 안에 있는 어떤 자에게 점차 자아를 포착하는 방법을 알려줄 수 있다고 믿는 자이다.

우리가 지금 여기에서 그들의 운동을 상세히 논하기에는 제약이 따른다. 또한 그것을 논하는 바가 이 글의 목적도 아니다. 다만 우리는 생의 창조라는 근래의 유행어를 사회학적 의미로 해석하면 충분하다.

요컨대 그들 소수자는 이렇게 현존사회의 기초를 점점 붕괴시키고 구사회의 조직 안에 신사회의 요소를 발전시키려고 하는 것이다. 그리고 그 과정이 충분히 진행되었을 때 마지막 대투쟁을 통해 무너뜨린 건물을 깨끗이 제거하고 그들 자신 안에서 도려낸 신사회를 건설하려는 것이다.

이 신사회는 아직 그 형식에 대한 어떤 상세한 계획이 없다. 또한 그들은 그 필요성을 느끼지 않지만, 장래의 노선은 대체로 현재의 발달에 따라 지시를 받는다. 그들의 운동은 분명히 '경제적 연합제도 le fédéralisme économique'로 향하는 길 위에 포석을 깔고 있다.

1.8 제정신인 광인[22]

《수세미꽃》[23] 제3호에는 아라하타 간손[24]의 최근 저서 『쇼 경구집』[25]에 대한 비평이 실려 있다. 10줄에 불과하지만 마지막 한 구가 심히 내 눈을 끌었다. "간손의 번역은 이미 세상에 정평이 나 있다"라는 말까지는 참으로 신간소개 코너다웠다. 그러나 그 다음의 "뒤이어 여기에 경구 하나를 뽑아놓는다. 인간은 산정상까지 올라갈 수 있을지언정 거기에서 영원히 살 수 없다"라는 대목에 와서는 더 이상 그냥 지나칠 수 없었다.

서명은 없지만 물론 이것은 사카이 도시히코[26]의 글이다. 그래서 나는 사카이의 이 태도에 대해 한 마디 남기면서 이 기회를 이용하여 우리의 주장, 즉 나의 이른바 제정신인 광인론을 좀 더 철저히 하고자 한다.

말할 것도 없이 저 마지막 한 구는 아라하타 간손에 대한 사카이 도시히코의 조롱이다. 늘 산꼭대기까지 등반해야 한다고 주장하고 또 그곳에 도달하려고 부단히 노력하지만 다시 굴러떨어지는 아라하타 간손이 자신의 생활이나 주장을 조소하는 듯한 의미로 자기 책 속에

---

22) 「제정신인 광인」(正氣の狂人, 1914.5). 《근대사상》 제2권 제8호에 발표되었고, 이후 『생의 투쟁』·『정의를 추구하는 마음』에 수록된다.
23) 《수세미꽃(へちまの花)》은 사카이 도시히코(堺利彦)에 의해 1914년부터 1915년 사이 19호까지 발행되었다. 이후 《신사회(新社會)》로 잡지명을 바꾸게 된다.
24) 아라하타 간손(荒畑寒村, 1887~1981)은 일본의 정치가, 사회운동가이다. 고토쿠 슈스이의 영향으로 노동운동에 가담하였으며 일본에서 사회주의자로 활동하였다.
25) 『쇼 경구집(シヨウ警句集)』은 아라하타 간손의 편역으로 다이헤이칸(泰平館) 서점에서 1914년 출판되었다. 조지 버나드 쇼(George Bernard Shaw, 1856~1950)는 아일랜드 출신의 영국 극작가이면서 동시에 사상가·비평가·연설가로 활약했다.
26) 사카이 도시히코(堺利彦, 1871~1933)는 일본의 사회주의자, 사상가, 역사가이다. 일본에서 최초로 『공산당선언』를 번역하였으며 일본 사회주의운동의 지도자로 활약했다.

제1장 생과 자아

그런 경구를 넣은 것인데, 그것을 한번 더 비꼰 것이다.

나는 지금 저 조롱하기 좋아하는 사카이 군이 문득 이 경구를 찾아내고 그것을 이 야유의 재료로 사용하려고 생각했을 때 얼마나 득의양양한 표정을 지었을지가 눈앞에 선하다. 그리고 그 순간 사카이의 심리를 매우 경멸한다.

아라하타 간손의 주장이나 생활은 동시에 나 자신의 주장이자 생활이다. 뿐만 아니라 나는 더더욱 모든 사람이, 그리고 순서상으로 먼저 어떤 소수자가 산꼭대기까지 등반해야 한다는 것을 권고하고 강제하고 싶은 것이다. 아마도 간손 또한 그럴 것이다. 따라서 나는 간손에게 향했던 사카이의 저 조롱을 보고 더더욱 말참견을 해야한 다는 의무감을 느꼈다.

사카이가 쇼를 좋아하는 이유는 아마도 단순히 그의 반역적 태도만이 아니라, 그런 식으로 말하는 저급한 조소적인 태도도 사카이와 닮은 면이 많기 때문이다. 나는 지금 저급한 조소라는 말을 몰이해에서 비롯된 조소의 의미로 사용한다. 부르주아 사회에 대한 쇼의 관찰과 비평은 실로 정교함과 신랄함이 극에 달해 있다. 그러나 쇼는 다른 많은 사회주의자들과 마찬가지로 사회주의 이외의 혹은 그것에 상당히 근접한 신사상에 대해 때때로 심한 몰이해를 드러내거나, 그런 몰이해에서 비롯된 매우 저열한 조롱을 즐기는 버릇이 있다. 그의 소논문 「무정부주의의 불가능성」과 같은 것은 자신이 무정부주의적 사상의 단편을 항상 입에 담고 또한 글로 쓰면서도 무정부주의라는 역사적 이론에 대한 그의 무관심과 몰이해가 얼마나 심각한지를 보여주는 적절한 예이다. 또한 그는 「입센 설의 신수神髓」에서 너무나 명료한 입센의 무정부주의를, 즉 자각하는 개인의 자유로운 합의를 통해 조직되는 신사회의 이상을 헐뜯으려 해서 이 책의 발행인인 터커[27])가 정정의 각주를 달았다.

나는 쇼의 저 경구가 어떤 책의 어느 부분에 있는지 알지 못한다. 따라서 무엇을 가리키고 무엇을 의미하는지도 모른다. 그러나 지금 그것이 문제가 아니다. 요컨대 오직 사카이가 자신의 주장과 다소 다른 타인의 주장에 대해, 게다가 항상 사카이와 친근하고 또 사카이를 존경하는 그 친구 혹은 후배의 주장에 대해 내용을 제대로 파고들어보지도 않은 채 피상적인 관찰만으로 냉소와 조롱을 하며 득의양양해하는 태도에 문제가 있다는 것이다.

그것은 간손에 대한 사카이의 이번 태도만을 말하는 것이 아니다. 나 자신 또한 최근에 자주 사카이의 이런 태도를 접하고 있다. 사카이는 그의 칼럼 「반백의 머리胡麻塩頭」에서 몇 차례 나의 주장을 비평했다. 그가 말하기를 "지나치게 영웅적이다", "지나치게 신비적이다"라는 것이다. 그리고 거기에 덧붙인 다소간의 조롱 외에는 어떠한 설명도 없다. 영웅적 혹은 신비적이라는 말은 사카이에게는 상당한 조롱의 단어다. 그런데 사카이는 오직 이런 조롱의 말을 던지기만할 뿐 나의 주장에 어떠한 해석도 덧붙이지 않았다. 예전에 나의 주장에 이론異論을 끼워 넣는 것에 대들었던 내가 특히 사카이의 조롱에 대해서만은 거의 침묵을 지켰던 이유는 그가 나와 가깝고 존경하는 친구 또는 선배였기에, 매우 불친절하고 비열한 태도인데도 반은 분노하고 반은 경멸하기만 했다. 그러나 나는 사카이의 이 태도가 사상적인 측면에서 간신히 사카이로부터 멀어지기 시작한 여타 친구나 후배한테까지 향해지는 것을 보고, 그리고 그 사람들 사이에서 선배인 사카이에 대해 가진 존경심이 점차 약해지는 현실을 보고 굳이 사카

---

27) 벤저민 터커(Benjamin Tucker, 1854~1939)는 미국의 아나키스트, 자유시장 리베타리안 사회주의자이다. 개인주의적 무정부주의 잡지인《자유》*Liberty*의 편집자이자 발행인이자 사회주의자 제1인터내셔널의 회원이기도 하다. 『국가사회주의와 무정부주의』*State-Socialism and Anarchism*의 저자.

제1장 생과 자아

이에게 이 한마디를 하려고 한다.

원래 우리는 야유나 조소를 무서워하지 않는다. 우리를 제대로 알고 하는 빈정거림이나 조소는 마치 뱃고동을 울리는 것처럼 하나의 신호가 된다. 그래서 우리도 그에 응해서 우리 자신을 조롱하고 조소하고 싶어진다. 또한 처음부터 우리를 이해 못하는 자들과 우리가 인정하고 있는 놈들의 저급한 야유나 조소에 대해서는 거의 아무 방해도 느끼지 못한다. 하지만 사카이는 우리가 십 년 넘게 가깝게 지내온 존경하는 선배이다. 지금 우리가 사카이에게 요구하는 바는 우선 우리에 대한 진정한 이해이다. 또한 이 이해에서 비롯된 교훈 또는 조소이다. 그리고 사카이도 친구 또는 후배인 우리에게 마찬가지의 희망을 품어야 한다.

작년 3월 근대사상사의 만찬회에서 시마무라 호게츠[28]와 소마 교후[29]를 초대했을 때 예술과 실행이라는 주제로 격론이 벌어졌다. 그 후 호게츠는 그날 밤의 감상을 늘 그렇듯 강의하는 논조로《문장세계》[30]에 발표했다. 나도 그 후 발표한「생의 확충」속에서 그날 밤 무심코 튀어나온 실행의 예술이라는 말의 의미를 밝히려 했다.

> 나는 나 자신의 생활에서 반역 속에서, 무한한 미를 향락하고 있다. 나의 이른바 실행의 예술이 갖는 의의 또한 여기에 있다. 실행은 생의 직접적인 활동이다. 그리고 두뇌의 과학적 세련(洗練)을 받은 근대인의 실행은, 이른바 '제정신이 아닌' 실행은 아니다. 전후의 고려가 없는 실행이 아니다. 또 억지로 손대중에 맡긴 실행도 아니다.[p.35]

---

28) 시마무라 호게츠(島村抱月, 1871~1918)는 일본의 문예평론가, 극작가이다. 메이지기 일본에서 자연주의 문학운동을 일으키고 신극운동을 주도한 것으로 알려져 있다.
29) 소마 교후(相馬御風, 1883~1950)는 일본의 시인, 평론가이다. 메이지기 일본에서 구어자유시 운동을 일으키는 데 기여하였다.
30)《문장세계(文章世界)》는 하쿠분칸(博文館)이 1906년부터 1920년까지 발행한 잡지로, 1권 1호부터 15권 12호까지 발간되었다.

● 1.8 제정신인 광인

이 '제정신이 아닌 실행은 아니다'라는 구절을 특히 강조한 이유는 그날 밤 논의 중에 내가 말한 실행과 예술이라는 것에 반대하는 듯한 사카이의 말 때문이다. 그리고 이어서 '반드시' 운운한 것은 호게츠가 실행이라는 말을 오직 완력으로 이해한 것에 대한 대응이다.

> 다년간의 관찰과 사색에서 생의 가장 바람직한 활동이라고 믿었던 것은 실행이다. 실행의 전후는 물론 한참 실행 중이라 해도, 당면한 사건의 배경이 충분히 머릿속에 그려지는 실행이다. 실행에 따른 관조가 있다. 관조에 따른 황홀이 있다. 황홀에 따른 열정이 있다. 그리고 이 열정은 더욱 새로운 실행을 부른다. 거기에는 이미 단일한 주관도 단일한 객관도 없다. 주관과 객관이 합치한다. 이것이 혁명가로서 내 법열法悅의 경지다. 예술의 경지다.[p.35]

나는 나의 실행이 언제나 이런 종류의 실행이라고 말할 수는 없다. 또한 나의 이러한 종류의 실행이 언제나 이 글에 나타난 것과 같은 대단한 실행이라고도 말할 수 없다. 하지만 나는 이런 종류의 혹은 그에 가까운 실행의 경험을 이미 몇 번이나 맛보았다.

> 이러한 경지에 있는 동안 그 정복의 사실에 대한 나의 의식은 전적으로 가장 명료하다. 나의 자아는, 나의 삶은 가장 확실하게 수립된다. 그리고 이 경지를 경험할 때마다 나의 의식과 나의 자아는 점점 더 명료해지고 점점 더 확실해진다. 생의 환희가 넘쳐흐른다.[p.35]

정복의 사실에 대한 것뿐만 아니다. 나의 생의 직접 행동인 실행에서, 의식적인 실행은 물론 무의식적인 실행 그리고 실행 도중이나 직후, 또는 조금 지난 후에 나는 이러한 종류의 경험을 이미 몇 번이나 맛보았다.

이 경험은 내 제정신인 광인론의 한 토대이다. 나는 이 생의 법열을 맛보기 위해, 가장 확고하게 수립한 자아의 충실을 얻기 위해, 즉

제1장 생과 자아

생의 정상에 오르기 위해 제정신인 광인론을 주장하고 싶은 것이다. 그때 영원히 살 수 없다는 것은 지금의 내 문제가 아니다. 몇 번이나 굴러 떨어져도 좋다. 요는 다만 몇 번이라도 그곳으로 오르고 싶다. 그곳으로 올라가려는 노력만이라도 하고 싶은 것이다.

이 노력과 행위는, 게다가 자기 생의 확충을 위해 모든 권위와 장해에 반역하고 돌진하려는 이 노력과 행위는 속인의 관점에서 보면, 또 속세에서 벗어나지 못한 관점에서 보면 대체로 광인의 노력이고 광인의 행위이다. 제정신이 아닌 행위이다. 하지만 나는 이 광인의 행위를 제정신이 아닌 상태에서 제정신으로 해내고 싶은 것이다.

언젠가 쓴 나의 짧은 글 「야수」는 소위 이러한 제정신이 아닌 행위를 여전히 작정하고 실행하지 못하는 나 자신을 향한 훈계였던 것이다.

나는 과거에 쓴 내 글을 꽤 인용했다. 그리고 거기에 주석을 덧붙였다. 그러나 이것은 앞서 말했다시피, 과거 내 글에 있는 나의 경험이, 제정신인 광인론의 한 토대이면서 이 토대가 없으면 이 논의를 진행하는 데 있어 결여되는 부분이 생기기 때문이다. 그리고 나는 이 논문을 읽는 독자 여러분이 내 주장을 더욱 명확하게 이해하기 위해서라도 앞에서 말한 내 논문들을 참조하기 바란다.

베르그송은 그의 저서 『의식의 직접 요건』[31]의 결론 가운데 다음과 같은 의미의 말을 하고 있다.

> 두 개의 서로 다른 내가 있다. 하나는 다른 외적 투영, 공간적 표현, 또한 소위 사회적 표현과 같은 것이다. 우리는 깊은 반성으로 첫 번째 자기에 도달한다. 그러나 우리가 이러한 자기를 포착하는 순간은 드물다. 그리고 그런 이유로 우리는 좀처럼

---

[31] 원제는 *Essai sur les données immédiates de la conscience*, 1899이다. 한국어판 최화 역, 『의식에 직접 주어진 것들에 관한 시론』, 아카넷, 2001.

자유롭지 못하다. 우리는 대부분의 시간을 우리 자신과는 별개로 생활한다. 우리는 우리 자신이 퇴색한 유령밖에 인식하지 못한다. 우리는 우리를 위해서라기보다도 오히려 외적 세계를 위해 생활한다. 우리는 우리 자신이 생각하는 것보다 쓸데없는 말을 많이 한다. 우리는 우리 자신이 행동하는 것보다도 쓸데없이 행동하게 된다. 자유롭게 행동한다는 것은 자기를 소유하는 것이고 순수한 지속 가운데 우리 자신을 두는 것이다.

그리고 베르그송에 따르면, 이 심리작용을 진심으로 이해하기 위해서는 "우리가 어떤 중요한 결심과 선택을 한 우리 생애의 순간, 그와 같은 유형에서 유일한 순간, 그리고 그 역사가 지나가버린 시기가 국민을 위해 다시 찾아오지 않는 것과 같이 다시 나타나지 못할 순간을 추억"해야 한다.

다만 이렇게 한 구절만 발췌하는 것으로는 꽤 막연할 수도 있다. 하지만 내 논의를 따라가기 위해서는 베르그송이 한 말을 어렴풋하게라도 염두에 두면 좋겠다. 그리고 한때 생디칼리슴의 아버지라고까지 불린 조르주 소렐의 저서 『폭력론』[32]에 따르면 이 자유는 우리가 우리 자신을 감금하고 있는 역사의 문고리를 부수고 우리 자신 속에서 하나의 새로운 인간을 창출하려는 노력 가운데서 특히 누려야하는 것이다.

나는 이 첫 번째 자아를 포착하고 싶다. 그 유형에서 유일한 이 순간을 포착하고 싶다. 이 자유를 포착하고 싶다. 이 생의 가장 높은 곳에 오르고 싶다. 그리고 나는 이 순간을 나의 온갖 제정신인 광인적 행위 안에서, 이 숭고한 실행의 예술 안에서 이미 자주 발견하였고 또한 항상 발견해낼 수 있다고 믿는다. 몇 번이나 떨어져도 좋다. 다만 몇 번이라도 이 산정에 오르고 싶은 것이다. 그곳에 오르기

---

[32] 원제는 *Réflexions sur la violence*, 1908이다. 한국어판 이용재 역, 『폭력에 대한 성찰』, 나남, 2007.

제1장 생과 자아

위한 노력을 하고 싶다. 나만 하고 싶다는 것이 아니다. 타인에게도 이 노력과 행위를 권하고 싶고 강제하고 싶다. 이것을 할 수 없는 놈들은, 또한 이것을 하려는 생각조차 하지 않는 놈들은 내가 말한 어리석은 자들이다. 역사의 창조에 기여하지 않는 나태한 자이다.

그리고 나는 이 제정신인 광인론을 사카이나 우리가 사회적 임무로 삼고있는 노동운동의 측면에서 생각해보고 싶다.

만약 어떤 스트라이크가 일어난다고 치자. 나는 이 스트라이크를 베르그송이 말하는 "우리가 어떤 중요한 결심과 선택을 한 우리 생애의 순간, 그와 비슷한 형태의 유일한 순간"이라고 말하고 싶다. 평범한 스트라이크는 아니다. 안이하게 수수방관하고 있는 스트라이크가 아니다. 진심으로 노동자의 중대한 결심이 필요한 스트라이크다.

즉, 거액의 유지금을 품고 오랫동안 평온무사하게 수수방관하면서 일반사회의 동정을 얻고 그러다 마지막에는 정부 측이 간섭해서 노동자의 이익을 종결지으려는 그러한 스트라이크는 아니다. 유지금도 아무것도 없이 짧은 시간 동안에 노동자의 에너지를 한곳에 집중하게 해서 진심으로 노동자의 중대한 결심이 필요한 제정신인 광인적 스트라이크다. 노동자의 에너지와 자신감과 개인의 용기와 발의심을 최고조에 달하게 하는 스트라이크다.

만일 노동자 전부가 이렇게 모든 힘을 쏟은 전투에 나서기를 거부하고 생의 가장 높은 곳에 오르기를 거부한다면 노동자는 영원한 노예이다.

생의 최고조에 오른 순간 우리는 가치의 창조자이고 일종의 초인이다. 나는 이 초인의 기분을 느껴보고 싶은 것이다. 그리고 내 자신도 이 순간적 초인을 경험하는 횟수를 거듭하면서 한발 한발 이런 종류의 진정한 초인이 될 자격을 얻고 싶다.

1.9 도박본능론[33]

우리의 노동잡지 창간 계획에 대해 어느 친절한 두세 명의 친구가 우리에게 충고하듯 말한다. 대역사건 이후 역대 정부의 방침은 무정부주의와 사회주의적 모든 언론을 반드시 금지한다는 것에 있는 모양이라고. 오쿠마 시게노부[34] 내각이 언론을 존중한다고 말해도 당연한 일이지만 자네들에게 적용될 일은 없다고. 실제로《신불교》[35] 5월호는 사카이가 쓴「평민독본」때문에 발매금지를 당했고 게다가 일본노동당이 발행한「노동 제군들에게 바친다」는 제목의 전단지도 압수당했다. 자네들의 신잡지는 창간하자마자 속임수에 속을 것이고 이후 자네들 둘 다 바로 감옥에 처넣어지지는 않을지. 아니 어쩌면 정부는 팔짱을 끼고 10월이 오기만 기다리고 있을지도 모른다. 그렇게 되면 자네들은 마치 정부의 함정 속으로 스스로 뛰어드는 것과 같은 어리석음을 저지르는 것이다. 그보다는 잠시 조용히 지내면서 지금처럼《근대사상》[36]에 의지해 철학이나 과학, 문학과 같은 안전한 보호색 아래서 자네들의 이념을 막연하게라도 전도하는 게 어떨까? 게다가 자네들은 지식적 수음이라고 하면서 묘하게 폄훼하지만 그 수음이 사방으로 튄 덕분에 훌륭하게 잉태한 것도 여기저기 상당히 존재한다.

---

[33]「도박본능론」(賭博本能論, 1914.7).《근대사상》제2권 제10호에 발표되었고, 이후『생의 투쟁』·『정의를 추구하는 마음』에 수록된다. 아나톨 프랑스의『에피쿠로스의 정원』에 관한 서술은 원문에서 해당하는 부분의 발췌와 일부 문장의 요약으로 구성되어 있다.

[34] 오쿠마 시게노부(大隈重信, 1838~1922)는 제8대, 제17대 일본의 내각총리대신이다.

[35]《신불교(新佛敎)》는 신불교사동지회(新佛敎徒同志會)의 기관잡지로서 1900년부터 1915년까지 1권 1호부터 16권 8호까지 발간되었다.

[36]《근대사상》은 근대사상사(近代思想社)가 발행한 문예, 사상잡지이다. 1912년 10월~1914년 9월, 1915년 10월~1916년 1월에 발행되었다. 당시 사회주의자들의 거점으로서, 오스기 사카에가 편집발행인을, 아라하타 간손이 인쇄인이 되어 발행했다.

제1장 생과 자아

여기서 나는 이 친절한 친구들에게 답했다.

우리는 이제 소위 안전이라는 것에 신물이 난다. 아니 그 안전이 오히려 우리의 생을 위축시키는 것처럼 느낀다. 그래서 이번에는 자네가 말하는 그 위험 속으로, 함정 속으로 일부러 뛰어들어보고 싶다. 우리의 본능과 이지理智가 하나로 묶여서 반드시 그곳으로 뛰어들어야하는 힘을 우리 안에 생기게 한 것이다.

그리고 나는 그 친구에게 말했다.

아나톨 프랑스[37]의 저서 『에피쿠로스의 정원』[38]에 도박하는 심리에 대한 흥미로운 두 가지 이야기가 있다.

그 이야기 중 하나는 이렇다. 도박에 미친 두 사람의 사공이 있었다. 어느 날 배가 난파되고 이런저런 무서운 일을 겪은 후에 고래등에 타게 되어 잠시 목숨을 건질 수 있었다. 그런데 두 사람은 거기에 타자마자 주머니에서 주사위와 주사위판을 꺼내서 도박을 하기 시작했다.

또 하나는 이런 이야기다. 하느님이 어떤 아이에게 실타래를 줬다. 그리고 말했다. "이 실은 네 인생 실이다. 이것을 줄 테니 가지고 있거라. 그리고 네 시간을 흐르게 하고 싶거든 이 실을 당기면 된다. 네가 이 실을 급하게 풀지, 천천히 풀지에 따라서 네 인생은 빨리 지나기도 하고 늦게 가기도 할 것이다. 그리고 네가 이 실에 손을 대지 않는다면 너는 쭉 네 인생의 같은 시간에 머물 것이다." 아이는 그 실타래를 받았다. 그리고 그 실타래를 당겼다. 먼저 어른이 되려고 생각했고, 다음에는 사랑하는 약혼자와 함께 하려고 생각했고, 그리

---

[37] 아나톨 프랑스(Anatole France, 1844~1924)는 프랑스의 소설가로 1921년 노벨문학상을 수상했다.
[38] 원제는 *Le Jardin d'Épicure*, 1895이다. 이민주 역, 『에피쿠로스의 정원』, B612, 2021.

고 두 사람 사이에 생긴 아이가 자라는 모습을 보려고 생각했고, 직업에 종사하면서 돈을 모으고 명예를 얻으려고 생각했고, 여러 가지 걱정에서 벗어나서 세월과 함께 오는 슬픔이나 질병을 피해 살다가 머지않아 성가신 늙은이의 삶을 끝내려고 생각했다. 그렇게 그는 하느님을 만난 지 4개월 엿새 만에 죽고 말았다.

정말 아나톨 프랑스가 말한 것처럼 도박은 대체로 오랜 시간 또는 오랜 세월을 거쳐야만 나타날 수 있는 운명의 변화를 1초라는 시간 동안에 가져올 수 있는 기술이다. 몇 분 동안 평생을 살아가는 비결이다. 돈을 건다. 돈은 즉 직후의 무한한 가능성을 가진 것이다. 뒤집은 한 장의 카드 속에는, 던져진 작은 구슬 속에는 다양한 지상의 부귀영화나 권력과 같은 가능성이 들어있는 것이다. 그뿐만이 아니다. 그 속에는 그러한 것들의 꿈이 들어있다. 하지만 이 도박에는 무서운 다이아몬드의 손톱이 있다. 멋대로 극심한 빈곤을 안기다가 수치심을 안긴다. 그래서 도박이 추앙을 받는 것이다. 여러 가지 정욕의 바다에는 위험이라는 견인력이 있다. 흥분 없는 쾌락은 없다. 공포가 섞인 쾌락은 미친 열정을 불러온다. 이러한 쾌락 속에는 대담한 자의 모든 근육을 분발하게 하는 어떤 것이 있다.

나는 이 도박의 심리, 모험의 심리를 인간 본능 속에서 봤다. 동물의 본능 속에서 봤다.

원시인류는 여러 가지 위험 속에서 생활했다. 이러한 위험을 위해 위험을 범하는 위험에 대한 관심은 동물에서도 볼 수가 있다. 무호의 『태국과 캄보디아 여행기』[39] 속에 이와 관련된 재미있는 이야기가 있다.[40]

---

[39] 원문은 『シャムおよびカンボジヤ旅行記』로 저자 무호(ムウホ)가 누구인지는 미상이다.
[40] 이하는 프랑스의 철학자이자 심리학자인 장마리 귀요의 『의무도 제재도 없는 도덕에 관한 소묘』 제2편 제1장 「위험과 투쟁의 쾌락에서 끌어내는 의무의

제1장 생과 자아

　한 마리의 악어가 몸을 물속에 숨기고 큰 입을 벌린 채로 주변을 지나가는 먹잇감을 잡으려 하고 있다. 그 모습을 한 무리의 원숭이들이 발견하고 잠시 뭔가를 협의하는 것 같더니 이윽고 조금씩 악어 곁으로 다가가서 서로 연기자와 관객의 역할을 바꿔가며 그 놀이를 즐기기 시작했다. 가장 집요하고 대담해 보이는 녀석이 나뭇가지에서 나뭇가지로 옮겨다니며 악어에 닿을락 말락한 곳까지 가서는 손발로 나뭇가지를 잡고 매달린 상태로 그 특유의 집요함으로 몸을 앞으로 내밀거나 뒤로 빼거나 하면서 손을 뻗어 악어의 머리를 치기도 하고 그냥 치는 흉내만 내기도 한다. 다른 녀석들도 이 놀이를 재미있어 하면서 무리에 껴서 같이 하고 싶어 했는 데, 다른 나뭇가지가 너무 높으면 여럿이 모여 서로 손발을 잡고 하나의 사슬을 만들고 흔들흔들 매달려서, 악어에 가장 가까운 녀석이 가지고 있는 모든 기술을 총동원해 악어를 놀린다. 때때로 그 무시무시한 턱이 닫힌다. 그래도 대담한 원숭이는 쉽게 잡히지 않는다. 그러자 원숭이들은 뛰어오르면서 환호한다. 하지만 가끔은 그 곡예사도 피뿔고둥의 입구처럼 큰 악어 턱 속에 손발이 끼어서 순간적으로 물속으로 끌려들어가 버린다. 아무리 장난을 좋아하는 원숭이들도 두려움에 떨고 울부짖으면서 혼비백산 달아난다. 하지만 여전히 정신을 못 차리고 며칠 후에 혹은 몇 시간 후에 다시 같은 놀이를 하러 모여든다.

　나는 내 논지를 위해 편의상 이 세 가지 이야기를 예로 들었다. 그러나 내가 두 사람의 사공, 아이 또는 원숭이처럼 단지 그 강렬한 도박본능의 기세에 몰려 위험 속으로 들어가고 싶다고 말하는 게 아니다. 악어 입 근처까지 가서 그 머리를 용케 쳐보겠다는 놀이를 위한 놀이에 빠지려는 것이 아니다. 앞에서도 말한 것처럼 내 이 도박본능

「제4 등가물」"Quatrième équivalent du devoir, tire des plaisir du risqué et de la lutte", in: *Esquisse d'une morale sans obligations, ni sanction*, Paris: Félix Alcan, 1885의 pp.144-145 대부분을 번역하면서 거기에 오스기 자신의 글을 조합하여 완성하였다.

은 일종의 생활본능이자 지식본능으로 더욱 훈련된 힘이 있다. 단지 나는 이와 같은 이야기를 통해 도박본능, 즉 모험본능이 그 성질대로 따라갈 때 얼마나 극단적으로 치닫는지 터무니없는 광기의 열정적인 힘을 가지게 되는지를 보여주면 된다.

이러한 위험한 쾌락은 승리의 쾌락을 얻기 위해서 생긴다. 그러나 맹수를 지키기 위해서 아프리카 깊숙한 곳으로 들어간 영국의 볼드윈[41]은 하마터면 사자한테 잡혀 죽을 뻔한 뒤에 왜 인간은 아무 이익도 없는 이런 일에까지 생명을 거는 것일까라는 문제에 대해 스스로 대답한다. "이것은 내가 해결하려는 문제가 아니다. 단지 내가 말할 수 있는 전부는 칭찬해줄 사람이 아무도 없을 때조차 여러 위험을 무릅쓰고서라도 고통의 값어치가 있는 내적 만족을 승리 속에서 발견한다는 점이다." 인간에게는 누구를 막론하고 동물에게조차 이기고 싶고 자신이 우월하다는 증거를 보여주고 싶다는 자존의 본능이 있다. 그리고 그 본능은 승리의 희망이 사라진 후에도 우리가 더욱 고집스럽게 결사적인 싸움을 계속하게 한다.

이 투쟁본능은 투쟁이나 사냥에서 보는 것처럼 인간 또는 동물을 상대로 하는 투쟁, 바다나 산 또는 하늘처럼 눈에 보이지 않는 장애물을 상대로 하는 투쟁과 같이 그것의 형식이 달라진다. 그러나 투쟁본능 자체는 이미 소멸하지 않는다. 그리고 이 투쟁은 항상 광기의 열정적인 결투와도 같은 특성을 가진다. 즉 이러한 투쟁이 물적영역에서 지적영역으로 옮겨가도 그 열정과 현혹은 조금도 사라지지 않는다. 이 투쟁은 더 진행되어 이제는 도덕적인 영역으로까지 옮겨간다. 즉 여러 가지 정욕에 대한 의지의 내적투쟁이 있다. 그리고 그 승리는 무한한 환희를 낳게 한다.

---

[41] 볼드윈 스펜서(Walter Baldwin Spencer, 1860~1929)는 영국출신 인류학, 생물학자이다.

제1장 생과 자아

　요컨대 인간은 스스로의 위대함을 느껴야하고, 자기 의지의 숭고함을 자각해야 한다는 태생적인 욕망이 있다. 그 자각은 자신에 대한 또는 자신의 욕망에 대한 투쟁에 의해 그리고 물적 또는 지적 장애물에 대한 투쟁에 의해서 비로소 획득된다.

　그리고 이 투쟁은 이성의 만족을 얻기 위해서 항상 어떤 목적을 가져야만 한다. 인간은 이야기 속의 악어를 놀리면서 즐기는 캄보디아의 원숭이나 또는 단순히 사냥을 위해서 아프리카의 오지를 탐험하는 볼드윈의 행위를 있는 그대로 인정하기에는 너무나 합리적이다. 모험에 대한 광기의 열정은 우리들 누구에게라도, 가장 겁쟁이에게조차 가끔은 존재한다. 그러나 이 모험본능은 항상 합리적으로 작용하게 하는 무언가를 요구한다. 그래서 이러한 위험과 투쟁의 욕망은 이성의 지도를 받지만, 동시에 그 본능이 일정한 방향이 없다는 희귀한 본능이란 점에서, 도덕적인 중요성을 갖게 된다.

　쾌락을 찾아서 고통을 피하는 일은 두말할 필요도 없이 인간이 가진 하나의 본능이다. 그러나 인간은 다른 큰 고통에는 눈을 감으면서 어떤 작은 쾌락에는 너그럽거나 혹은 거기에 집착하는 태만함 혹은 소심함을 가지고 있다. 하지만 그와 반대로, 물론 반대라고 하면 다소 피상적이긴 하지만, 고통을 통해서 더욱 쾌락을 찾는 일 또한 인간의 본능이다. 이 본능이 이성의 세례를 받지 않았을 때 얼마나 엄청난 도박성에 빠져드는지는 앞에서 언급했다. 그리고 표면상 두 개의 본능이 생이라는 멘탈의 표리가 되어 인간의 생활본능이라는 것의 형태를 만든다.

　과학은 이 전자의 본능을 만족시키는 이지로 만들어졌다. 우리는 과학이 가르쳐주는 정확한 영역에서 가능한 한 고통을 피해서 쾌락을 추구해야 한다. 또한 과학의 소위 정확한 영역을 더욱 확대하도록 노력해야 한다. 그러나 과학의 영역은 너무나 좁다. 우리의 생활본

1.9 도박본능론

능은 도저히 이 과학만으로는 만족할 수 없다. 그래서 억측speculation 을 한다. 철학philosophy 를 한다. 그리고 과학 자체마저도 근저에는 반드시 가정이 있다. 이렇게 우리는 그 후자의 본능에 등 떠밀려서 미지unknown 의 세계로 들어간다.

이제 나는 개인 대 사회관계에서, 즉 사회에 대한 개인의 태도 문제에서 이 두 가지 본능이 어떻게 작용해야 할 것인가에 대해 이야기하고 이 논의를 결론지으려고 한다.

개성의 발달을 완전히 무시하고 게다가 여러 가지 수단으로 그것을 억압하는 오늘날 사회제도에서는 진정한 개인적 행동 대부분은 늘 도처에서 곤란과 고통과 위험에 맞닥뜨리게 된다. 그리고 그 첫 번째 본능은 우리에게 타협을 명령하고 굴욕을 강요한다. 우리로 하여금 단지 살아가는vegetate 것만을 위한, 생의 안전을 유지하게 한다. 그리고 우리에게는 이러한 단지 존재한다는 이유뿐인 생에조차 더욱 맹렬하게 집착하는, 즉 자기보호본능이 있다.

그렇지만 우리는 또 이러한 무위inactive 의 생활을 견디지 못한다. 아주 미미하더라도 자기 초월본능을 만족하지 못한 채 살아갈 수가 없다. 그래서 우리의 사회적 태도는 항상 틈을 엿보고 모험적인 방면으로 나가려고 한다. 한 발짝이라도 괜찮다, 단지 존재하기만 하는 생활을 초월하고 싶은 것이다. 일분일초라도 현재의 자기를 초월하고 싶다. 이런 종류의 모험은 충분히 도덕적으로 구성된 개인의 건전한 규칙normal 적인 행위이다. 거기에 우리 생의 진정한 성장, 진정한 창조가 있다. 그리고 만약 전혀 틈이 없는 것을 봤을 때 이 자기초월의 본능은 마침내 자기보호의 본능을 이기고 때로는 자기희생의 행위로까지 나아간다. 이런 경우의 자기희생은 이미 자기 생의 단순한 부정이 아니다. 오히려 자기 생의 숭고한 긍정이면서 동시에 결실이 많은 확대된 예상이다.

1.10 자아의 탈피[42]

군대의 뒤를 따라 걸어간다. 걸음이 저절로 군대에 맞춰진다. 군대의 걸음은 원래 그 자체가 무의식적인데 우리의 걸음을 거기에 맞추도록 강요한다. 그것에 거스르기 위해서는 부단한 노력이 필요하다. 게다가 그 노력이 결국에는 바보스럽고 쓸데없게 느껴진다. 그리고 마침내 강요된 걸음을 마치 자신의 본래 걸음처럼 생각하게 된다.

우리가 자신의 자아—자신의 사상·감정·본능—라고 생각하는 대부분은 실로 언어도단이지만 타인의 자아이다. 타인이 무의식적으로 또는 의식적으로 우리한테 강요한 타인의 자아이다.

백합의 껍질을 벗긴다. 벗겨도 벗겨도 껍질이 나온다. 마침내 마지막 껍질을 벗겨내고 나면 백합은 아무것도 남지 않는다. 우리도 우리 자아의 껍질을 탈피해야 한다. 우리 자아가 하나도 남지 않을 때까지 껍질을 한 겹 한 겹 탈피해야 한다. 그것이 제로에 달했을 때, 그리고 거기에서 새롭게 출발했을 때 우리의 자아는 껍질이 아닌 열매만 있는 진정한 생장을 이룰 수 있다.

사상은 우리의 후천적인 소득이다. 그러나 감정은 우리의 선천적인 소득이다. 그래서 우리는 우리가 가진 사상에는 비교적 쉽게 비판을 가할 수 있지만, 우리의 감정에는 항상 대부분 맹목적이다. 감정의 대부분은 본능적이라고 간주되어 최고의 권위를 가진 것처럼 취급된다. 또한 대부분의 사상은 언제나 이 감정을 기초로 축적된다. 이렇게 해서 감정은 자아의 껍질 속에서 가장 완고한 것이 되기 쉽다.

감정 또는 본능은 본래 생물의 살아가려는 의지에서 출발해서 생존욕과 생식욕으로 나뉘고, 다시 그 두 개는 주위 환경으로 인해

---

[42] 「자아의 탈피」(自我の棄脫, 1915.5). 《신조》 제22권 제5호에 발표되었고, 『사회적 개인주의』·『자유의 선구』에 수록된다.

끊임없이 변해간다. 우리는 끊임없는 변화 속에서 우리의 이지와 직각直覺을 충분히 작동시켜야 한다. 왜냐하면 그 사이에는 타인의 무의식적 또는 의식적인 강제가 많이 내포되기 때문이다.

소위 문명의 발달과 함께 인류사회는 완전히 이해가 상반되는 두 계급으로 분리되었다. 즉 정복계급과 피정복계급으로 나뉘었다. 이런 점은 인간 본래의 감정을 각 개인의 이해타산을 위해 발달시키지 않고 주로 정복자의 이해타산을 위해 굴절시켰다. 그리고 수만년 동안 이어져온 이 굴절의 역사는 결국에는 오늘날 우리가 지닌 대부분의 감정을 인간 본래의 것으로 생각하는 데 이르게 했다.

감정과 매우 밀접한 우리의 기질도 대부분의 경우 이러한 정복의 사실에 상당한 영향을 받고 있다. 더 근본적으로 말하면 감정이나 기질의 차별을 발생시키는 우리의 생리 상태까지도 마찬가지로 이 정복의 사실에 상당한 영향을 받고 있다.

따라서 우리는 우리의 생리 상태에서 심리 상태에 이르는 모든 것과 우리가 우리 자신이라고 생각하는 모든 것에 더욱 엄밀하게 특히 사회학적 분석과 해부를 가해야 한다. 그리고 소위 자아의 껍질을 자아가 제로가 될 때까지 한 겹 한 겹 탈피해야 한다.

탈피는 갱생이다. 그리고 그 탈피가 혹독할수록 갱생은 위대하다.

제 2 장

과학

2.1 근대과학의 경향[1]

1.

자연의 사실에 대한 지식과 사회현상에 대한 개념은 적잖이 통하는 면이 있다. 바꿔 말하면 우주적 총체에 대한 사상 변화와 사회현상에 대한 사상 변화는 항상 서로에게 좋은 거울이 된다.

과거 우리의 선조는 믿었다. 지구는 우주의 중심이다. 태양도 달도 별도 전부 지구를 중심으로 주변을 회전한다. 그리고 일월성신을 시작으로 모든 만물은 이 지구상 만물의 영장인 인간을 위해 신이 손수 만들었다. 그래서 신은 언제나 인간을 지켜보면서 덕행을

---

[1] 「근대과학의 경향」(近代科學の傾向, 1912.11).《근대사상》제1권 제2호(1912년 11월)에 발표되었고, 이후『생의 투쟁』에「크로포트킨에 의한(クロポトキンによる)」이라는 부제를 붙여 수록된다.
오스기는 크로포트킨의『무정부주의 이상과 철학』의 "권두언 몇 페이지를 그대로 번역"했다고 밝히고 있다. 이는 1896년 표트르 크로포트킨이 파리에서 행한 강연 내용을 기초로 한 팸플릿 〈아나키의 철학과 이상〉 *L'anarchie: sa philosophie-son idéal*, Paris: P.-V. Stock, 1896이었을 것이다. 그리고 일부의 문장이 크로포트킨의 팸플릿 〈새로운 시대〉 *Les temps nouveaux*, Paris: Révolte, 1894에서 발췌한 것이다. 이 두 글과 일치하지 않는 부분은 오스기가 쓴 것이다.

제2장 과학

칭찬하거나 죄악을 벌주기 위해, 들판에 비를 뿌리고 때로는 마을에 번개를 내리친다. 그리고 이러한 과학과 철학이 지배했던, 역사상 가장 암흑이었던 시대를 가장 웅변적으로 보여주는 것이 바로 저 동방제국의 신권정치였다.

그러다 이윽고 16세기 무렵 인간과 사상이 겨우 종교의 질곡에서 벗어나려 했을 때 인간은 종래의 지구와 인간에게 지나치게 큰 사명을 가지게 했다는 사실을 알게 되었다. 지구는 더 이상 우주의 중심은커녕 다른 유성들보다 더욱 작은 덩어리이자 태양계 중 한 알의 모래알에 지나지 않다는 것을 깨닫게 되었다. 그리고 지구 대신 우주의 중심이 된, 게다가 지구보다 훨씬 광대무변한 저 태양도 그 크기와 비슷한 또는 더 큰 은하수 속에서 반짝이는 무수한 다른 태양 중 하나에 불과하게 되었다. 이처럼 지금까지 신의 사랑스러운 아들딸임을 자랑하던 인간도 이 무한한 우주적 사실과 대면하자 갑자기 천상에서 지상으로 걷어차 버려지는 관점을 드러냈다.

철학사를 펼쳐보면 천문학에 관한 지식의 변화가 사회적 사실에 미친 영향에 관해 몇 쪽에 걸쳐 쓴 현란한 글을 반드시 보게 된다. 사실 이 시대의 다양한 사상은 순리적純理的이거나 응용적인 것과 상관없이 전부 그 반동을 겪지 않을 수 없다. 그리고 이 시대에 비로소 소위 자연과학의 싹이 트기 시작한 것이다.

2.

그런데 오늘날 다시 비슷한 일이 생기고 있다. 즉 우리는 과학적 개념의 총체와 철학적 개념의 총체 위에서 이미 전보다 더 깊고 큰 변화가 나타나는 것을 본다. 나는 앞에서와 같이 여기에서도 천문학을 예로 들 것이다.

18세기 말부터 19세기 초에 걸친 천문학은 실로 뉴턴 설의 전성시대였다. 그의 철학은 말한다. 태양은 우리 태양계의 주인이고 왕이며 지배자이고, 또한 마음이며 영혼이다. 이 태양에서 행성들의 운동을 지휘하고 행성 사이의 조화를 유지하는 힘이 나온다. 즉 태양의 강대한 인력은 지구, 유성 또는 혜성까지도 각각의 궤도에 잘 안착시킨다. 또한 그들 전부는 태양에서 갈라져 나온 가지와 잎과 같다. 전부 거기에서 태어났다. 그리고 그들에게 생기를 불어넣고 표면을 장식하는 생물들도 전부 태양 덕분에 성장하는 것이다. 이 지배자의 권위로 인해 비로소 우주 사이에 완전한 질서와 조화가 생긴다. 만약 다소 무질서한 일이 발생해도 그것은 아주 일시적인 변동으로 결국 태양의 인력이 모든 것을 원래의 질서대로 되돌려놓는다. 게다가 이 질서라는 것은 실로 만세불역萬世不易이다. 왜냐하면 모든 변동은 명령받은 질서로 복귀하기 위해서 서로 보완하고 파멸하기 때문이다. 이렇게 해서 새로운 태양숭배교가 생겨났다.

그러나 그 개념도 과거와 마찬가지로 곧 무너져버렸다. 행성과 태양들 사이의 무한한 공간에는 수를 셀 수 없이 많은 미세물질의 떼가 날아다닌다. 그 무리 중에는 가끔 지상에 떨어져서 인심을 두려움으로 떨게 하는 거대한 것도 있지만 겨우 몇 그램이나 몇 센티그램도 안 되는 작은 것도 있다. 이런 작은 무리도 그 주변에는 현미경이 아니면 볼 수 없을 정도로 무수한 먼지가 공간을 둘러싸고 있다. 이들 미세물질은 각각 자신의 생이 있고 대단한 속도로 사방팔방으로 돌진해서 가는 곳마다 싸우고 합쳐지고 분리되면서 그곳에 어떤 위대한 힘을 낳는다. 그 힘을 하나하나 분리하면 말할 필요가 없을 정도로 미세한 것이지만 그것이 서로 겹치고 쌓여서 결국 광대한 것이 된다. 그리고 태양계도 그 속의 일월성신도 그들을 움직이는 운동과 조화도 전부 이 미세물질의 작용에 지나지 않는다는 사실을 깨달았다. 게다가 한 발 더 들어가면 뉴턴이 태양의 힘이라고 말한 인력도 사실은 이 공간에서 넘쳐흐르는 미세물질의 운동의 결과일 뿐일지도 모른다.

한마디로 말하면 과거에는 총합과 결과만을 보면서 그 총합을 이루는 각 단위나 결과의 기원에는 거의 관심을 두지 않았다. 그러나 오늘날에는 정반대로 오히려 단위의 기원인 미세물질 쪽에 관심을 기울이게 되었다. 그리고 총합 속에 적재되어서 보이지 않던 각 개체의 미미한 작용을 알아야만 그 결과도 알 수 있다고 생각하게 되었다.

바꿔 말하면 우주에는 더 이상 단 하나의 지배력이라는 것은 없다. 예정된 조화pre-established 의 법칙은 없다. 미리 형성된preconceived 조화는 없다. 단지 무수한 미세물질이 각각 자유롭게 목적하는 곳으로 돌진하고 그동안에 세력의 균형이 생긴다. 그것이 우주의 힘이고 법칙이며 조화이다. 이 점에 대해서는 나중에 다시 설명하겠다.

이상은 최근 천문학의 결론이다. 우주의 총체적 개념, 즉 코스몰로지의 결론이다.

3.

천문학상의 이 결론은 다양한 자연과 인류사회와의 과학에도 같은 변화를 초래했다.

우선 물리학에서는 과거 실체로 다뤄지던 빛이나 열이, 전기나 자기와 같은 것으로 그 성질에 대한 해석이 달라졌다. 즉 뜨거워지거나 전기를 통하게 했던 어떤 물체에 미지의 힘이 가해져 죽은 물체로 보는 일은 더는 없어졌다. 물리학자는 반드시 물체와 주변 공간 속에서 다양한 방향으로 돌진해서 활약하고 전환하는 무수한 미세물질의 운동에 먼저 주목하고 그것들의 진동과 충돌과 생기生氣에 의해 빛과 열 또는 전기나 자기가 생겨난다고 설명한다.

생물학에서도 종속種屬의 창조나 출현이라는 것은 이미 과거 이야기가 되었고 오늘날에는 각 개체 자체의 생과 환경이라는 것이 동식물학자의 연구 주제가 되었다. 그리고 그 환경의 영향이나 또는 매일 달라지는 여러 종의 조건에 각 기관이 적응해가는 상황 속에서 개체에게 일어나는 변이를 연구하게 되었다. 기후의 한난건습이나 먹이의 많고 적음 또는 기타 외부의 힘에 대한 느낌의 강약 등으로 인해 각 개체에게 일어나는 변화가 새로운 종의 기원이 되는 것이다. 즉 종의 변이는 각 개체에게 개별적으로 일어나는 변이의 총체 또는 결과이다. 각 개체가 생존하는 환경의 무수한 영향을 하나하나 받고 그리고 개체 스스로 각자의 개성에 따라서 그러한 영향에 대응한 그 총합이 모여 종을 만들어내는 것이다.

그러나 이 개체들도 무수한 그리고 자신의 생을 갖는 미세물질의 집합체이다. 동식물의 각종 기관은 유기체의 무수한 세포로 이루어져 있고 각 세포는 스스로 개성을 보존하면서 상호집합해서 거기에서 어떤 하나의 개체를 조직한다. 인간은 이미 유일자^{唯一者}가 아니다. 분리할 수 없는 완전체가 아니다. 미생물의 집합체이다. 세포의 군체이다. 기관의 부락이다. 이렇게 해서 생리학자는 인간을 알고 싶다면 먼저 각 단위를 규명해야 한다고 주장하게 되었다.

그리고 18세기 무렵 유물론자조차도 속박되었던 소위 인간의 영혼이라는 개념도 고립된 별개의 존재물이 아닌 상당히 복잡한, 즉 각각 자치적으로 독립된 자유행동을 하는 여러 종의 관능^{官能}적인 군체이고 총합이다. 그들 각 관능에는 각각의 신경중추가 있다. 또한 각각의 다양한 기관이 있다. 이렇게 해서 결국 심리학은 한 개인의 심리적 관능의 과학이 아닌 개인의 생을 조직하는 여러 종류의 관능을 분리해서 연구하게 되었다.

4.

사회과학도 마찬가지였다. 오히려 변화가 더 뚜렷하게 나타났다.

역사는 이미 왕후장상의 역사가 아니다. 민중의 역사이다. 더 적절한 표현을 쓰자면 개인의 역사이다. 역사의 견해는 이미 이른바 영웅숭배를 허용하지 않는다. 그리고 연구를 거듭할수록 군집의 역사에 있어 위대한 역할이 더욱 중요한 의미를 가져왔다. 과거 큰 사건은 전부 몇천 몇만 개인의 의지가 축적된 결과로 보게 되었다. 즉 역사가는 우선 어느 시대에 생존한 국민을 이루는 개인이 어떤 신앙을 가졌고 어떤 생활을 했고 어떤 사회적 이상을 가졌는지 그리고 어떤 방법으로 그 이상에 다가갔는지를 조사해본다. 그리고 그러한 모든 힘의 작용으로 역사상의 모든 현상을 해석하려고 한다. 톨스토이가 그린 1812년 전쟁[2]은 실로 여기에 적합한 예이다.

법률학자도 이미 단순히 어떤 법전을 연구하는 것으로는 만족하지 못하게 되었다. 그리고 인종학자처럼 여러 가지 제도의 기원을 질문하면서 시대를 좇아 진화의 흔적을 찾아간다. 게다가 그 연구도 성문법보다는 오히려 각 지방의 습관 또는 소위 관습법에 따라 진행한다. 그리고 이름 없는 군집의 건설적인 천재를 발견한다.

경제학자는 과거 국가의 부를 다루는 학문이었다. 이 과학의 시조인 애덤 스미스도 자신의 명저 제목을 『국부론』이라고 했다. 즉 그가 다룬 주제는 국가의 생산, 수출입이고 교환이었다. 하지만 오늘날 경제학자는 이미 국가의 부를 다루는 연구로는 만족하지 못하게 되었다. 그리고 각 개인이 욕망을 달성했는지 아닌지를 밝히는 것이 가장 필요한 연구 주제가 되었다.

오늘날 경제학자는 이미 한 국가의 부를 교환의 총액으로 계산하는 일은 하지 않는다. 먼저 궁핍 속에서 꿈틀거리는 개인의 수와 비교해 행복을 누리는 개인의 수가 얼마나 되는지를 본다. 집을 하나하나 돌아다니면서 음식을 거르지는 않을까, 아이에게 깨끗한 잠옷을

---

2) 톨스토이의 작품『전쟁과 평화』(1869)의 배경이 된 1812년 나폴레옹의 러시아 원정을 가리킨다.

입히고 있을까, 아침에 빵이 없어서 곤란한 집은 없을까와 같은 것을 조사한다. 즉 개인의 욕망과 만족이라는 것은 최근 경제학자가 가장 알고 싶어 하는 점이다.

정치학에서도 각국의 법전에 적힌 여러 가지 형식, 즉 국가의 간판은 그리 대단한 문제가 아니다. 또한 정치학자가 궁금한 것은 개인이 어느 정도까지 자유를 누릴 수 있는지, 지방자치의 욕망을 어느 정도까지 만족시키고 있는지, 개인의 지식 평균이 어느 정도까지 발전했는지, 사상을 나타내는 자유가 어디까지 가능한지, 그리고 정의情意적인 충동에 따라 행동할 자유가 어디까지 가능한지와 같은 것들이다. 즉 정치학에서 연구 주제로 삼는 바 역시 국민을 구성하는 단위인 개인으로, 국가의 정치적 상태 등 그 결과는 기원인 개인의 상태만 알면 자연스럽게 알게 되는 것으로 인식한다.

이와 같이 물리계, 생물계, 인류계를 비롯한 모든 과학에서 시대의 가장 큰 특징인 이런 경향을 쉽게 볼 수 있다. 과거에는 총합과 결과만을 가지고 연구하고 그것으로 만족했지만, 오늘날에는 거꾸로 총합과 결과를 조성하는 각 개체에 관심을 기울이게 되었다.

5.

앞에서 잠깐 언급한 것처럼 근대과학의 이런 경향은 근대사상에 어떤 위대한 하나의 개념을 초래했다. 그것은 조화나 질서라는 사상에 대한 최근 과학의 개념이다.

자연은 실로 질서가 잘 잡혀있다. 격변과 같은 것은 거의 없다. 어떻게 일월성신은 한결같이 동일한 공간의 길을 왕래하면서도 서로 충돌하거나 때려 부수지 않는 것일까. 어떻게 화산 폭발이나 불시에 땅이 무너지는 일이 일어나서 대륙을 무너뜨리거나 땅속 동굴이나 바닷속 움푹 팬 땅에 가라앉히는 일이 없는 것일까. 어떻게 동식물과 같은 종이 다른 종 때문에 순식간에 완전히 절멸되는 일이 없는 것일까. 또 왜 인류사회는 이렇게 고정되어있는 것일까. 어떻게 때때로 내부의 전복이 일어나지 않고 오랜 기간 이렇게 이어지고 있는 것일까.

이러한 의문에 대해서는 어떤 시대를 막론하고 반드시 어떤 해답을 내놓는다. 그리고 그 해답은 언제나 그 시대에 따라서 여러모로 다르다.

과거의 해답은 매우 단순했다. 즉 창조주가 창조물의 보존을 위해 애쓰는 거라고.

하지만 어느새 이 사상이 법칙이라는 개념으로 변했다. 원래 법칙이라고 해도 최근 과학에서 말하는 법칙과는 크게 의미가 다르다. 소위 자연법을 해석하는 데 있어 이런 일들이 발생하면 필연적으로 저런 일들이 생긴다는 것처럼 사물과 사물의 단순한 관계, 즉 인과조건적 법칙이라는 식으로 보지 않고 그러한 사물이나 현상 위에 훨씬 뛰어난, 그리고 그들을 지휘하고 명령하는 뭔가 특별한 것이 있다고 생각한 것이다.

19세기의 과학은 대부분 이 사상에 지배되었다. 자연과학도 그랬고 사회과학도 그랬다. 그리고 이런 법칙이나 규율 또는 질서라는 사상이 대학·의회·관청·기업 어느 곳에나 그리고 일상에조차 침투해버렸다. 즉 이것이 프랑스에서 자주 언급되는 자코뱅주의[3]였다.

6.

그러나 최근 과학 조류의 방향은 더 변하기 시작했다. 자연계에 다소간의 조화가 있는 이유는, 큰 격변이 좀처럼 없는 이유는, 생물이나

---

[3] 프랑스혁명 당시 자코뱅 클럽의 정파인 몽테뉴파의 이념을 가리킨다.

2.1 근대과학의 경향

무생물이 주위의 조건에 잘 적응하는 이유는 그들이 바로 그 환경의 산물이기 때문이다. 그들이 현재 있는 것처럼 그들을 만든 것은 그 주위의 조건들이기 때문이다. 따라서 그 환경은 절대로 그들을 함부로 부수거나 하지 않는다. 건설력과 파괴력의 자유로운 활동이 그들을 창조하고 그들 사이에 조화를 유지하게 하는 것이다. 따라서 조화가 있다면 그것은 그들 간 힘의 결과일 뿐이다. 그리고 그 결과는 그때그때 필요에 따라 그들의 힘에 의해 언제나 변할 수 있는 것이다.

조화와 질서는 신의 마음에서 비롯된 것이 아니다. 그리고 어떤 하나의 힘이 가한 법칙에 의한 것도 아니다. 조화와 질서는 오로지 다음의 한 가지 조건에 의해 유지된다. 즉 어떤 동일한 점에서 작동하는 다양한 힘 사이에 자유롭게 생겨난 세력의 균형이라는 것이다. 그리고 그들의 힘 중 어떤 것이 다른 것에 의해 방해를 받으면, 그 힘은 잠시 표면에 드러나지 않지만 그사이에 축적되다가 결국에는 장애물을 타파하고 폭발한다. 이렇게 해서 이른바 대재앙이 일어난다. 전복이 발생한다.

또한 조화는 결코 영원히 지속하지 않는다. 끊임없이 개선되어 변화된다는 조건이 아니면 존재하지 않는다. 자연계든 인류계든 어떤 사물이든 어떤 순간이든 변화 없이 존재할 수 없다. 끊임없는 변화, 이것이 자연의 생이다. 그리고 자연계에 다소간의 조화가 있고 긍정적인 변동이 있다 해도 그것이 아주 드물고 게다가 언제나 국소적인 이유는 자연계의 현상에는 그들의 힘을 방해하는 어떤 의지가 절대로 교섭하지 않기 때문이다. 그리고 그 맹목적인 충동과 알력의 결과 상호 세력이 균형을 이루어 결국 서로 밀접한 연대를 맺는다.

원래 자연의 조화라 해도 그것은 물론 어떤 범위 내를 말하는 것으로 종래 생물학자나 철학자처럼 과장할 수는 없다. 별이나 대륙과 같은 것은 수천 년에 걸쳐 생장해온 것으로 그동안에 대부분 믿을 수 없을 정도로 완만한 속도로 끊임없이 변하고 있다. 이런 식으로 수백 세기 동안 이어진 같은 리듬의 천체 조화와 무한한 가속도로 진행하는 것의 조화를 비교하면 그사이에는 당연히 어떤 구별을 둬야만 한다.

동식물의 종속은 종래 가정했던 것보다 더 빠른 속도로 변화해서 새로운 종속을 낳게 한다. 지질의 변화도 마찬가지다. 그리고 그들의 변화에는 종래 자연학자가 사용한 것과 같이 한결같고 완만한 진화 따위의 단어는 이미 허용되지 않는다. 진화와 변화가 언제나 뒤섞이면서 그리고 그 두 개가 똑같이 자연의 대조화를 위해 힘을 보탠다. 이것은 아무튼 「진화의 두 가지 모습」이라는 제목을 가지고 자연학·사회학적으로 더욱 자세하게 논의할 기회가 있을 것이다.

이상 나는 최근 과학의 중요한 경향에 대해 대략적인 관찰을 했다. 그 관찰을 더 상세하게 자연계나 인류사회의 여러 현상에 접근시키면 우리에게는 어떤 종류의 철학이 생긴다. 즉 자연계와 인류사회의 다양한 현상에 대한 개관 및 미세한 일상의 생의 투쟁에 대해 개관할 수 있는 응용이 생긴다.

2.2 사색인간 — 동물인간·기계인간·사색인간[4]

1.

비교인류학에서 가르치는 바에 따르면 인간의 두개골은 그리고 그 속에 들어 있는 뇌수는 태고의 구석기시대 이후만이 아닌 비교적 더 가까운 시대인 3천 년 이후에 현저한 진보와 발달을 이루었다고 한다.

다양한 인종은 그 시초부터 서로 충돌하고 혼교하고 중첩하고 때로는 서로 구축驅逐했다. 그리고 각 인종 사이에는 어쩔 수 없는 체형의 차이가 있다. 그러나 지금 개괄해보면 다양한 인종의 돌출된 입이 들어가고 크로마뇽인이나 어떤 원숭이같은 형태가 현저하게 소멸한 사실은 부정할 수 없다. 그리고 오늘날에도 실제로 문명인에게서는 치아 수가 줄어드는 경향이 있다. 턱 부분이 작아지고 이마가 점점 넓어졌다. 사색 활동이 늘어나면서 점점 그 기관의 완성이 요구되었다.

우리 인류라는 종의 시초, 자세히 말하면 근소한 음절만 있어 단어를 더듬거림으로써 그 형제인 신인원新人猿과 구별되었던 머나먼 태고에는, 자기보존과 생식에 한정된 사상을 만들어내기 위해서 크고 순화된 두뇌를 가질 필요가 전혀 없었다. 그러나 어느덧 인류가 주변의 여러 힘을 방어하고 공격하게 되면서부터, 그리고 물질상의 욕망에 대한 만족이 다소 분명해지면서부터는 차츰 사색할 필요가 생겼다. 동물인간은 더욱 우수한 형태의 인류로 진화되어야만 했다.

---

[4] 「사색인간 — 동물인간·기계인간·사색인간」(思索人—動物人·機械人·思索人, 1913.1). 《근대사상》 제1권 제4호에 발표되었고, 이후 『생의 투쟁』·『자유의 선구』에 수록된다.

2.

그러나 선조의 영향은 좀처럼 사라지지 않았다. 개선의 진행은 느렸다. 그리고 오늘날에는 오히려 동물형 인간이 갑자기 우리 사이에 출현하기도 한다.

태아가 9개월 동안 어머니 몸속에 있다가 점차 곤충이나 물고기나 올챙이나 네발짐승이 되어 다양한 선조의 동물 형태를 재현하는 일이나, 또는 태아가 발달을 방해받아 하등동물의 형태로 태어난 아이 등은 말할 필요도 없다. 그 신체나 정신상에서 어떤 동물 나아가 그 방계傍系의 관계밖에 없는 어떤 동물을 떠오르게 하는 인간을 보는 일도 결코 드물지 않다.

불독이나 삽살개 형태의 그리고 그들의 성질을 지닌 개犬인간이나 이마가 낮고 광대뼈가 튀어나오고 눈이 날카롭고 잔인한 본능을 가진 늑대인간, 긴 얼굴의 교활한 여우인간, 또는 양羊인간·사자인간·원숭이인간 등과 맞닥뜨리는 일도 결코 드물지 않다.

그러나 이런 형태의 인간은 지금은 예외이지만 과거에는 규칙이었음이 분명하다. 사색인간은 아직 존재하지 않았다. 오로지 동물인간만 있었다. 그 육체와 정신의 성질이 단지 직접적인 선조인 유인원뿐 아니라 사촌 정도인 포유류와도 닮은 축생인간만 있었다.

그리고 오늘날 우리가 드물게 개인의 관계에서 볼 수 있는 동물인간은 군집 사이에서 더욱더 강하게 세력을 남긴다. 과거 예언자나 장군의 일거수일투족은 순식간에 군집을 동요하게 하거나 다른 군집에도 덤벼들게 했고 머나먼 어떤 때는 상상의 국가에까지 밀어닥치게 했다. 트로이, 카르타고, 로마 등의 전쟁이 전부 그러했다. 맹수의 먹이로 던져진 기독교 신자 앞에 그리고 조금 더 내려오면 피 냄새에 굶주린 종교재판의 집행인한테 던져진 이교도의 사색가 앞에서 손뼉을 치며 즐거워 소리 지르는 군집도 그러했다. 그러나 오늘날의 군집을 보라. 아나키스트를 향해 으르렁거리는 저 군집은 짐승의 무리가 아니면 뭐라 할 수 있을까. 고립해서 보면 사물의 이치도 알 수 있고 격세유전의 잔인성에서 해방된 것처럼 보이는 개인도 한번 군집의 세력에 던져지면 다시 옛날의 원숭이로 돌아가고 개로 돌아가고 늑대로 돌아간다.

3.

동물인간은 결국 기계인간이 되었다. 오늘날 다수의 사람은 전부 이 기계인간이다.

그들은 선조인 식인종의 잔인성은 없지만 여전히 그 사상에 살아 있는 빛과 개성의 자각이 없다. 때로는 야만시대와 미개시대의 잔인성과 더불어 의지를 갖고 행위하는 용기마저도 잃었다. 그들은 맹수의 영역을 벗어나 기계가 되었다. 규칙이나 제도, 습관이라는 중압감에 짓눌려 오직 존경의 공포에 사로잡혀 전습의 노예가 되고 주변의 노예가 되고 다른 여러 가지 것들의 노예가 되었다. 늑대개가 집을 지키는 개가 되었다. 그리고 자신 곁으로 동류가 오는 냄새를 맡으면 갑자기 이빨을 드러내고 홀로 서 있는 약한 고립자를 물고 늘어졌다.

그러나 과거부터 있던 동물인간과 오늘날 기계인간과의 사이에서 사색인간이 생겨나고 있다. 사색인간은 근대인간이라고도 불린다.

근대인의 두뇌에는 다소 혼잡스러운 사상이 들끓고 있다. 그러나 그들은 여전히 수동적인 입장에서 벗어나지 못했다. 과거의 중압감이 여전히 그들 위에서 짓누르고 있다. 그들은 자유사상가이면서 꾸준히 기도회에 가는 무리들이다.

이렇게 해서 근대의 사색인간은 주변에 속박되고 질식되어 그 자질^{qualité}이 악덕^{vice}으로 변해버린 것이 많다. 용기는 무감각해지고

제2장 과학

치밀함은 교활해진다. 관용과 인자함寬仁은 맹목이 된다. 선입견은 이기심이 된다.

그러나 근대인의 일부 중에는 이지理知의 순화가 칼과 총을 만날 때마다 더욱 단련되어 끊임없이 싸움을 거듭하고 게다가 그러는 동안에 그들의 온유함과 예민함과 세심함을 지속시키는 부류가 있다.

4.

더군다나 그런 종류의 사색인간은 매우 소수라고 해도 점점 증가하고 있다. 그들 중에서 가장 위대한 사색가의 주변에는 그들 앞에 무릎을 꿇고 찬탄의 눈을 크게 뜨고 그들의 말을 경청하는 몇 명 또는 수십 명의 제자라 일컫는 자들은 더 이상 없다. 그러나 수천 수만 명이 그들과 같은 말을 쓰고 똑같은 정신적 생활을 영위한다. 그리고 무릎을 꿇고 듣는 대신에 그들과 토론하면서 오히려 그들의 사상을 보충하거나 수정한다.

오늘날의 인류 형태는 사색인간이다. 그리고 거의 초인이라고도 할 수 있는 대大사색인간이 존재하면서도 한편으로는 과거 동물인간이나 축생인간이 남아있다. 이 양자 사이에서 스스로 어떻게 움직여야할지 모르는 기계인간이나 또는 다소 스스로 움직이다가 손발을 다친 이른바 근대인으로 흘러넘친다.

우리는 진정한 사색인간인 초인으로 나아가야 한다. 동물인간 고유의 용기와 기계인간이 품은 사색을 양손에 들고 끝까지 매진해야 한다.

2.3 근대 개인주의의 제상[5]

1.

정치혁명 또는 사회혁명은 반드시 어떤 철학적 사조를 동반한다. 또는 철학적 사조에 앞서기도 하고 뒤처지기도 한다.

프랑스혁명은 철학적 관점에서 말하면 사회본위설에 대한 개인본위설의 반역이었다. 루소[6]의 민약론民約論[7]은 이를 가장 잘 증명하는 대표적인 사상이다. 처음부터 민약론은 오류였다. 개인이 맺은 계약의 결과로 사회가 형성된다는 민약론은 이른바 순환논법에 빠지고 말았다. 즉 민약론의 관념 자체가 이미 사회생활을 전제로 한다. 톨스토이처럼 강하게 부인하는 사상가도 있지만 오늘날의 사회에서 이런 계약관념의 세력을 인정하지 않을 수 없다. 하지만 원시사회에서는 절대로 인정받지 못할 것이다. 계약은 단지 강제력의 다른 말에 불과했다. 오늘날의 사회에서도 계약의 자유는 대부분 피상적인 것으로 실제로는 강압의 가면일 뿐이다. 여하튼 이 계약의 관념은 사회생활의 출발점이 아닌 사후의 산물이다. 즉 원인이 아닌

---

5) 「근대 개인주의의 제상」(近代個人主義の諸相, 1915.11). 제2차《와세다문학(早稻田文學)》제120호에 발표하였으나 해당 호는 발매 금지되었고, 단행본 『사회적 개인주의(社會的個人主義)』(新潮社, 1915, 발매 금지)·『정의를 추구하는 마음』에 수록된다.
이 글은 벨기에 출신의 프랑스의 철학자이자 사회학자인 조르주 팔랑트(Georges Palante, 1862-1925)의 저서 『비관주의와 개인주의』 Pessimisme et Individualisme, Paris : Félix Alcan, 1914와 논문 「아나키즘과 개인주의」 "Anarchisme et individualisme", in: La Sensibilité individualiste, Paris: Félix Alcan, 1909를 바탕으로 하고 있다.

6) 장 자크 루소(Jean-Jacques Rousseau, 1712~1778)는 18세기 프랑스의 계몽사상가이다. 저서로는 『신 엘로이즈』, 『인간불평등기원론』, 『에밀』 등이 있다. 그는 이성적 문명이 오히려 감성의 퇴보를 불러왔다고 주장하여 '계몽주의를 비판한 계몽주의자'로 불리며, 18세기 계몽의 시대에 가장 독창적인 사상가로 평가받는다.

7) 루소의 『사회계약론』은 메이지 일본에서 여러 차례 번역되었는 데, 대표적으로는 나카에 조민(中江兆民)에 의한 『민약론』(1874)과 『민약역해』(1882)가 있다. 1920년대 중반부터는 '사회계약설'과 '민약론'이 동시에 사용된다.

제2장 과학

결과이다. 여기에 당시 개인본위설의 첫 번째 오류가 있다.

이처럼 사회형성 개념에 오류를 가진 루소와 동시대 사람들은 사회생활의 성질에 대해서도 상세하고 확실한 개념을 갖지 못했다. 그들에게 국가와 사회는 동일한 것이었다. 적어도 국가는 사회생활에서 최선의 형식이었다. 따라서 그들이 말하는 개인본위설은 오늘날 우리가 말하는 것처럼 절대적으로 비사회적이거나 비국가적이 아니라 오로지 봉건제도를 기반으로 하는 사회와 국가에 대한 반역이었다. 여기에 당시 개인본위설의 두 번째 오류가 있다.

요컨대 그들은 아직 오늘날 우리가 말하는 진정한 의미의 개인주의는 아니었다. 그리고 이러한 오류는 근세인의 다수를 전혀 다른 의미인 이기주의로 타락시켜 버렸다.

게다가 이 두 가지 오류를 정치적 및 경제적, 사실적 측면에서 보면 당시 신흥 계급인 부르주아는 봉건적인 낡은 제도를 타파하면서 한편으로는 강력한 중앙집권적 근세 국가건설에 힘썼고 다른 한편으로는 철저한 부르주아적 개인주의, 즉 이기주의 실행에 빠졌다.

근대 개인주의는 이러한 부르주아적 사회의 사실에서 필연적으로 일어난 하나의 반동이다.

프랑스혁명 당시의 소요는 낡은 제도와 전통을 파괴했고 혁명 후에 나타난 정치 사회의 혼란과 같은 상황은 필연적으로 개인에게 두 가지의 영향을 미쳤다.

하나는 특히 귀족의 혈통을 이어받은 사람들 사이에서 나타난 깊은 불안감이었다. 비니[8]와 고비노[9]와 같은 젊은 귀족은 완전히

---

8) 알프레드 드 비니(Alfred de Vigny, 1787~1863)는 프랑스의 작가, 시인이다. 낭만파 시인으로서 사후에 발간된 시집 『운명』Les Destinées, 1864이 유명하다. 여기서 소개되고 있는 『시인의 일기』Journal d'un poète도 사후인 1867년에 출간되었다.
9) 조제프 아르튀르 드 고비노(Joseph Arthur de Gobineau, 1816~1882)는 프랑스

2.3 근대 개인주의의 제상

과거의 생활양식이 깨지면서 갑자기 형성된 민주적인 생활 속으로 옮겨졌다. 비니는 『시인의 일기』에서 말한다. "사실을 말하자면 세상에는 소유자와 소득자라는 두 종류의 사람뿐이다. 나는 두 계급 중에 전자로 태어났지만 지금은 후자로 생활해야 할 처지가 되었다. 나와 상관없던 이 운명이 나로 하여금 내심 반역하게 했다." 그들은 보날[10]이 말한 것처럼 감정은 과거 시대에 속하고 사상은 미래 시대에 속하는 사람들이었다. 그들은 사실 현 시대에서는 몸을 둘 곳이 없었다. 토크빌[11]은 계속되는 혼란을 견디지 못하고 결국 더 새로운 사회를 몽상하게 되었다. 당시의 사회상태와 그의 심리상태는 저서 『미국의 민주주의』[12] 서론에서 자세히 볼 수 있다.

> 완전히 새로운 세상을 위한 새로운 정치학이 필요하다. … 하지만 우리는 그런 생각에 빠질 엄두도 못 낸다. 우리는 급류의 한 가운데 있으며, 벼랑 위 몇 안 되는 유물에 집요하게 시선을 쏟고 있는 사이에 급류는 우리를 저 먼 더 깊은 늪으로 떠밀고 있다. … 지식 세계에서 일어나는 일도 개탄스럽기는 마찬가지이다. 프랑스 민주정치는 진로를 방해받거나 터무니없는 정욕에 휩쓸려 길에서 마주치는 모든 것을 뒤집어엎어 버렸다. 프랑스의 민주정치는 조용히 주권을 세우기 위해서 서서히 사회를 침식하는 일이 없었다. 혼란과 소요 속에서 진로를 방해받았다. 모두는 투쟁의 열기 속으로 내몰려 적의 극단적인 주장과 행동에 휩쓸려 자신의 주장까지도 당연함의 범위 밖으로 밀어내고 자신이 추구하는 목적조차 잊은 채 자신의 진정한 감정과 내심과는 정반대의 언어를 구사하고 있다. … 이처럼 우리는

의 인류학자이다. 저서 『인종 불평등론』 *Essai sur l'inégalité des races humaines*(4권, 1853–1855)에서 순수민족의 인종적, 문화적 우월성을 주장했다.
10) 루이스 드 보날(Louis de Bonald, 1754~1840)은 프랑스의 저술가이다. '반혁명의 철학자'로 알려져 있다.
11) 알렉시 드 토크빌(Alexis de Tocqueville, 1805~1859)은 프랑스의 역사가, 정치가이다.
12) 원제는 *De la démocratie en Amérique*이다. 한국어판 이용재 역, 『아메리카의 민주주의』, 아카넷, 2018

제2장 과학

눈앞에서 기괴한 모순을 보게 되었다. 나는 내 기억을 더듬어 봐도 이보다 더한 비애와 연민을 자아내는 경우를 찾아낼 수가 없다. 오늘날에는 주장과 취미를, 또는 행위와 신앙을 잇는 자연적인 유대관계가 단절돼 버린 듯하다. 어느 시대를 막론하고 이루어지던 사상과 감정의 동화가 파괴된 듯하다. 도덕상의 모든 법칙이 쇠퇴하여 사라진 듯하다.

이와 같은 혼란은 사회의 상태에서도 개인의 의식에서도 상당히 오랫동안 지속되었다. 그리고 프랑스 민주정치는 특히 젊은 귀족들 사이에 개인과 사회의 현재 그리고 미래에 대한 울분과 비관의 사상을 퍼뜨린 것이다.

그러나 사회적 혼란이나 불안 또는 사회적 관계의 이완이 반드시 울분과 비관의 절대적이며 보편적인 원인은 아니다. 이런 사회의 상태에서도 어떤 사람들의 심리는 작은 불안이나 비애도 느끼지 못한다. 강압적으로 조직되고 지배된 사회보다 오히려 질서가 이완되고 혼란스러운 사회에 더욱 잘 적응하는 성질의 사람들이 있다. 질서가 이완된 혼란스러운 사회는 모험의 광야이자 대담한 의지의 운명을 점칠 수 있는 무대이다. 이때야말로 과거 피지배계급의 다양한 사람들에게는 오랜 시간 압박받아온 개인의 자유가 비로소 두각을 나타낼 수 있는 절호의 기회이다. 그들은 매우 기뻐하며 각자가 꿈꾸는 들판에서 자유를 추구했다. 그리고 그들 사이에서 분투와 낙관이라는 개인의 자유사상이 분출하듯 일어났다.

사회적 혼란으로 생긴 이런 울분과 비관의 사상, 분투와 낙관의 사상은 다음 절에서 설명할 사회상태의 진화와 더불어 마침내 근대 개인주의를 낳는 모태가 되었다.

2.3 근대 개인주의의 제상

2.

사회질서의 혼란에 이어 근대 개인주의의 발흥에 더욱 힘을 실은 것은 그와 정반대 현상인 사회질서의 정돈이었다. 즉 낡은 제도의 파괴와 동시에 그리고 이후 착수된 새로운 제도의 건설이다.

사회대혁명이 일어난 후에는 어느 시대를 막론하고 한편에서는 사회질서의 혼란이 있지만, 다른 한편을 보면 이미 혁명 속에 질서의 정돈이 내재해 있음을 알 수 있다. 즉 프랑스혁명 후 봉건 질서의 해체도 사실은 더 새로운 사회질서의 재조직이었다. 어떤 낡은 속박은 소멸했다. 하지만 실제로는 한층 더 새로운 속박으로 교체된 것뿐이다. 프랑스혁명은 낡은 사회제도를 파괴했다. 그러나 이 대혁명은 또한 새로워진 사회제도의 건설을 통해 또 한 번 개인에게 중앙집권적 전제정치를 제멋대로 행사하려고 했다. 이렇게 해서 개인의 심장은 거대하고 견디기 힘든 사회적 압박을 느껴야만 했다.

근세국가의 중앙집권 원칙은 한 국가 속에 다른 여러 국가의 존재를 허용하지 않는 것이다. 국가는 분할 불가능한 유일한 대상이다. 국가에 속하는 모든 것은 국가의 감시와 제재를 피해 존재할 수 없다. 개인은 태어나서 죽을 때까지 국가의 감독 아래에서 생활해야 한다. 그리고 이와 같은 조직 사회에서 개인은 필요 이상으로 집합하면서 서로를 지나치게 구속한다. 또한 개인의 생활이 다른 사람들의 생활 속에 도를 넘어 침투한다.

한편에서는 이미 앞에서 언급한 것처럼 낡은 조직의 파괴에서 생긴 비관과 낙관 같은 개인의 자유사상과 감정이 분출하지만, 그러는 사이 다른 한편에서는 그러한 사상과 감정이 새로운 조직의 건설로 저해되거나 훼손되었다. 이처럼 여기에서도 개인의 처지와 기질에 따라 울분과 비관의 사상과 분투와 낙관의 사상이 생겨났다.

개인주의의 발생은 사회조직이 각 개인에게는 견디기 힘들 정도로

제2장 과학

강압적이라는 조건이 있지만 마찬가지로 어느 정도의 사회적 해체도 조건이 된다. 후자의 조건이 없다면 대부분의 경우 개인의 사회적 반역은 불가능하다. 적어도 효과가 없다. 정치적 혹은 사회적 속박이 비방조차 못 할 정도로 강력하고 질서 전체가 보편적으로 인정되고 존경받는 사회에서는 개인주의적인 반역에 대한 생각은 그것이 아무리 신중한 태도로 내려진 결단이라 할지라도 쉽게 일어날 가능성이 없다. 그래서 반역의 감정은 대부분의 경우 어떤 형식이든 현실에서 드러나지 못한 채 개인의 머릿속에만 유폐되지 않을 수 없다. 만약 다소 위대한 개성이 있어서 속박에 반역을 시도하려는 경우가 있다고 해도 당장 압박받고 유린당하여 오히려 목숨을 잃고 만다.

자유의 요구에는 이미 다소의 자유가 존재한다는 조건이 있다. 지식의 해방, 여러 사상의 우상파괴, 사회적 딜레탕티슴[13])과 같은 현상은 대개 사회의 규율과 권위가 느슨해진 기회를 틈타 나타난다. 이처럼 17세기와 루이 14세의 절대군주제에서는 싹을 틔우지도 못한 개인주의 사상은 19세기에 이르러 낡은 사회가 해체되고 풍속습관과 사상감정의 혼란에 편승해 처음으로 두각을 나타내기 시작했다.

덧붙여 18세기 관능파 문학은 스탕달과 보들레르 등의 작가에 의해 부활해 풍속 습관의 자유를 동경하게 했다. 과거에는 신학적 사상이라는 명목 하에 존재나 사색, 행위의 방법이 엄격하게 재단되고 평가받았으나 점차 발달하기 시작한 과학은 원래 도덕과 무관하다는 점 때문에 그 평가에 관대해질 수 있었다. 과학의 무도덕성은 과거 부도덕하다고 여겨진 다양한 형식의 관능을 멸시하지 않고 오히려 호감을 갖고 보게 만들었다. 그리고 이러한 여러 가지 요인의 영향으

---

13) dilettantism. 어원은 이탈리아어의 딜레타레(dilettare:즐기다)로, 딜레탕트(dilettante)는 '즐기는 사람'을 뜻한다. 예술이나 학문을 자기의 천직으로서가 아니라 도락으로 즐기는 사람을 의미하며, 또한 예술이나 학문에서 하나의 정립된 입장을 취하지 않고 다만 이것저것을 즐기는 태도를 말한다.

● 2.3 근대 개인주의의 제상

로 인생을 어떻게 이해하고 생활할 것인가에 관한 다양한 방법이, 즉 어떻게 존재하고 사색하며 행동해야 하는지에 관한 새로운 방법이 특별히 물의를 일으키는 일 없이 현실화되었다.

이처럼 한편에서는 이미 어느 정도의 자유를 맛보면서 점점 자유의 사상과 감정에 내실을 충실히 하고 확장하려고 하는 사이에, 다른 한편에서는 사회상태의 진화가 이러한 추세에 맞서는 새롭고 더욱 강력한 장애를 초래했다. 이미 가지가 자라고 잎이 난데다 꽃봉오리까지 피기 시작한 개인의 자유와 사상 앞에는 세 가지 길만이 놓여있다. 장애에 굴복해버리고 종지부를 찍거나, 장애에도 불구하고 내적인 꽃이라도 피우거나 또는 적극적으로 그 장애를 타파하는 길이 그것이다.

3.

하지만 이것을 사실로 보면 이 제3의 반역적 사상과 행위가 초기 개인주의의 주된 흐름이었고 그 이후의 개인주의에도 주된 흐름으로서 계통을 이어받고 있는 것처럼 생각된다.

즉 초기의 개인주의자는 자신을 압도하는 사회적 결정을 의식하고 있었다. 그러나 동시에 또한 자신이 이 결정 가운데 하나의 힘인 것을 느끼고 있었다. 그 힘은 지극히 박약함에도 불구하고 오히려 스스로 바라는 게 있다면 온갖 장애를 물리치려고 싸울 수도 있고 또 어쩌면 이길 수도 있을 거라고 믿고 있었다. 어쨌든 당시의 개인주의자는 사회에 대해 이 힘을 시도하지 않고는 바로 양보하거나 타협하려고 하지 않았다. 자신의 정력, 자신의 민첩함, 또 필요에 따라서는 심지어 자신의 무모함에 의지해 사회와 투쟁했다.

하지만 이러한 강한 개성이 그 독립과 권력을 위해 어떠한 성질의 투쟁을 영위한다고 해도 이 불평등한 투쟁에서 승리를 거두는 일은 거의 없었다. 사회는 너무나도 강하다. 사회가 우리를 둘러싼 정명定命의 망網은 우리가 그것을 타파하기에는 너무나도 견고하다. 이 사회에 대한 강한 개성의 극력적인 싸움의 로맨틱한 결과는 결국 실망과 낙담을 남길 뿐이었다. 따라서 당시의 문학은 어느 것이나 모두 이 실패의 고백이었다.

비니는 『시인의 일기』 중에서 말한다. "신은 지구를 우주에 던진 것과 같이 인간을 운명 가운데 내던졌다. 운명은 인간을 감싸고서 한결같이 항상 베일에 싸인 목적을 향해 인간을 나르고 있다. … 범속은 유혹되는 대로 이끌리고 대범한 성격은 그것과 싸운다. … 그러나 이 생애 동안 싸운 자는 거의 없다. 그들은 또한 운명의 흐름 속에 휩쓸려 익사해버린다."

고비노의 『왕자』 등은 사회에 선전포고를 했다. 그러나 그들 또한 그 적이 너무나도 강한 나머지 이 우둔하고 열등한 자들이 그들을 유린해버리는 것을 각오하고 있었다. 정치가·웅변가이자 사실상 사회적 반역자였던 뱅자맹 콩스탕[14]도 결국 그의 저서 『아돌프』[15]에서 감정의 세계에서나 행위의 세계에서도 개인에 대한 사회의 전제적 만능을 인정하지 않을 수 없었다. "아무리 열광시키는 감정이라고 해도 사물의 질서와는 싸울 수 없다. 사회는 너무나도 강하다. 참으로 여러 가지 모습으로 재현된다."

이렇게 강한 개성이 도달한 곳은 그들의 동경과 운명의 사이에 도저히 조화될 수 없는 불균형을 통감한 것이었다. 독일에서도 하이네[16]는 1848년에 다음과 같이 말했다. "이 세계가 오늘날 추구하고 또한 계속해서 바라는 것은 완전히 나의 마음과는 동떨어진 것이 되

---

14) 뱅자맹 콩스탕(Benjamin Constant de Rebecque, 1767~1830)은 스위스 태생의 프랑스 정치가이자 자유주의를 주장한 사상가이다.
15) *Adolphe*, 1816. 한국어판 김석희 역, 『아돌프의 사랑』, 문학과 지성사, 2021.
16) 하인리히 하이네(Heinrich Heine, 1797~1856)는 독일의 낭만파 시인이다.

었다. 하지만 나는 운명 앞에 무릎을 꿇지 않으면 안 된다. 나는 이 운명에 반항하기에는 너무나도 약하다."

이러한 대범한 성격의 개인적 반역 외에 오직 사상과 감정의 유사에 따른 집합적 반역이 있었다. 이들 불평가들은 사회의 강압에 대해 완전히 홀로 반항할 수 없어서 이 불가능을 느끼고 그들 자신의 힘과 다른 동지의 힘을 결합하기 시작했다. 즉 그들 자신이 만든 소사회를 통해 주위의 대사회와 투쟁했다. 온갖 당파의 혁명당이 그것이었다. 이들 소단체는 처음에는 지극히 미미한 것이었지만 점차 발달하여 이 단체를 모델로 하여 대사회도 변혁하려는 기세를 보였다. 이리하여 그들의 반역적 정신은 한편으로 온갖 사회적 파괴력이 되는 것과 함께 동시에 역사상으로는 변화와 진보의 대역을 연출하는 신사회의 맹아가 되었다.

하지만 어디에서도 결국 사회적 세력에 대한 개인의 노력은 소용없었다. 쓰러진 폭군은 실제로 다른 폭군으로 교체되었던 것이다. 승리를 얻은 소수자는 포학한 다수자로 변했다. 즉 개인의 해방이라는 의미에서 보자면 진보라는 것은 그저 이름뿐인 허위였던 것이다. 그리고 이와 같이 정치적 혁명에서 얻은 이론적 결론은 말할 것도 없이 정치적 문제에 대한 무관심이었다.

4.

이리하여 개인주의는 제2기에 도달했다. 개인주의 제1기는 개인이 사회를 지배하고 몽상에 따라 사회를 개조하려고 하는 자신만만하고 웅대한 반역이었다. 하지만 개인주의는 제2기에 이르러 이전과는 완전히 달라져서 모든 노력은 무익하다며 포기해 버렸다. 사회적 숙명과 질곡 앞에 적의를 품고 있으면서도 그것과의 싸움을 어쩔 수 없이 단념한 것이다. 즉 제2기의 개인주의는 영원히 복종하지 않는,

제2장 과학

그러나 또한 영원한 패배자가 되었다.

이런 의미의 개인주의는 개인과 사회가 결국 조화되지 못하는 깊은 모순의 실감이었다. 이런 의미의 개인주의자는 자기의 내적 존재와 그 사회적 환경 간의 피할 수 없는 강력한 부조화를 특별히 통감하는 성질의 사람들이었다. 그들은 오랫동안의 경험 끝에 사회란 개인에게 있어서 속박, 굴종과 곤궁의 영원한 원인이며 비애의 부단한 창조자라고 확신했다. 그들은 그들 자신의 경험과 그들 자신의 생의 실감이라는 이름 아래서 개인과 사회 사이에 조화를 안겨주리라 기대되는 미래사회에 관한 모든 이상을 공상이라고 확신했다. 그들에 따르면 문명의 발달은 이 해악을 경감시키기는커녕 더욱더 포학暴虐을 마음대로 행사하려는 사회적 기제의 무수한 수레바퀴 안에서 각 개인의 생활을 점점 복잡, 다망多忙하고 곤란하게 만들어 오히려 이 해악을 증대시킨다.

즉 이런 개인주의는 제1기의 개인주의가 사회적 낙관설이었다면 이번에는 반대로 사회적 비관설이었다. 그래서 이런 개인주의의 가장 온건한 자라 하더라도 특히 사회생활은 개성에 있어서 완전한 파괴적 해악은 아닐지라도, 적어도 개인에게 있어서는 압박적이고 제한적 조건이자 필요한 해악이며 나아가 가장 커다란 해악이라고 인정하고 있다. 비니는 『시인의 일기』속에서 말한다. "사회적 제도는 항상 악이다. 다만 가끔 조금은 견딜 수 있는 것이 된다. 이 악으로부터 조금 견딜 수 있는 것으로 이행하려는 투쟁에는 한 방울의 피도 아깝다."

이렇게 해서 제2기의 개인주의는 우리들이 그 속에서 생활해야만 하는 조직된 사회에 대해 획일적 규율, 그 단조로움이나 속박에 대한 적의와 불신으로부터 모욕과 무관심에 이르는 여러 가지 실감의 태도를 낳았다. 사회에서 벗어나 자기 안으로 숨으려는 갈망이 되었다. 각 자아의 유일성, 각 자아의 차별성이라는 깊은 감정이 되었다.

2.3 근대 개인주의의 제상

이 제1기와 제2기라는 두 가지 개인주의는 또한 로맨티시즘과 네오로맨티시즘의 두 가지 사조에 의해서도 대표된다.

로맨티시즘이란 위대함·힘·정열·환희·자유·행복·미美와 막연하지만 숭고한 이상에 대한 특별한 동경이었다. 이상적이고 열성적이고 혁명적이고 때로는 광기에 가까울 정도로 격정적이었다. 그 내적 욕망은 외적으로 확대되어 세계를 정복하고 세계를 파괴하려 했다. 그러나 이 동경도 결국에는 필연적으로 절망을, 많은 시인들이 노래하고 많은 철학자가 논했던 갈망의 채울 수 없는 비애를 낳지 않을 수 없었다. 문예상의 오베르만,[17] 르네,[18] 바이런,[19] 레오파르디,[20] 하이네, 비니 혹은 철학에서의 쇼펜하우어[21] 등은 모두 이 벨트슈메르츠,[22] 즉 세계고世界苦의 고뇌자였다. 로맨틱 페시미스트였다.

이런 로맨티시즘은 흘러넘치는 감정으로부터 비관설로 경도되지 않을 수 없었고 동시에 다른 한편으로 흘러넘치는 감정을 즐기기 위해, 자신의 고뇌를 격화시켜 그 고뇌를 맛보기 위해, 그리고 그 고뇌를 천재의 증표처럼 떠받들기 위해 밖으로 향하는 것을 그만두고 자기 안으로 돌아가지 않을 수 없었다. 자기 안에 갇힌 로맨티시즘은 필연적으로 또한 개인적 변덕을 숭상하지 않을 수 없었다. 변덕은 찰나적이고 유동적이다.

---

17) 프랑스의 작가 에티엔 세낭쿠르(Étienne Pivert de Senancour, 1770~1846)가 1804년에 발표한 낭만주의 소설 『오베르만』Oberman의 주인공을 가리킨다.
18) 프랑스의 작가 프랑수아 르네 드 샤토브리앙(François-René, vicomte de Chateaubriand, 1768~1848)은 『르네』René라는 소설을 썼다.
19) 조지 고든 바이런(George Gordon Byron, 1788~1824)은 영국의 낭만파 시인이다.
20) 자코모 레오파르디(Giacomo Leopardi, 1798~1837)는 이탈리아의 시인이다.
21) 아르투어 쇼펜하우어(Arthur Schopenhauer, 1778~1860)는 독일의 염세주의 철학자이다.
22) 벨트슈메르츠(Weltschmerz)는 '세계고'라는 뜻으로, 문화 변동기에 생기는 자아와 세계의 모순에서 오는 염세주의적인 생활 감정을 이르는 말이다. 괴테의 『젊은 베르테르의 슬픔』등에 나타나 있다.

로맨티시즘은 이렇게 비관적이고 개인적이 되면서 나아가 철학상의 비평적 정신과 과학상의 관찰적 정신 및 예술상의 현실적 정신과 같은 삼중의 영향을 받아 결국은 네오로맨티시즘으로 변화한다.

　　네오로맨티시즘은 로맨티시즘과 같은 실감에서 나와 감정을 선악의 진위 그리고 미추의 표준으로 삼는다. 하지만 네오로맨티시즘이 숭상하는 실감은 더 이상 로맨티시즘이 추구했던 순진하게 이상적인 것도 아니고 격정적이지도 않으며 반역적이지도 않고, 그 비평적 정신에 의해 그 자신에 대해서조차도 불신을 품고 경험으로 총명해지고 반성과 과학적 교양에 의해 부드러워져, 결국에는 완전히 순화된 평정과 관조의 비관설이 되었고 개인주의가 되었다.

　　이것을 한마디로 말하면 로맨티시즘은 좀더 디오니소스적이고 네오로맨티시즘은 좀더 아폴론적이다.

5.

이 제2기의 개인주의는 근대 사상계에서 고유한 의미를 갖는 개인주의다. 따라서 조금 더 상세히 그 심리적 해부를 시행해 보자.

　　개인주의는 이른바 이기주의와는 전혀 다르다. 이기주의는 자기 및 타인의 무엇을 희생해서라도 오직 세상으로 나가고자 하는 지극히 속물적 출세주의이다. 그 감정은 지극히 조잡하고 사회적 접촉이나 사회적 허위 혹은 사회적 비열함에 관해 어떠한 고통도 느끼지 않는다. 이기주의자는 마치 어류가 물속에서 서식하는 것처럼 사회 안에서 생활할 수 있다.

　　개인주의적 감정은 반드시 애타심을 배척하지 않는다. 오히려 일반적으로는 애타심이 넘쳐나 사회적 비관이나 염인관厭人觀에 빠진다. 비니나 고비노는 그 숭고한 사교성의 이상을 실현하고자 했으나 실패하고 절망한 애타주의자였다. 그들은 아름답고 강하고 그리고 관대한 사회를 동경했다. 게다가 그들은 현실 사회의 추악, 우열과 위선을 보고 그들 자신 안으로 돌아간 자이다. 그들은 자신의 욕구만을 추구하는 이기주의를 선택한 것이 아니며 또한 어떤 예술가가 예술을 위해 예술을 주장한 것처럼 개인주의를 위해 개인주의를 선택한 것도 아니다. 그들의 개인주의는 설령 그것이 아무리 절대적이고 아무리 절망적이라고 해도 원래부터 인류가 갖고 있던 위대하고 고귀한 신념에서 나온 것이었다. 예컨대 비니가 모든 사회형식을 부인하고 고비노가 모멸과 무관심이라는 관조적 태도로 도피해 사회를 사상가가 생활할 수 없는 곳으로 간주했던 것은, 그들이 그 신념을 실현하는 것이 불가능함을 경험하고 또한 사회적 현상이 너무나 추악하여 도저히 치유할 수 없음을 실감했기 때문이었다. 그들의 감정은 사회적 현실과의 접촉을 감내하기에는 지나치게 민감했고 지나치게 섬세했다. 따라서 그들은 재빨리 그들 자신 안으로 도피해 버렸지만 그렇다고 자기에 대해서도 또한 타인에 대해서도 독립과 진솔함의 희망까지 잃은 것은 아니었다.

그리고 그들의 사회적 현상에 대한 무관심도 때때로 깊숙한 곳에 숨은 애타심 때문에 배반당했다. 비니는 종종 인류의 운명을 걱정했다. 또 고비노도 만년에 이르러 평소에는 철저하게 모멸하고 절망했던 민주정치에 권고를 건네기 위해『제3공화국』[23]이라는 저술을 발간하고 그 무관심에서 빠져나왔다.

개인주의의 감성은 이와 같이 매우 민감하고 복잡했으며, 동시에 그 이성도 역시 매우 총명하면서 매우 복잡했다. 또한 여기에도 상반되는 동경과 재능이 있었다. 이상의 추구와 현실의 집착, 분석의 힘과 직관의 교묘함이 그것이다.

---

[23] 원제는『프랑스 제3공화국과 그 가치』*La Troisième République française et ce qu'elle vaut*, 1907이다.

제2장 과학

　최초의 개인주의는 이상적 세계관과 스탕달의 이른바 스페인주의·돈키호테주의에 의해, 즉 일반적으로 말하는 로맨티시즘에 의해 등장했다. 하지만 이 이상주의적 이성은 사실에 직면하자마자 곧바로 그 주관적 이상과 현실 사이의 괴리 그리고 개인과 사회의 충돌을 보았다. 이 경험은 이후 개인주의자로 하여금 세계를 있는 그대로 관찰하도록 만들었고 과거에는 이상주의자였던 자를 현실주의자로 만들어 버렸다. 그러나 그렇다고 해도 그들이 그런 이유로 종래의 이상을 완전히 포기해 버린 것은 아니었다. 그런 사람들은 뱅자맹 콩스탕이나 스탕달이 그 좋은 예인 것처럼 이상주의와 현실주의를 그들 자신 안에서 융합시켰다.

　개인주의적 이성은 주관적이고 비합리적이다. 스피노자[24]나 라이프니츠[25]의 객관적·낙관적 철학이 사물의 보편적이고 비개성적 성질을 설명하려 했던 것에 반해, 개인주의는 개인적 감정을 설명하고자 하는 주관적 철학이다. 이 주관주의에는 필연적으로 비합리적 경향이 포함되지 않을 수 없다. 쇼펜하우어와 슈티르너[26]의 자아와 유일자는 모든 범주의 밖에 놓여 있다. 따라서 논리적으로는 파악하기 어렵다. 그들은 자아의 존재나 세계의 존재를 꿈처럼 때로는 악몽처럼 보았다.

　이같이 개인주의자의 의지는 능동적이라기보다 오히려 저항적 내지 무위적이다. 거절의 의지이자 무의지이다. 개인주의자는 반역적 행위가 불가능하다는 점 때문에 그 행위를 단념했다.

---

24) 바뤼흐 스피노자(Baruch de Spinoza, 1632~1677)는 네덜란드의 철학자이다. 주저로『에티카』(1677)가 있다.
25) 고트프리트 라이프니츠(Gottfried Wilhelm Leibniz, 1646~1716)는 독일의 철학자, 수학자, 법학자, 신학자이다. 주저로『단자론』(1914)이 있다.
26) 막스 슈티르너(Max Stirner, 1806~1856)는 독일의 철학자, 개인주의적 아나키스트로 본명은 요한 카스파 슈미트(Johann Kaspar Schmidt)이다. 헤겔과 슐라이허마흐의 영향을 받아 철저한 자아주의를 추구하였다.

6.

이렇게 해서 근대 사상계에서 고유한 의미의 개인주의는 완전히 내부만을 향하는 심리적 태도에 빠져버렸지만 오히려 거기에서 심리적 개인주의라는 이름을 부여받을 수 있었다. 하지만 그것과는 별도로 외부를 향하는 사회적 개인주의가 함께 존재했다는 것을 잊어서는 안 된다. 후자는 전자와 마찬가지로 프랑스대혁명의 소산이며, 다수의 윤리학자·법률학자·정치학자 혹은 경제학자들에 의해 오늘날까지 그 주장이 이어지고 있다. 이런 개인주의는 밀[27]이 자신의 『자유론』에서 인용하고 있는 훔볼트[28]의 다음과 같은 말을 신조로 한다.

> 여기서 거론되고 있는 모든 논의가 귀착하는 대원칙, 주요 원칙은 각 개인이 풍부한 다양다종의 발달을 이루는 것이 절대적 가치이다.

즉 이런 종류의 개인주의는 모든 개인이 사회 안에서 서로 조화를 이루며 발달하고 다양다종함이 문명의 풍요와 아름다움을 보증한다고 믿는다.

그들은 질서와 통일과 조화를 원칙으로 삼는 이성을 신뢰하는 합리주의자이다. 그들은 사회적 정의가 실현될 것이라는 점을 믿는 인도주의자이다. 넓은 의미에서의 사회주의자이다. 개인과 사회를 분리하지 않고 또한 대립시키지 않고 개인을 사회의 한 요소로 간주하며 부분이 전체와 조화를 이룬다고 간주한다는 점 때문에 사회적 개인주의의 명칭을 부여받았다.

새로운 세계를 위한 새로운 정치가 만들어져야 한다.

---

[27] 존 스튜어트 밀(John Stuart Mill, 1806~1873)은 영국의 철학자, 경제학자이다.
[28] 훔볼트(Wilhelm von Humboldt, 1767~1835)는 프로이센의 철학자, 교육학자, 정치가이다.

제2장 과학

　토크빌의 이 사상은 19세기의 모든 사회개량가들의 두뇌에 침투했다. 콩트[29]는 인도人道의 종교에서, 쿠르노[30]와 르낭[31]은 지식인, 즉 철학자와 과학자의 귀족정치에서 새로운 원칙에 기반한 새로운 사회를 추구했다. 그러나 이들 사회적 이상은 당시의 시대정신인 민주주의에 의해 축출되었다. 그리고 이 시대정신에 적응한 여러 사회적 개인주의의 발생을 재촉했다. 이것을 정치학의 차원에서 보면 국가의 임무를 오직 외국에 대한 방어와 국내의 안보에 제한하려는 학설로, 지방주의나 연합주의 또는 다수자에 대해 소수자을 보호하려는 자유주의 등의 비非중앙집권주의가 모두 이런 종류의 개인주의에 속한다. 또한 이것을 경제학의 차원에서 보면 비간섭주의, 자유방임주의 등으로 이런 식의 사회적 학설을 거론하면 끝이 없다.

　사회적 개인주의와 앞서 말한 심리적 개인주의 사이에 어떤 필연적 관계가 있는 것은 아니다. 사회적 개인주의자이면서 심리적 개인주의자의 감정을 심하게 결여한 자도 있다. 예를 들어 스펜서[32]는 국가에 대한 개인의 권리를 주장했다는 점에서는 매우 개인본위라고 할 수 있지만 사회에 대한 개인의 우위를 거의 인정하지 않았다. 즉 개인은 사회의 한 요소로 간주되며 사회를 위해서만 존재하는 것처럼 인정하는 경향이 있다. 여기에 사회적 독단설이 있고 이 사회적 독단설은 거의 모든 사회적 개인주의의 결점이 된다. 여기에 덧붙여 사회적 생활에 대한 미묘한 감정을 결여하고 있어 안으로 향하는 일 없이 오직 이성 위에서 밖으로만 향하는 사회적 학설을 구축했다.

---

29) 오귀스트 콩트(Auguste Comte, 1798~1857)는 프랑스의 실증주의 철학자이다.
30) 앙투안 오귀스탱 쿠르노(Antoine Augustin Cournot, 1801~1877)는 프랑스의 철학자, 수학자, 경제학자이다.
31) 조제프 르낭(Joseph Ernest Renan, 1823~1892)은 프랑스의 철학자, 역사학자, 종교학자이다.
32) 허버트 스펜서(Herbert Spencer, 1820~1903)는 영국의 철학자이다. 그는 『개인 대 국가』 The Man Versus the State에서 개인의 자유와 국가 권력의 모순관계를 지적하며 국가보다 개인을, 강제보다 자율을 강조한다.

또한 민주적 시대정신에 적응하려는 까닭에 오늘날의 사회조직을 인정하면서도 부분적 개량을 시도할 뿐이다.

심리적 개인주의는 오직 내부를 향할 뿐이어서 오늘날의 사회조직에 대한 객관적 지식을 결여하고 있으며, 그 결과 빠르게 모든 사회조직을 부인하는 낙관설에 빠졌다. 또한 사회적 개인주의는 오직 외부를 향할 뿐이어서 모든 사회조직에 대한 주관적 감정을 결여하고 있으며, 그 결과 일찍이 모든 사회조직을 시인하는 낙관설에 빠졌다. 여기에서 두 가지 종류의 개인주의가 가진 각각의 장점과 단점을 발견할 수 있다. 또한 이론적으로도 실제적으로도 두 가지 개인주의의 단점이 한계를 드러냄에 따라 양자의 장점을 취한 제3의 개인주의가 태어나야 할 시점이 되었다.

이런 요구에 의해 나타난 신개인주의는 평면적으로 보면 심리적 개인주의와 사회적 개인주의의 융합이며 또한 입체적으로 보면 앞서 말한 제1기 개인주의와 제2기 개인주의의 조화이다. 바꿔 말하면 제1기 개인주의가 이후 여러 방면의 경험과 지식을 축적해 새로운 내용을 갖고 부활한 것이라고 할 수 있다.

7.

여기에서는 평면적으로도 입체적으로도 제3의 지위에 있는 신개인주의를 주장하기 앞서 재차 개인주의의 심리적 해부로 돌아가려 한다.

앞서 로맨티시즘과 네오로맨티시즘을 논하면서 전자는 좀 더 디오니소스적이고 후자는 좀 더 아폴론적이라고 말했다. 디오니소스는 돈키호테의 무리이고 아폴론은 햄릿의 무리이다. 그리고 심리학자인 리보[33]는 전자를 능동성, 후자를 민감성의 심리적 유형에 속하는 것으로 분류했다.

---

33) 테오뒬 리보(Théodule Armand Ribot, 1839~1916)는 프랑스의 심리학자이다.

제2장 과학

　제1기 개인주의 시대에도, 즉 능동형의 인물이 활동한 시대에도 울분과 비관에 빠진 민감형의 인물은 있었다. 또한 제2기 개인주의 시대에도 분투와 낙관만으로 일관했던 능동성의 인물은 있었다. 강대한 기질은 주위의 일반적 경향과 다소 부딪치며 진퇴를 거듭할 수 있다. 또한 어떤 시대에도 민감한 능동성이라고 이름붙일 수 있는 종합적 유형의 인물이 있다. 원래 이러한 기질의 분류는 종합적 유형의 존재가 보여주는 바와 같이 개인이 각각의 어떤 기질만을 갖는다는 의미가 아니다. 각 개인에게는 다소 강약의 정도가 있고 여러 기질이 포함되어 있으며 그 가운데 어떤 것이 주위의 사정에 다소 적응하거나 반동함으로써 성장하고 발달한다.

　제1기 개인주의 시대는 능동형 인물의 활동이나 보통 사람들의 능동성의 발달에 가장 부합하는 시대이다. 그리고 그런 시대의 개인 중에는 능동성이 매우 강렬한 소수의 무정부주의자가 포함되어 있다. 그들은 몇 번의 실패에도 풀죽는 일이 없고 몇 번의 쓰디쓴 교훈에도 위축되는 일 없이 오직 이상을 향한 동경과 성공의 신앙을 쫓아 용감한 반역적 투쟁을 계속해 간다. 바쿠닌[34]이나 혹은 모든 점에서 그 후계자라고 할 수 있는 말라테스타[35]가 그 좋은 전형이다.

　그러나 무정부주의는 이처럼 능동형의 인물에 의해 창조되었지만 크로포트킨[36]과 르클뤼[37] 등 민감한 능동성의 인물에 의해 개조되

---

[34] 미하일 바쿠닌(Mikhail Aleksandrovich Bakunin, 1814~1876)은 러시아의 무정부주의자이다.
[35] 에리코 말라테스타(Errico Malatesta, 1853~1932)는 이탈리아의 아나키스트로 1872년 바쿠닌을 만난 이후 아나키즘 운동에 뛰어들었다. 인류가 사랑과 연대를 통해 정치적 자유와 경제적 평등을 누리는 사회를 추구했고 개인들이 자유의지에 따라 이 운동에 참여할 것을 호소했다.
[36] 표트르 크로포트킨(Pyotr Alekseevich Kropotkin, 1842~1921)은 소련의 지리학자이자 무정부주의자이다. 프랑스, 영국, 스위스 등지에서 아나키즘 문헌들을 집필하며 사회주의 아나키즘 운동을 주도했다.
[37] 자크 엘리제 르클뤼(Jacques Élisée Reclus, 1830~1905)는 프랑스의 지리학자, 무정부주의자이다.

었다. 그들은 정부와 사회의 지독한 박해로 인해 종종 무위無爲를 강요받았는 데 그 시간을 내성內省의 기회로 삼아 그 색채에 두드러진 변화가 일어났다. 환언하면 무정부주의는 그 사회적 학설의 계통에서 사회적 개인주의에 속하지만 개인적 감성 위에서 심리적 개인주의의 색채를 강하게 띠고 있다.

동시에 앞서 말한 심리적 개인주의도 실제생활에서 그 사회적 태도의 모순에 눈떠 일반사상계, 특히 사회과학의 진보에 자극받고 현 사회의 점진적 노쇠에 편승했다. 마치 과거의 비니나 고비노가 때때로 그 무관심으로부터 뛰쳐나오려 했던 것처럼 심리적 개인주의는 다시 제1기 개인주의의 인도주의를 부활시키려 하고 있다. 로맹 롤랑[38]은 이것의 가장 명백한 대표자가 아닐까?

---

[38] 로맹 롤랑(Romain Rolland, 1866~1944)은 프랑스의 소설가, 극작가, 평론가이다.

2.4 생물학에서 본 개성의 완성[39]

1. 생명 그 자체의 암시

"우연한 사건이라 부를만한 것은 이제 나에게는 일어나지 않는다. 지금 나에게 무언가 일어난다면, 그것은 모두 나 자신이다"라고 니체의 차라투스트라는 말했다. 이로써 개성의 완성을 세계에 선언한 것이었다.

이를 좀 더 알기 쉽게 말하면 "나는 완전히 위대해졌지. 나는 이제 나 아닌 어떤 사람이 된거야. 또한 어떤 물건의 지배도 도움도 은혜도 받지 않아. 나는 모든 것에서 독립한 나만의 인간이 된거야. 내가 하는 일은, 또 나에게 일어난 일은 모든 일이 내가 승낙한 후에 나의 힘만으로 이룬거야. 나는 전지전능의 신인 것이지"라는 의미가 될 것이다.

시덥지않은 말이라고 과학자는 말할 것이다. 과학자가 아니라도 조금은 사물을 객관적으로 보고 객관적으로 생각하는 사람이라면 누구라도 그렇게 말할 것이다. 그러나 과연 그렇게 단정지어 말하는 것이 정말 과학적인 태도일까.

물론 이 말은 차라투스트라의 거의 모든 다른 말과 마찬가지로 대몽상가의 그러나 대정진가大精進家의 거의 전적으로 주관에서 나온 호언에 지나지 않는다. 정신병학자가 아닌 과학자, 특히 동물학자가 자신의 연구범위 안에서 문제로 삼을 만한 것이 아니라고 한다면 그럴 수도 있다. 그러나 같은 몽상이라 해도 게으름뱅이의 몽상은 정진가의 몽상과 다르다. 게으름뱅이의 몽상은 생生의 피로에서 나온다. 정진가의 몽상은 생의 전투에서 나온다. 거기에는 발랄한 생의

---

[39] 「생물학에서 본 개성의 완성」(生物學から觀た個性の完成, 1919.4).《신공론(新公論)》제34권 제4호에 발표되었고, 이후『자유의 선구』에 수록된다.

요구가 있다. 거기에는 생이 자신의 만족할지 모르는 요구에 따라 용맹정진해 왔던 길과 또한 더 용맹정진하게 나아가려 하는 길이 나타나 있다. 생명의 운동방향이 나타나고 있다.

대정진가의 몽상은 결코 단순한 말이 아니라, 오히려 과학자가 지금까지 도달할 수 없었던 진리의 암시이다. 생명 그 자체의 암시인 것이다. 이 암시에 귀를 기울이지 않는 과학자는 진짜 과학자가 아니다.

생명의 운동 방향! 과학자, 특히 생물학자·동물학자에게 이만큼 흥미로운 연구 과제가 있을까. 그리고 이 과제를 다시 개성의 운동 방향이라는 보다 좁은 범위에 한정하고 동물학의 입장에서 철학자 니체의 주관과 직관에 과학의 순수 객관적 진리를 접목시킨 사람은 옥스퍼드 산하 베일리얼 대학 Balliol College 강사 줄리언 헉슬리였다. 이 글 「생물학에서 본 개성의 완성」은 그 대부분을 헉슬리의 『동물계의 개체』[40)]에서 빌려온 헉슬리와 나의 무단합작無斷合作이다.

2. 개체의 독립성

동물학자는 자주 의식이 없는 유기적 개체의 이야기를 할 때도 개성이라는 것에 대한 확실한 개념을 갖지 못하며, 또 이것이 고등한 개성인가 열등한 개성인가를 말하면서도 고등한 것 혹은 열등한 것의 진짜 의미를 알지 못한다. 그래서 먼저 그것부터 대략 정해 보도록 하자.

원래 사물의 연구에는 정적인 것과 동적인 것, 두 가지의 주된 방법이 있다. 예를 들면 개성의 성질을 확정하는 데 있어 보통 우리가 개체라고 부르는 점에서 일치하는 다양한 것들을 비교하여 그 모든

---

40) 줄리언 헉슬리(Julian Sorell Huxley, 1887~1975)는 영국의 진화생물학자, 우생학자, 국제주의자이다. 『동물계의 개체』의 원제는 *The Individual in the Animal Kingdom*, 1912이다.

제2장 과학

것에 공통되는 극한, 즉 최고의 공통한도를 발견해 그것을 개성의 최저 개념으로 삼을 수 있다. 이것은 정적인 방법이다. 또 모든 개체를 통해 개성의 운동을 비교하거나 혹은 개성의 보다 완전함이라는 것을 발견해, 운동의 진행 방향을 정하고 완성 개체의 여러 특성들을 추측하면서 동시에 개성의 최고 개념을 얻을 수도 있다. 이것은 동적인 방법이다. 기존 학자 다수는 이 첫 번째 방법만을 따른다. 그러나 변화라든가, 진보적 변화 즉 진화라든가 하는 것이 생명의 근본적 성질의 하나라는 점에서 보자면 두 번째 방법이 보다 자연적이라 할 수 있다. 그리고 거기에 첫 번째 방법이 자연스럽게 포함될 것이다. 그렇다면 주로 두 번째 방법으로 개성의 개념을 조사해 보도록 하자.

그런데 보통 개체라 부르는 여러 동물들을 살펴보면 물론 많은 방류도 있지만 대체로 모든 동물들은 한 줄기의 본류를 쫓아 그 본류를 따라가면서 개체의 특성이 더욱 명백해지고 완전해진다. 그리고 그 특성 중 하나는 외계 및 그것의 영향에서 독립하여 차라투스트라처럼 우연한 사건과 만나지 않는다. 더욱이 독립이라는 것은 외계의 어떤 것에도 의존하지 않는다는 소극적인 것이 아니라 오히려 다양한 것을 이용해 자신의 활동의 재료로 삼는 적극적인 것이다. 예를 들면 집을 짓는 데 나무에 의존하지 않으면 안 된다. 그러나 이렇게 나무에 의존해 집을 짓는 쪽이 나무에 의존하지 않고 집을 짓지 않는 것보다 훨씬 많은 독립을 얻을 수 있다. 의존한다기보다 자신의 것으로 삼는 것이다. 차라투스트라가 "만약 나에게 무언가 일어난다면 그것은 모두 나 자신이다"라고 말한 것도 요컨대 이러한 의미이다.

앞서 말했던 본류의 맨 앞에 서 있는 문명인은 이처럼 자연을 자신의 것으로 삼음으로써 야만인보다 훨씬 개성적이다. 또한 본류의 최말단을 맡고 있는 원생동물조차도 스스로 몸을 움직일 수 있는 다소 독립적인 힘을 갖고 있다. 스스로 아무 것도 할 수 없는 무기물의 무가치함과는 다르다.

2.4 생물학에서 본 개성의 완성

그렇다면 어떻게 해서 독립이 원생동물에서 고등동물로 점점 증가해 왔던가 하면 거기에는 세 가지 원인이 있다. 하나는 몸이 커진 것이다. 다음에는 몸의 구조가 복잡해진 것이다. 그리고 마지막에는 지각이나 기억이나 추리 등의 두뇌 작동이 발달하여 외계에 대한 적응성이 증가한 것이다.

문명인은 이 세 가지 점에서 모든 동물 중 가장 독립적이다. 그러나 우연한 사건에게서 완전히 독립했다고는 도저히 말할 수 없다. "우연한 사건이라 부를만한 것은 이제 나에게는 일어나지 않는다"라고 말할 정도가 되려면 이 세 가지 성질 중 어느 하나를 완벽하게 구비해야만 한다.

그럼 인간에게 그것이 가능한가하면 일단 전혀 그렇지 않다. 예를 들어 몸을 점점 키워서 우주와 같은 크기가 되면 물론 외계에서 완전히 독립될 수 있을 것이다. 그렇게 되면 의존할 외계 자체도 없어진다. 그러나 이것은 있을 수 없는 이야기다. 그렇다면 어떤 사건에도 대응할 수 있는 모든 구조를 자신의 몸 안에 갖춤으로써 완전한 독립은 얻을 수도 있다. 그렇지만 사건이라는 것이 원래 무한하기 때문에 그렇게 될 수 없다.

다만 가능한 한 가지는 지각·기억·추리 등의 정신적 힘을 완성해 무한한 사건에 대해서도 대응할 수 있도록 하는 것이다. 그러나 이것이 과연 가능할까? 초인인 차라투스트라라 하더라도 아마도 우연의 사건을 피하기는 어려울 것이다. 아무리 위대하다고 해도 모든 것을 경험하고 모든 것을 기억하고 모든 것을 이해하는 일은 불가능하다. 게다가 이것이 불가능하면 모든 사건을 회피하는 일도 불가능하다.

초인에게 불가능한 일이 인간에게 가능할 리 없다. 그렇다면 인간은 개성의 완성을 포기해야 하는가 하면 생명은 그렇게 무기력한 존재가 아니다. 어디까지나 용맹하게 정진한다. 막힘을 모르는 것이 생명이 본질이다.

하지만 이런 것은 제쳐두고 제 2절의 결론으로 이것만은 알아줬으면 좋겠다. 생물은 그 근본토대인 원형질의 성질상 생리적으로 첫째든 둘째든 어떤 방법에 의해서도 그 독립성을 확대해 가는 것이 불가능하다. 그러나 세 번째 방법, 즉 정신의 움직임이라는 잠재력을 증가시킴으로써 실제로 그렇게 큰 몸이 아니더라도 혹은 복잡한 구조를 갖지 않더라도 우연의 사건을 피하는 것은 가능하다.

3. 개성의 특이성

그러나 개체의 독립성이라는 문제에서 본 니체의 차라투스트라는 확실히 여기서 난관에 봉착했다. 여기서 현대의 대철학자인 베르그송[p.121]의 말을 끌어와 보자. "생명은 개성의 추구를 멈추지 않는다. 그리고 점점 자연으로부터 고립되고 자연에 대해 닫힌 체계를 만들려고 한다."

즉 베르그송은 개체를 '자연에 대해 고립되고 자연에 대해 닫힌 하나의 체계'로 보고 있는 것이다. 체계에는 각 부분과 그것들이 통일된 전체가 있다. 그리고 이 통일이라는 것이 체계의 가장 중요한 본질이다. 나아가 유기체의 체계는 한 부분이 전체에서 분리되면 그 부분은 완전히 의미를 잃게 된다. 예를 들어 손과 그것의 작용이 몸 전체의 작용에서 분리되면 어떤 의미도 없다. 하지만 무기물의 체계는 한 부분이 전체에서 분리되어도 그 의미를 잃지 않는다. 또 체계 자체는 그 일부를 분리시켜도 큰 지장은 없어 보인다. 산을 반 정도 깎아 바다에 던져도 산은 다소 모습이 달라질 뿐 역시 산으로 남아 있다. 베르그송에 따르면 따라서 무기물의 체계는 더 이상 분리할 수 없는 개체[an individual, 個體]가 아니라, 분리할 수 있지만 그것만으로 특수한 한 덩어리를 이루고 있을 뿐인 수체[a particular, 殊體]이다.

2.4 생물학에서 본 개성의 완성

베르그송의 이 말과 앞서 니체의 말을 대조해 보면 니체의 말은 개체의 활동원칙을, 베르그송은 그 활동이 개체전체의 이익을 위해 이루어진다는 내적 통일을 주장한 것이 된다. 그리고 전체의 통일이라는 말 이면에는 개체의 이질성, 즉 각 부분의 성질이 다르다는 것이 포함되어 있다. 나아가 이것을 한 마디로 말하면 니체는 개체의 독립성을, 베르그송은 그것의 이질성을 주장한 것이 된다.

최초의 생물은 화학적 성분이 동질적이었다고 가정된다. 또한 다분히 그랬을 것이라고 생각된다. 그렇다면 그 생물은 자연의 추세에 의해 어느 정도 정해진 형태, 정해진 크기의 덩어리로 존재한다. 그리고 그 분자구조를 다소 복잡하게 만들어 하나의 화학적 성분으로서 존재를 지속하는 데 필요한 여러 작용을 수행하더라도 역시 그것만으로는 개체로서 충분하다고 할 수 없다. 왜냐하면 그 덩어리에는 단일성이라는 것이 없기 때문이다. 덩어리는 다만 집합체에 지나지 않는다. 그것을 둘이나 셋으로 나눠도 혹은 10, 20, 50, 100으로 나눠도 그 모든 부분은 원래의 작용을 계속해 간다. 하지만 만약 인간의 손을 자르고 몸을 둘로 나누면 인간 몸의 주요 부분은 그 작용이 현저하게 둔해지고 손의 움직임은 그 순간부터 영구히 정지해 버린다.

이 최초의 생물이 진화해 동질적이지 않은 생물이 나타났을 때 앞서 말한 모든 동물이 앞다투며 나아가는 완전한 개체로의 본류가 시작된다. 그리고 이 본류를 따라 앞으로 나아가면서 점점 그 이질성이 커진다.

개체는 그 독립성을 완전하게 만들기 위해 여러 가지 작용, 즉 움직임을 정확히 하고 또한 서로를 독립된 것으로 해야만 한다. 그리고 적어도 의식이 없는 유기체에서는 작용이 다르면 반드시 구조가 달라야 한다. 따라서 어떤 개체가 보다 많은 독립성을 갖고 보다 많은 개체를 가지려면 각 부분의 이질성을 증가시켜야 한다.

제2장 과학

　거기서 구조의 복잡한 이질성이 나타난다. 적에 대한 공방攻防의 기관, 자기의 영양 기관, 생식 기관과 같이 그 구조가 특히 어느 하나의 작용에 적응한 여러 다른 기관이 발생한다. 그리고 하나의 기관은 또한 여러 다른 이질적인 부분으로 이루어진다. 예를 들면 이런 논의를 좀 더 끌고 나가는 데 적절한, 앞서도 언급한 사례인 인간의 손을 생각해 보자. 인간의 손이 정확하게 사물을 잡는 힘을 갖게 된다는 것은 그것이 여러 가지가 다르면서도 통일된 많은 부분으로 이루어져 있기 때문이다. 사물을 잡는 작용은 분리할 수 없는 단일한 행위이다. 그러나 어쨌든 사물을 잡기 위해서는 그 기관이 각기 다른 부분으로 이루어져 있어야 한다. 이것과 반대로 극단적인 예를 들자면 아메바의 위족僞足에는 각 부분의 분화라는 것이 없다. 따라서 그 기능은 극히 적고 동시에 극히 부정확하다.

　이렇게 어떤 작용이 점점 유효하고 점점 독립적인 것이 되려면 그 구조가 확연한 이질성을 갖추어야만 한다. 그런데 지금 말한 인간의 손을 보면 그것은 단지 하나의 손이라는 기관이면서 대단히 많고 다양한 기능을 한다. 즉 같은 하나의 구조의 작용이면서도 이질적이기도 하다. 특수한 작용에는 반드시 특수한 구조가 있기 마련이다. 그럼에도 인간은 두뇌라는 구조의 발달 덕분에 무기물로 도구를 만드는 것을 기억하고 그 도구를 여러 가지 구조를 대신해 사용하며 그것에 여러 가지 다른 작용을 일으킨다. 즉 인간은 의식의 추리력에 힘입어 별도의 작용을 위해 별도의 구조를 만든다는 부담을 자신의 약하고 작은 어깨에서 자연의 강하고 커다란 어깨로 옮겨놓았다. 그렇게 되자 작용의 차이에 따른 확연한 구조의 차이는 없어진다. 그리고 눈에 보이지 않는 의식 상태의 차이라는 것만이 남는다.

　물론 인간이 여러 가지 다른 의식 상태를 동시에 갖는 것은 불가능하다. 그러나 의식과 추리가 진행됨에 따라 점점 발달한 기억 덕분에 필요할 때 언제라도 필요한 어떤 의식 상태를 불러올 수 있다. 이렇게 해서 개체는 존재하는 다양한 구조의 이질성에 의해 완전 개체로의 장대한 여정에 올라선다. 그리고 다음에는 시간을 달리해 존재하는, 따라서 무수하고 보다 이질적인 어떤 의식 상태의 다양한 새로운 방법을 발견하게 된다. 이것이 제3절의 결론이다.

동전의 양면인 개체의 독립성과 이질성이라는 두 개의 측면이 서로 의존하고 도와가며 개성의 완성을 위해 노력하고 있음을 알 수 있다. 그러나 여기까지 앞서 말한 차라투스트라가 부딪힌 난관이 베르그송에게서도 나타나고 있음을 알 수 있다. 이렇게 그 의식 상태의 분화를 계속해 가면 과연 개체의 완성이 이루어질 수 있는가? 역시 아무리 보아도 의심스럽다.

4. 개체의 지속성

그러나 이렇게 개체의 독립성과 이질성에 대해 설명을 하다 보니 이번에는 또 다른 중대한 마지막 특성인 개체의 지속성이라는 것을 떠올리지 않을 수 없다.

지금까지 개체는 단순한 '다종다양의 통일체'로 설명했다. 즉 개체는 생리적 구조나 의식의 조립이라 부르는 존재의 상태에서도 그 존재보다 진정한 본질이었고 실제로 생명이 활동하는 방법에서도 실로 천차만별의 모습을 드러내고 있다. 그 구조나 조립이 천차만별인 것은 단지 그 작용을 천차만별로 만들기 위한 것이지만 그 천차만별 중 어느 하나라도 개체 전체와 연결해서 생각하지 않으면 아무런 의미가 없다. 따라서 지금까지는 단지 각 부분과 전체의 관계라는 문제만 다루었으나 이번에는 전체와 그 전체 자신과의 관계로 이행한다. 바꿔 말하면 지금까지 평면적·공간적 형태로만 보던 개체를 이번에는 입체적·시간적으로 보려고 한다.

사실 지금까지 설명하면서 이 문제에 대해서 언급하지 않은 것은

제2장 과학

아니다. 앞 절 마지막 부분의 '시간을 달리하는 의식상태의 차이'라는 말은 충분히 이 문제를 다루고 있다. 즉 이 문제는 어떤 시점에서 개체 전체의 작용과 이후의 어떤 시점에서 작용과의 관계를 말한다. 그리고 이 문제에 대해서는 이미 제2절의 손을 예로 든 부분에서 우회적으로 답해 두었다. 즉 손과 그 작용의 관계가 몸 전체와의 관계 속에서 비로소 의미가 있다고 했을 때는 한순간의 전체만을 가리킨 것이 아니라 시간상에서 계속된 존재를 가진 전체에 대해서 말한 것이다. 손이 한 덩어리 빵을 집어서 입속에 넣었다고 하자. 그 손의 행위는 그 순간만을 생각하면 전체라는 인간에게는 살짝 단맛이 난다는 정도의 의미일 뿐이다. 진정한 의미는 시간이 지나 빵이 소화되고 흡수되어 순환되는 몸의 모든 부분의 허기를 채웠을 때 비로소 나타난다.

지금까지 개체는 다소의 지속성이 있다는 전제 하에서 이야기했다. 그러나 실제로 개체의 지속성은 다양한 생물에 공통되는 존재의 기초 중 하나이다.

인쇄기계는 책을 인쇄한다. 그러나 인쇄된 책은 인쇄기계에는 아무 쓸모가 없고 기계의 생명 작용, 즉 인쇄한다는 것에도 아무 도움이 안 된다. 따라서 개체를 일종의 기계로 보면 작용은 책과 같은 물질을 생산하는 것에 있지 않고, 오로지 개체 자체와 작용 자체가 계속되는 것일 뿐이다. 즉 여러 부분이 하나가 되어 전체의 지속을 유지하기 위해서 기능하는 것이다.

그러나 이러한 지속에는 한계가 있다. 즉 죽음이라는 것이다. 죽어버리면 개성의 완성도 무용지물이다.

그렇다면 도대체 죽음이란 무엇일까? 이 죽음이라는 하나의 단어 속에는 두 개의 다른 개념이 내포된다. 즉 살아있는 원형질이 살아있는 원형질로 존재하는 것을 멈추었을 때의 실질적인 죽음과 그 실질을 포함한 개체의 죽음이다. 인간에게는 이 두 개의 죽음이 같다. 그러나 대부분의 하등동물은 같지 않다. 가장 단순한 예를 들어보면 하나의 훌륭한 개체인 아메바나 짚신벌레와 같은 원생동물은 끊임없이 생장하다가 어느 정도 크기까지 자라면 반으로 분열하고 분열된 각각의 부분이 부모와 동일한 새로운 개체가 된다. 그 과정에서 조금의 실질도 잃지 않을뿐더러 부모의 개체가 사라진 대신에 두 개의 새로운 개체가 태어나는 것이다.

생물의 생리적 기초는 원형질이다. 원형질은 물질로서 다양한 성질과 다양한 제약을 가진다. 원형질의 이러한 성질 때문에 생물은 완전 개체를 얻기 위해 나아가는 도중에 어찌할 수 없는 하나의 딜레마와 맞닥뜨리게 되었다.

생장이란 신진대사의 동화작용에서 손익계산의 잔액을 나타내는 것이다. 생장은 원형질 고유의 성질이거나 아니면 대부분은 쉽게 획득한 성질이다. 아무튼 생장이라는 것은 모든 원형질의 생존 전체 혹은 대부분에서 치우침없이 이루어진다. 그런데 만약 생장이 어떤 특정한 개체에서 무한정으로 이루어지면 두 가지 끔찍한 일이 일어난다. 첫째는 단순히 몸을 키우는 데 있어 여러 가지 치명적인 곤란이 발생한다. 두 번째는 그 몸의 무게가 늘어나면 그것을 지탱하기 위해서 골격 또는 토대와 같은 것이 필요해진다. 살아있는 원형질은 그 자체가 충분히 굳어있지 않으므로 골격은 원형질의 분비물인 죽은 물질로 만들어내야 한다. 원형질은 스스로 갱신하는 생명력이 없다. 그러다 보니 끊임없이 외계의 잔인한 조치나 여러 적의 공격을 받을 수밖에 없다. 결국에는 가장 오래된 부분이 말라비틀어져 썩어서 전체를 멸하게 한다.

즉 생이 개체에게 무한한 생장을 허용하면 그 결과로 실질의 죽음이 찾아온다. 또한 원생물질처럼 개체가 어떤 크기에 달하면 그것을 두 개로 분열시켜서 실질을 살리려고 할 때는 결과적으로 개체의 죽음이 나타난다. 실로 손쓸 수 없는 딜레마이다.

이렇게 개체의 지속성에 따른 개성의 완성도 잠시 난관에 부딪혔다.

5. 종의 지속성

그러나 원생동물이 개체를 파괴하고 실질을 분열시켰을 때 동일한 실질인 각각의 덩어리 속에 과거의 개체와 같은 두 개의 새로운 개체가 태어난다. 즉 일단 개체의 지속성을 잃어버렸을지 모르지만 사실은 실질도 개성도 새로운 두 개의 개체를 통해서 지속되고 있는 것이다. 그렇다면 이번에는 단순한 개체의 지속성에서 비슷한 개체의 종류, 즉 종의 지속성 문제로 이행한다.

원래 원형질은 상당한 자기 조정력을 가지고 있다. 그 종의 특성인 개성의 구조방법構造方法은 원형질 또는 덩어리 속에 실제로, 분명히 존재한다. 또한 특정 크기 이상인 그 덩어리 속의 모든 부분에 숨어서 모습을 드러내지 않고 존재한다. 베고니아의 잎을 뜯어 그것을 잘게 찢어보자. 그 잘린 면 하나하나 전부는 잠재력을 나타내는 데 아래쪽에는 뿌리를 위쪽에서는 잎을 드러내고 있어 이미 그것은 하나의 훌륭한 베고니아다. 그리고 생은 원형질의 조정력 덕분에 앞에서 언급한 딜레마로부터 구제받는다. 즉 그 힘 덕분에 생식이 가능한 것이다.

생식이라는 말은 하나의 개체가 자체적으로 새로운 개체를 만들어내는 것을 말한다. 인간처럼 아이를 낳은 후에 부모가 살아있어도 된다. 또한 원생동물처럼 아이를 낳은 부모가 바로 죽어도 괜찮다. 그런 것은 전혀 상관없다. 중요한 것은 모든 종도 시간상에서 개체의 계속이 있고 개체 각각이 과거 개체의 실질에서 나왔다는 점이고,

2.4 생물학에서 본 개성의 완성

또한 공통된 구조방법에 의해 만들어지기만 하면 된다는 점이다.

이렇게 생은 개체가 죽으면서 일단 중단되는 것처럼 보였던 완전 개성에 이른다는 목적을, 생식을 통해 이어갈 수 있게 되었다. 예를 들면 고등동물 경우 하나의 개체는 특정한 부분까지 완성되어 자신을 위한 최대한의 독립성을 얻는다. 그리고 시간이 지나면서 더욱 자신을 지탱하는 다양한 조직의 보충이 가능해지고 자신 속에서 싸우는 여러 가지 작용의 손익계산이 가능해지면 마침내 생식을 전수받는다. 즉 자신의 실질로 새로운 개체를 만들고 자신은 그 운명을 따른다. 이렇게 자신의 형태는 일단 죽지만 내용은 더욱 새로운 형태가 되어 다른 개체·종 속에서 살아간다.

여기서 앞 절에서 말했던 개체란 여러 부분이 전체 및 그 작용을 계속 이어가기 위해서 하나가 되어 작용하는 전체라는 정의를 조금 수정해야 한다. 개체는 어떤 한정된 시간에만 생존한다. 그러나 특정 생물은 영구 무한하게 지속된다. 그것은 하나의 개체가 아니고 개체의 종류인 종이다. 종에는 종의 지속이라는 하나의 작용만 있다. 그 작용은 회귀 순환적으로 계속해서 같은 과정을 반복한다. 그리고 되돌아온 하나의 순환마다 작용의 도구가 되는 새로운 개체가 필요하다. 즉 각 개체는 종이라는 전체와 그 작용을 계속 유지하기 위해 전부 하나가 되어 기능하는 것이다. 그리고 이번에는 그 지속성이 영구적으로 이루어진다.

원래 어떤 하나의 종과 그 작용은 절대 변하지 않는 영원한 것이 아니다. 특정 개체가 종을 위해 기능하는 작용과 그 자손의 개체가 기능하는 작용은 절대 동일하지 않다. 그리고 작용과 구조는 상관적이기 때문에 두 개의 개체는 외관적으로도 또한 조립에서도 결코 정확하게 동일하지는 않다. 하나의 개체 자체도 마찬가지이다. 어린 시절과 어른으로 성장한 후는 다르다. 때가 되면 아이가 어른으로 변화는 위기가 찾아온다. 그러나 그렇게 아이에서 어른으로 이행하는 전체적인 노정은 연속된다. 종에도 마침내 새로운 종으로 변하는 위기가 있다. 그러나 그 종과 새로운 종과의 사이에는 실질의 지속이라는 매우 명확한 연속이 있다. 개체가 그 종의 다른 개체에서 태어난 것처럼 종도 생물의 다른 종에게서 태어난 것이다. 그리고 다양한 생물은 동일한 실질의 원형질이 절대 관여하지 않는 각자 분리된 생활과 다른 개성을 가진다고 해도 고집스러운 무기물의 세계로 침입하고 공략하면서 앞으로 나아가는 단 하나의 연속된 흐름의 일부일 뿐이다. 모든 것은 연속한다.

6. 인간의 영원성

따라서 같은 종류의 개체가 모인 종을 새롭고 더 큰 하나의 개체로 보아, 개성완성의 논의 말고 오히려 사실을 기술해 나갈 수도 있다. 그러나 그러면 생활이 너무 흩어져버리고 또 너무 커져버리기 때문에 지금은 그것을 사양하고자 한다. 다시 본래의 단순한 개체의 이야기로 돌아가자.

앞서 개체의 독립성을 말할 때나 또 이질성을 말할 때에도 어쨌든 개체완성에서 최후의 왕관을 쓴 것은 인간이었다. 그렇다면 개체의 지속성에서 볼 때 과연 인간은 어떠한 지위를 점하고 있는 것일까.

박테리아 같은 지속성이 가장 적은 생물은 불과 몇시간 혹은 심하면 몇분 동안의 수명밖에 유지할 수 없다. 이것이 앞서 말한 완전 개성으로 가는 본류의 제일보이다. 그리고 이 본류를 나아감에 따라 개체의 수명은 점점 길어지고, 단세포동물은 다세포동물이 되고, 또 전체를 두 개로 분열시켰던 생식은 전체의 조그만 한 부분을 분리시키는 생식이 된다. 이렇게 점점 더 길게 늘어남에 따라 태어난 자식이 활약하게 될 막의 중간 시점까지도 무대 위로 올려보내지 못하게

2.4 생물학에서 본 개성의 완성

되었다. 교목喬木 중에는 500년을 살아남은 것이 있다.

그런데 세 번째로 여기에도 의식의 문제가 들어온다. 그리고 인간은 또 세 번째로 지속성에 대해서도 최후의 왕관을 쓰게 되었다. 즉 인간은 의식의 발달에 의해 어쨌든 그 실제의 수명은 죽고 나서도 자신의 일부분을 영원히 움직이게 하는 방법을 발견한 것이었다. 우선 말하는 것과 쓰는 것에 의해, 게다가 인쇄하는 것에 의해 인간은 그 사후에도 자가 자신의 무엇인가를 남길 수 있게 되었다. 전설이나 책 중에는 개인의 전부가 남아 있다. 그리고 그 일부분은 다른 장소·시대의 다른 많은 개인에게 영향을 주어 영원히 그 활동을 지속해 간다. 종이 위에 나열된 검은 잉크의 기록은 이것을 쓴 사람의 뼈가 오랜 옛날에 흙먼지로 변한 후에도 사람을 눈물 흘리게 할 수 있다.

이리하여 생물은 몇 차례 완전개성으로 나아가는 본류를, 도저히 물질적으로 넘을 수 없을 것 같은 장애물에 부딪힐지라도, 다시금 의식의 날개를 펴고, 완강한 물질을 높은 데서 조소하면서, 기어서는 올라갈 수 없는 심산유곡 위로 가볍게 날아갔던 것이다.

한 번 더 앞으로 돌아가 이야기를 해보자. 아니 오히려 처음으로 돌아가서 전체를 결론적으로 반복해보자.

먼저 개체의 최저개념을 알 수 있었다. 개체는 여러 가지 이질의 부분부터 성립되지 않으면 안 되었다. 그리고 그 각 부분의 작용은 전체와 연결되어 고려될 때에만 충분한 의미를 가진다. 개체는 무기계의 여러 가지 힘으로부터 다소 독립해 있지 않으면 안 된다. 또 개체는 스스로도 혹은 실질의 한 부분으로 만들어진 새로운 개체에서도 끊임없이 같은 방식으로 작용할 수 있을 정도로 작용하지 않으면 안 된다.

다음으로 개체의 최고개념, 즉 완전개체라는 것은 무엇인가 하는 것을 알 수 있었다. 완전개체의 특성은 우리의 감각으로는 조금 알

제2장 과학

수 있지만 어쨌든 지금 말한 개체의 모든 특성을 무한하게 향상시킨 것이다. 바꿔 말하자면 완전개체는 완전한 내적 조화와 물질이나 시간에서 완전한 독립을 갖고 있을 만한 것이었다.

마지막으로 이것은 여기서 가장 중요한 것인데 생물이 개성의 완성을 얻기 위해 걸어온 과정을 알 수 있었다. 처음에는 자신의 생리적 기초가 부과하는 여러 가지 제한에 만족해야만 했다. 따라서 그 결과는 요컨대 하나의 타협에 지나지 않았다. 자신이 고려한 대로의 결과가 아니었다. 자신이 가지고 있는 불완전한 재료로 진행한 만큼의 결과였다.

최초에 이 과정은 일직선이었다. 그저 몸을 키우거나 구조를 복잡하게 하거나 혹은 수명을 연장하여 할 수 있는 한 그 생리적 기초의 힘을 다하려고 했다. 그런데 결국 그것만으로는 한 걸음도 나아갈 수 없는 곳까지 왔다.

그때까지는 다만 일의 범위가 자신의 실질의 덩어리로만 할 수 있는 것으로 제한되어 있었다. 그 일의 종류는 자신의 실질의 복잡함으로 제한되어 있었다. 그리고 또 그 일의 길이는 자신의 실질 수명으로 제한되어 있었다. 그런데 이번에는 이 실질의 제한을 돌파해 가는 새로운 이치를 발견했다. 두뇌의 발달 및 그것에 수반하는 추리력과 기억력과의 발달이 그것이다.

이번에는 자신의 몸뿐만 아니라 그것에 여러 가지 도구나 기계가 추가되었다. 그만큼 일의 범위가 넓어졌다. 구조의 복잡함과 같은 제한 있는 현세력顯勢力에 의존하지 않고 두뇌의 움직임이라는 제한 없는 잠재력에 의존함으로써 일의 종류도 몇 천배 증가했다. 또 일의 길이도 말과 문자 덕분에 영원히 연장되었다.

이러한 식으로 실질의 제한을 초월하는 것이 가능한 개성을 보통은 인격이라 부른다. 그리고 이 진정한 인격은 인간밖에 가지고 있지

2.4 생물학에서 본 개성의 완성

않다. 무엇보다 인간에게 인격이라는 것은 보통 개성보다도 자기의식을 가리킨다. 그러나 자기반성이나 자기의식은 지금 말한 개성의 새로운 비약과 연결되어 있다. 의식의 기억은 필연적으로 그 개성의 독립을 증대시킨다. 따라서 인격의 소유자란 자의식이 있는 개체라고 해도 또는 자신의 몸의 실질보다도 시간적으로도, 공간적으로도 큰 개성을 가지고 있는 개체라고 해도 요컨대 같은 것이다.

인격은 다른 동물의 개성과 비교해보면 상당히 자유롭다. 그러나 아직 몸이라는 짐을 짊어지고 있다. 실질을 초월하고 있을 뿐만 아니라 실질과 완전히 분리된 인격이 있을 수 있는 이유이다. 옛날의 신학자나 신비론자가 가정하거나 체득한 '육체 없는 영혼'이란 것이 이것을 말한다.

만약 그러한 것이 실제로 있다면, 그것은 확실히 생의 진보가 정말로 최후의 왕관을 쓰는 것이다. 생물은 우선 개성이 없는 실질에서 출발했다. 다음에 실질과 같은 내용만큼의 개성을 얻었다. 그리고 아직은 실질과는 연결되어 있지만, 그러나 온갖 방면에서 실질을 초월한 개성을 얻었다. 마지막으로 그 위에 한 걸음 더 나아가면, 실질이 없고 자유로우며 장애가 없는 개성이 된다.

그러나 이런 말은 지나치게 천상으로 올라가는 것에 불과하다. 거기까지 간다면 동물학자는 눈앞이 캄캄해져버린다. 어떻게 말해야 할지 가늠조차 할 수 없다. 자 다시 한 번 지상으로 돌아가 아메바에서부터 실제의 사실로 되돌아가지 않으면 안 된다. 그리고 그 곳 지상에서 개성의 완성을 구하지 않으면 안 된다.

그리고 그렇게 하려면 앞에서 잠시 언급한 종을 하나의 새로운 개성으로 간주한다는 암시를 어떻게든 살려야 한다. 만약 그것이 무엇인가의 형식으로 생겨나게 된다면 그곳에서 우리는 개인 대 사회의 문제라는 극도로 중요하고 또 곤란한 인생문제에 부딪히게 된다.

제 3 장

서양사상

3.1 창조적 진화 — 앙리 베르그송론[1)]

1.

본 잡지(《근대사상》) 2호에 게재된 「근대 과학의 경향」에서 나는 자연현상에 관한 지식과 사회현상에 대한 개념이 항상 서로를 반영한다는 사실에 관해 말했다. 거기서 특히 자연과학과 사회과학이 서로 교섭하는 모양을 역설했고, 자연과학 자체가 항상 사회사실로부터, 보다 정밀하게 말하면 경제사실로부터 많은 암시를 받고 있다는 것은 두말할 나위도 없다. 여기서는 최근 유행하는 베르그송[2)]의 창조적 진화론을 빌려 이에 대한 사실을 말하고 싶다.

---

1) 「창조적 진화 — 앙리 베르그송론」(創造的進化—アンリ・ベルグソン論, 1913.3). 《근대사상》 제1권 제7호에 발표되었고, 후에 『자유의 선구자』에 수록된다.
2) 앙리 베르그송(Henri Bergson, 1859~1941)은 프랑스의 철학자이다. 프랑스 정신주의, 스펜서의 진화론 철학, 과학철학 등에 관심을 갖고 연구하여 『의식에 직접 주어진 것들에 관한 시론』(1889), 『물질과 기억』(1896), 『창조적 진화』(1907), 도덕과 종교의 두 원천』(1932) 등의 대표작을 간행했다. 그의 생명주의는 칸트 철학에 대한 반동으로서 다이쇼 시기 일본의 '다이쇼 생명주의' 붐에도 영향을 주었다고 평가된다.

제3장 서양사상

　베르그송의 창조적 진화론은 그 출발점을 진화론적 생물학 위에 두고 있다. 따라서 베르그송의 철학을 이야기하려면 진화론의 여러 학설들을 잠깐 살펴볼 필요가 있다.

　베르그송은 말한다. 고대의 생물철학이나 생물과학은 근대의 그것들이 법칙을 중요시하는 것처럼 종의 결정을 존중한다고. 그리고 마치 베르그송은 이 종의 결정을 유전설의 응용인 것처럼 설명하고 있다. 그러나 이것은 원시시대의 생물경제에서 자연스럽게 생긴 사상이지 않을까.

　가축을 기르는 것, 다양한 계책을 동원해 수렵을 하는 것, 여러 동물들의 행패를 막으면서 경작을 하는 것 등에서 원시인은 반드시 동물의 습성을 관찰하지 않으면 안 되었다. 그리고 그때 무수한 변종 중에서도 원시인은 동물경제적 관점에서 극히 소수지만 명백히 구별되는 종이 있음을 발견하게 되었다.

　이와 함께 식물경제에서 나온 또 다른 사상이 있다. 비유하자면 보리를 심는 데 동물의 습성 따위는 별 문제가 되지 않는다. 땅을 경작하고 씨를 뿌리고 비료를 주고 필요하면 물을 대주는 일뿐이다. 따라서 그들에게 생물학적 작용은 파종으로 시작해서 수확할 때 끝난다. 바꿔 말하자면 생명은 싹에서 나와 싹으로 가는 경과에 포함된다. 그리고 이 경과가 계절에 의해 지배되고 그 계절이 또한 태양에 의해 조절되는 것에 생각이 미치게 된다. 이처럼 싹에서 싹까지의 경과가 천문학과 결부되고 천체 운동이 엄밀하게 규칙적이라는 것에서 식물 각 세대와의 절대적 유사성을 가정하게 되었다. 여기에서 식물경제에서 생겨난, 그러나 동물경제에서 생겨난 것과도 자주 혼합되는 종의 개념이 나오게 된다.

　이 같은 생물경제는 두 가지의 종 개념을 낳았지만 곧 사회진화에 따라 종 불변의 사상이 파괴되면서 마치 이 두 개념에 대응하는 것처럼 보이는 두 종류의 매우 다른 진화론이 제창되었다.

2.

첫 번째 개념은, 과학의 목적을 동물습성 연구에 두고 종의 변화를 그 개체가 생존하는 주변 여러 조건의 결과로 보는 진화론으로 이끌었다. 이 진화론에 따르면 개체가 변화의 주역이고 싹, 즉 생식세포는 조상이 획득한 새로운 성질을 자손에게 넘기는 하나의 기관에 지나지 않게 된다.

당시 이 사상의 가장 자연스러운 발전방향은 모든 것을 개체 자체의 갈망과 내적 노력으로 결부시켜 변이성의 본질을 심리학적으로 설명하는 것이었다. 라마르크 및 특히 코프[3]의 견해가 바로 그것이다. 기린이 위쪽의 나뭇잎을 얻기 위해 점점 그 목을 늘려갔다는 이야기는 라마르크설의 유명한 예이다.

그런데 얼마 안 가 적응론 자체에 다시 분화가 생기고 에이머[4]는 이러한 심리학적 설명에 반대하면서 오직 물리화학적 방면으로만 진화론을 세우려고 했다. 에이머는 특히 광선과 빛 연구에 몰두해 이 방면에서 변종을 설명하고자 했던 것이다.

이에 반해 식물경제가 낳은 종의 두 번째 개념은, 개체의 습성보다는 싹에서 싹으로의 경과를 과학의 목적으로 삼았다. 그리고 자연도태와 성선택이 개체가 적응하는 데 큰 역할을 한다는 다윈설을 교두보로 삼아 싹이 변화의 주역이고 개체는 싹의 그릇에 지나지 않다는 새로운 다윈설에 도달했다.

---

3) 에드워드 코프(Edward Drinker Cope, 1840~1897)는 미국의 고생물학자, 비교해부학자이다. 미국에서 신라마르크주의의 거두로 꼽혔으며 동물의 정향(定向) 진화설을 주장하였다.

4) 테어도르 에이머(Gustav Heinrich Theodor Eimer, 1843~1898)는 독일의 동물학자이다. 라마르크의 원리를 사용, 돌연변이를 통한 유도 진화의 한 형태인 정향진화설(orthogenesis)을 대중화시켰다.

제3장 서양사상

　만약 싹이 언제나 같은 형태로 나타나지 않는다면 이 싹에 활물活物의 성질을 부여해야만 한다. 바이스만[5]은 개체를 그 개체생활의 변화에 영향을 받는 전체와 그 종의 운명을 전달하는 싹으로 나누었다. 그 싹의 종속적種屬的 생명이라는 것이 연구 주제가 되었다. 그런데 이때 생에 대한 두 개념에서 두 종류의 다른 진화설도 등장하게 되었다.

　생명이라는 것은 미리 결정된 계획을 실행해 가는 것으로 볼 수 있다. 그리고 이 개념에서 목적론적 진화설이 생겼다. 킬마이어[6] 등의 독일 생물철학자가 이에 속한다. 하지만 생명을 창조로서 보는 일도 가능하다. 그리고 이 창조라는 것이 근대과학의 방법으로 찰나에 결정되는 것이 되었다. 즉 생명이란 생물이 살아가는 데 필요한 재료를 이용해서 자연이 예상치 못한 어떤 것을 창조하는 노력이다. 싹, 즉 생식세포란 종 변화의 잠재적인 저장고라고 할 수 있다.

　나아가 드 브리스[7]는 이 싹의 종적 생명에 뚜렷한 특성을 부여하고 종은 고정과 변화라는 두 시기를 통과하는 것으로 변화의 시기가 오면 여러 방면에서 뜻밖의 변종을 낳는다고 말한다.

---

5) 아우구스트 바이스만(August Friedrich Leopold Weismann, 1834~1914)은 독일의 진화 생물학자이다. 유전의 기능을 맡은 입자가 염색체에 있다는 사실과 그 염색체의 이름을 '비오포아'라 부를 것 등을 제창하였다. 자연선택을 진화의 주요인이라고 주장한 그의 학설은 그의 이름을 따 '바이스마니즘'으로 널리 알려졌다.

6) 칼 프리드리히 킬마이어(Carl Friedrich Kielmeyer, 1765~1844)는 독일의 생물학자, 박물학자이다. 자연철학의 선구자로서 유기화학을 한 분야로 정립하는 데 일조했으며 동물 배아 관찰을 통해 초기 버전의 반복 이론을 개발하였다.

7) 휴고 드 브리스(Hugo Marie de Vries, 1848~1935)는 네덜란드의 식물학자, 유전학자이다. 유전자 개념을 제안하고 1890년대에 멘델의 유전 법칙을 재발견했다. 돌연변이설을 제창하여 그 후의 유전학과 진화론에 영향을 끼쳤다.

3.

베르그송[p.121]은 이 같은 진화설을 각각 상세히 비평하고 있는 데, 앞서 말한 두 번째 개념에서 나온 생물학설을 출발점으로 삼았다.

베르그송은 말한다.

> 생명이란 어떤 발달된 유기체의 중개에 의해 싹에서 싹으로 가는 흐름과 같다 … 그렇다면 일반생명을 추상적인 것으로 보고 모든 생물을 그 밑에 쭉 나열해서 단순한 표제로 보는 것은 불가능하다. 어떤 시공간의 한 점에서 분명히 눈에 보이는 흐름이 생기고, 그 생명의 흐름이 순서대로 조직된 몸을 통해서 한 세대에서 다른 세대로 이동한다. 그리고 조금도 그 힘을 잃기는커녕 오히려 진행하는 데 따라서 점점 더 그 힘을 키우면서 다양한 종과 개체로 분산되는 것이다.

또한 베르그송이 말한 '약동'이란 하나의 포탄이 폭발해서 산산조각 난 유탄이 되는 것과 같은 의미이다.

> 생명이란 경향이다. 그리고 경향의 본질은 오로지 생장이라는 사실에 따라서만 도약으로 분기된 다양한 방면을 창조하면서 속束의 형태가 되어 발달하는 것이다. … 각각의 종은 그 종을 성립시키는 행위에 의해 독립을 확인하고 변덕스러움을 좇으며 다소 탈선을 하다가 때로는 다시 언덕을 오른다. 그리고 원래 방향에 무관심해진다.

나아가 베르그송은 이 방향에서 목적론을 반드시 배척한다.

> 실현된 계획 이상으로 더 좋은 것이 거기에 있다. 계획이란 어떤 일을 정한 한계이다. 장래의 구조를 만들고 장래를 닫아버리는 것이다. 이에 반해 생명의 진화 앞에서는 장래의 문이 크게 열려있다. 생명 진화는 발상적인 운동에 따라서 목적없이 생기는 창조이다. … 만약 생명이 어떤 계획을 실현하는 것이라면 생명은 진화에 따라 더욱 높은 조화를 보여주어야 한다.

이에 반해 만약 생명의 통일이 시간의 길 위에서 생명을 밀고 나가는 도약에 있다면 조화는 전방이 아니라 후방에 있는 것이 된다. 통일은 뒤에서 억지로 밀어붙이는 데서 온다. 즉 처음에 충동으로 부여되었고, 유혹으로 앞서던 것이 아니게 된다. … 이렇게 해서 모든 종 사이에 부조화가 점점 심해진다. … 진보는 점점 복잡해진, 점점 고상해진 생물의 두세 가지 대진화의 선에서 이루어지고, 게다가 이러한 선 사이에 무수한 가는 선들이 뻗어 있어 그곳에서 시행착오나 정착, 퇴보가 모인다.

이와 같이 생명 진화는 생각처럼 순조롭게 진행되는 것이 아니다.

> 일과 결과 사이에는 큰 불균형이 있다. … 자주 그 노력이 반대 힘에 의해 꺾이거나 배제되거나 해서 벽에 부딪친다. … 일반 생명은 역동성 자체이다. 그러나 생명의 특수발현은 마지못해 그 역동성을 도입하면서 항상 그 운동을 지연시킨다. 일반 생명은 앞으로 나아가기 위해서 그 특수한 발현은 어떤 장소에 발을 들여놓으려고 한다. … 즉 생명은 가능한 한 활동하려 하지만 각각의 종은 가능한 적은 노력만 기울이려고 한다고도 할 수 있다. … 생명이 통과하는 각각의 종은 편익만을 맞추려 하고 있다. 최소한의 고통만 있는 쪽으로 간다. … 그렇다면 실패는 규칙이고 성공은 예외다. 게다가 불완전하다.

4.

나는 여기서 베르그송의 창조적 진화론이 어떤 사회사실에서 암시를 받았는지 살펴보기에 앞서 이미 언급한 생물학설을 되짚으면서 그것이 사회의 경제상태에 따라 만들어지고 촉진된 것이라는 점을 덧붙여 두고 싶다.

에드몽 페리에는 그의 책 『다윈 이전의 동물철학』[8]에서 형태학

---

[8] 에드몽 페리에(Jean Octave Edmond Perrier, 1844~1921)는 프랑스의 동물학자로 무척추 동물에 대한 연구를 하였다. 원제는 *La philosophie zoologique avant Darwin*, 1884이다.

안에 경제학 사상이 유입되어 있다는 점에 놀라움을 드러낸다. 밀네드와르스[9]는 1827년에 경제학 법칙과 일반생리학 법칙 사이의 일치를 주장한 최초의 사람이라 할 수 있다. 실제로 밀네드와르스는 분업의 사상을, 다윈은 경쟁의 사상을 생물학에 유입했다.

앞서 말한 코프의 상당히 역설적인 심리학적 동물학설도 미국의 경제학과 비교해보면 쉽게 이해할 수 있다. 코프에 따르면 만사는 당사자의 활동에 의해 결정된다.

> 관능官能은 진화 중에서 근본적으로 중요하고, 따라서 이 관능의 원인이 중요한 문제가 된다. … 운동의 필연적 준비는 노력에 있고, 또 임의적 운동과 자동적 운동의 구별에 대해 말한다면 나는 형이상학적 범주에 들어갈지도 모르겠다 … 하지만 어떤 운동도 실행된 처음만 자동적인 것을 보면 나는 모든 운동의 직접 원인이 노력이라고 인정하지 않을 수 없다. … 노력이란 어떤 의식적 상태이며 극복하고자 하는 저항의 감각이다. … 그렇다면 의식은 유기체 진화의 상승적 계단에 반드시 필요한 것이다.

코프의 이 문장을 읽으면 속물적 출세주의자인 미국인이 노력을 통해 성공하고 부를 획득하려는 삶의 방식을 떠올리게 될 것이다. 제임스[10]의 의지철학, 실용주의 등도 즉 이러한 양키Yankee의 생활에서 비롯된 것이다.

다윈이 말한 작은 변화가 어떻게 구종舊種을 상대로 한 신변종의 승리를 확실하게 하는지는 오늘날 다윈주의에 대한 가장 두려운 반

---

9) 밀네드와르스(Henri Milne-Edwards, 1800~1885)는 프랑스의 동물학자로 파리자연과학박물관·파리대학 교수였다. 갑각류, 산호류 등에 관한 연구를 하였으며 생리학적 분업설을 제창하였다.
10) 윌리엄 제임스(William James, 1842~1910)는 미국의 철학자, 역사가, 심리학자이며 미국에서 심리학 과정을 제공한 최초의 교육자이다. 19세기 후반의 대표적인 사상가이자 미국에서 가장 영향력 있는 철학자 중 한 사람으로 '미국 심리학의 아버지'로 여겨진다.

대론이다. 다윈과 같은 현명한 학자가 저 도태론을 무너뜨릴만한 이론의 출현을 어찌 예견하지 못했던 것일까? 그러나 이것도 당시 발흥하기 시작한 자본가제도를 생각하면 쉽게 이해할 수 있다. 총명한 자본가는 사업이 뜻대로 되지 않으면 그 사업의 몰락을 기다리기 전에 바로 활동의 방향을 바꾼다. 약간의 실패가 있다면 그것은 다른 사업으로 변경할 지침이 된다. 이런 정신상태가 무의식적으로 생물학 속으로 유입된 것이다. 그리고 사람들도 이 매우 의심스러운 가정을 쉽게 승인했던 것이다. 즉 이런 생산물경제의 원칙이 변장을 하고 생물학 속으로 들어온 것이다.

라마르크설·다윈설의 근저를 이루는 유전설에 대해서 당시 여러 학자들이 쉽게 부화뇌동한 것도 결국 공업상태가 초래한 결과에 불과하다. 당시 유전설은 완전히 독단적인 학설이었다. 그리고 베르그송이 말한 것처럼 스펜서조차도 처음부터 학설의 진위 확인을 문제삼지 않았다. 공업이 급속하게 진보하던 당시에는 이전 시대의 기득물旣得物이 다음 시대에 이용된다는 것은 의심할 필요도 없다. 또한 자본가는 이것을 매우 중요시했다. 우선 증거를 생물학 안에서 찾으려했고 이어서 그것에 근거한 진화론에서 사회적 결론을 이끌어 냈다.

『생의 과학』의 저자 톰슨[11])이 다윈설은 당시의 공업상태에 가장 부합하는 설이었다는 의미로 말한 누군가의 문장을 인용한 것처럼 다윈설과 자본가의 심리상태를 비교하면 둘 사이에 놀랄 정도로 많은 유사점을 발견하게 된다.

하지만 여기서는 베르그송을 주제로 논하고 있으므로 나는 서둘러 본론으로 돌아가야 할 것 같다. 다음 호에서는 베르그송의 진화론

---

11) 아서 톰슨(John Arthur Thomson, 1861~1933)은 영국의 박물학자이다. 원제는 *The Science of Life*, 1899이다.

3.1 창조적 진화

과 예지론叡知論과 본능론에 대해 또는 직각론直覺論에 대해 다소간의 경제사적 해석을 해보고 싶다.

3.2 주관적 역사론 — 표트르 라브로프[12]

1.

표트르 라브로프[13]를 소개하는 것에 나는 두 가지 점에서 흥미를 느낀다. 하나는 그가 객관에 중독된 사회주의자 가운데 주관적 역사론을 역설한 자였다는 것과 다른 하나는 종래의 부르주아 학자는 물론 많은 사회주의학자조차 대부분 묵살한 철학자인 이 개인주의적 사회주의자를 지하에서 불러들인 점이다.

나는 우선 본국 러시아 외에는 거의 알려져 있지 않은 그의 생애에 관해 말하고자 한다.

표트르 라브로비치 라브로프는 1823년 6월 14일 프스코프주의 한 마을인 멜레호보에서 태어났다. 그리고 1837년까지 부모 곁에 있다가 그 해 페테르부르크의 포병학교에 입학했고 1842년 사관으로 임명되었다.

1844년부터 1846년까지 처음에는 같은 학교에서, 나중에는 포병대학에서 초등수학을 가르치다가 그 이후에는 고등수학의 교수가 되었다.

라브로프의 문학적 활동은 1856년에 시작됐다. 즉《독서문고》에서 공개한 헤겔철학에 관한 대논문이 라브로프를 비로소 세상에

---

[12]「주관적 역사론 — 표트르 라브로프」(主觀的歷史論—ピョトル・ラフロフ, 1914.4).《근대사상》제2권 제7호에 발표되었고, 이후『생의 투쟁』·『정의를 추구하는 마음』에 수록된다. 오스기는 라포포트의 저서『표트르 라브로프의 사회철학』의 제1장「사회학에서의 주관적 방법」"La méthode subjective en sociologie", in: *La philosophie sociale de Pierre Lavroff*, Paris, 1900의 주석에 있는 라브로프의 약력을 거의 그대로 번역한 후, 제1장을 구성하는 총 7절 중 1절부터 6절까지를 발췌 번역했다.

[13] 표트르 라브로프(Pyotr Lavrovich Lavrov, 1823~1900)는 러시아의 사회학자, 철학자, 나로드니키(Narodniki) 이론가이다. 저서로는『역사 서간』*Istoricheskie Pisima*, 1868~69 등이 있다.

알렸다. 또 1860년 헤르첸[14]과 프루동에게 헌정한『개인성론』은 상당한 환영을 받는다. 그리고 이 논문은 그의 생애에 걸친 철학과 활동의 기조가 되었으며 니힐리즘의 윤리적 기초가 되었다.

1861년 라브로프는 크라이예프스키[15]의『러시아백과사전』철학 파트의 주임을 맡았고 이후 제2권의 편집 때부터 추천을 받아 편집장이 되었다. 라브로프는 이 사전에 철학, 역사 특히 종교사에 관한 다수의 논문을 발표했다.

이윽고 이 사전은 당국에서 발행을 금지했다. 그리고 이때부터 러시아 정부는 라브로프를 적대적으로 대했다. "네다섯 명의 수령을 처넣는다면—(라브로프나 체르니셰프스키[16] 등을 가리킨 것이다)—혁명은 부화되지 못한 채 짓뭉개져버린다." 이것은 체르니셰프스키가 체포되기 수개월 전에 올덴베르크[17] 공작에게 한 말이었다.

얼마 지나지 않아 그 기회가 왔다. 1866년 4월 4일 카라코조프[18]의 암살사건이 있었다. 공포시대가 시작되었다. 라브로프는 놓칠 수 없는 매우 귀중한 사냥감이 된 것이다. 그는 4월 25일에 체포되어 9개월간 요새구금에 처해졌고 나아가 경찰관의 감시 하에 북방의 벽촌으로 추방되었다. 이듬해 2월 15일 라브로프는 볼로그다주 토토마로 추방되었고 그 이듬해는 카니드코프로 보내졌다. 그리고 그곳에서 헌병 두 명의 감시 하에 고독한 유폐생활을 보냈다.

---

14) 알렉산더 헤르첸(Aleksandr Ivanovich Herzen, 1812~1870)은 러시아의 혁명적 민주주의자, 유물론자, 나로드니키주의의 창시자.

15) 안드레이 크레예프스키(Andrey Krayevsky, 1810~1889)는 러시아의 출판인이자 언론인이다.

16) 니콜라이 체르니셰프스키(Nikolaj Gavrilovich Chernyshevskii, 1828~1889)는 러시아의 혁명적 민주주의자, 유물론 철학자, 공상적 사회주의자이다.

17) 올덴베르크 공작(Duke Alexander of Oldenburg, 1844~1932)은 당시 러시아 근위대 사령관이었다.

18) 드미트리 카라코조프(Dmitry Vladimirovich Karakozov, 1840~1866)은 러시아의 혁명가이다. 차르 알렉산드르 2세를 암살하려 시도했으나 실패했고 카라코조프는 처형되었다.

그러나 그 사이 그의 지식적 활동은 점점 왕성해졌다. 즉 1868~79년 미르토프Mirtov라는 가명으로 「역사론」, 「문명과 야만부락」 및 「도덕론」 등을 러시아 수도의 여러 잡지에 보냈다. 특히 그의 역사론은 당대의 러시아 청년들에게 상당한 영향을 주었고 니힐리스트의 혁명적 복음서로까지 불렸다.

3년의 추방을 거쳐 1870년 2월 15일 라브로프는 그의 동지 게르만 로파틴[19]의 도움을 받아 카니드코프를 도망쳐 망명의 길에 올랐다.

같은 해 3월 13일 파리에 도착하지마자 동지 베를렌[20]을 만나 그의 소개로 만국노동자동맹에 들어갔다.

이리하여 라브로프는 보불전쟁 및 코뮌 봉기 중 파리에 체재했다. 그리고 원래 참모대좌인 그는 코뮌 정부를 도와 초등교육의 조직에 힘을 기울였다. 이윽고 라브로프는 코뮌 봉기에 도움을 요청하기 위해 브뤼셀을 거쳐 런던으로 향했다.

런던에서 그는 마르크스와 엥겔스를 만났다. 그리고 그 후 이 두 사람과는 상당히 친밀한 교류를 맺었고 덕분에 과학적 사회주의로 향하는 사상적 진화에 도움을 받았다.

1871년 재차 파리로 돌아간 그는 72년 브로카에 초대받아 인류학회 회원이 되었고 거기서 창간하는 잡지의 편집국에 들어갔다.

같은 해 고국 동지의 제언을 받아들여 사회주의 잡지 창간과 경영을 맡아 이듬해 《전진Vpered!》을 발간했다.

이 시기 이후 라브로프의 생애는 전적으로 위대한 지식적 활동과 혁명적 활동의 역사였고 특히 사회주의적 사상을 일반 사상계 및 러

---

19) 게르만 로파틴(German Alexandrovich Lopatin, 1845~1918)은 러시아의 혁명가, 언론인, 작가이다.
20) 폴 베를렌(Paul Verlaine, 1844~1896)은 19세기 프랑스 상징파의 시인이다. 당시 파리코뮌의 중앙 위원회 홍보국 국장이었다.

시아에 실현하기 위해 힘을 쏟았다.

1900년 2월 6일 표트르 라브로프는 파리에서 사망했다. 그리고 그의 유골은 몽파르나스의 묘지에 묻혔다.

2.

표트르 라브로프는 러시아에서 과학적 철학에 관한 최초의 지식인이다.

그때까지 러시아는 체계적인 철학의 기회가 없던 나라였다. 이 라브로프를 제외하면 이런 종류의 대철학자만이 아니라 다소 역사적 가치가 있는 단 하나의 철학적 개념도 산출하지 못했던 나라였다. 헤겔이나 셸링, 피히테나 칸트 또는 특히 콩트나 밀이나 스펜서 등에 열광한 학도는 있었다. 그러나 그러한 학도들은 다만 신봉자에 지나지 않았다. 하나의 체계적인 철학사상을 가진 지도자도 없었다.

이것은 일반적 개념에 대한 특수한 재능이 국민에게 결핍되어 있었기 때문은 아니다. 푸시킨과 같은 시인, 투르게네프·톨스토이와 같은 문호, 벨린스키·체르니셰프스키·미하일로프스키와 같은 비평가, 멘델레예프·메치니코프와 같은 과학자 그리고 라브로프와 같은 철학자를 낳은 국민에게 종합적 관념의 재능이 결핍되어 있었다고는 생각되지 않는다. 이 현상은 러시아 국민의 고유한 현실적, 실제적 정신으로도 설명될 수 없다. 이 나라에도 신비주의가 있기 때문이다. 이 현실적, 실제적 정신은 마찬가지로 북방의 대국민인 영국인이 베이컨·홉스·밀·스펜서를 배출하는 것을 막지 못했다.

러시아 국민이 철학적으로 빈약한 진짜 원인은 서구 제국의 모든 철학 체계가 형이상적이고 선험적인 방법에 의해 혹은 그것을 대신할 자유분방한 구조로 인해 상당한 위험에 처했을 때, 이 위대한 장래를 가진 국민이 처음으로 과학적 경로에 들어섰다는 사실에 있다. 그리고 러시아의 가장 총명한 학자는 철학과 형이상학을 동일시하여 서로 경쟁하듯 이런 철학에서 멀어졌다.

근대철학은 종교적 독단설을 파괴하고 비평적 정신을 개발하는 데 있어 온전히 과학적 정신의 발달의 힘을 빌렸기 때문에 어느새 과학에서 독립한 존재로 영위할 수 없게 되었다. 그리고 마침내 철학은 과학의 위에도, 바깥에도, 앞에도 있을 수 없게 되었다. 철학은 과학이어야 하고 적어도 과학적 여건에 기초를 두어야 하며 과학의 뒤에서 과학의 도움으로 서야 했으므로 이와 반대일 경우에 철학은 존재할 권리가 없다고 할 정도까지 되었다. 그리고 19세기 말에 소위 실증과학의 놀라운 발달은 칸트의 비평철학과 결부되어 오귀스트 콩트의 실증철학에 도달했다. 즉 절대적 본체의 철학, 실체론적 철학이 모든 과학의 철학, 역사의 철학으로 대체되었다. 그리고 콩트는 이 최후의 철학을 사회동학社會動學[21])이라 명명하였다.

표트르 라브로프는 이 신철학운동을 가장 잘 이해하고 또 이 운동에 열중했던 최초의 러시아인이었다. 최근의 철학운동을 접한 우리에게는 다른 논의가 있다. 또 라브로프도 여러 가지 점에서 콩트와 일치하지는 않았다. 콩트의 철학은 진짜 철학에서 결핍된 것을 발견하고 그것을 개조하여 하나의 체계를 세운 것이었다. 그렇지만 나는 지금 콩트의 실증철학이나 그것에 대한 라브로프의 태도 그리고 라브로프의 철학체계에 대해 말하는 것을 생략하고, 그가 지식적인 모든 정력을 쏟은 역사철학, 사회학 및 사회윤리학에 대한 그의 주관론을 소개하고자 한다.

---

21) 사회정학(社會靜學)과 더불어 일반사회학의 2대 부문을 구성하고 있는 학문영역. 콩트에 따르면 사회동학의 과제는 사회진보의 원리 분석에 있다. 사회정학은 social statics, 사회동학은 social dynamics의 번역어이다.

3.

라브로프 저작의 중심문제는 인격의 문제, 개인의 문제였다. 그리고 당대의 사회과학에서 그가 우수한 지위를 점할 수 있었던 이유는 개인의 문제, 즉 자아의 도덕적이고 역사적인 가치를 의식한 개인의 문제를 연구했기 때문이다. 그는 먼저 사회학에서 말하는 순수한 객관적 방법에 반대하여 자신이 '주관적 방법'이라 부르던 것을 통해 대립시켰다.

객관적 방법의 가장 유명한 대표자는 허버트 스펜서Herbert Spencer 였다. 스펜서는 진보의 법칙을 세우기 위해 개인의 이해나 행복을 도외시하고 사회적 및 역사적 도정이 객관적 방면에 의해서만 개인과 교섭한다고 보았다. 프랑스, 독일, 영국의 많은 철학자는 이른바 『제1원리』First Principles의 저자인 스펜서를 모범으로 삼아 거의 맹목적으로 따랐다.

사회과학에서 그리고 성질상 가장 인간과 교섭해야하는 과학적 영역에서 인간을 제외해버리는 이 우스꽝스러운 학설을 미국의 워드[22])가 1883년에 그의 저서 『동적사회학』Dynamic Sociology에서 했던 것처럼 엄격하게 비평한 사회학자는 유럽에 거의 없었다.

칼 마르크스처럼 푸리에[23])도 역사는 인간에 의해 만들어진다고 주장하면서도 실제로는 객관적 도정, 즉 어떤 역사적 및 사회적 원인이 어떻게 어떤 사회적 변화·변혁을 일으키는가, 좀 더 정확히 말하면 생산방법의 변화가 어떻게 계급투쟁에 영향을 미치고 또 그것을 변혁시키는가에만 몰두했다.

사회주의는 역사를 움직이는 힘이 되었다. 그것은 사회주의가

---

22) 레스터 워드(Lester Frank Ward, 1841~1913)는 미국의 사회학자이다.
23) 찰스 푸리에(Charles Fourier, 1772~1837)는 프랑스의 공상적 사회주의자이다. 생시몽, 오웬과 함께 3대 공상적 사회주의자로 손꼽힌다.

개인주의적 생존경쟁의 이상보다도 한층 우수한 사회적 이상을 대표했기 때문이 아니다. 오히려 자본주의적 생산양식이 계급적 당파로서 조직된 평민을 만들었고 다른 한편에서 사회적 생산력을 창출했기 때문이다. 사회주의가 인류의 행복을 초래할지, 사회주의가 개인의 이해 및 성질에 적당한지에 관해 마르크스는 드물게, 게다가 마지못해 언급할 뿐이다. 마르크스도 개인을 완전히 무시한 것이 아니다. 그러나 그는 모든 개인을 생략하고 말았다. 그는 개인의 역사적 및 사회적 역할에 대해 조금도 언급하지 않았다. 마르크스의 과학적 저술 중에서 진보라는 단어는 거의 사용되지 않았다. 그가 과학자로서 다룬 문제는 오직 경제적 진화, 생산력의 발달뿐이었다.

이에 반해 라브로프는 오직 진보 및 개인적 발달에 관해서만 말한다. 그에게 사회적 진보라는 것은 오직 개인이 그 전적인 발달을 실현하는 하나의 수단에 지나지 않았다. 그리고 우리는 라브로프의 저술 안에서 개인적 이해, 개인적 행복이라고 할 수 있는 하나의 원칙으로 귀결되는 세 개의 다른 정식定式으로 이루어진 진보의 법칙을 발견할 수 있다.

하나, 진보라는 것은 그 시대 문화에 대한 개인의 비평적 사상의 도움을 받아 인류의 의식과 진리와 정의를 발달시키는 과정이다.

둘, 진보라는 것은 개인의 육체적, 지식적 및 도덕적 발달을 진리와 정의라는 사회적 형식으로 실현하는 것이다.

셋, 진보라는 것은 개인적 의식 및 사회적 공동심의 발달이다.

이것을 다시 환언하면 진보라는 것은 개인의 의식적 과정과 행위의 자성적 동기의 발달을 방해하지 않는 범위 안에서 공동심을 발달시키고 강고하게 하는 데 있다. 또 진보라는 것은 최대 다수 사이의 공동심의 발달과 강고함을 방해하지 않는 범위 안에서 개인의 의식적 과정 및 자성적 동기가 점점 광대해지고 또 점점 명료해지는 발달에 있다.

4.

이와 같이 개인은 라브로프에게 출발점일 뿐만 아니라 또 도착점이기도 했다. 그리고 그 도움이 있어야 역사를 만들 수 있는 도구이기도 했다. 역사의 모든 것은 개인을 위해, 개인에 의해 만들어진 것이다.

라브로프는 이 주관적 견해와 역사적 결정론을 매우 독창적인 방법으로 조화시켰다. 역사적 및 사회적 생활에서 경험하는 모든 것은 결정론에 따른다. 즉 결정된 원인과 앞서 일어난 피할 수 없는 일에 의해 운명적으로 발생하는 것이다. 지질학·물리학·화학적 법칙의 총체가 인류사의 가능성을 포함한 우주적 환경을 준비하여 인류사의 지반을 창조했다. 생물학·생리학·심리학적 법칙 모두는 인간이 출현하기 전에 존재한 무기물계의 진화에서 나온 불가피하고 운명적인 준비와 조건의 결과이다. 언제, 어떻게 우주적 및 유기적 진화가 인류의 의식에 도달했는지는 영원히 모를 수도 있다. 그러나 이 기원에는 조금도 자의적인 것이 없다는 점과 심리현상으로서 의식이 절대 기계적 법칙으로 돌아가지 못한다는 점을 오늘날 우리는 알고 있다. 이 의식에는 종교적 또는 형이상학적 신비주의를 이해하고 설명할 필요가 없는 어떤 새로운 사실이 포함되어 있다. 그리고 이 문제의 해결은 만약 과학이 할 수만 있다면, 과학적 방법으로만 가능하다. 그런데 나 자신은 이 결정론에 다소간의 의문점이 있다. 즉 자연법의 우연이라는 최근의 철학론은 반드시 여기에서 고찰되어야 할 문제라고 생각한다.

그러나 이 우주적·유기적 환경을 낳고 '창조의 왕'인 두뇌를 부여받은 인간까지 만들어낸 불가피하고 운명적인 결정론은 여기에서 일변해서 인류 가운데 자기를 위한 어떤 목적을 세워야할 필요성을 느끼게 되었고, 목적을 실현하는 데 필요한 수단으로 그 환경을 보게 만들었다. 이렇게 해서 우주적 결정론의 맹목적 도정에 의해 창출된 인류의 의식은 어떤 특수한 성질, 자기의 본성을 가지게 되었다.

이 성질의 결과로서 인간은 스스로를 자신이 가진 모든 수단을 통해 어떤 목적에 도달하기 위해 활동하는 존재물로 간주하게 되었다. 즉 피조물인 인간이 창조자가 된 것이다. 결과인 인간이 원인이 된 것이다. 자기의 행위가 깨트릴 수 없는 원인의 사슬로 결정된다는 점을 확실히 알고 있으면서도 오히려 스스로를 자유롭다고 믿는다. 스스로가 도덕적 책임이 있는 존재라고 간주한다. 스스로를 도덕적 인격으로 천명한다. 인간은 마치 결정론이 존재하지 않는 것인 양 행동한다. 즉 자동기계로서가 아니라 '임의적 기계'로서, '사색하는 기계'로서 행동한다.

5.

라브로프의 주관적 역사론을 충분히 이해하기 위해서는 우선 그가 역사라는 말에 부여한 의미를 명확히 하지 않으면 안 된다.

라브로프는 역사적 생활 또는 역사와 자신이 관습적 문화 또는 단순히 문화라고 칭한 것 사이에 상당히 중요한 구별을 설정했다. 역사적 생활은 소수의 지식인이 역사적 전습의 여러 요소에 고찰적 비평을 가하고 이것을 진리이면서 정의라고 확신하는 방향으로 전환하려고 했을 때, 개인 의식의 발달과 더불어 서서히 시작된 것이다.

역사는 선택된 소수자의 비평적 사색이 통치하는 영역이다. 이에 반해 문화의 영역에서는 단지 전습 또는 관습이 지배한다. 그러니까 전습 및 관습상에서 빠져나올 수 없는 그리고 거기에 합리적 비평을 더해서 합리적 방향으로 전환하려는 의지가 없는 모든 개인·사회적 집단·국민은 역사의 외부에 있는 자이다. 오늘날의 소위 문명사회에도 혹은 사회적 경제적 지위에 따라서 혹은 그 정신적 습관에 따라서 역사적 생활의 외부에 있도록 운명 지어진 개인 또는 전⹀계급이 있다. 그들이 바로 자기 특권의 향락만을 생각하고 그밖의 것은 전부 역사적 전습에 일임하는 상류계급의 대표자들이다. 그들은 유행과 관습의 노예이다. '문명화된 야만인'이다. 그들은 그것을 준비하고 완성하기 위해 다수의 희생을 치른 여러 세대 사람들이 무수한 노력으로 창조한 문명이 낳은 모든 결과를 향락한다. 그러나 그들은 이 노력을 계속 이어가서 역사를 더 발전시키려는 생각은 조금도 하지 않는다.

그럼에도 불구하고 이 '문명화된 야만인'은 탁월한 지식적 교양도 가질 수 있다. 영예와 명예로 충만한 대학자도 될 수 있다. 세계적으로 명성 높은 문호가 될 수도 있다. 그러나 그들이 추론에 전습적인 방법만 사용하는 한, 비평적 정신이 없는 개인의 군집에 의해 태연하게 수용되는 역사적 전습이나 관습을 수호하는 한, 관습적 문화와 사회적 환경을 이해하고 비평하며 또 그것을 합리적 방향으로 전환하는 시도를 하지 않는 한, 그들은 역사적 생활의 외부에 있는 자이다. 인류의 진보에는 쓸모가 없는 방해가 되는 양量에 불과하다.

우리 사회는 지금까지 역사적 생활 외부에 존재하던 어떤 부분을 포함한다. 그것은 나날의 생존경쟁과 과도한 노동으로 인해 심신을 전부 소모해서 관습적 문화를 비평하고 그것을 변혁하려는 의식적이고 고찰적인 생활을 해나갈 여유는커녕 가능성조차 없어 보이는 계급의 사람들이다. 그들은 문명의 희생양이자 인신공양물이었다. 그리고 그들이 현실의 지위와 수많은 고뇌의 원인을 깨닫게 하고 나아가 그들에게 역사생활을 부여하는 것이 지식적 소수자의 의무이다. 그들에게는 사회·경제적 지위의 필연적 결과로서 그러한 가능성이 있다. 새로운 역사를 창조할 가능성이 있다.

6.

이렇게 해서 라브로프는 소위 주관적 방법으로 역사적 사회적 도정을 분석하여 역사를 구성하는 여러 가지 요소를 분류했다. 즉 각 역사적 시대에는 세 개의 범주로 구별되는 사실이 있다. 첫 번째는 과거의 유물이다. 다음으로는 '시대의 특성적 문제', 즉 특수한 시대상이다. 그리고 마지막으로는 '장래의 맹아'이다.

그러나 역사의 삼요소를 제시하는 것만으로는 충분하지 않다. 오히려 그 상호간의 관계, 상호간의 부단한 활동을 연구하지 않으면 안 된다. 그리고 이것은 특히 라브로프가 그의 명저 『사상사』에서 취급한 문제였다. 그러나 지금 나는 그의 비범한 박식함과 비평력을 보여준 이 미완성의 저서를 이곳에서 상세하게 분석할 여유가 없다.

요컨대 라브로프가 역사라는 말에 부여한 특수한 의미는 이 저서의 근본적 문제인, 앞서 말한 개인 문제를 매우 쉽게 해결하게 했다.

개인은 유일한 의식적 요소이다. 욕구하고 고찰하는 목적을 실현하기 위해 움직이는 유일한 요소이다. 따라서 개인은 모두 의식적 과정인 역사적 도정의 중심에 존재한다. 일체의 무의식·잠재의식次意識적 요소는 '관습적 문화'에 속한다. 즉 역사라는 것은 '비평적 사색에 의해 세공된 문화'라고 정의할 수 있다. 이 무의식·잠재의식적 요소를 완전히 역사생활에서 제외시켜버린 것은 라브로프의 과도한 실증적 정신이 개입한 탓이다. 그러나 그의 역사철학은 오히려 이 점이 가장 중요하기도 하고 또 흥미롭다.

그래서 역사의 유일한 의식적 동인인 개인이 인류의 역사적 발달 가운데 가장 마지막 결착, 오히려 유일한 결착이라고 해야 할 역할을 맡는 것이 당연하다. 그러나 라브로프는 환경에 대한 개인의 의존을 부인하지는 않는다. 개인은 창조적 요소임과 동시에 우주적, 사회적 및 역사적 산물이다. 다만 역사에서 개인은 그것의 산물로서가 아니라 오직 역사적 동인으로서 우리의 흥미를 불러온다. 개인은 비평적 정신 앞에 존재의 이유를 상실한 구舊사회형식에 대항해 새로운 욕망과 새로운 사회력을 실현하려는 신사회형식의 창조자이다. 그러나 고립된 개인은 무력하다. 그 활동을 유용하게 하기 위해서는 그것이 역사력이 되고 사회력이 되어야 한다. 그리고 그렇게 되기 위해서는 앞서 말한 그의 새로운 역사적 생활의 가능성을 가진 노동계급의 군집과 결합하지 않으면 안 된다. 영웅과 범인 사이의 심연을 뚫은 니체의 초인은 어리석게도 스스로 파멸하기 위해 움직인다. 고립은 죽음이다.

나는 과거의 유물과 현재의 문제와 장래의 맹아라는 세 개의 원칙을 각 시대에 응용한 표트르 라브로프의 훌륭한 역사론을 여기서 자세하게 서술할 지면이 없음을 유감으로 생각한다. 마지막으로 나는 여기서 소개한 대부분의 재료를 나에게 준 프랑스 마르크스파 사회당 수령 게드[24]의 지식 참모관인 철학자 찰스 라포포트[25]에게 심심한 감사를 표한다.

---

[24] 쥘 게드(Jules Guesde, 1845~1922)는 프랑스 사회주의자로, 게드주의라는 집단주의 이론의 창시자이다. 프랑스 노동당(Parti Ouvrier Français)을 창설했다.

[25] 찰스 라포포트(Charles Rappoport, 1865~1941)는 리투아니아 출신의 유대계 사회주의자다. 스위스 유학 후 프랑스로 이주해 1899년 프랑스 시민권을 취득했다. 프랑스에서 사회주의자로 활동했으며, 이후 프랑스 공산당의 창립 멤버 중 한 명이 되었다.

3.3 의지의 교육 — 막스 슈티르너의 교육론[26]

1.

근대개인주의의 선구자 막스 슈티르너[27]라는 인물 및 그 중심사상에 대해서는 나의 『생의 투쟁』 중에 재록된 본지 제1권 제3호의 「유일자」에서 이미 대략적인 소개를 해두었다. 그리고 나는 그 소개의 마지막 페이지에 다음과 같은 의미로 말했다.

막스 슈티르너의 명저 『유일자와 그의 소유』[28]는 40년간 누구의 관심도 받지 못한 채 먼지 속에서 도서관 서가 구석에 묻혀있었다. 그렇지만 사상은 나아간다. 머지않아 이 숨겨진 고독자가 근대의 가장 강렬한 개인주의사상의 선구자라고 인정받게 되었다. 그리고 오늘날 사람들이 추구하는 정식定式의 정확한 용어는 이 책에서 발견되었다고.

그 정확한 용어는 『유일자와 그의 소유』에서뿐만 아니라 그가 공개한 최초의 논문인 「현대교육의 주요원칙, 인도주의와 현실주의」[29]에서도 찾아볼 수 있다. 그리고 이 소년교육론은 곧 일종의 청년교육론이 된 『유일자와 그의 소유』의 상당히 건전한 맹아였다.

---

[26] 「의지의 교육 — 막스 슈티르너의 교육론」(意志の教育—マクス・スティルナアの教育論, 1915년). 《근대사상》 제3권 제2호에 발표되었고, 『사회적 개인주의』·『정의를 추구하는 마음』에 수록된다. 또한 이소리 고타로(五十里幸太郎), 아라카와 요시히데(荒川義英) 등이 발행하던 잡지 《세계인(世界人)》 제1권 제4호(1916년 5월 5일)에 재게재되었다.

[27] 막스 슈티르너(Max Stirner, 1806~1856)은 독일의 철학자로서 허무주의, 실존주의, 정신분석 이론, 포스트모더니즘, 개인주의적 아나키즘에 영향을 끼친 인물이다.

[28] 원제는 *Der Einzige und sein Eigentum*, 1845이다. 한국어판 박종성 역, 『유일자와 그의 소유』, 부북스, 2023.

[29] 원제에 따른다면 「우리 교육의 잘못된 원칙」 "Das unwahre Prinzip unserer Erziehung"이다. 참고로 이 논문은 테오도르 하인시우스(Otto Friedrich Theodor Heinsius)의 「인도주의 대 현실주의」 "Humanism vs. Realism"라는 논문을 반박하기 위해 작성되었다.

3.3 의지의 교육

나는 두 가지 의미에서 이 교육론을 소개하는 것에 상당히 큰 흥미를 느낀다.

「현대교육의 주요원칙」은 1842년 4월 근세 과학적 사회주의의 시조 칼 마르크스가 주재하는 《라인신문》에 실렸다.

슈티르너는 먼저 교육학의 가장 중요한 점에 대해 논하면서 "교육문제는 인생문제다"라고까지 말하면서 교육학자 사이에서는 완전히 모순된 두 개의 교육원칙인 인도주의와 현실주의가 예나 지금이나 서로 다투고 있는 사실을 지적한다. 인도주의라는 것은 오늘날의 용어로 말하면 고전교육법이다. 또 현실주의라는 것은 근세교육법이다.

종교개혁 때까지는 교육이란 인도주의나 다름 없었다. 그러나 종교개혁에서 대혁명까지는 주인과 노예, 유력자와 무력자, 성년자와 유년자의 관계가 사회를 지배한, 슈티르너가 말한 소위 '노예의 시대'였다. 이 시대에 교육은 일종의 권력이 되어서 교육을 받은 자가 받지 않은 자 위에서 권위를 갖는 강자가 되었다. 그러나 권위는 모든 사람에게 주어질 수 없기 때문에 이 권위의 이유이자 방법인 교육 또한 보편적이지 못했다. 그리고 이 권위를 쓰러뜨려 노예와 주인의 제도를 파괴하고 각자가 스스로의 주인이 된다는 원칙을 세운 것이 바로 프랑스대혁명이었다. 그 필연의 결과로서 교육은 보편적인 것이 되었다. 그런데 교육을 소수자의 특권으로 보는 오랜 독점론자들은 당연히 이 경향에 반대 목소리를 높였다. 이렇게 해서 이 두 경향의 투쟁이 오늘날까지 계속되어온 것이다.

2.

그러니까 18세기의 소위 '광명시대' 이전에 교육은 모두 인도주의자의 수중에 있어서 오직 성서와 고전의 연구만 교육으로 생각했다.

인간의 생활은 미의 모델이나 진리의 법칙을 제공한다는 등의 흥미롭거나 조화로운 것이 아니었다. 교육은 단지 사회적 우월의 방법 또는 지배의 도구로만 간주되어 완전히 형식적이었다. 고전에서 추구한 것은 단지 문학이나 미술의 형식이고 도식이었다. 그리고 이 교육에서 추구한 것은 단지 사회상의 형식적 우월이었다. 즉 감정의 섬세·취미의 고아高雅·회화의 유려·동작의 단려端麗 등이었다.

그런데 '광명시대' 이후 한편으로는 인권이 보편적으로 인정되었고 교육은 모든 사람에게 시행되어야 할 것으로 주장되었다. 그리고 다른 한편으로는 종래 교육의 참된 가치에 대해 의심하면서 실용적이어야 한다는 논의가 생겨났다. 그렇게 해서 인도주의의 형식교육에 대한 반항이 나타났다. 예술의 형식 따위는 아무래도 좋다. 생활의 재료를 얻어야 한다. 학교는 활동적 생활의 준비여야 한다. 모든 지식을 획득하고 모든 사람은 어떤 일이든지 주인이 되는 능력을 부여받아야 한다. 그렇게 해서 새로운 교육학자들은 인권의 원칙인 평등에서 모든 사람에게 교육이 시행된다고 한 것을 바탕으로, 또한 인권의 다른 원칙인 자유가 다양한 지식을 얻어 사물의 주인이 된다고 한 것을 바탕으로 교육에 적용할 것을 요구했다.

이 두 개의 교육원칙은 그 성질과 목적에서 이처럼 상당히 모순된 것이지만 그럼에도 그 사이에는 어떤 공통점이 있었다. 즉 과거를 이해하려고 하는 인도주의와 현재를 좌우하려고 하는 현실주의는 단지 일시적으로 사물에 대한 권력을 얻고자 하는 것에 지나지 않았다. 스스로를 파악하는 영靈만이 영구적이다. 현실주의는 서로의 관계를 평등하게 하려 한다. 하지만 타인을 자기와 진정 평등하게 하려는 것은 아니다. 일시적인 나와 영구적인 나를 조화시키려고 하지는 않는다. 한 마디로 말하면 자아의 통일과 만능의 사상이 없다. 자아는 그 바깥에 있는 일체의 것을 복종시켜 자신만을 충족시킨다.

현실주의는 모든 인간의 자유, 모든 권위로부터의 해방을 요구한다. 그러나 그 자유도 자주는 아니다. 현실주의는 스스로가 자유로운 인간의 행위이자 무분별한^{rücksichtslos}, 즉 어떤 고려하는 바도 없는 정신의 발현이라는 점에는 생각이 미치지 못했다. 따라서 이 현실주의에 의해 교육받은 소위 실용인은 타인의 권위에서 해방되고 타인과 평등한 관계가 될 수 없다. 하지만 실용인이라고 하더라도 인도주의의 소위 단려^{端麗}한 멋쟁이보다는 조금 나을지도 모른다. 그러나 이 실용인이라는 것도 "유물주의의 녹청^{綠靑}으로 번쩍번쩍 꾸며진" 따분한 실업가에 불과하다.

3.

현실주의는 모든 추상을 혐오하면서 마치 추상이 생명이나 자유의 원수인 것처럼 믿는다. 그렇지만 생명이나 자유는 오히려 이런 추상 속에 존재한다. 모든 물질을 제거하여 그것을 정신화하는 추상이야말로 진정한 해방자이다. 자유인이란 모든 현실을 초월하여 온갖 지식을 자아의 통일 속에 귀속시킨 자를 말한다.

그러니까 과학은 그 과학으로서 존재를 단절하고 단순한 본능으로 돌아가, 즉 의지가 되어 부활해서 비로소 완성된다. 이 의지가 완성되기까지 순화되지 않는 과학, 우리 안에서 완전히 용해되지 않아서 단지 우리의 한 소유물에 지나지 않는 과학, 자아를 원하는 대로 활약하게 두지 않아서 오히려 짐이 되고 있는 과학, 바꿔 말해 완전히 인격화하지 못한 과학은 인간의 생활을 준비하는 것이라 할 수 없다.

진리는 자아의 발견에 존재한다. 그런데 종래의 학교는 이와 같은 자유인을 만들려고 하지 않고 또 만들 수도 없었다. 학교는 우리를 사물의 주인이 되도록 했다. 우리 자신을 성질의 주인으로 만들었다.

그러나 진정 자유로운 성질의 주인으로 만든 것은 아니다. 우리가 학교에서 배운 과학은 사상이나 의지의 최대 굴욕과 타협한다. 현실주의자는 학생이 교육받은 사물에 대해 잘 이해하고 잘 적용하는 것을 요구한다. 하지만 그 학생에게 교육한 사물은 요컨대 주어진 하나의 사물에 지나지 않는다. 그리고 그 사물을 초월해서 정신적으로 활동하는 새로운 인격적 지식에 대해서 가르치지는 않는다. 이리하여 교육학에서도 모든 과학과 마찬가지로 굴종과 비열이 지배하고 있다. "현실주의자의 동물원이 배출하는 것은 실용인이자 유용한 시민$^{brauchbare\ burger}$, 즉 노예다. … 학교교육의 결실은 실로 속물근성^{Philistinismus}이다."

현실주의는 그들 스스로도 득의양양하게 실용인을 만드는 일에만 책임을 진다고 말한다. 그러나 진정한 실용이라는 것은 단지 생활의 통로를 열어가는 것만이 아니다. 과학은 이와 같은 실용적 목적에만 사용되기에는 너무 고귀하다. 자유인에게 진정한 자유라는 것은 그 자유를 표현하는 것이다. 그리고 진정한 과학이라는 것은 새로운 생명을 선사하는 자유 자체다.

동물은 젖을 떼자마자 숲이나 들판을 뛰어다니고 모든 활동을 생활에 필요한 음식을 구하는 것에 바친다. 이만큼 실용적인 생활은 없다. 그리고 실용인의 생활은 동물생활에 가장 가깝다. 실용인은 평등이나 자유의 정신이라는 원칙을 따르지 않고 오직 그 형식인 확신에 따라서만 행동한다. 확신은 움직이지 않는다. 심장으로 돌아가서 끊임없이 새로워지고 회춘하는 피가 아니다. 응고하고 부패하는 피다. 현실주의 교육은 소위 건전하고 강인한 성격, 전혀 동요하지 않는 인간을 만들어낼 수는 있을 것이다. 그러나 "부단한 자기창조에 의해 끊임없이 유동해가는 곳에 그 강인함이 있고, 순간마다 새롭게 형성되어 자아의 창조적 정력이 마르지 않는 곳에 그 영원함이 있다"라는 식의 성격을 만들 수는 없다. 소위 건전한 성격은 응결하고 경직한다. 성격의 완성은 "항상 새롭게 회춘하고 재생하는 기쁨을 비롯해 격정 속에서 파동하고 진동하는" 것을 감당하는 것에 있다.

4.

그러니까 모든 교육의 중심은 인격의 형성이고 발달이어야만 한다. "모든 과학은 아무리 깊고 또 아무리 넓다고 해도 한때 자아가 보이지 않는 곳에서 완전히 사라졌다가, 그곳에서 다시 초감각적인 사유를 못해서 거침없이 재생하고 격렬하게 일어나지 않는 한 항상 외적인 존재일 뿐이다." 과학이 이렇게 완성되기 위해서는 대상에 집착하기를 멈추고 과학 그 자체, 관념의 과학, 영靈의 인식이 되어야한다. 이리하여 과학은 영의 경향이 되고, 본능이 되고, 자아의 행위를 자유롭게 결정하는 무의식적 과학, 즉 의지가 된다.

그리고 이 목적을 달성하기 위해서 모든 교육은 인격적이어야 한다. 학교가 여러 가지 지식을 이용해 학생의 정신을 가로막는 것을 멈추고, 각 학생의 개성을 발달시켜 자유로운 인간과 자주의 성격을 쌓아올리는 곳이어야 한다. 즉 종래와 같이 학생의 의지를 짓눌러 약하게 만드는 것을 멈춰야 한다. 아이의 변덕은 오해로 인해 약한 의지라고 이야기하지만 호기심이나 지식욕과 마찬가지로 존재의 이유를 가지고 있다. 아이의 호기심은 이용하면서 어째서 그 의지의 자발력은 이용하려고 하지 않을까. 또 아이의 자존심과 독립심을 짓눌러서는 안 된다. 만약 그것이 오만함이 된다고 해도 교사는 언제나 그것에 대항할 무기로 자신의 자유를 가지고 있다. 만약 자존심이 반항심으로 타락한다면 그것은 학생의 자아가 교사의 자아를 모독하는 것이다. 역시 학생과 마찬가지로 자유인인 교사는 그것을 감당할 필요가 없다. 그렇지만 교사는 어떠한 일이 있더라도 권위라는 용이한 무기로 방어해서는 안 된다. 자유인에게는 권위가 필요하지 않다. 독립심이 교만함이 된다고 해도 그 교만함은 여성의 참된 온화함이나 남성의 참된 강인함과 대적할 수 없다. 권위에 의지하는 것은 자기의 박약을 고백하는 것이다.

요컨대 슈티르너는 당시의 교육자에 대해 의지 없는 과학이 낡은 원칙에 집착하고 있음을 비난한 것이었다. 그리고 그는 의지라는 새로운 원칙으로 그것을 대신하려고 한 것이다. 낡은 교육학이 과학과 생활간의 일종의 화친조약Konkordat 을 맺으려고 한 것에 대해 슈티르너는 학교 자체가 생활이 되고, 학교의 이상이 생명 그 자체의 이상인 것처럼 인격의 자기계시이고 자기표시이며 자기실현임을 기대했다. 진정한 생명은 자유에 존재하는 것이기 때문에 학교는 굴종의 장이 아니라 자유의 장이어야 한다. 사색의 자유라는 것 정도로는 충분하지 않다. 사색의 자유에만 의존하면 우리는 내적으로만 자유로워질 뿐이다. 이와 같은 내적 자유가 있더라도 우리는 여전히 외적으로는 노예가 될 수 있다. 오히려 과학에서 보면 이 외적 자유가 올바른 내적 자유이고 의지에서 보면 올바르고 진정한 자유이다.

즉 인도주의자와 현실주의자를 넘어서 더욱 인격주의자가 되어야 한다. 과학을 활동적 힘으로 변화시키고 사색 자유의 시대를 의지 자유의 시대로 전환시키며 낡은 교육의 두 이상을 조화시키는 것은 실로 이 인격주의뿐이다. 이때 자유인은 비로소 현실주의가 만들고자 했던 진정으로 선량한 시민이 되고 또 인도주의가 만들고자 했던 진정으로 취미의 인간이 될 수 있다.

5.

이상은 막스 슈티르너의 첫 논문 「현대교육의 주요원칙, 인도주의와 현실주의」를 충실히 요약한 것이다.

우리는 여기서 오히려 그가 헤겔파 철학의 지배에서 조금도 벗어나지 못했다는 점을 먼저 인정해야 한다. 즉 그는 아직 헤겔이 말하는 의미의 영과 자주적 의지 사이에 넘을 수 없는 심연이 있다는 것을 의식하지 못했다. 그의 이 교육론의 애매한 점은 모두 이 결점에서 비롯되었다고 해도 좋다.

다음으로 우리는 슈티르너 말년의 중심사상인 개인주의, 절대 인격주의가 이미 그 논문에서 충분히 드러나있다는 것을 인정해야 한다. 다만 다른 점은 『유일자와 그의 소유』는 성인에 대해 말하고 「현대교육론」은 청소년에 대해 말하고 있는 것에 불과하다. 그리고 여기서 특히 주의하고 싶은 것은 이 「현대교육론」에서 개인주의가 아직 말년의 극단적으로 잘못된 이기주의와 동일시되지 않는다는 점이다.

마지막으로 우리는 그의 교육학의 원칙에 충분한 근거가 있고 오늘날의 교육자들도 그의 말에 귀를 기울여야 한다는 것을 인정해야 한다. 슈티르너의 당시 교육원칙을 향한 비난은 오늘날에도 게다가 상당히 멀리 떨어진 일본에서도 똑같이 적용될 수 있다. 오늘날 도처에서 이루어지는 교육은 하나의 인간을 만들기보다 다양한 지식을 주입하는 방법을 생각하느라 고심한다. 슈티르너의 시대와 마찬가지로 오늘날의 교육자들은 오직 기억력의 교육, 이해력의 교육, 이성의 교육에만 힘쓰고 의지의 교육을 완전히 무시하고 있다.

교육의 개혁을 주장하는 많은 학자는 소년의 심리상태를 해부하여 오늘날의 교육이 어째서 소년의 본능을 파괴하고, 그 발의심을 억압하며, 그 인격을 파멸하는지를 그리고 그러한 소년이 학교를 나와도 얼마나 생활을 모르고, 활동을 견디지 못하며, 인간다운 노력 앞에 전율하는지를 설명하고 있다.

그리고 우리 자신 또한 항상 스스로 이렇게 형성된 우리의 한심스러움과 이 비열함을 회한하고 분노하고 있다. 우리가 받은 지육知育이나 덕육德育이나 체육體育은 요컨대 우리로 하여금 주인을 위해 쓸모있는 총명하고 온순하며 강건한 소^{小}동물에 머물게 한다.

　우리는 우리의 형제자매나 자녀를 진정한 인간으로 교육하는 동시에 우리 자신을 다시 교육해야 한다. 진정으로 자유로운 인간이어야 한다. 진정으로 모두가 자유로운 인간이 될 수 있도록 우리 주위를 개조해야만 한다.

3.4 베르그송과 소렐 — 베르그송씨의 심리학과 소렐씨의 사회학30)

1.

2, 3년 전부터 계속해서 일본의 일반 학술사상계, 특히 경제학계와 문단사상계에 일종의 유행이라 할 정도로 크게 주의를 환기시킨 또는 큰 영향을 미친 두 학설이 있다. 하나는 처음에 문단사상계에 선풍을 일으키고 나중에는 경제학계까지 영향을 미친 베르그송[p.121]의 소위 창조적 진화론이다. 다른 하나는 처음에는 경제학계에서 활발히 논의되다가 이후에는 문단사상계까지 연구심을 부채질했던 소렐[p.156]의 소위 생디칼리슴이다. 이 두 개의 학설이 거의 동시에 일본 학술사상의 일반적인 문제가 되고 그전까지 완전히 동떨어져 있었던 경제학계와 문단사상계가 유행의 일치를 본 것은 흥미로운 현상이다. 그리고 이런 일치는 이 두 개의 학설 사이의 밀접한 관계로 인해 한층 흥미로운 것이 되었다. 특히 이 두 개의 학설이 경제학계와 문단사상계에서 각각 어떤 방식으로 다루어졌고, 또한 경제학자와 문단비평가는 어떤 태도로 다루었는지는 흥미로운 비교론이 된다.

내가 여기서 주장하고 싶은 것은 그 흥미 가운데 하나이다. 이 두 개의 학설 사이의 밀접한 관계에 관한 것이다. 그리고 이것은 《와세다문학》 4월호에 게재된 「개인주의자와 정치운동」, 《근대사상》 복간호에 게재된 「노동운동과 프래그머티즘」 및 《근대사상》 12월호에 실린 「노동운동과 개인주의」와 서로 호응한다. 특히 앞의 두 편은 논집 『사회적 개인주의』에 수록되었는 데, 거기에서 전자는

---

30) 「베르그송과 소렐 — 베르그송씨의 심리학과 소렐씨의 사회학」(ベルグソンとソレル—ベ氏の心理學とソ氏の社會學, 1916.1). 제2차 《와세다 문학》 제122호에 발표하지만 발매 금지되었고, 『노동운동의 철학』·『정의를 추구하는 마음』에 수록된다.

대부분이 삭제되어 다른 글과의 관계를 상실해 버렸다.「노동운동과 프래그머티즘」은 최근 철학계의 양대 조류인 주리파主理派와 주행파 主行派의 관계 및 이 양대 조류와 최근 노동운동과의 관계를 다루면서 노동자의 사색과 행위의 방법론에 다소간의 암시를 주고 있다. 또한 「노동운동과 개인주의」는 노동자의 프래그머티칼한 운동방법의 한 가지 사례로 우선 노동자 자신의 생활 속에 개인주의적인 개인적 창조와 개인주의적인 사회적 창조가 이루어지고 있으며 거기서부터 그들의 개인주의적 사상이 일어났다는 점을 주장하고 있다. 이렇게 노동자 자신의 철학과 근대철학과의 관계를 다루었던 나는 「베르그송과 소렐」을 통해 노동자가 아닌 노동운동의 이론가 소렐의 사상과 태도에 관해 논하고자 한다.

2.

소렐은 일반적으로 생디칼리슴의 이론적 대표자인 것처럼 간주되고 있다. 그러나 이러한 평가는 상당한 과대평가로 수정이 필요하다.

원래 생디칼리슴의 이론은 앞의 여러 논문에서도 언급한 것처럼 노동자가 보다 좋은 생활을 원하는 강렬한 생활본능에서 주변과 날마다 벌이는 악전고투를 거쳐 자기 안에 창조하고 체현해 온 것이다. 그리고 이런 다수의 창조를 더욱 이론적으로 발달시키고 조직하는 일에 관여한 자들 가운데 서로 다른 두 개의 무리가 있다. 그 하나는 펠루티에,[31] 푸제,[32] 그리퓌엘,[33] 델레살,[34] 니엘,[35] 이브토[36] 등과 같이 스스로 노동계급에 속하거나 혹은 자신을 완전히 노동자와 동일시하며 그 창조의 선두에 섰던 사람들이다. 다른 하나는 이른바 소렐, 라가르델,[37] 베르트[38] 등과 같이 그 창조의 외부에 있으면서 사회학적 그리고 철학적 기초와 조직을 제공하려 했던 사람들이다. 이 후자의 무리에 속한 사람들은 마르크스파의 정통파 사회주의, 즉 베른슈타인[39] 일파를 개량적 수정파라 칭하며 자신들을 혁명적 수정파 내지 신파新派라고 칭한다. 그리고 소렐은 이 신파 안에서 가장 저명하고 동시에 가장 심오한 사상가이다.

생디칼리슴의 연구에서는 우선 생디칼리슴 자체의 성질과 그 이

---

31) 페르낭 펠루티에(Fernand-Léonce-Émile Pelloutier, 1867~1901)는 프랑스의 무정부주의자·생디칼리스트로 19세기 말 이탈리아의 혁명적 생디칼리슴 운동에서 중요한 영향을 끼쳤다.
32) 에밀 푸제(Émile Pouget, 1860~1931)는 프랑스의 무정부 공산주의자·노동운동가였다. 무정부 생디칼리슴과 유사한 전술을 채택하였다. 1901년부터 1908년까지 노동총연맹의 부위원장을 지냈다.
33) 빅토르 그리퓌엘(Victor Griffuelhes, 1874~1922)은 프랑스의 노동운동가이다. 제화공 출신으로 전국 피혁노동조합연맹 서기를 지낸 후 프랑스 노동총동맹의 서기로 재직하면서 전성기의 혁명적 생디칼리슴을 지도하였다.
34) 폴 델레살(Paul Delesalle, 1870~1948)은 프랑스의 무정부주의자·생디칼리스트이다. 기계공으로 일을 시작하여 저널리스트가 되었고 나중에는 작가이자 서점·출판사를 운영하였다.
35) 루이스 니엘(Louis Niel, 1844~1885)은 프랑스의 노동운동가이다. 노동총연맹 사무총장으로 초기 생디칼리슴의 지도자였다.
36) 조르주 이브토(Georges Louis François Yvetot, 1868~1942)는 프랑스의 노동운동가·무정부주의자이다. 제1차 세계 대전이 일어나기 전까지 노동조합연맹의 사무총장과 노동총연맹의 사무총장을 역임하였다.
37) 위베르 라가르델(Hubert Lagardelle, 1874~1958)은 프랑스 혁명적 생디칼리슴의 선구자이다. 잡지《서곡》Prélude의 공동 창립자로 이후 파시스트가 되어 비시 정권의 노동부 장관을 역임했다.
38) 에두아르 베르트(Édouard Berth, 1875~1939)는 프랑스 생디칼리슴의 이론가로 조르주 소렐의 제자였다. 베르트는 프롤레타리아트의 혁명적 자기 조직화를 통해 마르크스의 유물론과 베르그송의 형이상학을 통합하려 했다.
39) 에두아르트 베른슈타인(Eduard Bernstein, 1850~1932)는 독일 사회민주당 당원으로 수정주의적 마르크스주의를 발전시킨 사회민주주의의 이론적 창시자로 평가된다.

제3장 서양사상

론가인 두 개의 무리 사이의 관계를 항상 기억해 두어야 한다.

　모든 민중운동 연구에서는 민중의 동경과 요구에 관한 연구가 가장 중요하다. 종종 우리는 미국 여러 대학의 사회학 연구실에서 일본 노동운동의 전단지나 신문, 잡지 등의 기증을 요구받는다. 노동자의 동경과 요구를 알기 위해서는 실제로 이들 각기 다른 종이쪼가리들을 수집하는 것이 가장 편리하고 동시에 가장 유효한 방법이다. 우리는 과거에 이것을 일본의 사회학자이자 문학박사인 다케베 돈고[40]씨에게 시도한 바 있다. 어느 날 네다섯 명의 동지와 함께 ××××××××××××××××, 우연히 전차 안에서 박사를 만났다. 그리고 일부러 박사 앞으로 나아가 '××××××××××××××'라고 말하며 그 중 한 장을 보여드리려고 했다. 하지만 박사는 고개를 돌린 채 쳐다보려 하지 않았다.

　다케베 박사의 태도는 거의 모든 일본 학자의 태도일 뿐만 아니라 구미 각국의 많은 학자가 보여주는 태도이기도 하다. 그들의 생디칼리슴 연구는 거의 전부가 앞서 말한 후자의 무리, 소위 지식인들의 담론에 대한 연구이다. 주리론의 폐해가 골수까지 침투해 있는 그들은 오직 이론의 체계에만 중점을 두는 까닭에 체계적이지 않은 다른 논의는 받아들이지 않는다. 그리고 그들은 이들 소위 담론의 체계를 이루는 재료 가운데 전반적인 노동자 생활상의 창조에 관계되는 것과 소위 이론가의 머리 속에서 만들어진 논리와 관계되는 것을 구별할 줄 모른다. 다소간의 구별을 한다 해도 이 두 재료의 전후와 경중을 전도시킴으로써 학자의 생디칼리슴 연구는 주로 이 연구의 대상과 방법을 잘못된 쪽으로 접근하여 노동자 측에서 보면 대부분 완전한 몰이해에 빠졌고, 민중운동의 연구라는 본래의 목적에서 보아도 헛된

---

40) 다케베 돈고(建部遯吾, 1871~1945)는 일본의 사회학자·정치가이다. 오귀스트 콩트에 의거한 종합적 사회학을 연구했다.

요설饒舌에 지나지 않게 되었다.

소렐은 이런 오류로 인해 생디칼리슴의 아버지 또는 이론적 대표자와 같은 칭호를 얻게 되었다. 즉 소렐 및 그 외의 신파 지식인이 ××××××××××××××××××××××××××, 그 사상을 프랑스 노동자단체에게 일정 부분 고취시켰다는 전혀 반대의 결론을 이끌어냈다. 그리고 그 견해는 일전에 일본에서도 번역된 좀바르트[41])의 『사회주의 및 사회운동』에서 확산된 것이다.

그런데도 신파 지식인 자신은, 예를 들어 도리어 이 그릇된 명예를 거절하고 있는 라가르델은 몇 번이나 반복해서 생디칼리슴이 노동운동의 경험에서 태어났으며 노동자 자신에 의해 만들어졌다는 점을 주장하고 있다. 소렐도 또한 노동자가 그들로부터 배운 것보다도 그들 자신이 노동자로부터 배운 것이 많다고 말한다. 그들은 실로 노동운동의 대변자라고 말할 자격조차 없는 것이다. 다만 노동운동을 밖에서 바라보며 그것을 통해 그들의 사상이 자극받은 것에 지나지 않는다. 그들은 이 노동운동 속에서 사회주의 사상을 수정하기에 충분한 매우 독창적인 어떤 힘을 발견하고, 그것에 관한 그들의 사상을 발표한 것에 지나지 않다. 지금까지 그들은 어떠한 실제 운동에도 가담한 적이 없다. 따라서 그들은 자신을 그 대표자라고 느낄 리 없다.

베르그송[p.121]과 소렐의 관계를 논하기 전에 조금이라도 소렐이 생디칼리슴의 대표자라는 오해가 없도록 이 정도만 말해둔다.

---

41) 베르너 좀바르트(Werner Sombart, 1863~1941)는 독일의 경제학자·사회학자이다. 1904년부터 베버와 함께 《사회 과학 및 사회 정책》을 편집하였고 경제 이론과 역사의 종합을 꾀하여 마르크스의 영향 아래 경제 체제의 개념을 확립하였다.

3.

조르주 소렐[42])은 1847년 11월 2일 프랑스의 셸부르에서 태어나 파리의 기사양성소인 에콜 폴리테크니크에서 공부했다. 46살에는 기사장 일을 그만두고 이후 사회학 연구에 빠졌다.

그가 1907년에 명저 『폭력론[p.59]』의 서문에서 한 말에 따르면 그는 "대학교수도 아니고 통속학자도 아니며 또한 정당의 지도자가 되려는 사람도 아니다." 그는 "독학자로서 타인에게 자신의 노트를 보여주고 그 사람의 자기교육에 도움을 주었다."

소렐은 사실 사회과학에 있어서는 완전한 독학자였다. 그리고 그 독학이라는 것이 자신의 큰 긍지이기도 했고 타인에게도 그 긍지를 알리려 했다. 그는 계속해서 말한다.

> 20년 동안 나는 타인에게 배워 기억한 것에서 나 자신을 해방하는 일에 힘써왔다. 나는 다양한 서적들을 통해 내 호기심을 폭발시켰다. 그러나 그것도 뭔가를 기억하기 위해서라기보다는 오히려 암기된 여러 사상에서 기억을 말끔하게 정화하기 위해서였다. 내가 진정으로 사물을 기억하려 노력한 것은 최근 15년 정도의 일이다. 그러나 나는 내가 알고 싶은 것을 가르쳐 주는 사람을 발견하지 못했다. 내가 나 자신의 선생님이 되고 스스로 수업을 만들지 않으면 안 되었다. 나는 노트를 만들어 생각나는 대로 내 사색을 적어 두었다. 같은 문제로 세 번이고 네 번이고 다시 제자리로 돌아오거나 끝까지 쫓거나 어떨 때는 완전히 다른 문제로 옮겨가기도 했다. 그리고 최근 독서에서 암시받은 지식의 축적이 끝난 곳에서는 펜을 멈췄다. 이것은 상당히 어려운 일이었다. 그리고 나는 기꺼이 대가의 저서를

---

42) 조르주 소렐(Georges Eugène Sorel, 1847~1922)은 프랑스의 철학자·혁명적 생디칼리슴 이론가이다. 마르크스주의의 유물론이나 프롤레타리아 국제주의에 대해 반대하고, 대신에 마르크스주의의 사회주의적 목적성과 자본주의 비판을 수용했다. 반민주주의·반의회주의 사상가로서 의회 부패에 대하여 맹렬하게 비난하였다. '폭력'의 윤리성을 강조하면서 가장 좋은 구체적 형태로 동맹파업을 지지하였다.

연구주제로 골랐다. 이렇게 해서 오로지 나 홀로 헤쳐나갈 때보다 더 쉽게 전진할 수 있었다.

소렐이 자신을 언급한 이 말은 사실 그의 사상과 저서의 성질을 명확하게 고백한 것이다. 그의 저서 대부분은 프루동,[43] 르낭, 니체, 마르크스, 베르그송 등의 명저에서 뽑아온 문구의 부연 또는 비평의 무질서한 연속이다. 탈선과 탈선의 연속이다. 그리고 그 사이에서 그가 어떤 사상을 파악하는 민첩함과 거기에 다소의 새로운 맛과 독창성을 띠게 하는 기발함을 보여준다.

소렐은 이와 같은 대가에게 많은 영향을 받았다. 그러나 소렐 사상의 근본을 구축한 것은 사실 마르크스·프루동의 저서와 당시 조금씩 발흥하고 있던 생디칼리슴 운동이었다. 그는 19세기의 자본주의가 발흥한 영국의 경제사정과 노동운동을 논거로 한 마르크스의 저서를 자본주의가 무르익은 20세기 프랑스의 경제사정과 노동운동의 현실에 맞게 수정하려고 했다. 그리고 그 수정에서 마르크스의 참된 정신을 인정하고 이론적인 긍정을 프루동에서 찾았다.

또한 소렐은 프랑스에서도 일류 수학자였다. 그리고 수학자가 비범한 분석능력으로 과거의 과학과 논리에 대해 반역한 시도는 앙리 푸앵카레에게서 볼 수 있는 것처럼 자주 있는 일이다. 결국 대다수 수학자 또는 물리학자는 어쨌든 순수한 형이상학으로 치닫는다. 소렐도 그중 한 명이었다. 실증론, 주지론, 주리론 등 다양한 이름으로 불리는 근대의 소위 과학적 방법은 그의 사회학적 연구에 있어 오히려 적이었다. 하지만 그 또한 근대철학의 한 조류인 실제론, 본능론, 주행론主行論 등에 경도되어 더욱 신비의 심연으로 들어갔다. 그리고

---

[43] 피에르 조제프 프루동(Pierre-Joseph Proudhon, 1809~1865)는 프랑스의 상호주의 철학자·언론인이다. 스스로를 '아나키스트'라고 칭한 최초의 인물로 알려져 있다.

제3장 서양사상

베르그송의 심리학 가운데에서 그 자신의 사회학을 발생시킬 만한 편리한 정식을 발견한 것이다.

즉 소렐은 마르크스에서 출발해서 마침내 베르그송과 연결된 것이다. 그렇게 해서 그는 자신의 독자적인 관찰을 통해 마르크스를 비평하면서 곳곳에 베르그송의 추상적인 여러 의견을 구체적인 사실에 응용하고 있다.

우리가 가진 지극히 편협한 언론의 자유 범위 내에서 이제야 본론인 베르그송과 소렐의 관계를 이야기할 수 있는 순서가 되었다.

4.

소렐과 베르그송의 관계는 한마디로 말하면 교토대학 강사 요네다 쇼타로[44]의 다음과 같은 서술로 대신할 수 있다. 요네다씨는 게이오기주쿠대학慶應義塾大學 교수이자 법학박사인 후쿠다 도쿠조[45]와 더불어 일본에서 가장 학문에 충실한 생디칼리슴 연구자이다. 두 분 모두 과거에 발표한 문장만 보면 선두적인 연구방법으로 다소 오류가 있는 것처럼 보이지만 다른 박사나 학사들의 생디칼리슴론 대부분이 가치가 없는 것과 비교하면 매우 탁월하다.

요네다씨는 말한다.

> 그런데 베르그송의 철학을 응용해서 혁명적인 생디칼리슴의 주장을 철학적으로 바꾸려는 계획은 소렐과 그의 문하생인 베르트에 의해 일어난 것이다. 그때부터 베르그송의 철학사상은 혁명적 생디칼리슴을 주장하는 사람들 사이에 널리 퍼지고 베르그송 철학과 혁명적 생디칼리슴 사이에는 아주 친밀한

---

44) 요네다 쇼타로(米田庄太郎, 1873~1945)는 사회학자로 다케베 돈고와 협력해 일본사회학회 창립에 관여하였다.
45) 후쿠다 도쿠조(福田德三, 1874~1930)는 경제학자로 일본 복지국가론의 선구자이다. 마르크스주의에 비판적인 입장에서 민본주의·자유주의에 서서 정부에 의한 사회노동문제 해결을 주장하였다.

3.4 베르그송과 소렐

관계가 있는 것 같은 느낌을 주면서, 베르그송 자신도 혁명적 생디칼리슴을 주장하는 사람 중 하나라는 뜬소문까지 퍼졌다. 베르그송은 그 일로 인해 크게 난처해져서 기회가 될 때마다 애써 변명했다. 원래 대사상가의 사상은 다방면으로, 게다가 상호 모순되는 학설조차 응용될 수 있는 것으로, … 혁명적 생디칼리슴의 논자가 베르그송의 철학을 응용했다고 바로 그 논자의 철학이 베르그송의 철학과 친밀해졌다고 생각하는 것은 온당치 않다. 실제로 르루[46] 같은 사람은 베르그송 철학을 가톨릭교 신학의 변증에 응용하려고 한다. 그러나 나는 베르그송의 철학이 일종의 혁명적 색채 또는 상태를 띠고 있다는 점에서 특히 혁명적 생디칼리슴 같은 것으로 응용되기 쉽다고 생각한다. 또한 내 사회학적인 견지에서 학문을 탐구해보면 철학계의 베르그송 철학의 생리와 사회운동계의 혁명적 생디칼리슴의 출현 사이에는 미묘하고 심오한 관계가 있다고 믿는다.

요네다는 이 '미묘하고 심오한 관계'에 대해 거의 설명하지 않았다. 이것을 논하려면 현대철학계의 경향과 현대사회운동계의 경향에 관한 일반적인 역사를 먼저 이야기하고, 그 둘의 밀접성을 설명한 후 마지막에 그 밀접성의 원인을 현대사회사 속에서 찾아야한다. 이 작업은 베르그송 철학이 왜 우리 일본 사상계까지 풍미했는지에 관한 가장 근본적인 설명도 된다.

철학은 일종의 유행이다. 따라서 그 유행에는 많은 부박浮薄한 분자도 포함된다. 그러나 그 유행의 내면에는, 소위 군집심리적 현상의 내면에는 대부분의 경우 대체로 근본적인 어떤 사회적 요구가 포함되어 있다. 이 요구에 대해서는 앞에서도 본 「노동운동과 프래그머티즘」속에 다소의 암시가 있을 것이다.

그러나 내가 지금 여기서 이야기하려는 것은 요네다와 마찬가지

---

[46] 피에르 앙리 르루(Pierre Henri Leroux, 1797~1871)는 프랑스의 범신론 철학자·경제학자·사회주의 옹호자이다.

로 "소렐은 베르그송의 철학에서 특별히 어떤 원리를 뽑아 자신의 학설에 응용했느냐에 대한 문제이다." 또한 그 문제에 대해서는 다행히도 베르그송이 독일의 사회학자인 율리우스 골드슈타인[47])에게 보낸 편지에서 다음과 같이 말했다고 한다.

> 귀하가 만약 소렐과 베르트의 논문을 쭉 훑어보신다면, 이 두 사람이 변화의 일반성, 진실의 지속에서 전화轉化의 분할 불가능성, 장래의 창시성創始性 그리고 예견 불가능성 등에 대한 나의 사상을, 내가 말한 단어 그대로 인용해서, 과거의 단편만 가지고 선천적인 장래를 구성하려는 시도가 불가능하다고 이들이 결론지었다는 것을 인정하시게 될 겁니다. …"[48])

5.

베르그송의 자아설은 저서 『의식의 직접 요건[p.58]』에 있는 다음과 같은 말을 핵심으로 한다.

> 두 개의 다른 물질이 있다. 하나는 다른 외적 투영, 또는 이른바 사회적 표현과 같은 것이다. 우리는 깊은 반성으로 그 제1의 자아에 도달한다. 즉 그 반성이 우리의 내적인 상태를 파악하게 한다. 그리고 그 내적 상태란 생물처럼 끊임없이 형성되고 있는, 저울로 달 수 없는, 상호 침투하고 있는 그리고 지속적인 계승이 동질적 공간 속의 병치와는 어떤 공통점도 없는 것이다. 그러나 이렇게 우리 자신을 파악하는 순간은 드물다. 그러므로 우리는 결코 자유롭지 못하다. 우리는 대부분의 시간을 우리 자신과는 무관하게 생활하고 있다. 우리는 우리의 자아를 그 빛바랜 환영에서, 순수지속이 동질적 공간 속에 투영하는 그림

---

47) 율리우스 골드슈타인(Julius Goldstein, 1873~1929)은 독일의 사회학자・철학자・물리학자이다. 루돌프 오이켄에게서 배웠으며 다름슈타트 대학 교수를 역임하였다.

48) [원주] 이 항목의 인용문은 전부 메이지 45년(1912) 7월 1일 발행된 《교토법학회잡지》제7권 제7호에 게재된 요네다의 「혁명적 생디칼리슴과 현대생활」에서 인용.

3.4 베르그송과 소렐

자에서만 확인할 수 있다. 그렇다면 우리의 생존은 시간 속보다 오히려 공간 속에 펼쳐져 있다. 우리는 우리 자신을 위해서보다 오히려 외적 세계를 위해서 생활하고 있다. 우리 자신이 생각하는 것보다 쓸데없이 더 많이 생각한다. 우리 자신이 행동하는 것보다 쓸데없이 더 많이 행동한다. 자유롭게 행동하는 것은 자신을 소유하는 일이다. 순수지속 속에서 비롯되는 일이다.

바꿔 말하면 베르그송은 생활의 두 가지 방법에 해당하는 지식의 두 가지 방법에서 근본적인 차이를 두었다. 즉 우리는 우선 완전한 사회적 생활을 한다. 자연을 정복해서 이용하고 우리를 주위에 적응시켜야 한다. 이것은 이지적理智的인 일이다. 이지는 먼저 실제 생활의 필요에 따라 언어와 과학을 만들어냈다. 그러나 그 이지는 활동을 위해 필요한 인위적인 환경 외의 것을 참된 지식으로 얻지 못했다. 그 자연과학 및 사회과학적 범위가 우리에게 파악되는 피상적 자연의 범위이다. 그곳에서는 시간이 공간의 한 형식처럼 보이기만 한다. 그곳은 추상적 언어나 추론적 과학, 엄밀한 결정론이 지배한다. 또한 그곳은 원자설이나, 관념의 기계적 연상이나 당대 영국 심리학자 등이 주장하는 분석적 심리학이 지배한다.

하지만 그 공간적 자아보다 더 깊은 곳에 진정한 자아가, 개인적이고, 유동적이고, 살아있는 자아가 있다. 피상적 자연을 아는 방식으로는 파악할 수 없다. 각자가 서로 소통하는 일이 불가능한 실재가 있다. 이것이 참된 자아이다. 순수지속 속에서는 살아있으며 모든 것이 병치되어 있기보다는 항상 서로 융합한다. 그 자아는 고정된 여러 상태의 집단이 아닌 어떤 경향이고 흐름이다. 살고 싶다는 끊임없는 불안이다. 그 자아는 칸트의 여러 범주 속에서는 수용되지 않는다. 또한 이지나 추리적 방법으로는 파악할 수 없다. 이것을 파악하는 일은 매우 드물고 매우 많은 노력이 필요하다. 언어나 과학 등의 xxxx, 사색 자체를 비틀어야 한다. 그 형이상학 특유의 유일한

제3장 서양사상

지식은 인간의 이지보다 오히려 동물의 본능에 가까운 동감同感이고 직관이다.

이렇게 베르그송은 과학적 결정론으로 엄밀하게 예견할 수 있는 계통적·기계적인 진보 외에 그것과 대립하는, 과거는 알 수 있지만 미래는 전혀 예견할 수 없는, 살아있는 자유자재한 창조적 진화가 있다고 말한다. 과거는 이미 말라죽었고 응결되었다. 따라서 과학적 지식의 소유가 될 수 있다. 그러나 이 창조적 진화는 넓이나 질량, 혹은 계산이나 계량의 영역에 속하지 않는다.

과학과 형이상학, 이지와 직관, 진보와 진화, 결정과 창조, 고정과 유동, 양과 질. 이것은 참 자아眞我와 거짓 자아假我 두 개의 자아로 나타나는 상호 대립하는 관념이다.

나는 베르그송 철학의 가장 중요하지만 가장 난해한 이 부분을, 아마도 베르그송에게 익숙하지 않은 사람들은 이해 못 할 거라는 걱정을 하면서도 아무튼 가능한 한 충실하게 이 부분을 보충해서 번역했다.

그러나 이러한 의미는 베르그송 자신이 말하는 것처럼 추상적인 언어로는 도저히 설명할 수 없는 것이기 때문에, 베르그송의 말을 그대로 빌려 온 매우 충실한 내 설명도 결국 이지적으로는 쓸데없는 일인지도 모른다. 하지만 적어도 이것을 언급해두지 않으면 참 자아와 거짓 자아의 대략적인 구별조차 하지 못해서 그 결과 다시 다음과 같은 소렐의 주장을 이야기할 적당한 방법을 잃을 수도 있다.

6.

베르그송은 이 자아설로 심리학의 개혁을 계획했다. 그리고 소렐은 자아설을 사회학과 경제학에 응용했다. 그러나 소렐은 결코 베르그송의 제자, 즉 조술자祖述者는 아니다. 그는 베르그송의 철학이 발표되기 전부터 독자적인 사회학적, 경제학적 견해를 가지고 있었다. 그리고 소렐은 다만 자신의 견해에 관한 구상의 편의를 위해서 당시 유행한 베르그송의 말을 차용한 것이다. 즉 소렐은 참 자아와 거짓 자아의 대립, 기계적 자아와 살아있는 자아의 대립이라는 것을, 경제적인 면에서는 생산과 교환의 대립, 사회적인 면에서는 신화와 이상향^{Utopia}의 대립, 정치학적인 면에서는 합법적인 개량과 전적인 혁명의 대립 그리고 민주주의와 사회주의의 대립에서 그 밀접성을 발견한 것이다.

생물에게 내적 자아와 그 공간적 투영이 있는 것과 같이 사회에도 또한 '살아있는 유기체'인 생산과 그것이 사용하는 '기계적 장치'가 있다. 생산은 사회의 진정한 기초이고 그것에 의해 사회에서 어떤 계급의 사법적 감정이 확립되며 사회의 모든 현존 제도의 옳고 그름이 판단된다. 생산은 사회의 내적 자아이다. 참 자아^{眞我}이다. 그리고 이 사회의 헌법이나 입법이나 행정 및 사업의 장치는 모두 거짓 자아^{假我}다. 경제에서는 이 기계적 장치가 주로 생산물의 순환인 교환으로 나타난다. 교환은 생산 자체와 관계가 없다. 따라서 교환은 계승적^{繼承的} 장치의 방법에 의해 세세하게 개선될 수 있다. 왜냐하면 이 교환은 기계적, 무기적, 원자적 공간영역에 있는 거짓 자아이고, 거짓 자아는 분할될 수 있으므로 분할적으로 개량될 수 있다.

그래서 개량적 민주주의 및 사회주의 정치는 점진적인 개량의 방법에 따라 교환의 조직을 개선하려고 한다. 이리하여 그 정치는 어떠한 위험도 수반하지 않고 오히려 현존의 생산조직을 견고하게 하는 것이 된다. "부르주아사회에서 개량은 사유재산제도의 긍정이다." 그리고 이 말은 또 헌법이나 입법이나 행정이나 사법이나 기타 생산 및 모든 제도상에도 적용된다.

이에 반해 민주주의 정치가 앞서 말한 부분적인 개량의 방법에 따라 생산 자체의 개선을 꾀하려고 하는 것은 아주 위험하고 동시에 크나큰 장애와 마주치지 않으면 안 된다. 왜냐하면 이 생산은 살아있는 유기적 시간영역에 있는 참 자아이고 분할 혹은 첨가를 허락하지 않기 때문이다.

그래서 진정한 사회주의 경제는 생산의 전적인 개혁, 전적인 혁명이어야 한다. 그리고 개인의 참 자아의 여러 모습이 점차 완전히 새로워지고, 그 전후 사이가 전혀 관계없는 것처럼 사회주의적 생산의 사회 또한 완전히 새로운 도덕과 정치의 사회가 될 것이다. 심리학에서와 같이 역사학에서 또한 절대의 시초가 있다. 기독교사회의 발생과 발달이라는 것은 그 최적의 예이다. 기독교사회와 로마사회 사이의 확연한 분열로 그 멋진 발생을 이루어냈다. 그리고 이 성공은 교회가 교정敎政과 세속 간의 분열을 유지하는 동안에는 계속되다가 그 분열이 멈춤과 동시에 소멸한다. 평민계급이 몽상하는 신사회와 그것을 대신하려고 하는 부르주아사회의 관계도 역시 이와 같지 않으면 안 될 터이다.

그러면 이 장래사회의 구체적인 모습이 어떠한 상태에 있어야 하는가를 지금부터 상상하는 것은 망상에 지나지 않는다. 왜냐하면 장래에 대한 예상은 과거와 현재의 상을 본떠서 그 연장된 직선 위에서 이루어져야 하기 때문이다. 그러나 장래의 본질은 이미 알고 있는 모든 것과 완전히 이질적이고 완전히 새로운 것이어야 한다. 왜냐하면 우리는 죽은 요소를 이용해서 살아있는 것을 다시 만들 수 없기 때문이다. 그러니까 사회의 장래는 각 개인의 장래와 같이 예상할 수가 없다. 그리고 이 장래에 결정론이나 인과론의 모든 법칙을 적용하려는 것은 시간을 공간의 상象 아래 틀짓는 것과 같이 궤변을 늘어놓는 것이다. '이상향'은 흡사 연상론이 주지적 궤변의 심리학적 형식인 것과 같이 그 사회적 형식이다. 그리고 개인의 직관과 상응하는 것, 군집의 집합적 노력의 원동력이 되는 것은, 실로 사회적으로는 신화이다.

3.4 베르그송과 소렐

군집의 운동에는 흡사 원시기독교도가 반드시 메시아가 오고 그들을 천국으로 인도한다고 믿는 것처럼 반드시 해방이 온다는 믿음이 필요하다. 이 신앙이 없다면 그 승리는 구할 수 없다. 그리고 이 '해방의 뜻'에 따라 와야 할 ×××××을 심상의 형식 하에 지속하지 않으면 안 된다. 이 심상이 즉 신화이다.

신화는 의사意思의 발상이다. 사물의 기술記述이 아니다. 그 전체대로 실현되지 않으면 안 되는 불가분의 것이다. 따라서 분할적으로 비평되는 것을 허락하지 않는다. 그러나 이상향은 이지의 산물이다. 현재의 사회상태나 사회제도의 모든 사실의 관찰과 토구討究로부터 이루어지는 한 사회적 전형이다. 부분적으로 비평되고 실현된다. 거듭 환언하자면, 신화는 ××××××××××××. 완전히 새로운 사회상태를 창조될 때까지 멈추지 않는다. 그리고 이상향은 현재사회가 개선할 방법을 지시하는 것이다. 또한 이 신화는 노동자의 가슴에서 가장 고상하다. 가장 심원하고 가장 활동적인 정조를 품음으로써 신사회의 도덕적 맹아를 키우는 것이다.

이상은 베르그송의 심리학설과 대조한 소렐의 사회학설의 요지이다. 여기에서 다시 나는 앞서 요네다米田씨의 문장을 통해 소렐의 말을 조금 인용해두고 싶다.

> 마르크스설은 헤겔 이념의 이론적 범주를 경제적 과정으로 이식한 것이다. 즉 논리적 필요를 경제적 필요로 전화한 것이다. 그리고 모든 인간의 감정이나 신앙은 그저 부수적인 것에 지나지 않는다고 본 것이다. 그러니까 새로운 사회는 기계적器械的·필연적으로 발현될 수 있는 것이기에 우리는 이것에 대해 그저 산파의 역할을 하는 것에 지나지 않게 된다. 이리하여 마르크스설은 일종의 숙명적 색조를 띠고 그 운동은 언제나 침체될 수밖에 없다. 아니나 다를까 지금은 의회정책으로 전환하여 다만 현상의 개량을 주안으로 하는 일종의 사회개량주의로 타락해가고 있다. 경탄해야할 위대한 신사회의 신앙은 바야흐로 그들의

내부에서 소실되었다. 그러니까 진정한 노동운동은 침체되고 노동자계급은 예전의 무감각상태로 퇴보해가고 있다. 이리하여 노동자의 해방은 아예 불가능한 일이 된다. 우리는 다시금 예전의 열렬한 신앙을 새로운 형태, 새로운 생활로 부활시켜야 한다. 게다가 헤겔의 철학이나 기타 모든 유리주의唯理主義의 철학에 의해 이 신앙생활의 부활을 도모하는 것은 완전히 불가능하다. 우리는 더욱더 새로운 철학을 찾아야 한다.

그리하여 바야흐로 다행히 우리의 동경에 응하는 새로운 철학이 발전해오며 우리에게 적당한 근거를 제공하고 있다. 우리는 이 신철학에 의해 더욱더 유리주의의 무능을 깨달아 왔다. 인심人心의 오저奧底를 언급하는 신심리학은 지력 및 이론이 생활을 지배하는 것이 아니라 오히려 강하게 생활에 지배되는 것을 가르쳐 주었고, 역사속에서 또 현실의 사회생활에서 비합리적 세력이 어떻게 중요해지는지를 깨우쳐 주었다. 우리는 사회주의적 사회의 실현으로 우리를 돌진시키는 충동력이 외부적 관계로부터 온 것이 아니라 인심의 오저로부터 나온다는 것이라는 점, 인간 자신만이 경탄할만한 장래를 산출할 수 있는 것이라는 점을 통절하게 깨닫게 되었다. 역사상의 사실로 미루어볼 때 저 대변동·대혁명을 성취한 사람은 모두 마음을 다해 믿음으로 가득한 사람들이었다. 참으로 인간을 활동·분투시키는 것은 이론도 아니고 실리적 사려도 아니며 다만 활활 타오르는 맹렬한 불길을 토하는 심상, 우리로 하여금 황홀케 하는 상상, 환상을 초래하는 정화情火이다. 이것이 새로운 철학이 가르쳐주는 살아있는 진리이다.

7.

나는 이곳에서 재차 되풀이하여 말한다. 소렐의 사회학은 베르그송 심리학의 단순한 유추가 아니다. 그는 이미 사회학의 영역에서 모든 사실을 근거로 한 독자적인 사회학설을 가지고 있던 것이다. 그리고 그는 다만 베르그송의 심리학 가운데 자기 학설과의 밀접성을 발견하여 그곳에서 자신의 철학적 발상의 편의를 빌린 것이다. 베르그송

3.4 베르그송과 소렐

이 만약 이것을 민폐라고 생각하거나 불만을 느낀다면 베르그송은 무엇보다도 먼저 이 밀접성의 허위를 입증해야 한다. 만약 또 그것을 입증할 수 없거나 이 밀접성의 진실을 인정한다면, 그 추상적인 언설을 구체적 사실에 응용한 소렐에게 진심으로 사과하고 감사해야 한다. 일찍이 프랑스의 앙드레 쇼메[49)]는 《주르날 데 데바》[50)] 지면에서 『창조적 진화』를 비평한 말미에, 베르그송이 더욱더 사색을 깊이 하여 만약 그가 이야기한 바를 모든 사회과학에 응용한다면 어떠한 실제적 결과를 초래할지에 대해 연구해야 한다는 희망을 서술한 바 있다. 그리고 시오네 한 사람만의 희망이 아니기에 타인인 소렐에 의해 극도로 교묘하게 성취된 것이다. 폐가 될 만한 행동은 아니다.

그렇지만 나는 이 베르그송의 심리학설과 소렐의 사회학설에 빚진 바가 아주 많지만 결코 그 전부에 탄복하는 것은 아니다. 어느 학설이나 오저에 있는 정신에는 매우 공명하는 바가 있는 동시에 지나치게 극단으로 치우친 방법과 결론에는 오히려 다소의 악감정조차 품고 있다. 베르그송에 관해서는 잠깐 제쳐두자. 그리고 단독으로 소렐에 대해서만 나의 이 불만을 이 글의 결론적 형식을 이용해 조금 말해두고 싶다.

그러나 나의 이 불만은 앞서 말한 생디칼리슴 이론가의 첫 번째 무리에 의해, 또 많은 노동자에 의해 이미 충분하게 나타나고 있다. 그들은 예컨대 지극히 소수의 그리퓌엘[p.153] 정도를 제외하면 소렐의 영향을 받은 바 없이 각각 그 이론적 견해에서 독립적 지위를 가지고 있다. 소위 소렐의 신화인 생디칼리슴의 운동방법은 그들에게 있어서는 다년간 수많은 희생을 치르면서 피와 뼈로써 구축해온 생생한

---

49) 앙드레 쇼메(André Chaumeix, 1874~1955)는 프랑스의 학자이자 언론가, 비평가이다.
50) 《주르날 데 데바》 *Journal des Débats*는 1789년부터 1944년까지 발행된 프랑스 신문이다.

제3장 서양사상

현실이다. 나날의 악전고투 속에서 한 걸음 한 걸음 필요에 응해 창출해온 가장 견실한 그들 자신의 생활이다. 그들은 그들 자신이 이룬 이 창조에 신뢰를 두지 않을 수 없다. 확신을 품지 않을 수 없다. 그리고 이 신뢰나 확신에는 신화라고 하는 것 같은 어떠한 신비적 요소도 필요치 않다. 그들은 다만 그 강렬한 생활본능 아래 온갖 장애와 당면하고 충돌해온 결과 최선의 승리방법을 획득해온 것이다. 그들의 최후의 ××××인 ×××××도, 한 공장의 ××××, 여러 공장의 ××××, 한 지방의 ×××××, 전국의 ××××××라고 하는 것과 같이 점차 획득해온 최후의 결정적인 결론이다. 따라서 그들은 또 그들의 한 운동방법인 사보타주^{sabotage}에 대해 소렐 등이 극력반대하고 비난해옴에도 불구하고 마침내 그 확신으로 조금도 동요하지 않았다.

그들은 실로 신자와 같이 행위한다. 질풍과 같이 돌진한다. 그러나 또한 그들은 실로 회의^{懷疑}하는 사람 같이 사색한다. 그들은 이 운동방법에 대해 신화와 같은 명목으로 그 토론을 피했던 일이 없다. 장래의 신사회에 대해서도 망상과 같은 명목으로 그 토론을 피한 일이 없다. 오히려 그들은 이미 그들 사이에 개인적·사회적인 창조의 기초가 확립되자 열심히 탐구에 빠졌던 것이다. 그리고 요즘 이러한 종류의 논의가 거의 소멸한 것은 그 장래를 불가해한 예상불가능으로 여겨서가 아니라 단지 미리 일정한 설계도를 만들지 않아도 그들 자신의 창조의 축적에 의해 충분한 확신이 가능하기 때문이다.

그들이 의지한 바는 다만 그들 자신이 만들어왔던 그들의 힘, 그들의 활력이다. 그리고 그들은 이 현실에 입각하면서 점차로 그 이론을 구축해 간다. 그들은 소렐처럼 우선 이상에서 현실로, 추상에서 구체로 내려온 것은 아니다. 따라서 그 올라간 현실과 이상의 사이에서 구체와 추상의 사이에서 어떤 신비적 요소도 용납하지 않는다.

이와 같은 사상과 감정의 괴리는 이미 소렐과 같은 지식인과 다른

● 3.4 베르그송과 소렐

수공업자의 절대적인 분열을 초래하게 되었다. 즉 소렐은 1910년 12월 이탈리아 생디칼리스트대회에 초대되자 다음과 같은 글을 보내 노동운동과의 절연을 선언했다.

> 『폭력론[p.59]』의 저자는 생디칼리슴이 기대했던 일을 실현하지 못한 것으로 생각한다. 더욱이 많은 사람들은 장래에 현재의 폐해가 교정되기를 바란다. 그렇지만 저자는 이미 머나먼 소망에 살아야 하고, 몹시 연로하다. 그는 프랑스의 교양 있는 청년과 밀접한 관계가 있는 다른 문제들의 탐구에 여생을 바치기로 결심했다.

그리고 이 소렐의 은퇴는 그가 미쳤던 다소의 신비적 영향을 일소했을 뿐만 아니라 생디칼리슴에도, 운동에도 아무런 영향을 주지 않았다. 그렇지만 나 또한 소렐이 사회주의역사에 미친 큰 공헌을 기록하지 않은 채 이 한 편을 마무리할 수 없다. 앞서도 말한 것과 같이 그는 생산을 사회의 참 자아로 간주할 정도였다. 그의 사회학은 한 편으로는 전적으로 마르크스의 물질적 사관설에서 출발한 면이 있다. 그러나 소렐의 물질적 사관설은 마르크스 및 많은 저술자들처럼 전적인 숙명론이 아니었다. 그는 사회진보의 도정을 필연적이거나 기계론적인 도정으로 보지 않았다. 그에게 사회주의는 필연적인 것이 아니라 단지 가능한 혹은 개연적인 것에 지나지 않았다. 그리고 그는 이 신비설에서 볼 수 있는 것처럼 종래의 마르크스파 사회주의자 거의 모두가 포기해 돌아보지 않았던 주관의 가치를 역설했다. 인간 자체의 존귀함을 고조시켰다. 즉 소렐의 신화설은 그 정신에서 정통사회주의의 유력한 혁명적 수정이면서 동시에 형식에서는 혁명적 생디칼리슴에 침을 뱉는 모양새가 된 것이다.

제 3 장 서양사상

3.5 인류사에서의 전통주의[51]

1.

두 사람의 젊은 시인이 익사했다. 신문이 전하는 바에 따르면 그중 한 사람이 물에 빠졌고 다른 사람이 구하려다가 모두 다 파도에 휩쓸려버렸다고 한다.

두 사람의 친구인 모 시인은 그 사실에 주석을 붙여서 말한다.

> 나는 미토미[52] 군이 이마이[53] 군을 구하려던 마음 —격한 우정의 망동—을, 우연히 모르는 사람의 익사를 보자 갑자기 이성을 잃고 구조를 위해 뛰어들었다는 세상에 흔히 있는 이야기와 동일시해서 생각할 수 없다. 두 사람 사이에는 더 큰 힘이 통하고 있었다. 그 커다란 힘 또는 무의식이 미토미 군을 움직이게 했는지도 모른다. 아니 그 커다란 힘이 두 사람의 이런 비참한 운명을 만든 것인지도 모른다.

친구의 갑작스러운 죽음을 한탄하면서 친구들 사이의 두터운 우정을 설명하려는 이 문장에 차가운 이론적 분석을 덧붙이는 일은 너무 잔혹한 일일 수도 있다. 그러나 이 모 시인의 마음속에서는 '모르는 사람의 익사를 보자 갑자기 이성을 잃고 구조를 위해 뛰어들었다는 세상에 흔히 있는 이야기'를 '경솔한' 그리고 '어처구니없는' 일로 여기는 것처럼 보인다. 게다가 그런 관점을 오히려 이상하게 생각하지 않는 것처럼 보인다. 그래서 그것이 '경솔한', '어처구니없는' 일이

---

51) 「인류사에서의 전통주의」(人類史上の傳統主義, 1917.10). 《신소설(新小說)》 10월호(春陽堂, 1917)에 발표되었고, 이후 「크로포트킨의 사회학(상)—인류사적 전통(クロポトキンの社會學(上)—人類史上の傳統)」이라는 타이틀로 『크로포트킨 연구』에 수록된다.
52) 미토미 규요(三富朽葉, 1889~1917)는 시인으로 자유시사(自由詩社) 동인. 이마이를 구하려다 익사하였다.
53) 이마이 하쿠요(今井白楊, 1889~1917)는 시인으로 1917년 치바현에서 수영 중에 친구 미토미와 함께 익사하였다.

되지 않기 위해서는 '격한 우정의 망동'이나 어떤 신비한 '더 위대한 힘'과 같은 것이 개입해야 한다고 생각하는 것처럼 보인다.

"그건 당연한 일이지요. 누구나 그렇게 생각해요." 대부분의 사람은 이렇게 말할 것이다. 나 또한 그렇게 생각한다. 예를 들면 길을 가던 한 남자가 다리에서 떨어졌다. 그러자 길을 가던 다른 어떤 한 남자가 그를 구하려고 갑자기 다리 밑으로 뛰어들었다. 그리고 두 사람 모두 물에 빠져죽은 일이 있다고 하자. 그것을 본 사람도 그리고 그 이야기를 들은 사람도 틀림없이 너무나 어이없는 일종의 희극이라고 생각할 것이 분명하다.

그러나 다음과 같은 사실에 직면했을 때는 어떨까? 이것은 크로포트킨이『상호부조론』[54] 속에서 예로 든 이야기이다.

영국의 수난水難 구제회 선장은 전부 유지자有志者이다. 이 유지자는 모르는 타인을 구조하려다가 늘 험난한 상황에 부닥친다. 매년 가장 대담한 사람 중 다수를 잃는다.

어느 겨울날의 일이다. 해협에 치던 무시무시한 눈보라가 크로포트킨이 사는 켄트라는 작은 마을의 모래땅에서 미친 듯이 휘날렸다. 오렌지를 실은 작은 어선이 그 근처 모래땅에 좌초되었다. 그런 얕은 곳으로는 바닥이 평편한 구조선밖에 접근하지 못한다. 그러나 이런 폭풍 속에서 배를 대면 재난을 당할 것이라는 사실은 불을 보듯 뻔했다. 그래도 배는 앞으로 나아가기 시작했다. 몇 시간을 바람과 싸우면서 세 번씩이나 파도에 뒤집혔다. 한 남자는 물속에 빠져버렸다. 그리고 다른 남자들과 함께 해안으로 밀려 올라왔다.

이튿날 아침에 해안으로 밀려 올라온 남자 중 한 사람이 반송장이 되어서 거의 얼어붙은 눈 속에서 발견되었다. 크로포트킨은 그 남자

---

[54] 원제는 *Mutual Aid: A Factor of Evolution*, 1902이다. 한국어판 김영범 역,『만물은 서로 돕는다』, 르네상스, 2005.

제3장 서양사상

에게 왜 그렇게 앞일도 내다보지 않는 무모한 일을 하는지 물었다.

저도 모릅니다. 그냥 난파선이 있다고 해서 마을 사람들이 바닷가에 서 있었습니다. 그리고 모두 다 '지금 배를 띄우는 일은 어리석다', '저 파도 속에서 무엇을 할 수 있단 말인가' 와 같은 이야기를 하고 있었습니다. 그 사이에 대여섯 명이 돛대에 올라서 미친 듯이 신호를 주고받고 있는 것이 보였습니다. 모두 뭐라도 해야만 한다고 생각하면서도 어찌할 바를 몰랐지요. 한 시간이 지나고 두 시간이 지나도 그냥 그곳에 서 있기만 했습니다. 그러다 왠지 뭐라 할 수 없는 이상한 기분이 들었습니다. 갑자기 뒤숭숭한 폭풍 속에서 부르짖는 소리가 들렸습니다. 아이가 한 명 있던 것입니다. 우리는 더는 참을 수 없었습니다. 모두 한목소리가 되어 가야 한다고 외쳤습니다. 여자들도 같이 외쳤습니다. 다음날이 되면 간 것을 두고 어리석다고 할 테지만 아무튼 그때 여자들은 만약 우리가 가지 않으면 비겁자로 취급할 기세였습니다. 우리는 하나가 되어 배에 타고 노를 젓기 시작했습니다. 배는 뒤집혔습니다. 전부 배에 매달렸습니다. 그러나 슬프고 안타깝게도 그 배 옆에 빠져있는 데 누구도 그것을 구할 수가 없던 것입니다. 그러다 무시무시한 파도가 다가왔습니다. 배는 다시 뒤집히고 우리는 해안으로 밀려 올라왔습니다. 난파선의 사람들은 다른 배에 구조되고 우리 배는 이곳에서 2, 30리 떨어진 곳에서 인양되었습니다. 그리고 이튿날 눈 속에서 발견되었습니다.

론다의 광부들이 토사가 무너진 구덩이 속에서 동료를 구하려고 할 때도 이와 똑같은 감정에 휩싸였다. 구덩이 속에 파묻힌 동료를 구출해내기 위해서 32m나 되는 석탄을 캐고 들어갔다. 그리고 3m를 남겨둔 지점에서 갱도에서 새어 나온 가스가 엄습했다. 램프가 꺼졌다. 전부 어쩔 수 없이 되돌아왔다. 그런 상태에서 일하다가는 언제 가스 폭발로 무너질지 모른다. 그런데 구덩이 속에 묻혀있는 동료들이 벽을 두드리는 소리가 계속 들려온다. 모두 아직 살아있는 것이다. 구해주기를 바라는 것이다. 많은 광부는 스스로 위험을 무릅쓰고 다시 나섰다. 그리고 광부들이 구덩이 속으로 내려가는 사이에 그들의 아내들은 조용히 눈물을 흘리며 보고 있었는 데 누구도 그것을 말리기 위해 소리를 치는 사람이 없었다.

프랑스의 감옥에서 도망치는 일은 매우 어렵다. 그런데 한 명의 죄수가 1884년인가 85년에 어떤 프랑스 감옥에서 도망쳤다. 비상선이 쳐지고 인근 백성들까지 수색에 동원되었지만 죄수는 하루 동안 용케 숨어있었다. 이튿날 아침에는 작은 마을 바로 옆에 있는 도랑 속에 숨어있었다. 아마도 음식과 옷을 훔쳐서 자신이 입고 있는 죄수복을 벗어버릴 작정이었던 모양이었다. 그렇게 도랑 속에 숨어있는 동안에 마을에 불이 났다. 불길에 휩싸인 어떤 집에서 여자가 뛰쳐나왔다. 그리고 여전히 불에 타고 있는 집 꼭대기 층에 있는 한 아이를 살려달라고 미친 듯이 외치고 있었다. 아무도 구하러 나서는 이가 없었다. 죄수는 은둔처에서 나왔다. 그리고 불 속으로 뛰어들어서 얼굴에 화상을 입고 옷이 불에 타면서도 무사히 아이를 안고 나와 어머니한테 건네주었다. 물론 죄수는 그 자리에 있던 마을 경찰한테 바로 잡혀서 감옥으로 끌려갔다.

이런 이야기를 접하면 우리는 앞에서 이야기한 것 같은 사실의 단순함에서 비롯된 어처구니없음이나 희극과 같은 느낌을 더는 느낄 수 없다. 그리고 몸을 내던지고 스스로 나서는 그 순간의 마음에 공명하면서 어떤 숭고함에 감동을 한다. '격한 우정의 망동'과 같은 특수함이라기보다 더욱 위대한 무언가에 자극받는다.

크로포트킨은 이러한 사실에 주석을 붙이며 말한다. 여기에 인간의 심리적 본심이 있는 것이다. 인간은 타인이 도움을 호소하는 소리를 듣고서 응하지 않는 것은 도저히 참을 수 없다. 이 감정은 수백만 년 동안 현재와 과거 인류의 사회생활에서 길러진 것이다.

"그렇다면 하이드 파크의 서펜틴 호수에서 많은 사람 앞에서 물에 빠져 죽어가는 사람을 아무도 구하려 하지 않았던 것은 어떤 이유에서인가" 또는 "레전트공원에서 마찬가지로 일요일에 군집한 사람들 앞에서 아이가 수로에 빠진 것을 가까스로 하녀가 기지를 발휘해 구조견을 보내 구한 일은 어떤 이유에서인가"라고 묻는 사람이 있을 것이다. 대답은 간단하다. 인간은 유전적 본능과 교육의 결실이다. 광부나 어부는 함께 일을 한다는 점과 매일 서로 밀접하게 접촉한다는 점에서 동포심의 감정이 길러진다. 그리고 주변의 위험은 용기와 대담함을 기른다. 그러나 도시에서는 공통의 이해가 없기 때문에 타인의 일에는 무관심해진다. 그리고 용기나 대담함이라는 것은 기회가 적기 때문에 사라져버리거나 방향을 틀어버린다. 한편 광부와 어부들 사이에는 광산이나 바다의 영웅주의 전설이 살아있다.

2.

나는 지금, 최근에 일어난 참사인 두 시인의 익사 사건을 듣고 그 즈음에 막 번역을 마쳐서 아직 인상이 깊게 남아있던 크로포트킨의 『상호부조론』에서 얻은 큰 교훈을 떠올렸다.

『상호부조론』은 개인 대 집단의 전쟁이 자연계의 모든 법칙이고 비사회적 본능이나 이기적 본능이 자연계 진화의 모든 근본이라고 하는, 소위 '가혹하고 무자비한 생존경쟁'설에 대한 일대 반박문이다. 과거 나는 「동물계의 상호부조」라는 제목으로 이 잡지(《신소설》)에서 그 생물학적 논거를 소개한 일이 있기에 여기에서는 주로 인류학적 그리고 사회학적 방면에 관해서만 이야기하려고 한다.

다윈과 월리스[55]가 과학계에 초래한 진화의 한 요소로서 생존경쟁론은 우리의 모든 현상을 오로지 하나의 개론 속에 포괄했고 그

---

55) 앨프리드 러셀 월리스(Alfred Russel Wallace, 1823~1913)는 영국의 박물학자, 진화론자이다. 진화론에 관한 책인 『다윈주의』*Darwinism*, 1889를 출판하였다.

개론이 곧 우리의 철학적·생물학적·사회학적 사색의 근저가 되었다. 예를 들어 생물들의 기능과 구조의 환경에 대한 적응, 생리학적 진화, 해부학적 진화, 또한 과거 우리가 수많은 여러 원인을 가지고 설명해온 지식의 진화와 도덕의 발달조차도 전부 다윈에 의해 하나로 종합된 개념 속에서 합체되어버린 것이다. 즉 우리는 그러한 여러 현상이 각각의 개체·인종·생물 종·사회가 할 수 있는 모든 생의 확장과 다취^{多趣}와 충실에 도달하고자 하는 부단한 노력, 주위 역경에 대한 투쟁의 결과임을 인정한다.

원래 다윈이 최초에 종에 대해 발표할 때 개체적 변이의 축적에 관한 사실만을 설명하기 위해 사용했던 원칙이 이 정도로 일반성을 가지게 될 줄은 다윈 자신도 충분히 의식하지 못했던 모양이다. 하지만 다윈은 자신이 과학계에 초래한 이 생존경쟁이라는 학술어가 만약 협의로만 사용되면, 즉 단순한 생존 방법을 위한 각 개체 간의 투쟁이라고 해석되면 그 진정한 철학적 의의를 잃게 된다는 점은 예지하고 있었다. 그리고 불후의 명작인 『종의 기원』의 가장 처음에 이 학술어가 "각 생물 간의 상호 의존을 포함해서 각 개체가 생명을 유지하는 것만이 아닌 자손을 남기는 일의 성공까지를 포함한 넓은 비유적 의미"로 해석되어야 한다는 점을 주장했다.

또한 다윈은 '인류의 진화' 속에 그 학술어의 본래의 넓은 의미를 밝히고, 어떻게 해서 수많은 동물사회에서 생존 방법을 위한 각 개체 간의 투쟁이 소멸하고, 어떻게 해서 협력이 투쟁을 대신하고, 어떻게 해서 이것이 그 종에 생존의 최선 조건을 보장하는 지력과 도덕력의 발달을 가져왔는지를 설명한다. 그리고 그는 이와 같은 경우의 최적자는 체력이 가장 강건한 자도 아니고 성정이 가장 교활한 자도 아니며 약자든 강자든 불문하고 그 단체의 행복을 위해서 상부상조하는 방법을 아는 자라는 점을 암시한다. 그는 말한다. "매우 동정심이 깊은 개체가 최대 다수를 차지하는 단체는 가장 크게 번영하고 가장

제3장 서양사상

많은 자손을 육성한다."

따라서 인류의 여러 관계를 논하는 학설에서 늘 벌어지는 일이지만 다윈의 학설에도 마찬가지의 일이 벌어졌다. 계승자들은 다윈의 암시에 따라서 그 학설을 더욱 확장하려하지 않고 오히려 좁은 것으로 만들어버렸다. 생존경쟁이라는 개념을 가능한 한 좁은 의미 속에 가둬버린 그들은 동물계를 피에 굶주린 아귀처럼 개체 간의 끊임없는 투쟁의 세계라고 생각했다. "정복당하는 자들은 화 있을지니"[56]라는 승리의 함성이 마치 근세 생물학의 마지막 말인 것처럼 근대의 다양한 문학 속에서 울려 퍼지게 했다. 개인적인 이익을 위한 '무자비한 투쟁'이라는 것을 생물학 유일 원칙으로까지 숭상하면서 그 법칙에 따르지 않는 자는 서로 살육의 기초 위에 선 이 세계의 열패자가 될 수밖에 없다고 외친다.

그리고 다윈설의 가장 권위 있는 설명자인 토머스 헉슬리[57]까지도 이 설을 유지하기 위해 전력을 다한 덕에 결국 원시인까지도 영향을 미치게 했다.

> 가장 약한 자·어리석은 자는 사멸하고, 가장 완강한 자·교활한 자 혹은 비록 다른 점에서는 최선이 아닌 자이더라도 아무튼 주위 사정에 대항하는 것에 가장 적합한 자는 살아남았다. 인생은 끊임없는 자유 투쟁이었다. 그리고 가족이라는 좁은 일시적 관계를 제외하면 토마스 홉스가 말하는 소위 개인 대 집단의 전쟁이 생존의 상태常態였다.

크로포트킨의 『상호부조론』은 이와 같은 다윈설의 일탈을 정정한 것이었다. 크로포트킨은 전후 2장의 「동물의 상호부조」 마지막에

---

56) 구약성서 중 이사야 5장 11절에 나오는 구절이다.
57) 토머스 헉슬리(Thomas Henry Huxley, 1825~1895)는 영국의 생물학자로, 다윈의 불독이라 불릴만큼 다윈의 이론을 대중화시킨 인물이다. 그러나 다윈은 헉슬리의 이론이 본인의 생각과 다름을 지적하며 거리를 두었다.

말한다.

> 경쟁해서는 안 된다. 경쟁은 항상 종한테 유해하다. 게다가 그것을 피하는 방법은 얼마든지 있다. … 이것이 자연계의 경향이다. 덤불에서도 숲에서도 강에서도 바다에서도 들리는 슬로건이다. … 단결하라, 상호부조를 실행하라. 그것은 최대의 안녕과 육체·지식·도덕적인 생명과 진보의 최선의 보장을 개인 및 집단에 부여하는 가장 확실한 방법이다. … 이것이 자연이 우리에게 가르치는 바이다. 각 강綱 중에 최고 위치에 도달한 여러 동물이 행해온 바이다. 그리고 인류가, 그것도 가장 원시의 인류라 하더라도 행해왔던 바이다. 또한 그것은 인류사회의 상호부조를 주장한 다음 장에서 보는 바와 같이 인류가 오늘날의 지위에 도달한 이유이다.

하지만 다윈설의 소위 생존경쟁설은 우리들이 오늘날 생활하는 이 사회에서 이상하리만큼 발달한 비사회적이고 이기적인 한 면의 반영이 아닐까? 개인과 개인이 서로 밀접한 교섭이 없고 공통된 이해가 없어서 타인의 일에는 무관심해진 근대생활의 반영이 아닐까? 더 자세하게 말하면 일종의 사회적 해체, 즉 사회가 개인과 개인을 연결해서 결합한 관계가 사라지고 실타래가 하나씩 끊겨서 각 개인이 무연관계이거나 또는 적과 아군의 관계가 된 근대 경제생활 및 근대 정치생활의 반영은 아닐까?

이렇게 크로포트킨의 『상호부조론』은 다윈설의 일탈 정정이면서 동시에 인류사의 일탈을 지적하면서 본래의 전통으로 복귀시키려는 일대 계획이다.

3.

종래 많은 학자가 주장한 것처럼 사랑과 동정과 희생은 우리의 사회적 감정 또는 도덕적 감정의 발달에 확실히 지대한 역할을 해왔다.

그러나 우리의 사회적 감정이나 도덕적 감정의 기초를 단순히 사랑이나 동정으로 귀착시키지는 못한다.

근처에 불이 났을 때 우리가 물통에 물을 담아 그 집으로 달려가는 이유는 이웃집 게다가 자주 보지도 못하는 완전한 타인에 대한 사랑과 동정에서 비롯된 것이 아니다. 야생마 한 무리가 원을 만들어 이리의 습격에 대비하는 것은 사랑과 동정에서 비롯된 것이 아니다. 새끼고양이나 새끼 양이 장난치는 것도, 수십 종의 어린 새가 가을 들판에서 놀면서 지내는 것도 사랑이나 동정에서 비롯된 것이 아니다. 또한 프랑스 전국에 해당하는 넓은 지역에 산재해있는 무수한 사슴이 수십 무리로 따로따로 대오를 짜서 큰 강을 건너기 위해 어떤 한 점으로 모이는 이유도 사랑이나 동정에서 비롯된 것이 아니다. 사랑이나 개인적인 동정보다 훨씬 광대한 어떤 감정에서 비롯된 것이다. 극히 긴 진화의 과정에서 동물과 인류사회에서 서서히 발달해 온 하나의 본능에서 비롯된 것이다. 그리고 그 본능이 동물과 인류에게 상호부조 또는 상호지지의 실행에서 얻을 수 있는 능력과 사회생활에서 얻을 수 있는 환희를 가르친 것이다.

사회가 인류 사이에 두고 있는 기초는 사랑과 동정이 아닌 인류 공동의 의식이다. 상호부조의 실행으로 얻은 능력의 무의식적인 승인이다. 개인의 행복이 집단의 행복과 밀접한 관계가 있다는 무의식적인 승인이다. 또한 개인이 다른 개인의 권리와 자기의 권리를 동등하게 존중하게 하는 정의 또는 평균 정신의 무의식적인 승인이다. 이런 광대하고 필연적인 기초 위에 고상한 수많은 도덕 감정이 발달한다.

그리고 이 무의식적 승인에 기초한, 즉 인간의 심리에 근저에 있는 수십만 년 동안의 인류의 사회생활과 수백수천만 년 동안의 인류 이전의 사회생활에서 길러진 이러한 본능에 기초한, 이러한 상호부조적이고 상호지지적인 여러 제도의 사회가 몇 번이나 변화하는 동안에 어떤 기생물의 발생으로 인해 침범당해 원시적 성질을 잃고 오히려 진보의 장애가 되는 일이 있다. 이렇게 해서 그 사회에는 구제도의 악습을 바로잡아 순화시키거나 또는 더 나아가 동일한 상호부조의 원칙 위에 기초를 둔 한층 진보된 양식의 사회조직을 건설하려는 파벌과, 상호지지의 상호부조적 제도를 파괴해서 오로지 자신의 부와 권력의 증대를 위해 노력하려는 파벌이라는 두 종류의 반역자가 나타난다. 이 두 종류의 반역자와 현상 유지 수구자 사이의 삼각 투쟁 이면에 역사의 진정한 비극이 있는 것이다.

인류가 과거 인류에게서 계승한 이런 전통은 먼저 지구 역사의 빙하시대이자 인류사의 석기시대에 살았던 몽매인에게서 볼 수 있다. 그리고 오늘날에도 여전히 석기시대와 마찬가지 상태에 멈춰있는 도처에 현존하는 몽매인의 생활에서 입증된다.

인류는 그 '자연적 상태'에서조차 홉스나 헉슬리가 상상한 것과 같이 끊임없이 서로 투쟁하려는, 그리고 우연히 단순한 변덕으로 산만한 집합체를 형성하는, 또 그사이에는 단지 어떤 종에 의한 권력의 간섭으로 인한 끊임없는 투쟁을 가까스로 막고 있는 것에 불과한 야수의 무리는 아니었다. 인류의 생활은 '작은 일시적인 가족'이라는 것과 같은 고립된 형태로 시작된 것은 아니었다.

가족은 사회조직의 원시적인 양식이 아닌 인류 진화의 지극히 후세에 속하는 산물이다. 고대 인종학을 가능한 만큼 거슬러 올라가면 최초 인류는 종족^{tribe}이라는 일종의 사회를 이루어 생활하고 있었다. 이 종족의 안에서 우리가 사용하는 의미의 가족은 그 맹아조차 인정할 수 없다. 종족 전체가 혈연에 거의 무관심하고 남편이나 아내를 공유하고 있었다. 가장 초기 시대부터 자유 성교에 어떤 제한이 가해진 것은 분명하다. 우선 모자 사이에, 그 다음으로는 이모의 딸들과 외숙모와의 성교가 금지되었다. 다음으로 한 어머니 뱃속에서 태어난

아들과 딸의 성교가 금지되었다. 그리고 그 종족 중에 성교의 제한 내에 있는 사람들의 단체, 같은 선조에서 나왔다고 간주되는 사람들의 단체가 생겼다. 즉 씨$^{gens, 氏}$ 또는 씨족$^{clan, 氏族}$의 새로운 사회조직이 생겼다. 성교는 여전히 '공동적^{共同的}'이었으나 아내나 남편은 씨족 밖에서 얻어야만 했다. 그리고 그 씨의 사람 수가 너무 늘어나서 다시 몇 개의 씨로 나뉘고 각각의 씨는 다시 몇 계급으로 나눠지면서 결국에는 어떤 계급과 어떤 계급 사이에서만 성교가 허용되었다.

가족은 이 씨족조직 속에서 최초로 싹을 틔운 것이다. 전쟁 중에 다른 씨족에서 포로로 잡혀 온 여자는 처음에는 씨족 전체에 속하는 것이었으나 나중에는 포획자가 씨족에 일정한 의무를 다하고 자기 여자로 삼을 수 있었다. 이렇게 해서 처음으로 각자의 가족이라는 것이 구성되었다. 그리고 종족이 씨 또는 씨족의 조직이 되기까지는 아주 천천히 긴 세월의 진화가 필요했고 거기에 일부다처제 또는 일부일처제의 가족이 나타날 때까지는 그 씨 또는 씨족의 조직이 다시 기나긴 진화를 거듭해야만 했다.

이 복잡한 혼인조직이 진화의 가장 낮은 단계에 있는 인류 사이에서 발달해서 게다가 여론 외에는 어떠한 권위도 모르는 사회 속에서 유지된 점을 생각하면, 이 원시시대에서조차 인간의 성질에는 사회적 본능이 얼마나 깊게 뿌리내리고 있는지를 알 수 있다. 또한 이와 같은 조직 아래서 생활할 수 있고 자신의 욕구와 끊임없이 충돌하는 여러 규칙 아래서 임의로 복종할 수 있는 몽매인은 분명히 토마스 홉스와 토마스 헉슬리가 말하는 '자신의 욕정을 제어하는 법을 모르는 전혀 윤리적 관념이 없는' 야수가 아니었다. 그리고 이 씨족조직이 세계의 다양한 인종의 이면에 그것도 몇 십만 년 동안에 이루어진 보편성과 지속성 자체는 원시인류를 단순히 자신의 개인적인 욕정에 따라 동종의 대표자인 다른 모든 인류를 적으로 삼아 자신의 폭력과 교활함을 이용하는 무질서한 집단으로 간주하는 것이 얼마나 큰 오류인지를

● 3.5 인류사에서의 전통주의

보여주고 있다.

    그리고 이것을 바탕으로 씨족조직 하에 있는 현존 몽매인들의 생활을 들여다본다. 그들은 유일한 생활방법인 수렵과 어획의 토지, 기구 및 생산물을 씨족과 공유하고 식사도 함께한다. 그들 중 한 사람한테 뭔가를 주면 그 자리에 있는 모든 사람들과 그것을 나눈다. 혼자서는 먹지 않는다. 만약 자신이 굶주리더라도 지나가는 사람을 불러서 그 식량을 나눈다. 깊은 산중에 들어가 있을 때 뭔가를 먹으려고 하면 큰 소리로 세 번 외쳐서 근처에 사람이 없는 것을 확인한 다음에 먹는다. 서로 친절하다. 신실하다. 아이들 사이에서조차 다툼이라 할 정도의 다툼이 없다. 그날그날 충분한 식량을 얻을 만큼 공동으로 일하고 공동으로 아이를 키우며 밤에는 한껏 치장한 뒤 춤을 춘다. 그동안은 우두머리라 할 만한 것도 없었다.

    다소 발전해 씨족의 제한 아래서 행해진 공동혼인에서 벗어나 별개의 가족적 생활을 하는 자도 있다. 그러나 가족 간의 관계는 자주 깨진다. 남편도 아내도 자주 교환된다. 이것은 씨족 각 구성원 사이의 형제자매의 정을 돈독하게 하기 위해서이다. 드물게 사유재산제도가 비집고 들어간 곳도 있다. 그러나 그들은 이와 같은 씨족적 일치를 파괴하는 부의 개인적 축적에서 발생하는 여러 가지 불편함을 제거하는 독창적인 방법을 가지고 있었다. 적당한 부가 생기면 씨족 사람들을 초대해서 일대 향연을 펼치고 재산 전부를 분배한다. 결국에는 자신이 입고 있는 좋은 옷까지 벗고 "나는 지금 여러분 중 누구보다도 가난하다. 그러나 덕분에 여러분의 우정을 얻었다"는 식으로 인사를 한다. 또는 정해진 계절에 그해에 얻은 모든 것을 공개해서 분배한다.

    이런 분배는 개인적 부의 최초 출현과 때를 같이 하는 아주 오래된 하나의 제도임을 암시한다. 즉 그것은 씨족 각 구성원 간의 평등이

제3장 서양사상

소수자의 부로 인해 교란되었을 때 그것을 회복하는 하나의 수단이었다. 그리고 역사시대의 수많은 인종에서 이루어졌다. 토지의 정기적인 재분배나 모든 채권에 대한 정기적인 포기는 이런 옛 습관의 풍습일 것이다. 그리고 죽은 자와 함께 그 사람 개인에게 속해있던 모든 물건을 묻어주거나 무덤 위에서 태우거나 부수거나 하는 것도 역시 같은 기원에서 비롯된 것이리라.

몽매인은 그런 개인적 행위를 씨족 전체에 관련되는 사건으로 여길 정도로 자기 생활과 종족 생활을 동일시했다. 따라서 그들의 모든 동작은 예절의 무수한 불문율에 따라 지배되고 있었다. 그리고 이 불문율은 어떤 일이 선이고 악인지, 즉 어떤 일이 그 씨족에게 유익한지 유해한지와 같은 그들 공동경험의 성과였다. 몽매인은 그 불문율에, 문명인이 그 성문율에 복종하는 것보다 더 맹목적으로 복종했다. 몽매인의 불문율은 종교였다. 생활 습관 자체였다. 씨족의 관념은 항상 마음에서 벗어나지 않았다. 그리고 씨족의 이익을 위해서 행하는 자기절제와 자기희생은 일상다반사였다. 그리고 그 불문율의 아주 작은 것 하나라도 범하면 여자들의 조소에 의해 벌을 받았다. 또한 만약 타인을 상처 주거나 살해하면 이에는 이, 눈에는 눈으로 갚는다는 그들의 정의 관념으로 벌을 줬다.

4.

그러나 씨족 중 각기 다른 가족의 출현은 이렇게 확립된 일치 화합을 필연적으로 교란하는 것이었다. 각기 다른 가족은 각각의 재산과 부의 축적을 의미한다. 또한 머나먼 과거의 시대에 나타나서 당시에는 마법과 혼동되었던 최초 지식의 맹아도 현저하게 개인적인 것이 되어 반종족적으로 이용되는 하나의 세력이 되었다. 즉 그와 같은 지식은 마법사나 비를 내리는 사람이나 사제 등의 비법으로 오로지 그들 무리 사이에서만 전수되었다. 동시에 다른 종족 간의 전쟁과 침략이 무력적인 권력자를 만들면서 무인武人이라는 하나의 계급을 만들었다. 그리고 그 무인의 무리 또는 조합이 하나의 큰 세력을 얻었다. 그러나 인류의 어떤 시대도 전쟁이 생활이었던 적은 없다. 무인들이 서로 학살하고 사제들이 그 학살을 칭송하는 사이에도 민중은 변함없이 생활을 위해 나날의 노동을 이어가고 있었다.

몽매인은 야만인이 되었다. 유사 이전은 역사시대가 되었다. 사회조직은 과도기적 시대로 진입했다. 게다가 유럽에는 소위 '야만인의 대이주'가 일어났다. 종래 공동 선조를 기초로 하던 씨족 단결은 여러 씨족의 빈번한 전쟁과 뒤섞임으로 인해 마지막 분산의 기회가 부여되었다. 이렇게 해서 씨족은 다음과 같은 두 가지 중 하나를 선택해야만 했다. 즉 어떤 씨족이 여러 가족 집단으로 분해되어 그중에서 가장 부유한 가족이 특히 사제의 직과 무장의 명성을 재력과 더불어 가지고 있는 경우에는 다른 가족 위에 군림해 최고의 권위를 휘두르게 되거나, 혹은 어떤 새로운 원칙을 토대로 어떤 새로운 사회조직을 발견하거나.

대부분의 종족은 이 분해 작용에 저항할 힘이 없었다. 그들 종족은 스스로 붕괴하여 역사 속에서 소멸해버렸다. 그러나 가장 강건한 여러 종족은 그 결합력을 보존하면서 촌락공동체라 부르는 새로운 조직을 내걸며 이러한 시련 속에서 등장했다. 그리고 크로포트킨은 이 촌락공동체의 힘에서 야만인에게 계승된 몽매인의 전통을 발견한 것이다.

공동의 노력으로 획득되고 보호된 공동의 토지라는 새로운 관념이 공동선조라는 이미 쇠멸하기 시작한 옛 관념을 대신했다. 이 공산촌락은 가족의 독립을 인정했다. 개인의 발의에 따른 많은 자유를 부여했다. 가족 내 사유재산의 축적과 세습을 인정했다. 그러나 촌락공동체는 어떤 성질의 토지 사유도 인정하지 않는다. 토지는 전부 종족이 공유했다. 그리고 그 종족 내의 각 촌락공동체에 배당되었다.

　몽매인의 씨족에서는 공동수렵, 공동어획이라 부르는 일이 일반적으로 이루어졌다. 그리고 야만인의 촌락공동체에서는 공동경작이라 부르는 일이 일반적인 규칙이 되었다. 그러나 공동경작은 반드시 공동소비를 의미하지 않는다. 공동으로 얻은 식량이라도 그 일부를 공동으로 사용하기 위해 저장하고 나머지는 각 가족에게 분배했다. 공동식사의 전설은 소중하게 보존되었다. 어떤 기회를 만들어 마을 사람들이 모여서 같이 식사했다.

　두 사람의 촌민 사이에 일어난 모든 다툼이 촌락의 사건으로 취급되었다. 다툼 사이에 던져진 능욕적인 언어는 촌락에 대한 죄악으로 간주하였다. 그리고 만약 그 다툼이 격투나 상해로 끝날 경우에는 옆에 있으면서 중재하지 않았던 자도 가해자로 취급되었다. 모든 쟁의는 먼저 중재자 또는 재정인裁定人 앞에 가지고 나오면 대체로 종결되었다. 그러나 그 사건이 너무나 중대하고 방법이 괘씸할 경우에는 씨회에서 제기된다. 그 씨회의 결정을 실행하기 위해서는 결정 그 자체의 도덕적 권위 외에는 어떤 권력도 없었다. 야만인의 정의 관념은 몽매인의 그것과 크게 다르지 않았다. 그러나 야만인은 이에는 이로 눈에는 눈으로 갚는 복수제도를 점차 배상제도로 바꿔갔다.

　공동체 촌락은 그 씨회 외에는 어떤 권위도 없었다. 그 씨회는 돌로 된 의자를 설치한 특정 건물이나 노천에서 열렸고 마을의 모든 남자가 그 회의에 관여했다. 그리고 그 결의는 완전한 만장일치로 체결되었다. 즉 출석자 전원이 어떤 결정에 찬성하거나 또는 납득할 때까지 논의를 계속했다. 씨회는 공유지의 배당이나 기타 모든 공동사업을 처리했다.

　단결의 감정 속에 포함되는 인간의 범위가 점차 확대되었다. 몇 개의 촌락공동체가 한 종족을 이루었고 몇 개의 종족이 씨족을, 몇 개의 씨족이 하나의 연합을 형성했다. 게다가 그들의 단결은 굉장히 긴밀한 것이었다. 그 촌락·종족·씨족·연합 등의 영토적 단결로는 독립될 수 없는 지식·정치·감정상 다양한 목적을 달성하기 위한 영토적 단체 등이 있었다.

공동체 촌락에는 새로운 경작 방법이 발달했다. 농업은 오늘날 오히려 많은 국민이 더 이상은 생산하지 못할 정도까지 이르렀다. 가내공업도 고도로 발달했다. 황야는 정복되어 여러 개의 큰 도로로 교차되고 그 도로에는 모촌에서 떨어져 나온 수많은 군집이 여기저기에서 소부락을 만들었다. 시장이나 소굴 중심지나 공중 예배장소 등이 세워졌다.

이렇게 해서 공산촌락제도는 다음의 수세기 동안에 여러 종족 내에 그리고 여러 종족 사이를 밀접하게 결합하는 관계를 맺게 하고, 한편으로는 점차 강대한 세력을 얻고 있던 주술사나 사제, 직업적 무인 등의 지배적인 경향에 대항하게 했던 것이다. 그리고 그러는 사이에 야만시대에서 문명시대로 진입하여 경제와 지식, 도덕의 위대한 진보를 이룩했던 것이다.

5.

그런데 이 야만인들은 너무 평화를 열망하고 정의를 바란 나머지 직업적인 무인들의 노예가 되어버렸다. 즉 그들은 영토의 안녕과 자유를 지키기 위해 방위를 맡은 무인들의 생떼와 약탈과 강권 하에 놓이게 되었다. 그들 대부분은 소위 봉건적 제후의 농노가 되었다.

이렇게 해서 야만인에게 자유 최후의 흔적이 막 소멸하기 시작했을 때 그리고 유럽이 몇 천 몇 백만의 소권력자의 지배하에 놓이고 신권정치와 전제정치의 야만적 왕정이 건설되고 있을 때 민중은 이전 인류로부터의 그 전통을 다시 부활시켰다. 도시의 집단이 아주 작은

제3장 서양사상

시읍에 이르기까지 거의 불가사의할 정도로 일치하여, 세속적·종교적인 지배자의 멍에를 없애버렸다. 보루에 의해 단단해진 부락은 영주의 성에 반항하고 일어섰다. 처음에는 영주의 성을 경멸하다가 그것을 습격하고 결국에는 그것을 파괴했다. 이 운동은 사방으로 확대되어 유럽 전역의 여러 도시로 옮겨갔다. 그리고 백년이 채 되지도 않아서 소위 자유도시가 등장했다. 자유도시는 상호 지지와 자유의 새로운 생활을 향해 용감하게 돌진했다. 이렇게 해서 그들은 3백년 또는 4백년 사이에 유럽 전체를 완전히 바꾸는 데 성공했다. 자유인이 조직한 자유결합의 정신을 나타내는, 그리고 이전에도 이후에도 필적할 만한 대상이 없는 화려한 건축물이 전국을 뒤덮었다. 또한 그들은 모든 기술과 모든 산업을 후대에 남겼다. 이는 오늘날 우리들의 광명도, 그 모든 공적이나 장래의 약속도 당시 그것의 계속된 발전에 지나지 않을 정도의 것이었다. 그리고 그 위대한 결과를 낳게 한 여러 세력은 개인적 영웅인 천재나 거대한 국가의 강대 조직 또는 그 지배자의 정치적 재간이 아닌, 촌락공동체 속에서 작용하던 것과 마찬가지로 상호부조와 상호지지라는 민중의 사회적 창조력에 의한 것이었다. 즉 그 창조력이 동업조합^{guild}이라 일컫는 새로운 양식에 의해 중세에 부흥된 것이다.

그러나 나는 지금 중세도시의 자유생활에 대해 설명할 여유가 없다. 크로포트킨이 쓴 「중세도시의 상호부조」는 앞서 2장에 걸쳐서 이를 아주 상세하게 설명했다. 그리고 그 2장은 『상호부조론』 곳곳에 나타나는 크로포트킨의 독창적인 부분이자, 이른바 인류사에서의 전통주의가 가장 눈부시게 아름다움을 발하는 것이다. 나는 독자 여러분이 크로포트킨에 대해 상세하게 알기를 바라는 바이다.

역사는 근대로 진입했다. 모든 사회적 기능은 개인과 개인의 자유결합인 단체의 손에 빼앗겼다. 그리고 그 자유결합에 의한 단체 조직마저 금지되어버렸다. 개인은 앞에서도 언급한 바와 같이 무연

관계이거나 또는 적과 아군의 관계가 되었다. 몽매인의 사회에서는 큰 소리로 세 번 외쳐서 식량을 나눠주길 바라는 사람이 있는지 없는지를 확인한 후에 비로소 식사를 했다. 그 순서를 밟지 않는 자는 큰 죄가 되었다. 그러나 오늘날에는 적어도 돈만 지불하면 타인이 얼마나 굶주림과 갈증에 허덕이는지는 상관없이 그 옆에서 식사할 수 있다. 야만인 사회에서는 두 남자가 싸우고 죽이는 현장에 있으면서 가만히 지켜보며 둘 중 한 사람을 죽게 둔 자는 살인범으로 재판받는다. 그러나 오늘날에는 구경꾼이 싸움에 끼어들 필요가 없다. 게다가 말참견할지 아닐지는 경찰의 역할이다. 중세 사회에서는 동업조직의 한 사람이 병에 걸리면 다른 한 사람의 조합원은 최선을 다해 간호해야 했다. 그러나 오늘날에는 이웃이 병에 걸리면 근처 병원의 소재지를 알려주기만 하면 된다.

　그렇다고 근대에서조차 상호부조와 상호지지의 조류가 완전히 말라버린 것은 아니다. 여전히 적어도 민중 사이에는 그 존재가 이어지고 있다. 그리고 근대사회의 노쇠와 더불어 조금씩 도처에 스며들고 있다. 근대사회도 중세 자유도시도 아니고 야만인의 촌락공동체도 아니며 또한 몽매인의 씨족도 아니지만, 그러한 모든 것에서 나온 것으로서, 아니 그것보다 더 뛰어나고 깊은 것으로서, 넓은 인도적 관념 하에 어떤 새로운 표현을 모색하고 있다.

제 *4* 장

전쟁

4.1 부르주아의 애국심[1]

어딜가나 전쟁이다. 애국심의 바겐세일이다. 이때를 기해 애국심의 제작소이자 큰 판매소이기도 한 부르주아 자신의 애국심에 대해 돌아보는 것도 재미있을 것이다. 조금 오래된 일이지만 보불전쟁 당시 프랑스의 부르주아가 어떤 식으로 그 애국심을 발휘했는지를 살펴보자.

나폴레옹 3세의 프랑스 제국군은 연전연패한다. 스트라스부르나 메스, 파리까지 포위된다. 황제는 도망쳤고 파리에는 공화당이 신정부를 건설한다. 신정부의 목적은 침략군을 격퇴하고 국가를 구하는 동시에 명예로운 공화정부를 확립하는 것에 있었다. 즉 한 뙈기의 토지도 요새의 돌 한 조각도 적에게 내줄 수 없다는 선언을 하고 스

---

1) 「부르주아의 애국심」(紳士閥の愛國心, 1914.10). 월간 《평민신문(平民新聞)》 제1호(1914년 10월호)에 무서명으로 발표되었고, 야스타니 히로카즈(安谷寬一)가 편찬한 『미완 오스기 사카에 유고(未完大杉榮遺稿)』金星黨, 1928에 수록된다. 파리코뮌 시대의 프랑스를 예로 들어 자본가, 부르주아들이 애국심을 이용해 노동자들을 궁지에 몰아넣고 어떻게 돈벌이에 광분하는지를 논술하고 있다.

스로 국방정부라고 칭했다.

파업 때마다 제국 군대의 총탄을 받아냈던 파리의 노동자는 공화정부가 사회개혁의 신기원을 열 것이라 믿었다. 그들은 이 해방의 열의에 사로잡혀 한 명도 빠짐없이 신정부를 도왔다. 그들은 스스로 각 주의 군대들과 연락해서 포위군을 다시 포위하고자, 적군의 한 축에 대한 공격을 시도했다. 노동자의 이 에너지는 부르주아를 휩쓸었다. 부르주아 또한 무기를 가지고 국방군에 가담하여 노동자와 행동을 함께 하고자 했다.

그렇지만 최초의 포탄이 파리에 날아오자마자 부르주아의 애국적 열정은 곤두박질쳤다. 비스마르크는 그들의 가재도구를 훼손하기 시작했던 것이다. 경악의 목소리가 파리에 가득 찼다. '이제 그만 파리가 함락되어도 상관없다. 공화정부가 타도되어도 상관없다. 다만 가재도구만은 무사했으면 좋겠다'는 것이 애국적 부르주아의 마음속 외침이었다. 그리고 이때부터 국방정부는 매국정부로 변했던 것이다.

이제 정부는 한편으로 곤란에 빠진 시민을 기아로 내몰아 성문을 열어달라고 요구하게 만드는 한편 서둘러 노동자군을 전멸에 이르게 하여 그 호전적인 열정을 분쇄할 일만 생각했다. 정부는 식료품을 은닉했다. 노동자군을 일부러 불리한 때와 장소로 진격시켰다. 이렇게 하여 처음에는 승리만 하던 노동자군도 싸우는 족족 몰살당했다.

정부의 이러한 정책을 알았던 노동자와 사회주의자는 1870년 10월 30일과 다음 해 1월 19일에 반기를 들고 매국정부를 압박했다. 그러나 두 번 모두 그들은 정부의 군대에 격퇴당했다. 그리하여 이 군대는 노동자의 반역에 대비하기 위해 지금까지도 조심하며 전장에 내보내지 않게 되었다.

정부의 적은 더 이상 프러시아가 아니라 노동자다. 정부는 비스마르크와의 강화를 서둘렀다. 정부는 여러 주들과 연락도 없이 각 주의

● 4.1 부르주아의 애국심

군대가 충분한 전의를 갖고 있다는 사실도 모른 채 곧바로 휴전하여 평화조약을 맺었다. 비스마르크의 보호 아래 열린 보르도 회의는 알자스, 로렌 두 주의 할양과 50억 프랑의 배상금을 거의 이의 없이 통과시켰다. 비스마르크마저 너무 손쉽게 통과된 것에 놀라 100억 프랑을 요구하지 않았던 것을 후회했다.

머지않아 보르도로 옮겼던 정부가 다시 파리로 돌아왔다. 앞서 은닉했던 식료품이 매일 도처에서 쏟아져 나왔다. 노동자와 사회주의자는 세 번째로 거병한다. 이것이 사회주의 봉기의 최초 사례인 그 유명한 파리코뮌의 봉기이다.

애국적 부르주아는 이 국가적 위기의 시기에 돈을 벌어들였다. 보불전쟁은 프랑스 병사 수천 명의 목숨을 빼앗았고, 국토 3분의 1을 황폐화시켰으며, 두 주를 할양하고, 또 100억 프랑의 군비와 50억 프랑의 배상금을 지불케 했는 데 공채 소유자들은 그 수입에서 한 푼도 잃지 않았다. 매국정부는 노동자의 예금 인출을 거절하면서도 부르주아에게는 규칙적으로 공채의 이자를 지불했다.

알자스, 로렌 두 주도 실은 대통령 아돌프 티에르[2]나 앙쟁^{Anzin} 탄광의 대주주나 루앙^{Rouen} 의 방적왕 푸이에 케르티에 등이 기꺼이 할양한 것이었다. 이로써 앙쟁과 파드칼레$^{Pas-de-Calais}$ 의 탄광회사는 하이 라인과 경쟁을 면했고, 또 센느 엔페리유 및 노르 주의 방직사업은 알자스주와 경쟁을 면할 수 있었다. 이같은 공업지방이 몇 천만 프랑의 부를 얻은 것도 실은 이때 이후의 일이었다.

또한 이 두 주에 살고 있던 애국적 부르주아도 이 할양을 이용해 돈벌이를 했다. 케히린이나 드레퓌스 등의 대공업가는 독일과 프랑스

---

[2] 아돌프 티에르(Adolphe Thiers, 1797~1877)는 프랑스의 변호사·언론인·역사가·정치인이다. 1871~1873년 프랑스 공화국 대통령을 역임했다. 보불전쟁에서 프랑스가 패배한 후 제3공화국 정부 행정수반이 되었고 파리코뮌을 진압하였다.

제4장 전쟁

양국을 넘나들며 생산물을 찍어내기 위해 알자스주의 공장은 그대로 두고 다시 프랑스의 벨포아 루와 등에 공장을 세웠다. 그리고 이들 새 공장의 노동자를 뽑기 위해 알자스, 로렌 두 주의 농부들의 애국심을 부추겨 프러시아의 곡식을 먹지 말라고 말했다. 농부들은 그 토지를 헐값에 팔아넘기고 앞다투어 프랑스로 이주했다. 케히린 등은 이 토지를 사들여 대지주가 되었다.

프랑스 은행은 엄청나게 벌어들였다. 1868년에는 한 주당 90프랑의 배당이던 것이 1871년에는 270프랑이 되었고, 1872년에는 320프랑이 되었으며 1873년에 가서는 360프랑이 되었다. 실로 미증유의 배당률이다. 그리고 이 막대한 이익은 50억 프랑의 배상금 지불 때문에 생긴 거래가 초래한 것이었다.

배상금 지불을 위해 대통령 티에르는 당시 유례없는 5프로 이자를 보장한 주당 80프랑짜리 공채를 발행했다. 즉 국가는 80프랑을 받고서 100프랑과 매년 5프랑의 이자를 지불하기로 약속했다. 모든 자본가와 정치가는 너나 할 것 없이 이 공채에 응모했다. 50억프랑 공채 모집에 140억프랑의 응모가 있었다. 공채는 발행 당일부터 가격이 치솟아 80프랑에서 112프랑으로, 이윽고 115프랑까지 뛰었다. 즉 80프랑으로 응모한 최초의 애국자는 32프랑에서 35프랑을 벌었다. 그리고 여기서 벌어들인 자는 소위 애국심에 선동되어 무리하게 돈을 변통해 공채를 샀던 노동자이다.

부르주아는 이렇게 해서 국내에서 벌어들인 돈을 국외에 투자했다. 헝가리나 합중국의 밀, 이탈리아나 스페인의 포도주, 오스트리아, 이탈리아, 룩셈부르크 등의 공업들을 발전시켰다. 그리고 이들 나라들의 농업, 공업 생산물이 내국 및 외국의 시장에서 프랑스의 생산물과 경쟁하게 되었다. 그런데 이번에는 프랑스인은 프랑스의 밀과 고기 외에는 먹어서는 안 된다, 프랑스의 직물로 만든 옷 외에는 입어서는 안 된다는 애국심의 미명 하에 보호관세를 설정해 10~20 퍼센트 비싸게 그 생산물을 강매했다.

파리코뮌 봉기 기간 동안 프러시아는 더이상 프랑스의 적이 아니었다. 공화정부는 비스마르크의 힘을 빌려 봉기를 진압했다. 프러시아군은 그 포위선을 통과해서 도망친 노동자를 체포해 베르사유에서 꼼짝 안하고 있던 공화정부의 애국자들에게 인도했다. 프러시아와 프랑스 양군은 무기를 버린 군인들을 죽이지 않고 포로에 상응하는 대우를 취해 전쟁이 끝난 후 본국으로 돌려보냈다.

그러나 프랑스의 애국적 부르주아는 같은 나라 사람인 노동자나 사회주의자에 대해 이것과 전혀 반대의 태도를 보였다. 소위 선혈이 낭자했던 8일 후 남자도 여자도 어린아이도 가차 없이 총살했다.[3] 그리고 티에르는 애국적 부르주아가 동포의 피에 질렸을 때쯤 잠시 학살을 멈추었다.

도망가거나 혹은 살해를 면한 수천의 남녀노소가 베르사유로 송환되었다. 애국적 부르주아 남녀는 피로와 기아가 극심해 가까스로 발을 옮기는 가련한 신세의 동포들을 보기 위해 길가 양측에 행렬을 이루었다. 그리고 욕지거리를 퍼붓거나, 얼굴에 침을 뱉거나 혹은 뺨을 내갈겼다. 그들 대부분은 군법회의 후에 처형되거나 유배되었다.

부르주아의 애국심은 지금도 과거에도, 전시에도 평시에도, 동에서든 서에서든 변함없다. 우리는 이번 세계적 대전란에 기해 그들의 가짜 애국심을 간파함과 동시에 결코 그들에게 기만당해서는 안 될 것이다.

---

[3] 5월 21일 밤 베르사유 정부군이 파리 시내로 돌입하여 28일 오후까지 이어지는 이른바 피의 1주일을 가리킨다. 정부군은 여자와 아이들까지 포함한 포로를 즉결 처형하는 등 처절하게 보복했다. 이때 죽은 사람의 숫자는 대략 3만 명 정도였다.

제4장 전쟁

4.2 이른바 신군국주의[4]

표트르 크로포트킨은 이번 전쟁에서 만약 군국주의 독일이 승리하는 일이 생기면 세계의 문명은 분명히 50년 전으로 퇴보하게 될 것이라고 하면서 평소의 절대적 비非국제전쟁론을 철회하고 독일 정벌론에 대해 열정적으로 말한다.

그러나 문명의 퇴보가 반드시 독일의 승리로 인해서만 오는 것은 아니다. 국제전쟁 자체가 이미 문명의 퇴보 혹은 적어도 일시적 중지를 가져온다. 그리고 나는 크로포트킨의 독일 정벌론 자체가 이 전쟁의 영향으로 인한 자신의 퇴보라고 생각한다. 이 퇴보는 유럽 각 교전국의 거의 모든 사상가들에게도 보인다.

이러한 도입부로 시작하여 야마다 빈로山田檳榔의 「군국주의의 신 제창」(《태양太陽》 9월호 게재)의 비평으로 옮겨가면 빈로씨까지 한꺼번에 그런 사상가로 취급해버리는 본의 아닌 형식이 되겠지만, 내가 결코 심술부리는 것은 아니라는 점만은 다시 양해 바란다.

오늘날 전쟁 교전국의 하나인 우리 일본에서도 그저 허울뿐인 교전국이라서 영향은 적지만 어쨌든 이 퇴보가 조금씩 보인다. 특히 독일의 경기가 좋아진 다음부터는 그것이 빈번히 머리를 들이밀고 있다. 나카자와 린센[5]의 무협주의, 다나카 오도[6]의 신제국주의, 가야하라 가잔[7]의 이러쿵저러쿵주의 등은 사상에서 나타나는 퇴보의

---

[4] 「이른바 신군국주의」(所謂新軍國主義, 1915.10). 《근대사상》 제3권 제1호에 '사카에(榮)'라는 서명으로 발표되었다.
[5] 나카자와 린센(中澤臨川, 1878~1920)은 문예 평론가, 전기공학자이다. 본명은 시게오(重雄).
[6] 다나카 오도(田中王堂, 1868~1932)는 철학자·평론가로, 본명은 기이치(喜一)이다. 시카고대학에서 존 듀이의 가르침을 받아 프래그머티즘에 기초한 평론활동을 했다.
[7] 가야하라 가잔(茅原華山, 1870~1952)은 평론가·저널리스트로 '민본주의' 개념을 제창하여 다이쇼 민주주의 시기 청년층에 큰 영향을 주었다.

4.2 이른바 신군국주의

몇 가지 예이다. 그리고 사실상 최근의 좋은 예는 이른바 청년단의 개선이다.

9월 15일 내무성과 문부성은 육군성의 제안을 수용해 양측 대신의 연서로 청년단 개선 훈령을 발포했다. 즉 정부는 7-13세까지의 소학교와, 21-23·4세까지의 병역과, 24-25세 이상부터의 재향군인단과, 기타 조직된 혹은 조직되지 않은 군국주의적 교육에 싫증난 이들에 대한, 나아가 14-20세에 속한 모든 소년의 군국주의적 조직과 교육을 완성시키려 한다. 그리고 내무성과 문부성이 열거한 지방청년단의 빠지기 쉬운 5개의 폐해 중 마지막인 '사조思潮의 침식', 즉 급변하는 시대사조가 청년의 혈기를 침식하는 것에 특별히 지도자의 주의가 필요하다는 것은 특히 우리 문명비평가의 주의가 필요하다는 말이 아닌가.

나는 이 정부의 요구가 국가에 필요한 무언가를 양성하는 제국대학 출신의 신진 문학가 야마다 빈로씨와 서로 호응하고 있는 점을 별로 이상하게 생각하지 않는다. 빈로씨는 가정에서부터 소학교, 중학교, 고등학교 그리고 마지막 대학까지 오랫동안 이른바 군죽주의적 교육을 받고 자란 사람이다. 그의 군국주의적 정신이 세계의 대전란이라는 터무니없는 큰 지렛대에 의해 미친 듯이 격앙된 것은 오히려 당연한 일이다.

앞서 빈로씨가 이른바 정부가 말한 '사조의 침식'에 대해 얼마나 비분강개하는지를 보자.

> 요즘 우리 국민의 국가에 대한 관념이 현저하게 약해지는 일은 통탄할 만하다. ···· 지금 유행하는 사상은 개인주의적이지 않으면 사회주의적이고, 향락주의적이지 않으면 공리주의적이다. 한 사람도 국가주의를 제창하면서 상무·충성의 사상을 새로운 의식으로 주장하지 않는다는 점은 확실히 우리 사상계의 큰 결함이다. 지금의 새로운 청년에게는 국가의 관념이 거의 없다고

제4장 전쟁

해도 과언이 아니다. 충군애국을 진부한 이야기로 여겨 … 비교적 두뇌가 명민한 청년은 서로 이끌어가면서 위험한 망설에 빠지며 오직 우둔한 수구 무리에 의해서만 낡은 그대로의 생명 없는 국가 사상이 답습되고 있다는 것은 정말로 위험한 지경이 아닌가. 우리도 진부하면서도 저열한 비분강개의 소란과 경망에는 염증을 느낀다. 맹목적으로 국가를 강매하는 낡아빠진 논의에도 당혹감을 느낀다. 그럼에도 이와 같은 국가사상의 모독자가 있다는 것을 이유로 주요한 국가 관념의 본질조차 부정하려는 것은 매우 경솔한 생각이고 본말을 구별하지 못하는 몽매함이다. 지금이야말로 새로운 시스템에서 신제국주의·신군국주의가 일어날 절호의 기회를 맞이하고 있다.

과연 시대적인 인물이면서 얼마간 시대의 사조에 침식되고 있는 그는 과거 그대로의 것에는 만족할 수 없고 더 새로운 의미의 제국주의·군국주의를 제창하고자 하는 것이다. 서두의 이 말을 보자면 적이면서도 훌륭한 놈이라고 장단을 맞추고 싶을 정도다. 그렇다면 이 '새로운 시스템에서 신제국주의·신군국주의'란 과연 무엇인가.

나는 무심코 빈로씨에게 국가 성질에 대한 새로운 견해를 들을 수 있겠구나 하고 생각했다. 그가 말하는 것처럼 지금 새로운 청년에게는 국가의 관념이 거의 없고 충군애국을 진부한 설로 생각하며, 특히 비교적 두뇌가 명민한 청년이 서로 이끌어가면서 위험한 망설에 빠지는 것은 국가 자체의 성질에 대해 그리고 종래 배웠던 견해에 대해 의식적·무의식적인 의혹이 있기 때문이다. 더 나아가 말하면 국가의 진정한 의미를 일찍이 배운 바가 없던 방면에서 발견하고, 국가 그 자체에 반역하고자 하는 확신이 생겼기 때문이다. 이 의혹과 확신을 타파하지 않는 한, 국가를 인정할 더 새로운 진의를 제공하지 못하는 한 빈로의 계획은 결국 실패이자 웃음거리일 뿐이다.

특히 오늘날 비교적 두뇌가 명민한 청년의 국가에 대한 의혹 혹은 부정은 그 실생활에서 개인 대 국가의 문제, 나아가서는 개인 사이

대 국가 사이의 문제에서 출발한다. 그런데 빈로씨는 앞서 국가 자체의 내용적 성질에 대해서도, 또한 개인 대 국가의 문제에 대해서도 끝까지 한 마디 설명도 없이 마지막에서야 개인 사이 대 국가 사이의 문제에 대해서만 겨우 다음과 같이 언급할 뿐이다.

> 인간 생활의 오늘날 상태에서 개인 사이라는 의미에서 국제도덕을 유지하게 하려는 희망은 필경 공상에 지나지 않는다. …
> 국가는 무릇 그 자체·지상존재·최고도덕·절대가치이다.

이 "오늘날 상태에서"라는 문장은 미래를 가정한 발상이다. 이 발상 중에는 개인 사이의 도덕과 국가 사이의 도덕 어느 쪽인가가 다른 한 편을 정복하거나 양자가 서로 융합할 가능성을 포함한다. 그렇다면 앞으로 어느 쪽이 이기고 또 어떠한 상태에서 이 양자가 융합할지, 아니면 어느 쪽을 이기게 해야 할지, 또 어떻게 해서 양자를 융합시킬지, 국가 자체의 내용에 대한 성질을 조금도 설명하지 않는 그에게 이러한 대답이 가능할 리가 없다. 그리고 아무 설명도 없이 바로 '국가는 그 자체' 운운하며 중얼거리고만 있을 뿐이다.

빈로의 논의 전체가 전부 이런 식이다. 그는 국가 자체에 대한 어떤 내용적인 의미도 천명하는 바 없이 바로 국가가 지상의 존재·절대가치라는 말만 목소리 높여 떠들 뿐이다. 즉 자신이 '당혹감을 느낀다'고 말한, '맹목적으로 국가를 강매하는', 고리타분하지는 않은 새로운 설교다. '오직 우둔한 수구의 무리'의 '진정 낡은 그대로의 생명 없는 국가사상의 답습'이다. 또 자신이 '혐오감을 느낀다'는 '진부하면서도 저열한 비분강개의 소란과 경망'이다. 이는 새로운 시스템의 신제국주의도 신군국주의도 뭣도 아니다.

마지막으로 나는 군국주의를 거부하는 것이 어째서 '우연히 그 자신, 근대국가 발달의 역사에 대한 그 자신의 무지와 무식함을 고백하는 것'인지를, 그리고 마키아벨리 이후의 국가론이 얼마나 '자

제4장 전쟁

연스럽게' 그리고 '합리적'으로 발달해 왔는지를 빈로씨 자신의 근세 국가 및 근세국가론의 발달 사관을 돌아보고 반드시 국가를 위해서 발표해주기를 바란다. 자신있다면 해보는 게 좋을 것이다. 실로 둘도 없는 즐거움이 될 것이니.

4.3 이른바 정부적 사상 — 디킨슨의 『전쟁시비』[8]

1.

고이즈미 신조[9]와 산베 긴조[10] 두 사람이 케임브리지와 런던대학 교수인 디킨슨의 『전쟁시비戰爭是非』[11]를 번역하였다.

지금부터 20년 전 청일전쟁 당시에는 소위 비전론에 대한 목소리는 일본 어디서도 거의 들을 수 없었다. 일본인은 모두 거국일치해서 열광적으로 전쟁을 좇았다. 그러나 이후 10년이 지난 러일전쟁 때에는 고토쿠 슈스이[12]·사카이 도시히코[p.53] 같은 사회주의자와 우치무라 간조[13] 등의 기독교인과 같이 전자는 계급투쟁의 의미에서, 후자는 인도적인 의미에서 전력을 다해 전쟁을 부인하고 저주하는 사람들이 나타났다. 다만 우치무라 등은 개전과 동시에 침묵해버렸지만 사회주의자들은 마지막까지 전력을 다해 반전운동을 이어갔다.

---

8) 「이른바 정부적 사상 — 디킨슨의 『전쟁시비』」(所謂政府的思想—ディキンソンの『戰爭是非』, 1915.11). 《근대사상》 제3권 제2호에 발표되었고, 이후 『사회적 개인주의』·『자유의 선구』에 수록된다. "국가는 본래 다른 나라를 침략하여 무한히 팽창할 수 있는 약속을 지니고 있다"고 디킨슨이 주장하는 '정부적 사상'을 상세히 설명하면서 이를 뛰어넘는 '민중적 사상'의 필요성을 논하고 있다.
9) 고이즈미 신조(小泉信三, 1888~1966)는 경제학자·교육가이다. 보수적 리버럴리즘 입장에서 마르크스주의를 비판했으며 대표작으로 『후쿠자와 유키치』, 『공산주의 비판의 상식(共産主義批判の常識)』 등이 있다.
10) 산베 긴조(三邊金藏, 1881~1962)는 경제학자이다. 회계학과 경제학론 역사에 관한 글을 집필하고 『근세부기강의(近世簿記講義)』를 출판했다.
11) 골즈워시 로우스 디킨슨(Goldsworthy Lowes Dickinson, 1862~1932)은 영국의 정치학자, 철학자이다. 그의 책 『전쟁시비』 War and Way out는 1915년 9월에 게이오주쿠 출판국에서 발행된 역서로 1915년 10월 《미타학회잡지(三田學會雜誌)》의 <비평과 소개>란에 소개글이 실려 있다.
12) 고토쿠 슈스이(幸德秋水, 1971~1911)는 언론인·사회사상가·사회주의자·무정부주의자이다. 1910년 6월 대역사건 혐의로 체포되었다가 1911년에 사형을 판결받고 처형되었다.
13) 우치무라 간조(內村鑑三, 1861~1930)는 일본의 대표적인 개신교 사상가·저술가로 무교회주의를 제창하였다. 1891년 불경사건으로 기독교와 국체 문제를 표면화시켰고 청일전쟁을 지지했으나 러일전쟁 개전 전에는 기독교인의 입장에서 비전론을 주장했다.

제4장 전쟁

　그러나 여전히 반전론자는 국민 중에 극히 일부분으로, 정부로부터는 온갖 학대와 박해를 받고 다른 대다수 국민에게서는 비국민 취급을 받았다.

　그러나 그 후 10년이 지난 지금 우리 일본도 교전국 중 하나로 세계적인 대전란을 맞이하면서 전쟁에 대한 국민의 태도도 많이 달라졌다. 교전상태라고는 하지만 실제로는 칭타오靑島의 요새를 적으로 만든 정도이기 때문에 냉정하고 방관적인 태도를 취할 수 있는지도 모른다. 그러나 그것이 단순한 무관심은 아니다. 다소 적극적으로 전쟁의 시비를 논하는 자가 앞에서 말한 사회주의자 외에 학자나 문학자 사이에서도 자주 나타나는 현상을 단순히 그런 이유만으로 해석할 수 없다. 당연히 여기에서도 시대의 진보를 간과할 수 없다.

　문단에서는 소마 교후[p.56]가, 평론에서는 무사노코지 사네아쓰[14])가 소설과 희곡·감상문 등에서 자주 전쟁을 부인하는 목소리를 내고 있다. 그리고 학자 중에는 먼저 게이오기주쿠대학 교수인 가와이 데이치[15])가 여러 종류의 전쟁 필요론·전쟁 구가론謳歌論에 반박하는 글로《일본 및 일본인》[16])에「전쟁철학戰爭哲學」을 발표했다. 그 밖에도 비전 논의를 공론화한 글이 다양한 신문잡지에서 자주 등장했다. 그러나 지금 내가 특별히 문제로 삼고 싶은 점은 사립이라고는 하지만 어쨌든 게이오기주쿠대학에서『전쟁시비』가 출판된 일이다. 전쟁의 시비는 지식계급 사이에서 일반적인 연구문제가 되어 결국에

---

14) 무사노코지 사네아쓰(武者小路實篤, 1885~1976)는 소설가·시인·극작가·화가로 톨스토이에 심취했다.《시라카바(白樺)》창간 맴버로 시라카바의 리더로 인도주의 문학의 선구자이다.

15) 가와이 데이치(河合貞一, 1870~1955)는 철학자·문학자이다.

16) 1907년에 창간되어 1945년 2월까지 호를 이어간 잡지《일본 및 일본인(日本及日本人)》은 1888년에 '국수주의'와 '일본주의'를 주장하며 간행된 잡지《일본인(日本人)》과 1889년에 창간된 신문《일본(日本)》이 합쳐 만들어진 잡지다. 패전 후 복간하였으며 복간 이후를 다룬 연구서로 한림대학교 일본학연구소 편,『《일본급일본인》해제집 1950~1951 – 패전국 일본이 바라본 포스트 제국』, 소명출판, 2022이 있다.

는 이와 같은 조직적 논의의 필요성을 느끼게 만든 것이다. 게다가 디킨슨의 『전쟁시비』(원제는 『전쟁과 여기에서 벗어나는 방법』)는 유럽에서 흔한 평화론자와 같은 미온적인 논의는 아니다. 전쟁의 모든 원인을 소위 '정부적 사상'으로 돌리고 게다가 국가까지도 대부분 부인하는 매우 통렬한 것이다.

2.

소위 정부적 사상이 무엇인지를 디킨슨이 자신이 한 말로 "매우 단순하게 꾸밈없이" 표현하면 다음과 같다.

> 세계는 몇 개의 국가로 나뉘어있다. 이들 국가는 국가에 속한 남성·여성·아이와는 따로 분리된 일종의 추상적 실재이다. 국가와 국가란 항상 충돌한다. 게다가 그 충돌은 피할 수 없는 것이다. 때로 국가와 국가는 동맹을 맺기도 하지만 그것은 다른 국가 또는 다른 동맹에 대항하기 위한 일시적인 필요에 의해 벌어지는 일이다. 아마도 본래 국가는 타국을 침해해서 무한하게 팽창한다는 약속이 있기 때문일지도 모른다. 국가와 국가란 태어나면서부터 적이다. 과거에도 그랬고 미래에도 그럴 것이다. 그 사이의 관계를 결정하는 것은 오로지 무력뿐이다. 따라서 전쟁은 영원히 필요하다.

디킨슨에 따르면 모든 전쟁은 항상 정부가 일으킨다. 인민의 요구나 이해와 상관없이 오히려 종종 이것을 유린하면서 정부가 일으킨다. 그렇다면 왜 정부가 인민의 요구와 이해를 무시하면서 전쟁을 일으키는 것일까. 그것은 정부 당국자— 군주·대신·외교가·군인— 가 잘못된 국가관, 즉 정부적 사상 혹은 정부적 학설을 품고 있기 때문이다. 단 이 사상을 품고 있는 사람이 오직 정부 관계자뿐이라고 단정할 수는 없다. 역사가나 신문기자 대부분은 이 주장을 믿고 게다가 일반 민중도 이 주장에 매우 침투되기 쉬운 소질을 가지고 있다.

제4장 전쟁

그러나 이 사상은 정부 관계자 또는 지배자 계급에서 가장 현저하게 세력이 나타나고 또한 그 폐해를 가장 잘 드러낸다.

디킨슨의『전쟁시비』는 이 정부적 사상의 비평으로 시종일관한다. 정부적 사상은 국가를 남녀노소인 국민과는 다른 일종의 위대한 실재라고 한다. 그러나 디킨슨에 따르면 이러한 국가는 일종의 허구적 추상일 뿐이다. 실재가 아니다. 실재하는 것은 오로지 남녀노소인 국민뿐이다. 이 허구적이고 추상적인 국가에서 벗어나 실재적인 국민을 염두에 두고 생각해보면 침략전쟁을 용납하고 필요로 할 어떠한 이유도 없고 따라서 당연히 방어적 전쟁의 필요도 용납도 없어진다.

3.

대체로 디킨슨의 말을 그대로 인용해서 이번 대전란을 비평하면 다음과 같은 결론이 나온다.

먼저 러시아 대 독일·오스트리아에 대해 말하면 이번 전쟁의 원인 중 하나는 정부적 사상의 중요한 대표자인 프리드리히 폰 베른하르디[17] 장군이 언급한 것처럼 러시아가 발틱연안과 발칸반도를 원했기 때문이라고 할 수 있다. 그것이 독일과 오스트리아가 가진 두려움이었다. 이런 점에서 보면 독일과 오스트리아는 방위적 위치에 있었다고 볼 수 있다.

그러나 이러한 러시아의 욕망도 영토 확장이라는 관습적 사상에 지배된 러시아정부의 요구였다. 러시아 국민들의 요구와는 아무 상관이 없었다. 러시아 국민들 대다수는 농민이다. 그들은 발틱이나 발칸이 무엇인지도, 어디에 있는지도 모른다. 그들이 원하는 것은 단지 토지뿐이다. 충분한 토지를 가지고 안락하게 생활하고 방해와

---

[17] 프리드리히 폰 베른하르디(Friedrich Adam Julius von Bernhardi, 1849~1930)는 독일의 군인·군사역사학자이다.

세금의 강제징수를 당하지 않으면서 토지를 경작하는 일뿐이다. 또한 러시아의 꽃이라 할 수 있는 지식계급도 발칸과 발틱을 원한 것은 아니다. 그들은 자국 정부의 권력을 파괴하고 이상을 전복시키기 위해서 모든 힘을 쏟았다. 러시아 농민과 지식계급에 있어 정부의 야심은 오히려 그들이 요구하는 생활을 파괴하는 것이었다.

러시아 국민들에게는 발틱을 획득하면 북해로 군함을 안전하게 보낼 수 있으니 이익을 얻을 수 있다고 말한다. 만약 북해에서 러시아의 선박과 상업을 파괴하려는 타국의 군함이 있다면 맞는 말이다. 그러나 타국 정부가 같은 정부적 사상의 미신에 빠져있는 경우가 아닌 바에야 어떻게 그런 일이 생길 수 있을까? 정말 얄궂은 것은 모든 정부가 자신의 무고와 무해를 주장하면서 타국의 이익에 반하는 어떠한 야심도 숨기지 않았다고 변명해대는 것이다. 즉 그 변명에 따르면 모든 정부는 방어를 위해서 싸운다. 마찬가지로 방어를 위해서 싸우는 다른 정부에 대항해 방어를 위해 싸우는 것이다.

러시아와 오스트리아 관계의 중심인 발칸에는 한 가지 더 깊은 원인이 있다고 한다. 즉 발칸에 있는 여러 국가의 주민들 중에는 다수의 세르비아인이 있다. 그리고 그중에서도 보스니아·헤르체고비나에 사는 세르비아인은 무력으로 오스트리아-헝가리 제국에 합병되었다. 러시아 정부는 자국민과 동일한 인종인 세르비아인을 압제자의 손에서 해방시킨다고 말한다. 그러나 이 또한 쓸데없는 참견일 뿐이다. 현재의 형세는 오스트리아 정부가 세르비아인 중 어떤 사람들을 그 뜻에 반해서 합병하고 다른 세르비아인도 그 치하에 두려고 한 결과로 인해 생겨난 것이다. 마찬가지로 러시아 정부가 단순히 세르비아인을 해방시키려는 것이 아니라 자신의 권력 밑에서 합병시키려고 한 결과로 생긴 것일 뿐이다. 인종이 동일한 인민이 자치를 바란다면 그 자치를 허용하고 외부에서 간섭해서는 안 된다. 이것이 새로운 정치가가 용인해야 할 인민의 진정한 이익이다.

4.

독일과 프랑스 관계의 배후에는 기나긴 역사, 전례에 따른 침략사가 있다. 정부 관계자에게 있어서 한 국가의 번창과 번영이란 바로 국경을 접한 인접국의 파멸을 의미한다. 프랑스는 독일을 두려워한 나머지 독일에 뒤지지 않는 군사대국인 러시아와 동맹을 맺었다. 러시아는 프랑스 국민들이 수차례 혁명으로 성취하려고 노력한 목적과 정반대임에도 불구하고 말이다. 그로 인해 프랑스는 전쟁의 소용돌이 속에 말려들었다. 하지만 이때도 전쟁을 일으킨 진정한 책임은 정부적 사상의 미몽에 있다. 위대한 독일이 프랑스를 희생양으로 삼아 한층 더 위대해져야 한다는 사상. 힘이 빠진 프랑스가 독일을 희생양으로 삼아 그 힘을 회복시켜야 한다는 사상. 이것이 바로 충돌의 전제였다.

마지막 독일과 영국의 관계에서도 문제는 똑같다. 독일도 위대하고 영국도 위대하다. 그리고 이 지구상에는 이미 양국이 더 팽창할 여지가 없다. 따라서 독일이든 영국이든 둘 중 하나가 다른 한쪽을 분쇄해야만 한다. 그리하여 식민지 쟁탈이 생긴다. 표현을 바꿔 말하면 독일과 영국의 충돌은 일대 식민제국을 건설하려는 독일정부의 야심과 이미 건설한 식민제국을 유지하려는 영국정부 야심의 숙명적인 충돌로 인해 발생한 것이다. 그리고 정부적 사상가들은 이 식민지 쟁탈을 위해서 굳이 전쟁을 해야 하는 여러 가지 유형무형의 가치가 있다고 말한다. 품속의 것을 빼앗기지 않기 위해서는 서로 죽일 수밖에 없는 여러 가지 유형무형의 가치가 있다는 것이다.

전쟁의 경제적 무가치는 이미 노만 에인절[18]에 의해 갈파되었다. 본국이 아닌 다른 나라로 이주한 식민은 소위 '잊혀진 자'가 된다고 하지만 예를 들면 미국으로 이주한 독일인이 미국에 완전히 만족하고

---

18) 노만 에인절(Norman Angell, 1872~1967)은 영국의 경제학자·언론인이다.

● 4.3 이른바 정부적 사상

자손은 미국인보다 더 미국인이 되었다고 해서 그것이 본국에 남아있는 독일인과 무슨 관계가 있을까? 그렇게 되었다고 해서 행복하지 않고, 번영을 잃고, 문화의 정도가 낮아지고, 도덕은 타락하는 것일까? 또한 폭력으로 식민지를 획득하는 일은, 다른 문화의 계급에 살고 있는 인간이 소유한 해외 토지를 영유하는 일은, 국민에게 거대한 시야와 더욱 고상한 일을 부여한다고 말한다. 하지만 과연 인도를 영유하는 일이 영국의 국민 의식에 어떤 영향을 미쳤을까? 그리고 자국의 문화를 세계에 보급하기 위해서 국가를 팽창시켜야 한다고 말한다. 그러나 문화는 진심으로 존중받고 요구될 때만 안전하고 효과적으로 보급되는 것이다. 폭력을 통한 이입은 오히려 반항을 불러일으킬 뿐이다. 문화 중 어느 하나도 정치적인 권력의 추구로 향상하고 발전하는 것은 없다. 문화는 모방과 접촉으로 전파되는 것이다.

5.

지금까지 나는 디킨슨의 반정부적 사상을 매우 알차고 단단하게 줄여서 소개해 보았는 데, 국가의 팽창이나 식민지에 대해서는 『전쟁시비』를 번역한 고이즈미 신조의 서문 중 한 구절을 차용하는 영광을 누리려고 한다.

> 일본에서는 자주 인구문제에 대한 다음과 같은 주장을 듣는다. 일본의 인구가 대단한 속도로 증가하는 현상은 무엇보다 축하할 일이다. 왜냐하면 우리 일본은 앞으로 크게 팽창·발전해야 하기 때문이다. 일본이 왜 팽창·발전해야 하느냐고 묻는다면, 나는 일본의 인구는 해마다 굉장한 속도로 증가하기 때문이라고 대답하겠다.

이 순환논법의 근거에는 디킨슨의 이른바 정부적 사상의 미신적 독단

제4장 전쟁

의 문제가 있다. 빈의 법학자 안톤 멩거[19]는 저서 『평민정책平民政策』에서 인구증가를 환영하는 사상은 군대를 위해 병사 기르기를 즐거워하는 무단정치가와 공장을 위해서 노동자 늘리기를 즐거워하는 기업가를 위한 사상이라고, 인민은 이것을 그대로 받아들일 의무가 없다고 말한다.

일본의 정부적 사상은 영토 확장을 예로 들면 조선합병과 같은 것을 아무 설명도 필요 없는 당연한 일로 승인한다. 그러나 조선합병으로 인해 일본인의 물질적 혹은 정신적 생활이 향상되었냐고 물었을 때, 고개를 끄덕일만한 명확한 대답이 아직은 없는 것 같다. 그렇지만 대부분의 사람은 그 대답이 주어지기도 전에 이미 승인한다. 이를 두고 독단이 아니면 뭐라 할 수 있을까? 그리고 그 독단의 배후에는 영토 확장의 경제적 손익에 관한 노만 에인절의 소위 거대한 환각이 숨어 있다는 것은 의심할 여지가 없다. 그런데 여기에는 동시에 국가란 본래 타국을 침략해서 무한 팽창한다는 약속을 했다고 말한 디킨슨의 이른바 정부적 사상이 무의식 속에서 강하게 작용하고 있음을 부정할 수 없다.

6.

나는 이른바 정부적 사상을, 어떤 사실에도 기반하지 않는 미신이라 말하는 디킨슨의 논의에 다음과 같은 하나의 조건을 덧붙여 그렇다고도, 그렇지 않다고도 답하겠다. 즉 정부적 사상은 권력자에게는 완벽하고 확실한 기초 위에 구축되었고, 권력이 없는 자에게는 근거 없는 기초 위에 세워진 것이다. 다시 말하면 그와 같은 이유로 정부적 사상이 권력자에 있어서 때로는 진실이 되고 때로는 허구가 된다. 원래 진실이었던 것이 기초가 소멸한 후에도 사상으로 여전히

---

[19] 안톤 멩거(Anton Menger, 1841~1906)는 오스트리아의 법학자이다. 법조사회주의의 대표자로 노동전수권·생존권·노동권의 이론을 수립했다.

4.3 이른바 정부적 사상

남아있거나, 또는 사상이 발전함에 따라 앞에서 말한 진짜 기초에서 탈출해 결국 허구가 되는 일도 있을 것이다.

사상은 하늘에서 내려오는 것도 아니지만 땅에서 솟는 것도 아니다. 특히 사회적 학설은 반드시 어떤 사회현상에 대한 적응이든지 반동이다. 그리고 오늘날 사회는 이해가 완전히 상반되는 양극의 계급으로 나뉘어져 있다. 그리고 권력을 가진 정복계급은 자신의 입장에서 본 사회적 학설을 만들어내어 입장이 완전히 다른, 권력이 없는 피정복계급에 그것을 강제한다. 그러면 정부적 사상은 한 국가나 전쟁에서만이 아니라 국민 생활 대부분의 여러 방면에서 다양한 형식으로 침입해 다양한 제도로 실현된다.

예를 들면 조지 버나드 쇼[p.53]가 "자본가는 상류의 교제 사회에 아첨하기 위해 전쟁에 찬성하면서 동시에 자본의 가격을 올리는 수단으로 전쟁을 기쁘게 환영한다"고 말하는 데 반해 고이즈미 신조는 "전쟁이 어떻게든 금리를 올리는 것은 사실이다. 그러나 이것만 가지고 전쟁이 자본가계급 전체에 이익을 가져온다고 단언하는 것은 성급하다"고 말하는 데, 이 자본가계급 전체라는 부분에 고이즈미 신조의 논박이 부정확한 점이 있다. 자본가계급이라고 해서, 반드시 자본가가 서로 이해를 도모하는 긴밀한 조직은 아니다. 고이즈미가 바로 뒤에 이어서 말하는 것처럼 "전쟁이 사회의 어떤 일부 계급에게 막대한 경제적 이익을 가져온 것은 명확한 사실이다."

즉 군함이나 무기 제조자는 "국민의 애국심과 적개심, 전쟁에 대한 열의를 자본의 이익으로 영위한다. 게다가 그들은 자국민만이 아닌 타국민까지 선동하면서 이익을 얻는다. 영국의 군함제조사는 영국의 군비 확장과 동시에 독일의 해군 확장도 환영했다. 이러한 무기회사가 이윤을 늘리기 위해서 신문과 정치가를 기관으로 삼아 각국의 군비 확장 열기를 얼마나 인위적으로 고양시켰는지는 독일에서는 빌헬름 리프크네히트[20]등, 영국에는 독립노동당 기관지에 의한 꽤 자세한 조사가 있다."

무기 제조자는 보통 국내 굴지의 자본가다. 그러나 전쟁으로 막대한 이익을 얻는 사람은 비단 무기 제조자만은 아니다. 이를 우리 일본에서 보자면, 청일·러일 두 전쟁 후에 많은 대자본가의 자산이 어떻게 갑자기 증가했는지는 새삼 설명할 필요도 없는 사실이다. 노만 에인절의 말처럼 국가가 전쟁으로 낭비하는 금액과 전쟁으로 얻는 금액을 정산해보면 손실일지도 모른다. 그러나 국내 대자본가들은 어느 전쟁에서나 상당한 이익을 얻어왔다.

7.

그뿐만이 아니다. 전쟁은 자본가제도의 필연적인 결과이다. 국내 노동자의 충분한 소비를 금지하면서도 무질서한 생산을 하는 오늘날의 자본가는 당연한 결과로 상품의 판로를 외국에서 찾아야한다. 그 판로의 경쟁, 결국 근대 전쟁의 원인은 전부 여기에 있다.

즉 국가를 일반 국민과 분리한 추상적인 실재로 만드는 것도, 전쟁과 영토 확장을 국가의 필수 임무로 만든 것도 결국 이와 같은 자본가의 생사가 달린 필요에서 비롯된 것이다. 공상은 아니지만 미신도 아니다. 디킨슨이 자신을 비애국론자, 국가부인론자가 아니라는 점을 변호하는 글로『전쟁시비』제2판의 서문에서 언급한 "현재 그리고 미래 국민의 행복을 달성하기 위한 협동의 한 가지 형태로 생각한 국가"야말로 실로 자본가의 입장에서 보면 어떤 사실에도 근거하지 않는 추상적이고 허구적인 관념에 지나지 않기 때문이다. 국민을 실재로 만드는 국가는 더 이상 국가가 아니다. 정복자와 피정복자의

---

20) 빌헬름 리프크네히트(Wilhelm Liebknecht, 1826~1900)은 독일의 정치가로 독일 사회민주당의 창립자 중 하나이다.

● 4.3 이른바 정부적 사상

구별이 절멸된 사회에서는 이미 국가도 정부도 아무 필요가 없다. 이처럼 무정부, 무국가 사회야말로 정복자에게는 거대한 공상이자 미신이다.

디킨슨의 지극히 추상적인, 이른바 정부적 사상을 이렇게 구체적으로 풀어보니 그 사상에 기반해서 나타나는 여러 사회현상에 대한 그의 견해 대부분은 비난할 여지가 없을 정도의 명론탁견이다. 나는 이런 점 때문에 이런 종류의 조직적인 저술이 지극히 빈약한 일본의 독서계에서 널리 정독되기를 절실히 바란다.

하지만 디킨슨은 정부적 사상을 추상적이라고 여긴 점에서 마지막까지 오류 또는 불확실성에서 벗어나지 못했다. 즉 그는 전쟁에서 벗어나는 길이자 영구적 평화를 실현하는 방법으로 "단지 세상 사람이 그 생각을 개선하면 된다"는 식의, 그리고 이런 생각을 수정해서 유럽평화동맹을 조직해야 한다는 식의 유령적 결론에 도달한다.

그러나 그가 강화조약의 기초원칙으로 제출한 두 가지 제안은 이번 대전란을 결말지을 수 있는 실제론으로 반드시 귀담아 들어둬야 할 점이 있다. 그 원칙의 첫 번째는 어느 나라가 승리를 하든 상대국에 굴욕적인 평화조건을 부여해서는 안 된다는 점이다. 그리고 두 번째는 국경의 개정은 반드시 주민의 뜻에 따라서 이루어져야 한다는 점이다. 이미 도살에 질린, 그리고 이후의 도살은 오히려 자국에 내란을 초래하리라는 것을 깨달은 국가들은 국민의 요구가 강렬하면 그 제안을 따를 수도 있다. 그러나 겨우 이 정도의 강화조약이 유럽평화보장의 진정한 기초 조건이라고 생각하면 그것은 큰 오산이다.

만사는 단지 이른바 정부적 사상의 (근본적) 절멸에 있다. 그 배후에 있는 (이 사상을 단순한 공상이나 미상^{迷想}이 아닌 필수이자 당연한 것으로 보는), 근본(적) 사실의 절멸에 있다. (이 사실이 절멸되지 않는 한 정부적 사상은, 군국주의는, 전쟁은, 계속될 것이다. 사실은

제 4 장 전쟁

사상을 분출시키는 원천이다. 이 원천이 마르지 않는 한 거기에서 흘러나오는 물줄기는 끝까지 멈추지 않을 것이다.) 그리고 그러는 사이에 (다른 원천에서도,) 새로운 민중적 사상이 폭발해야 한다. 그 구체적인 사실이 발발되어야 한다.[21]

---

21) 처음 실린《근대사상》에서는 괄호 ( ) 부분이 들어있지 않으나, 전집으로 출판되는 과정에서 추가되었다.

4.4 민족국가의 허위[22]

1.

민족은 인종과 종족처럼 혈족의 인연으로 연결된 공동체가 아니다. 또한 공동의 언어와 공동의 종교도 그 표지가 될 수 없다. 또한 그 경계는 국가의 경계와도 일치하지 않는다. 민족적 결합의 중심은 공동의 문화, 따라서 공동의 전통이다. 공동의 역사와 이에 따른 공동의 추억과 공동의 영욕榮辱 감정이다.

민족은 자연적 산물이 아니다. 역사적이고 사회적인 산물이다. 따라서 민족의식의 범위는 정적이지 않고 유동적이다. 민족주의는 공동의 문화·전통·역사와 같이 정신적인 여러 요소로 연결되는 민족의 인격적 존재, 독립적 존재를 주장하는 주의이다. 그리고 민족국가주의는 이와 같이 공동문화단체가 외래 정복자의 속박을 받는 일 없이 주권적 통치단체의 지위를 유지하려는 혹은 획득하려는 요구이다.

외래정복자의 속박에 반항하려는 자는 동시에 내부의 특수계급에 의해 부과된 압제에도 반항한다. 공동문화단체의 본연적인 요구의 발현을 방해하고 그 정신적인 통일을 파괴한다는 점에서 외래의 적과 내부의 적에 차이는 없다.

그렇게 민족국가주의는 공동의 문화·전통·역사를 보호하기 위해서 이 양자를 상대로 똑같이 도전한다. 그래서 민족국가주의는 궁극적으로 민주주의이다. 이 민족국가주의, 즉 민족주의와 민주주의의 병행적 진보는 현대 세계의 정치적 추세의 중심이고 동시에 역사적

---

[22] 「민족국가의 허위」(民族國家主義の虛僞, 1918.4). 《문명비평(文明批評)》 제1권 제3호(1918.4)에 발표되었고, 이후 『자유의 선구』에 수록된다. 이 글은 《문명비평》 제1권 제2호의 「맹인을 안내하는 맹인(盲の手引する盲)」의 속편으로 집필되었으나, 제3호가 발매 금지되면서 이후 『자유의 선구』에 수록될 때 「맹인을 안내하는 맹인」은 「민주주의의 숙멸(民主主義の寂滅)」로 제목이 변경되었으며, 그 속편인 이 글 역시 「민족국가의 허위」로 제목이 변경되었다.

연구학파라 칭하는 가장 진보된 최신 정치학의 주장이다.

이상은 오야마 이쿠오[23]의 「민주주의의 정치철학적 의의」(《대학평론》 11월호)를 근거로 한 민족국가주의에 관한 대략적인 내용이다.

2.

나는 우선 이 민족국가주의자의 소위 민족이라는 인격적 존재가 실재한다고 가정한다.

민족과 국가는 반드시 그 경계가 일치하지 않는다. 그것이 일치한다면 문제는 없다. 하지만 그렇지 않으면 꼭 소동이 일어난다. 왜냐하면 민족국가주의는 외래 정복자의 속박을 받는 일 없이 민족이 주권적 통치단체의 지위를 유지·획득하려는 요구이기 때문이다. 그런데도 이런 경우에 대한 오야마 군의 태도는 완전히 민족국가주의를 벗어난 대단히 기묘한 것이 되었다.

오야마 군은 민족의식 범위의 유동적인 성질을 인정하고 그 유동의 한 원인이 정복의 사실임을 시인하고 긍정한다. 야마토 민족의 구마소熊襲[24] 정벌과 에조蝦夷[25] 정벌을 시인한다. 일본 민족의 타이완 정벌과 조선 정벌을 긍정한다. 구마소와 에조가 수백 년의 세월 동안 야마토민족과 함께 '역사의 도가니 안에서 융해되고 도야陶冶하고 합성해 혼연한 단일민족으로 단련되어 온' 것처럼 타이완인과 조선인 역시 '결국 우리와 함께 공동의 문화를 추구하고, 공동 전통을 구가하는 동일민족을 형성하는 데 이르게 될 것이다'라고 단언한다.

---

23) 오야마 이쿠오(大山郁夫, 1880~1955)는 일본의 정치가·정치학자이다. 오사카 아사히신문사 기자, 노동농민당 위원장을 거쳐 참의원을 역임하였다.
24) 규슈 남부에 살던 민족으로 소규모의 왕국을 세웠으나 야마토 민족에 의해 일본에 흡수, 동화되었다.
25) 일본의 동북부, 즉 현재의 도호쿠 북부와 홋카이도에 거주했던 종족이다.

나아가 '적어도 우리는 이런 민족적 융합의 시기를 하루라도 빨리 앞당겨야 한다'고 주장한다.

민족으로서 구마소와 에조는 이미 야마토민족 안에 흡수되어 지금은 그 흔적을 찾아볼 수 없다. 그러나 타이완인과 특히 조선인은 오늘날 이른바 하나의 민족으로 엄연히 존재한다. 만약 그들이 오야마 군이 말하는 '가장 진보된 최신 정치학의 주장인 민족국가주의'에 따라 그들의 문화와 전통과 역사를 존중하고 외래 정복자의 속박을 배제해서 주권적 통치단체의 지위를 획득하려고 한다면 오야마 군은 어떻게 할 것인가?

3.

그렇다면 오야마 군은 과거의 정복은 어쩔 수 없는 일이라고 시인할까? 아마도 그렇지 않을 것이다. 오야마 군은 '전제주의가 민족 공동의 전통이라면 어떻게 할 것인가'라는 반론에 대해 다음과 같이 대답한다.

> 어리석은 자의 왜곡이거나, 권세있는 자들의 특권 옹호 구실이거나, 권세가에게 아부하는 자의 추종과 경박이다. 전제정치는 소수자의 권위 혹은 무력을 통해 다수를 압제적으로 지배하는 상태이다. 따라서 전제정치는 소수자의 전통이기는 해도 유사 이래 민족의 공동 전통이었던 적은 없다. 또한 민족 전체가 소수 권력자의 전제에 굴종하는 기간이 아무리 길어도 그것은 원래 그 민족 본연의 심리적인 필요에서 비롯된 것이 아니라 그렇지 않을 경우에는 한층 더 격렬하게 내리치는 권력자의 잔학함을 두려워하는 물리적인 필요에서 나온 것이기 때문에 그런 습관은 아무리 길게 지속된 것이라도 정당한 의미에서 전통이라고 할 수는 없다. 사회적 정복의 역사를 되돌아보면 전제주의는 민족의 정치 생활에서 공동 전통의 파괴자였음이 증명된다. 이런 의미에서 보면 전제에 대한 굴종의 시대는 민족의 정치 생활에서 공동 전통의 단절기이다.

제4장 전쟁

이처럼 오야마 군은 민족 내부에 있던 과거의 정복, 즉 사회적 정복에 대해 명백하게 비난하고 있다. 그러나 오야마 군은 이 사회적 정복의 사실에 대한 통찰과 비난이 결코 민족적 정복을 향한 것이 아니라 맹목적으로 '어리석은 자의 왜곡이거나, 권세가에게 아부하는 자의 추종경박'이라고 말하며 그것을 시인하고 긍정한다.

오야마 군은 민족 간의 정복에서 일어나는 공동 문화의 파괴나 전통의 단절을 보지 않고 있다. 압제적 지배를 보지 않고 있다. 그리고 그 정복의 결과를 역사의 도가니 안에서 융해·도야·합성이라고 말하며 피정복민족 본연의 심리적 필요라고 간주한다.

그러나 이것도 어쨌든 역사적 연구학파에 속하는 정치철학자의 주장으로 존중해서 일단 그렇게 가정해 두자. 하지만 역사적 연구학파의 정치철학자로서 과거에 그랬던 것이 장래에는 결코 그렇지 않을 거라고 어떻게 장담할 수 있는가? 과거의 민족적 정복을 인정하는 자는 동시에 장래의 민족적 정복 역시 인정하지 않으면 안 된다.

이렇게 오야마 군의 이른바 민족의식 범위의 유동성은 말하자면 과거 및 장래의 민족적 정복을 승인하기 위한 하나의 복선에 불과하다. 그리고 이른바 현대의 제국주의인 민족국가주의는 웃는 가면을 벗어던지고 무서운 이빨을 보이는 괴물의 모습을 드러내고 있다.

4.

여기에서 이번에는 앞서 일단 인정했던 두 가지 가정으로 되돌아가 그것의 허위를 따져보고자 한다.

첫째는 후자의 가정, 민족 간의 정복은 역사라는 도가니 안에서의 융해·도야·합성이며 피정복민족 본연의 심리적 필요라는 것이다.

소년 시절 우리는 일본 역사를 배우며 상고 시대의 천황이 어떻게 무력과 책략을 써서 구마소와 에조 정복에 전력을 기울였는지 알게 되었다. 우리는 거기에서 구마소와 에조의 본연의 심리적 필요에서 일어난 반역의 연쇄를 보았다. 또한 정복자인 야마토 민족의 잔학함을 두려워하는 물리적 필요에서 생겨난 굴종의 연속을 보았다. 역사의 도가니란 요컨대 이런 정복적 지배의 맹렬한 불길 속에서 만들어지는 것이다. 우리는 거기에서 구마소와 에조 공동의 문화·전통·역사·영욕 감정이 파괴되고 단절되는 것을 본다. 야마토 민족과의 융해·도야·합성은 거의 찾아볼 수가 없다.

나는 과거에 몽매한 야만인 사이에서 일어나는 정복의 사실을 『생의 투쟁』 속의 논문인 「정복의 사실」[p.25]에서 상세히 논했다.

종족 간 혹은 민족 간의 무력 정복은 결국 이렇게 합성된 새로운 종족 내부 혹은 민족 내부의 법치적 정복으로 옮겨간다. 오야마 군이 말하는 소위 사회적 정복으로 진입한다.

나는 지금 타이완과 조선에 대한 정복의 사실에 대해 뭔가를 자유롭게 말할 처지가 아니다. 다만 그 사실이 이런 소식을 가장 명백하고 간략하게 우리 눈앞에 제시한다는 것에만 주의를 기울이고 싶다.

5.

둘째로 전자의 가설인 공동의 문화·전통·역사·추억·영욕 감정과 같은 정신적 요소들로 형성되는 민족이라는 인격적 존재에 관해서이다.

이 가정의 진위를 밝히기 위해서는 오야마 군의 이른바 사회적 정복사를 차용하는 것이 가장 편리할 것이다.

사회적 정복이란 무엇인가? 사회적 정복은 우선 그 사회 내의 양극단 계급, 즉 정복계급과 피정복계급을 예상케 한다. 오야마 군은 이 양극단 계급의 존재를 적어도 전제주의적 사회로 인정한다. 그리고 오야마 군은 전제주의는 민족의 정치 생활에 있어서 공동 전통의 파괴자라고 말한다. 전제와 굴종의 시대는 민족의 정치 생활에 있어서 공동 전통의 단절기라고 말한다.

그렇다면 단도직입적으로 말해 이른바 야마토 민족의 천손강림 이후 면면히 이어져 훌륭한 전제주의적 정치 생활을 해온 우리에게는 어떤 공동 전통이 파괴되고 어떤 것이 남았는가? 단절된 이후 남은 것은 무엇인가? 또 우리는 이 공동 전통을 어디에서 찾으면 되는가? '본원本源적 정치 생활로의 복귀'라고 말할 때 민주주의를 어느 본원에서 찾으면 되는가?

나는 이에 대해 대답할 수 있다. 그러나 오야마 군에게는 아마 어려울 것이다. 이런 나의 대답은 독자 여러분의 문제로서 남겨두고 오야마 군이 알고 있는 사회적 정복사에 대해 좀 더 설명하겠다.

피정복자의 모든 반역적인 행위에 대항해서 끊임없이 병력을 써야하는 어려움과 비용 및 부분적인 실패는 결국 정복자에게 큰 부담이 되었다. 일시적인 승리의 자만심에 휩쓸려 권위에 대항하는 모든 배반자를 하나하나 엄벌에 처하기도 했지만 이렇게 한 사람 한 사람을

4.4 민족국가의 허위

지배하는 번거로움을 견딜 수 없게 되자 뭔가 체계적인 통치방법이 필요해졌다.

우선 빈번한 위반 행위를 제압하기 위해서 어떤 일반적 규칙을 세우는 것이 발명되었다. 그리고 이 방법이 가장 경제적이라는 것을 알고 나서 보다 넓은 범위의 여러 행위에도 마찬가지로 각각의 일반적 규칙이 마련되었다. 오늘날의 이른바 법치적 지배의 기초는 이렇게 만들어졌다. 그리고 이 법률을 위반하지 않는 한 다소간의 자유가 피정복자에게 주어진다. 즉 법률에 복종하는 것이 피지배자의 의무이며 법률을 위반하지 않는 행위가 권리로서 인정되었다.

또한 정복자는 이해가 전혀 다른 피정복자를 통치하는 곤란함을 피하기 위해 피정복자 중 어떤 자의 도움을 빌린다. 피정복자 중에도 다소간의 특권을 얻어 능숙하게 그것에 대응하는 자들이 나온다. 즉 피정복자 중 지식인이 정복자 계급의 일원이 되어 정복 사업의 완성에 협력한다. 그리고 정복계급과 피정복계급 일부 사이에서는 권리와 의무가 어느 정도 상호적이 된다.

이 상호적이라는 것은 아직 불평등을 받아들이지 못하는 피정복계급에 대한 절호의 기만수단이었다. 지식인들은 말한다.

> 보아라. 이제 우리나라는 정복계급만 있는 나라가 아니다. 그들은 이미 그들의 죄를 깨닫고 피정복계급인 우리에게도 참정권을 부여했다.

그리고 이런 기만수단을 가장 교묘하고 조직적으로 행사한 것이 소위 국민교육이었다. 국민교육은 요컨대 피정복계급이 마치 정복계급과의 공동의 문화·전통·역사를 갖고 있는 것처럼 망상을 심고 공동의 추억과 공동의 영욕 감정을 강요하는 것이었다.

6.

이해관계가 완전히 상반되는 양극단 계급을 포함하는 사회 안에서 공동의 문화·전통·역사·추억·영욕 감정 등이 정말로 있을 리가 없다. 만약 있다면 기만되고 강제된 망상이다.

그렇다면 오야마 군의 이른바 민족이라는 주관적 실재란 실은 주관적인 망상이다. 그리고 오야마 군의 민족국가주의는 이 망상 위에서 애매하게 모순과 허위를 쌓아 올린 가짜 자유주의이다. 진정한 데모의 크라시[26]이다.

오야마 군의 민족이란 공동문화단체이다. 그리고 오야마 군은 우선 이런 민족에게 주권적 통치권을 갖게 하려 한다. 지극히 정당한 주장이다. 우리도 오야마 군의 이런 정신에는 이의가 없다. 그러나 정신적 통합을 기반으로 하는 민족은 종래 회자되는 여러 의미의 민족, 특히 국민이라는 의미의 민족과는 실질적으로도 양식적으로도 전혀 다르다. 그럼에도 불구하고 오야마 군은 이처럼 상반되는 두 개를 혼동하고 있으며 심지어 전자의 정신을 후자의 현실에 섞어버렸다. 사대적인 타협이다.

소위 일본민족 안에는 다른 여러 민족과 마찬가지로 오야마 군이 말하는 의미에서 대체로 두 개의 다른 민족이 있다. 정복계급과 피정복계급이다. 좀 더 구체적으로 말하면 자본가계급과 노동자계급이다.

오야마 군의 진정한 정신은 피정복계급의 공동 전통의 회복에 있다. 특히 전제주의의 유물인 소위 관료정치 아래서 유린당한 민중 공동 전통의 회복이다. 그리고 오야마 군의 주장은 이런 정신에 따라 관료정치에 대항하는 민중정치가 된다.

---

26) 여기서 '데모(デモ)'는 거짓·엉터리를 의미하며 '크라시(-cracy)'는 지배를 뜻한다. 말장난으로 비꼬고 있다.

그러나 오야마 군은 사회를 정치적으로 본 결과 경제적 방면을 크게 등한시했다. 그래서 전제주의와 민중의 관계에 대해서는 상당히 잘 알고 있지만 자본주의와 민중의 관계에 대해서는 제대로 알지 못한다. 마찬가지로 정치의 근본인 경제를 소홀히 하는 점에서 정치상의 주장도 사실 철저하지 못하다.

게다가 오야마 군은 국가적 권력에 영합하는 교육을 받은 탓에 그것에 아부해야 한다는, 이른바 물리적 필요를 느껴서 무의식적으로 혹은 의식적으로 국가적 권력에 유리한 거짓말을 한다. 그리고 결국에는 이런 거짓말이 쌓여 진실로 둔갑하고 앞서 말한 정신은 어딘가로 사라져 버린다.

그래서 오야마 군은 정신 그대로의 주장, 즉 진정한 공동의 문화·전통·역사·영욕 감정을 갖고 있는 사람들 사이의 혹은 공동의 이해 아래 새롭게 공동문화단체를 만들려고 하는 사람들 사이의 자유로운 자치와 연합과 같은 주장까지는 철저하게 보지 못한다.

오야마 군은 일찍이 본인이 민주주의에 대해 철저하지 못했던 점에 대해 야마카와 히토시[27] 군에게 뼈아픈 공격을 받자 일단 답변하겠다는 약속을 한 후에 "아무래도 답변을 하게 되면 진심을 말해야 해서"라고 말하며 회피해버렸다. 그러나 만약 오야마 군이 본심을 말한다고 해서 그것이 진정한 정신에서 나올지 어떨지는 심히 의심스럽다.

오야마 군은 평생 거짓말만 하다가 맹인을 안내하는 맹인이 된 것인지도 모른다.

---

[27] 야마카와 히토시(山川均, 1880~1958)는 재야 경제학자·사회주의자·사회운동가·사상가·평론가이다. 노농파 마르크스주의의 지도적 이론가였다.

제 5 장

민중예술

5.1 새로운 세계를 위한 새로운 예술[1]

1.

작년 여름 혼마 히사오[2]가 《와세다문학》[3]에 「민중예술의 의의 및 가치」를 발표한 이래 이 민중예술이라는 문제가 나의 눈에 들어오기는 했는 데, 지금까지도 십여 명의 사람들이 이 문제를 여기저기서 논하고 있다. 그때마다 나는 민중이라는 것을 언제나 논의의 생명으로 다루는 입장이자 또 누구 한 사람도 정말로 이 민중예술이라는 문제의 진수를 파악하지 못하고 있다는 유감이 든다. 그래서 그들과 함께 논의하고 싶다고 생각하면서도 결국은 그 뜻을 이룰 수 없었다.

---

1) 「새로운 세계를 위한 새로운 예술」(新しき世界の爲めの新しき藝術, 1917.1). 《와세다 문학(早稻田文學)》 제43호에 발표되었고, 이후 『정의를 추구하는 마음』에 수록된다. 또한 《노동청년(勞働靑年)》 제2권 제6호(1917년 3월)에 「새로운 세계를 위한 새로운 예술」이라는 같은 제목으로 이 글의 일부만 발췌하여 게재하고 있다.

2) 혼마 히사오(本間久雄, 1886~1981)는 영문학자・평론가로 와세다대학 교수였다.

3) 《와세다문학(早稻田文學)》은 일본의 문예잡지로, 1891년 도쿄전문학교(현재 와세다대학) 문학과의 쓰보우치 쇼요[p.11]가 창간했다.

제5장 민중예술

　벌써 1년이 다 되어간다. 문단에서는 늘 그래왔듯이 이 문제도 슬슬 사라질 때가 되었다. 그게 아니더라도 문단은 민중에게는 전혀 관심이 없거나 혹은 로맹 롤랑이 말한 대로 민중을 조금도 경멸하지 않는다는 것을 오히려 경멸의 씨앗으로 삼는, 즉 피땀으로 자신들을 길러준 부모들의 촌스러움을 부끄러워하는 벼락출세자들이 많은 곳이기에 당연한 일이다. 다섯 명이나 열 명의 자비롭지만 순진하거나 새로운 것을 좋아하는 혹은 아는 척 허세 부리는 자들이 한쪽에서 잠시 소란을 피워봤자 거의 아무 흔적도 없이 사라져 버리는 것과 다르지 않다.

　그러나 나는 적어도 이 문제만큼은 늘 그랬던 것처럼 문단의 유행품으로 취급되는 것을 막고 싶다. 민중예술은 로맹 롤랑이 말한 것처럼 유행품이 아니다. 딜레탕트와 같은 놀이가 아니다. 또한 새로운 사회의 감정·사상의 부득이한 표현인 동시에 노쇠해가는 구 사회에 대해 투쟁하는 그런 기관만도 아니다. 로맹 롤랑이 기초한 민중극장 건설의 격문에도 있듯이 이 문제는 민중에게도 또한 예술에서도 실로 죽느냐 사느냐는 큰 문제이다.

　호들갑 떤다고 웃어서는 안 된다. 특히 지금까지 이러쿵저러쿵 제 세상인양 민중예술에 대해 떠들어왔던 사람들은 단순한 투쟁기관이라는 말만 들어도 오만상을 지으며 괘씸한 이야기로 들을 것이다. 나아가 죽느냐 사느냐는 큰 문제라는 식으로 말하면 확실히 터무니없이 호들갑 떠는 말로 들릴 것임에 분명하다. 하지만 이것이 호들갑스럽게 들리지 않게 되어야 민중예술의 진정한 의의와 가치를 알 수 있다.

2.

로맹 롤랑은 이전 세기의 말엽부터 현 세기에 걸쳐 대단한 기세로 확장되어 온 민중예술의 대운동에 관해 다음의 두 가지 사실을 기록해 두고 싶다고 말했다. 민중이 급속도로 예술 안에서 세력을 얻었다는 점과 민중예술이라는 총칭 아래 여러 설들이 대단히 분분하다는 점이 그것이다.

> 현재 민중극의 대표자로 불리는 사람들 사이에 전혀 상반된 두 가지 조류가 있다. 한쪽은 오늘날 있는 그대로의 극을 어떠한 극이라도 상관없이 민중에게 제공하고자 한다. 다른 쪽은 이 신세력인 민중으로부터 예술의 새로운 양식인 신극을 만들어내고자 한다. 하나는 극을 믿고 다른 하나는 민중에 희망을 건다.

이 '설들'은 일본에서는 어떤 이유가 있어서 아직 그다지 명료하게 '분분'하지는 않지만 만약 민중예술에 관해서 논의가 좀 더 활발해지거나 혹은 그 논의의 실행이 나타나게 되면 얼마나 '분분'해질지 알 수 없다. 오늘날에도 이미 그 맹아는 충분하다. 예술을 믿는 것, 민중에 희망을 거는 것 그리고 특히 그 중간에 매달려 있는 것 등 여러 가지가 있다.

민중, 즉 people이라는 말은 혼마 마사오가 최초로 평민노동자로 해석했다. 혼마가 주로 참고한 엘렌 케이[4]는 『휴양休養적 교양론』의 시작 부분에서 "8시간의 노동과 8시간의 수면과 함께 8시간의 휴양이라는 정당한 요구를 목표로 내건 군집"이라고 말해 분명히 평민노동자를 휴양적 교양의 대상으로 삼고 있다. 로맹 롤랑의 민중이 평민노동자인 것은 나중에 밝혀질 것이다. 그런데 이 people은 민중이 아니고 평민노동자도 아니며 일반적general 이라거나 보편적universal

---

[4] 엘렌 케이(Ellen Key, 1849~1926)는 스웨덴의 여성 사상가로 억압된 여성과 아동의 해방을 주장했다.

제5장 민중예술

인 의미라고 주장하는 사람도 있다. 예를 들어 민중극, 즉 people's theatre에서의 people's가 그렇게 쓰인 것이다. 미국에서 돌아온 어학자 야마다 가키치[5]와 그의 아내 야마다 와카[6]와 같은 사람들이 그렇다. 그러나 이러한 경우에는 미국 전문가라거나 어학 전문가라는 것 자체에서 잘못이 비롯된다. 이시자카 요헤이[7] 역시 그러한 의미에서 "민중예술가로서 나카무라 세이코[8]"를 논하고 있다.

다음으로는 민중이라는 문자와 예술이라는 문자 사이에 있어야 할 전치사에 관한 문제이다. 혼마 히사오는 그것을 '~을 위해서', 즉 'for'로 해석한다. 나카무라 세이코는 그것을 '~에서 나온', 즉 프랑스어 'de part'로 해석한다. 또한 도미타 사이카[9]는 '~가 소유하는', 즉 'of'로 해석하고 있는 듯하다. 그러나 이것은 일찍이 원래 의미의 민주정치를 민중에 의한, 민중을 위한, 민중의 정부, 즉 government by the people, for the people and of the people이라고 말하는 것처럼 앞에서 말한 세 사람의 말을 합쳐서 민중에 의한, 민중을 위한, 민중의 예술, 즉 art by the people, for the people and of the people이라고 말하지 않으면 정확하지 않은 것이다. 그리고 그 중에서 '민중에 의한' 혹은 '민중에서 나온'이라는 말이 가장 중요한 것은 물론이다. 다나카 준[10]은 이것을 정확히 짚고 있다.

민중 스스로 만든 예술은 그 자체 민중을 위한 예술이고, 민중의

---

5) 야마다 가키치(山田嘉吉, 1865~1934)는 메이지-쇼와 시대에 활약한 언어학자·사회학자이다.
6) 야마다 와카(山田わか, 1879~1957)는 여성운동가·사상가·교육자이다.
7) 이시자카 요헤이(石坂養平, 1885~1969)는 다이쇼·쇼와기에 활약한 문예평론가·정치가이다.
8) 나카무라 세이코(中村星湖, 1884~1974)는 소설가로 자연주의 계통의 작가였으나 점차 농민예술에 관심을 보였다.
9) 도미타 사이카(富田碎花, 1890~1984)는 다이쇼기 시단에서 민중시파로 활약한 시인이다.
10) 다나카 준(田中純, 1890~1966)은 다이쇼·쇼와기의 문예평론가·번역가이다.

예술이라 할 수 있다. 진정 민중을 위한 예술이라 말할 수 있는 것은 민중 스스로 만들어낸 예술이어야 한다.

다행히 일본에는 아직 "오늘날 있는 그대로의 극을 어떤 극이라도 상관없이 평민에게 제공한다"는 민중예술론은 없다. 다만 실제 방면에서는 특히 평민노동자를 위해 여는 기존의 연예회演藝會는 이미 이러한 종류의 것이었다. 또한 시마무라 호게츠가 다소 그런 말을 넌지시 비추는 것처럼 게이주쓰자藝術座11)의 연극이 민중예술이라고 굳이 말한다면 그것 역시 대부분 이런 종류의 것이다.

3.

나는 앞서 민중예술론은 일본에서는 어떤 이유가 있어 아직 그다지 명료하게 이슈화되지는 않았다고 말했었다. 그 이유란 이른바 민중예술론의 제창자들에게 진정한 민중적 정신이 없다는 점이다. 따라서 오늘날의 예술에 대해서도 민중적 울분을 가지고 있지 않기 때문이다. 이렇게 그들의 논의는 대단히 애매하고 미온적이라서 이 애매미온한 민중측의 논의는 비민중측의 솔직하고 열렬한 논의를 불러오지 못한다.

일찍이 나는 역사를 일관하고, 오늘날에는 자본가계급과 노동자계급의 형식에 의해 나타나는 '정복의 사실'에 대해 설명하면서 이렇게 말한 바 있다.

> 민감함과 총명함을 자랑으로 여기면서 개인 권위의 극치를 부르짖는 문예의 무리들이여. 제군의 민감함과 총명함이 이 정복의 사실과 그에 대한 반항을 다루지 않는 한 제군의 작품은 놀이이고 장난이다. 우리의 일상생활까지 압박해 온 이 사실의

---

11) 게이주쓰자는 1913년 시마무라 호게츠(島村抱月), 마쓰이 스마코(松井須磨子)를 중심으로 결성된 극단이다.

제5장 민중예술

엄중함을 망각케 하는 체념이다. 조직적 기만의 유력한 한 부분이다.

우리를 쓸데없이 황홀케 하는 정적미靜的美는 이제 우리와 관계가 없다. 우리는 황홀감ecstasy 과 동시에 영감enthousiasme 을 낳는 동적미動的美를 동경하고 싶다. 우리가 요구하는 문예는 이 사실에 대한 증오미憎惡美와 반역미叛逆美의 창조적 문예이다.[p.30]

그리고 나아가 이 증오와 반항에 의한 '생의 확충'을 말하며 이렇게 말했다.

생의 확충 속에서 극치미를 보는 나는 이 반역과 파괴 속에서만 오늘날 생의 극치미를 본다. 정복의 사실이 그 정점에 오른 오늘날 조화階調는 더 이상 미가 아니다. 미는 오직 난조亂調에 있다. 조화는 거짓이다. 진짜는 오직 난조에 있다.[p.35]

사실에 입각한다는 요즘 일본의 문예는 왜 사회의 근본 사실이자 나아가 오늘날 그 절정에 이른 정복에 대해서는 언급하지 않는가? 근대적 생의 고민을 근본적으로 건드리지 않는가?[p.36]

나의 이 주장은 명백한 민중예술론이었다. 내가 요구하는 예술은 로맹 롤랑의 이른바 새로운 세계를 위한 새로운 예술이었다. 그럼에도 불구하고 가장 먼저 이 예술론에 반대한 것은 실은 민중예술론의 최초 제창자였던 혼마 히사오였다. 혼마 히사오는 "증오에는 미가 없고 반항에도 미가 없다"고 말했다.

프랑스 민중예술의 제창자 로맹 롤랑은 제대로 알고 있었다. 로맹은 말한다.

난폭함이라는 것은 결코 예술의 부대물이 아니다. 인간의 양심이 그것과 충돌해서 그것을 타파해야만 하는 부정불의의 부대물인 것이다. 예술은 투쟁의 절명이 목적이 아니다. 예술의 목적은 생을 풍부하게 하고 강력하게 하며, 더욱 크고 선하게 하는 것에 있다. 그러므로 만약 사랑과 결합하는 것이 그 목적이라면 증오는 아마도 어느 기간까지는 그 무기가 된다. 성 앙투안느 교회의 노동자가 모든 증오는 악이라고 주장하며 설교를 멈추지 않는 강연자에게 말했다. '증오는 선이다. 선은 증오다. 피압제자가 압제자에 반항해서 일어서게 하는 것이 이 증오다. 내가 어떤 남자가 다른 사람을 압제하고 있는 것을 본다면 그 압제에 분노한다. 그 남자를 증오한다. 그리고 분개하면서 증오하는 자신을 정당하다고 생각한다.' 악을 증오하지 않는 것은 또 선도 사랑하지 않는 것이다. 부정불의를 보고도 그것과 투쟁할 마음이 생기지 않는 것은 예술가도 아니고 또한 인간도 아니다.

증오와 반항에 미가 있는지 없는지의 문제는 중요하지 않다. 그러나 증오와 반항에 찬성하지 않는 자는 "예술가도 인간도 아니다"라고 했다. 혼마의 사상이 그로부터 2년여간 어느 정도의 진보가 있었는지 모른다. 하지만 어쨌든 이 혼마가 일본에서 민중예술론을 최초로 외친 제창자였다.

4.

혼마 히사오는 독실하지만 순진한 학자이다. 따라서 그는 엘렌 케이의 『휴양적 교양론』을 일독한 뒤 갸륵하게도 독실함을 갖게 되었으나 야스나리 사다오[12]가 혹독하게 비판한 것처럼 어설픈 민중예술론을 주장한 것이었다.

엘렌 케이의 논지는 요컨대 스웨덴의 청년사회민주당에 대해서 "휴식 시간을 늘리기 위해 싸우는 것과 함께 그 휴식 시간이 악용되지 않도록 휴양적 교양을 획득해야만 한다", "모든 점에서 구사회보다 좋은 신사회를 만들 책임을 지고 있는 청년들이 계급투쟁$^{class\ war}$과

---

12) 야스나리 사다오(安成貞雄, 1885~1924)는 평론가로 오스기와 함께 《근대사상》을 창간했다.

함께 끊임없는 교양투쟁 culture war 을 수행해야만 한다"라고 권고한 것이다. 오락에도 좋고 나쁨이 있다. 육체에도 정신에도 갱신을 가져오지 않는 오락은 유해하다. 휴양적 교양 recreative culture 이란 우선 다양한 종류의 쾌락을 식별하는 능력을 의미하며 그리고 새로운 힘을 가져오는 생산적 쾌락을 선택해서 비생산적인 쾌락을 배척하는 의지를 의미한다. 엘렌 케이는 이어서 다음과 같이 말한다.

> 모든 계급에서 대다수의 사람들은 공허한 쾌락에 빠져 있다. 그러나 이와 같은 것은 다른 어떤 계급보다도 노동자계급에게 심각하게 위험하다. 왜냐하면 열등한 쾌락에 의해 정신상의 상해를 입는 것은 모든 계급, 모든 개인에게 동일하게 유해하지만 가까운 장래에 여러 문제들을 짊어지고 나갈 제4계급이 심하게 이러한 상해를 입는 것은 앞으로의 공동단체 전체에도 유해할 것이기 때문이다.
> 노동자계급은 이 일을 위한 힘을 키우기 위해 모든 수단을, 심지어 쾌락의 수단조차도 사용해야만 한다. 그렇다면 노동자가 현재 갖고 있는 약간의 여가가 가치 없는 오락으로 허비되고 있는지, 아니면 정말로 휴양, 즉 육체적인 그리고 정신적인 힘의 갱신을 위해 사용되고 있는지는 가장 중대한 문제이다.

엘렌 케이의 이 권고에 대해서는 아무리 뒤틀린 사회민주당이라고 해도 여사女史 역시 휴양전쟁뿐만 아니라 계급전쟁도 고취하라는 말 이외에는 가만히 경청하는 수밖에 없었을 것이다. 또한 만약 혼마가 단지 그 정도로 소개하는 것에 그쳤다면 야스나리로부터 그런 얄궂은 질문을 받지 않았을 것이다.

엘렌 케이는 혼마가 말한 것처럼 "요컨대 그들 노동자에게는 비참함과 추악함이 있을 뿐이다"라고는 말하지 않았다. "자모慈母와 같은 온정"을 갖고 이 "비참함과 추악함을 누구보다 깊게 느끼고 그리고 누구보다 깊게 연민하고 있다"고 말한 것도 아니다. "거기에는 인간과 인간이 서로 포옹하는 것과 같은 정이나 인간으로서 생의 향락

● 5.1 새로운 세계를 위한 새로운 예술

같은 것 따위는 약에 쓰려고 해도 없다"고도 말하지 않은 것 같다. 그 정도로 추악한 "야만인"에게 어떻게 "인류 합체의 직접적 장래"같은 것을 맡길 수 있을까, 또한 어떻게 맡겨놓고 내버려 둘 수 있을까?

또한 엘렌 케이는 혼마가 말한 것처럼 전문적인 예비지식을 갖지 못하면 이해되지 않는 이른바 고급예술과 민중예술을 병립시키지도 않았다. "민중을 위함이란 노동자계급을 위한다는 의미이기 때문에 그런 예술은 그들 노동자들이 쉽게 감상·이해할 정도로 통속적이며 보편적이고 비전문적인 것이어야 한다"고도 말하지 않았다. 그런 오해받기 쉬운 혹은 오해받는 게 당연한 불필요한 말은 하지 않았다.

요컨대 엘렌 케이는 다만 로맹 롤랑의 민중예술론의 요지를 소개하면서 "전적으로 찬성하며" 나아가 휴양적 교양을 역설하고 현재의 민중의 오락물을 비평한 것일 뿐이다. 그리고 이 휴양적 교양을 역설한 것이 모든 일에 정신적이고 개인적이면서 온건한 엘렌 케이의 특징이다. 따라서 혼마 히사오처럼 민중예술론을 그쪽으로만, 게다가 매우 조잡하게 주장하면 상당히 기묘한 것이 되는 게 당연하다.

5.

그렇다면 엘렌 케이가 '전적으로 찬성했다'고 말한 로맹 롤랑의 민중예술론의 요지는 어떤 것인가? 롤랑의 민중예술론은 주로 민중극론이다. 지금부터는 최대한 롤랑의 말에 따라 요지를 서술하려고 한다.

> 지금 구사회는 그 번영의 절정을 넘어 이미 쇠퇴의 언덕을 내려오고 있다. 혹은 이미 빈사 상태에 있다고 해도 좋다. 그리고 그 폐허 위에 민중의 새로운 사회가 발흥하려고 한다.
> 이 새로운 발흥계급은 자신의 예술을 가져야만 한다. 결코 감출 수 없는 사상과 감정의 표현으로서, 젊은 발랄한 생명력의 발현으로 그리고 쇠퇴해가는 구사회에 대한 전투 기관으로서 새로운 예술을 가져야만 한다. 민중에 의해 민중을 위해 만들

제5장 민중예술

어진 예술을 가져야만 한다. 새로운 세계를 위한 새로운 예술을 가져야만 한다. 만약 이러한 예술이 생기지 않는다면 살아있는 예술은 없는 것이다. 과거의 미라가 잠들어 있는 일종의 묘지 같은 박물관이 있을 뿐이다.

조금의 당파심도 없이 무한하고 영원하며 보편적인 민중예술이라는 것이 존재한다고 말하는 사람이 있다. 그것은 숭고한 몽상이다. 미래의 세대가 혹시라도 가능하다면 아마도 몇 세기 뒤에나 이것을 실현할 수 있을 것이다. 그러나 지금은 영원을 현재의 순간에 두고 오늘날의 시대와 함께 살아가기 위해 노력해야 한다. 예술은 그 시대의 갈망과 떨어질 수 없다. 민중예술은 민중의 고통과 희망과 투쟁과 함께해야 한다.

어떤 아름다움이나 위대함도 청춘과 생명을 대신할 수는 없다. 여러분의 예술은 노인의 예술이다. 우리들이 만년에 우리 임무와 의무를 다한 후에 공평무사의 예술과 괴테의 청량함과 순수의 미를 바라는 것은 좋은 일이고 자연스러운 일이기도 하다. 그것은 인생이라는 여행의 최고의 이상이자 궁극의 경지이다. 그러나 그 곳에 갈 정도의 공적도 없이 너무 빨리 그곳에 도달한 사람들이나 민족은 슬퍼해야 할 것이다. 그들과 그들의 민족에게 그 청량함은 무감각이자 죽음의 전조에 지나지 않는다. 생은 부단한 갱신이다. 투쟁이다. 모든 고난의 어떤 투쟁이 훨씬 당신들의 아름다운 죽음보다도 선한 것이다.

정온한 시대와 예술은 참으로 바람직한 행복이다. 그러나 시대가 혼란스러울 때나 국민이 투쟁하고 있을 때는 국민의 편에 서서 싸우고 국민을 분기시켜, 국민이 마땅히 가야 할 길을 가로막는 무지를 타파하고 편견을 물리치는 것이 예술의 목적이다.

프리드리히 실러[13]는 이미 1789년에 『발렌슈타인』을 상연할 때 말했다.

---

13) 프리드리히 실러(Johann Christoph Friedrich von Schiller, 1759~1805)는 독일 고전주의 극작가·시인·문학이론가이다. 『발렌슈타인』 *Wallenstein*, 1899의 한국어판은 이원양 역, 『발렌슈타인』, 지식을만드는지식, 2012.

5.1 새로운 세계를 위한 새로운 예술

지금 막을 열고 있는 신시대는 시인도 낡은 길에서 떠나게 하고 여러분을 부르주아 생활의 좁은 범위에서 지금 우리가 분투·노력하고 있는 이 숭고한 시대에 어울리는 더욱 숭고한 연극으로 이전시키려고 한다. 왜냐하면 오직 큰 타이틀만이 인간의 깊숙한 오장육부를 흔들 수 있기 때문이다. 지금은 현실 자체가 시가 되었다. 그리고 사람들이 인류의 큰 이익인 주권과 자유를 위해 싸우고 있는 이러한 엄숙한 시기를 맞아 예술도 귀신을 불러 깨우는 극 안에서 더 대담한 비약을 시도할 수 있는 것이다. 그러나 예술은 이러한 비약을 시도하는 데만 그치지 않는다. 이러한 실생활의 극 앞에서 망신당한 뒤 사라지고 싶지 않다면 꼭 이것을 시도해봐야 한다.

만약 예술이 이 시대에 부응할 수 있다면 예술은, 적어도 살아있는 예술은 소멸해야 한다. 또한 이러한 신예술을 창조할 수 없는 민중은 운명을 포기해야 한다. 이처럼 민중예술의 문제는 민중에게도, 예술에도 실로 죽느냐 사느냐의 문제이다.

민중도 두 종류의 민중이 있다. 하나는 빈궁에서 벗어나자마자 바로 부르주아에 혹해서 피를 빨려버린 자들이다. 다른 하나는 이런 행복한 형제에게 버림받고 빈곤의 밑바닥에서 신음하는 자들이다. 부르주아 정책은 후자를 절멸하고 전자를 동화시키기 위한 것이다. 그리고 우리 자신의 정책이자 우리의 예술적·사회적인 이상은 이 두 종류의 민중을 융합시켜 민중 자신이 계급적인 자각을 하게 하는 일이다.

만약 민중이 제2의 부르주아가 되어 그들처럼 향락은 조잡하고 도덕은 위선적인 데다 우둔하고 무감각한 자가 된다면 우리는 더는 민중 따위를 걱정하지 않을 것이다. 목청만 높이는 텅 빈 예술이나 송장과 같은 인류의 목숨을 부지하게 하는 일은 우리와는 아무 상관 없는 일이다.

제 5 장 민중예술

그러나 우리는 민중의 젊은 생명력을 믿는 바이다. 또한 인류의 도덕적이고 사회적인 혁명을 믿는 바이다.

이와 같은 민중예술에 대한 우리의 신앙, 즉 파리 한량들의 나약한 고상함을 상대로 집합적인 생활을 표명하고 종족의 갱생을 준비하며 촉진하는 건강한 남성적 예술을 건설하려는 이 열렬한 신앙은 우리 청년 시절의 가장 순결하고 가장 건전한 힘 중 하나였다. 우리는 결코 이 신앙을 잃지 않을 것이다.

6.

로맹 롤랑이 말하는 민중예술론의 핵심은 이런 것이다. 하지만 이것은 결국 이상이다. 신앙이다. 이런 이상과 신앙이 실현되기 전에 '민중에 의한' 예술보다 먼저 '민중을 위한' 예술이 태어나야 한다.

지금 예술은 이기주의와 혼란으로 골치를 썩고 있다. 소수의 사람은 예술을 특권으로 삼고 있다. 민중은 예술에서 멀어져 있다. 국민 가운데 가장 수가 많고 가장 활력이 있는 부분이 예술 안에서는 어떤 표현도 가지지 못한다. 이렇게 사상은 참혹할 정도로 빈약해지고 예술에도 중대한 위험이 닥치고 있다. 예술을 어떤 특정 계급의 독점적 향락으로 삼는 것은 예술을 빼앗긴 계급의 사람이 결국 예술을 증오하고 파괴하도록 이끄는 일이다.

예술을 구제하기 위해서는 예술에 생명의 문호를 개방해야 한다. 그곳에서 다양한 사람들을 포용해야 한다. 평민에게도 발언권을 부여해야 한다.

그러나 생은 죽음과 연결 지을 수 없다. 과거 예술의 사분의 삼 이상은 이미 죽었다. 과거의 예술은 생에 아무런 도움이 되지 않는다. 오히려 빈번하게 생을 해하는 위험조차 있다. 건전한 생의 필수조건은 생이 새로워짐에 따라 예술이 끊임없이 새로워 질 수 있는 데에 있다.

모든 것은 다만 그것이 태어난 장소와 시대에서만 좋기 마련이다. 선과 미가 절대적 존재라거나 영원한 관념이라는 것은 믿을 수 있다. 하지만 표현은 인간 마음의 양식에 따라 달라진다. 선택받은 사람들에게 미^{美}일지라도 민중에게는 추^{醜}가 되고, 선택받은 사람들의 욕망과 마찬가지로 정당한 권리를 갖고 있는 민중의 욕망에는 부합하지 않는 경우도 있다. 20세기 민중에게 과거 세기의 귀족적 사회의 예술과 사상을 강요할 수는 없다.

종종 부르주아 비평가는 말한다. 민중은 자신보다 상위 계급의 사람을 주인공으로 내세운 소설이나 각본이 아니면 좋아하지 않는다. 부유한 사회의 묘사는 민중 자신들이 처한 싫증 날 정도로 권태로운 빈곤을 잊게 한다는 의미이다. 어쩌면 민중이 반수면 상태인 동안에는 그럴지도 모른다. 그러나 인격의 감정이 각성하여 시민으로서의 품위를 자각하게 된다면 민중은 이와 같은 줏대 없는 예술을 부끄러워해야 한다. 그리고 민중을 존경하는 사람들의 의무는 이와 같은 예술에서 민중을 구출하는 일이다.

민중은 부르주아 예술의 찌꺼기를 긁어모으는 것보다 훨씬 더 가치 있게 할 무언가를 가지고 있다. 현재 예술의 관객을 늘리려고 노력하지 않아도 된다. 우리는 현재의 예술을 위해 활동하는 것이 아니다. 우리는 예술의 선^{善}과 민중의 선이라는 것만 생각하면 된다. 그리고 현재의 보편적인 예술적 교양을 보급하는 일이 마치 예술의 선 혹은 민중의 선이 된다고 믿는 일 따위는 지나치게 오만한 낙천주의일 수밖에 없다.

우리가 목적하는 바는 평민의 선만이 아닌 예술의 선이다. 인간 영혼의 위대함이다. 인간 영혼의 다양한 창조력으로 그리고 이 창조가 있기에 비로소 생명에 가치가 주어지는 것이므로 우리는 예술을

제5장 민중예술

한없이 숭배하는 바이다.

우리는 핏기 없는 예술에 생기를 불어넣고 빈약한 가슴을 풍만하게 하고 민중의 힘과 건강을 그 안에 불어넣으려 한다고 말하는 것이다. 우리는 인간 영혼의 영광을 민중을 위해 사용하겠다고 말하는 것이 아니다. 그 영광을 위해 민중이 우리와 함께 활동하게 한다는 말을 하는 것이다.

이런 의미에서 민중예술의 첫 번째 조건은 오락이다. 민중예술은 먼저 민중을 위한 것이면서 하루의 노동으로 지친 노동자를 위한 육체적이고 정신적인 휴양이어야 한다.

게으른 자의 이성과 지혜에조차 종종 많은 해악을 미치는 데카당스 예술의 마지막 소산을 민중에게 부여할 수는 없다. 또한 선택받은 사람들의 고통이나 번민이나 의혹은 그 사람들 자신이 보관해두는 편이 좋다. 민중에게는 민중 자신의 고통·번민이나 의혹이 이미 차고 넘친다. 그 이상 늘릴 필요는 없다. 소수의 어떤 사람들이 마치 '족제비가 달걀을 빨아먹듯 우울을 흡수하는' 일을 좋아한다며 귀족들의 지식적 금욕주의를 민중에게 강요할 수는 없다. 썩은 나무 위에 생긴 거대한 이끼처럼 유혹적인 그러나 일부의 행위를 죽이는 몽상으로 망친 선택된 사람들의 병적 감정의 복잡함을 평민에게 강요할 수는 없다. 우리가 아무리 그 병을 우리 자신 안에서 키우는 일에 만족한다고 해도 우리의 병을 민중에게 감염시킬 수는 없다. 우리보다 더 건전하고 가치있는 종족을 만드는 일에 힘써야 한다.

민중은 맹렬한 연극을 좋아한다. 그러나 그 맹렬함은 실생활에서도 그렇지만 무대에서도 민중이 자신을 동화시키면서 보고 있는 주인공을 파멸시켜서는 안 된다. 민중은 자신이 아무리 포기하고 아무리 낙담하더라도 그 몽상의 인물을 위해서는 꽤 낙관적이다. 슬픈 결말은 견딜 수가 없다. 마지막에 선이 이긴다는, 모두가 마음속에 품고

5.1 새로운 세계를 위한 새로운 예술

있는 충심에서 생긴 확신이 연극 속에서 증명되어야 한다. 이것은 민중의 마음이 순진하기 때문이 아니라 오히려 건전하기 때문이다. 민중이 가진 이 확신에는 도리가 있다. 이 확신은 생활에 꼭 필요한 하나의 힘이고 진보의 법칙이기도 하다.

그렇다면 민중에게는 자신을 실컷 울려놓고 마지막에 가서 행복하게 잘 살았다는 결말의 멜로드라마 뿐이라는 것일까? 절대 그렇지는 않다. 그런 조잡한 허위는 알코올처럼 민중을 무기력하게 만드는 최면제이고 마취제이다. 우리가 예술에게 맡겼다고 생각하는 오락의 힘이 정신적인 활력을 희생하는 것이어서는 안 된다. 그것과 완전히 반대여야만 한다.

두 번째, 민중예술은 활력의 원천이어야 한다. 활력을 약화하거나 기를 꺾는 일은 피해야 한다는 의무는 지극히 소극적이다. 따라서 이 의무에는 필연적으로 정반대인, 즉 활력을 얻게 하고 강화하는 적극적인 면이 있다. 민중예술은 민중을 쉬게 하여 이튿날의 활동에 적합하게 해야 한다.

세 번째, 민중예술은 이지理智를 위한 광명이어야 한다. 민중을 그 목적지로 곧장 이끌어야 하고 가는 도중에 자신의 주위를 잘 볼 수 있도록 가르쳐주어야 한다. 어두운 그늘과 습곡과 요괴로 가득찬 인간의 무서운 두뇌 속에 빛을 밝혀야 한다. 노동자란 육체는 움직이고 있지만 사상은 대개 쉬고 있다. 이 사상을 움직이게 하는 것이 중요하다. 그리고 조금이라도 사상을 움직이게 할 수 있다면 그것은 노동자에게 쾌락이기도 하다. 그러나 민중을 오직 생각하게 하고 움직이도록 하는 상태에 두는 것에 그쳐서는 안 된다. 어떻게 생각하고 어떻게 움직여야할까를 가르쳐야 한다. 그렇게 해서 노동자로 하여금 온갖 사물을, 인간이나 또는 자기 자신을 명확하게 관찰·심판하게끔 깨우쳐야 한다.

제 5 장 민중예술

환희와 활력과 이지, 이것이 민중예술의 주된 조건이다. 그 밖의 모든 조건은 자연히 갖춰진다. 그리고 설법이나 설교는 겨우 예술을 좋아하게 된 사람조차도 싫어지게 만드는 수단으로서 참으로 졸렬하고 비예술적인 것이다.

또한 이러한 종류의 민중예술은 이른바 근대의 사회극과도 다르다. 예컨대 평민을 가장 잘 이해하고 가장 사랑한 현대인 톨스토이는 그토록 엄격하게 자신의 오만을 자제했음에도 불구하고 사도使徒라는 사명과 함께 자신의 신앙을 타인에게 강요할 수밖에 없는 강한 욕망, 그 예술상의 리얼리즘의 요구가 『어둠의 힘』[14] 등에서는 그의 커다란 자비심보다도 훨씬 강했다. 이와 같은 작품은 민중을 위해서는 유익하다기보다 오히려 낙담시키는 것이다. 요컨대 이 『어둠의 힘』이나 『직공』과 같은 작품은 빈궁의 긴 절규이거나 혹은 비극이며, 그 기우나 절망이 이미 생활 때문에 충분히 괴로워하는 빈민에게 기운을 북돋운다거나 위안을 주지 못한다. 이러한 작품은 오히려 부자의 양심을 각성시키기 위한 것 혹은 빈민 가운데 선택받은 소수의 사람들을 위한 것이다.

7.

그러나 주로 이 '민중을 위한' 예술이 민중에게 향락되기 위해서 또는 진정으로 '민중에 의해' 예술이 창조되기 위해서는 예술에서의 노력만으로는 충분하지 않다.

'일찍이' 이탈리아의 혁명가 마치니[15]는 말했다. 당시 그는 아직 젊은 나이로 자신의 생애를 문학에 공헌할 작정이었다.

---

14) *Vlast' t'my*, 1886은 톨스토이의 희곡이다. 한국어판 한현희 역, 『어둠의 힘』, 뿌쉬킨하우스, 2017.
15) 주세페 마치니(Giuseppe Mazzini, 1805~1872)는 이탈리아의 혁명가·저술가이다.

● 5.1 새로운 세계를 위한 새로운 예술

일찍이 나는 이렇게 생각했다. 예술이 있기 위해서는 먼저 국민이 있어야 한다고. 당시 이탈리아에는 둘 다 없었던 것이다. 조국도 없고 자유도 없는 우리는 예술을 가질 수도 없었다. 그러니까 우리는 먼저 '우리는 조국을 가질 수 있을 것인가'라는 문제에 헌신해 조국을 건설하기 위해 노력해야 했던 것이다. 그리하여 이탈리아의 예술은 우리의 무덤 위에서 피어났다.

우리도 한 번 말해보자. 여러분은 민중예술을 바라는가. 그렇다면 먼저 민중 그 자체를 갖는 것부터 시작하자. 그 예술을 즐길 수 있는 자유로운 정신을 갖고 있는 민중을. 가혹한 노동이나 빈궁에 유린당하지 않는 한가로운 민중을. 온갖 미신이나 좌파 혹은 우파의 광신에 미혹되지 않는 민중을. 자신의 주인이면서 지금 계속해서 행해지고 있는 항쟁의 승리자인 민중을. 파우스트는 말했다. "최초에 행위가 있다"라고.

이리하여 로맹 롤랑은 그의 민중예술의 당연한 결론으로서 예술적 운동과 함께라기보다는 오히려 그에 앞서 사회적 운동을 따라야 한다고 단언했다.

그런데 반대로 내가 일본에서 민중예술론자들을 볼 때 이 점에 있어서 과연 얼마만큼의 준비나 각오가 되어있을까. 적어도 이런 점에 대해 생각이나 할까.

역시 로맹 롤랑은 그의 민중예술론을 노동운동론과 결부시키면서 그의 예술론도 생활론으로 끝맺고 있다. 그는 말한다.

> 나는 극을 좋아한다. 극은 많은 사람들을 같은 정서 아래 두고 우애적으로 결합시킨다. 극은 모두가 그 시인의 상상 가운데에서 활동과 정열을 맛볼 수 있는 크나큰 식탁과 같은 것이다. 그러나 나는 극을 맹신하고 있지는 않다. 극이란 가난하고 불안한 생활에 있는 그의 사상적 피난처를 몽상 속에서 구하는 것을 전제로 한다. 만일 우리가 더욱 행복하고 자유롭다면 극은 필요

제5장 민중예술

없을 터이다. 생활 자체가 우리들의 영광스러운 구경거리가 될 것이다. 이상적인 행복은 우리가 그것을 좇으면 좇을수록 점점 멀어지는 것이기 때문에 결국에는 우리가 그것에 도달할 수는 없다. 하지만 인간의 노력이 예술의 범위를 점점 좁히고 생활의 범위를 점점 넓혀간다면 예술은 닫힌 세계·상상의 세계가 아닌 생활 자체를 장식하게 될 것이라는 점을 굳이 말해둔다. 행복하고 자유로운 민중에게는 벌써 극 따위는 필요가 없어지고 축제가 필요해진다. 생활 그 자체가 그들의 훌륭한 구경거리가 된다. 민중을 위한 이 민중의 축제를 할 준비를 해야 한다.

근대 최대의 예술가인 바그너[16]도 젊은 솔직함으로 굳이 이렇게 말하고 있다.

> 만일 우리가 생을 가진다면 우리는 예술이 필요하지 않게 된다. 예술은 꼭 생이 끝날 무렵 시작된다. 생이 만약 우리에게 아무 것도 주지 않게 될 때 우리는 예술품이 되어 '나는 이와 같이 바란다'고 부르짖는다. 진정 행복한 사람이 왜 예술을 하려고 하는지 나는 알 수 없다. … 예술은 우리 무력함의 고백이다. … 예술은 하나의 갈망에 지나지 않는다. … 나의 젊음이나 건강을 다시 보기 위해서는, 자연을 즐기기 위해서는, 더없이 나를 사랑하는 여인을 위해서는, 아름다운 아이를 위해서는 내 모든 예술을 줄 수 있다. 자, 나의 모든 예술을 지금 여기에 내놓는다. 그 남은 것을 나에게 달라.

만일 우리가 "이 남은 것" 중에서 조금이라도 불행한 사람들에게 줄 수 있다면, 생에 조금의 기쁨이라도 줄 수 있다면 설사 그것이 예술을 희생하는 것이라 해도 우리는 이것을 후회하지 않을 것이다. 나 또한 로맹 롤랑과 함께 이 새로운 세계를 위한 새로운 예술론을 실생활론으로 끝맺고 싶다.

---

16) 빌헬름 리하르트 바그너(Wilhelm Richard Wagner, 1813~1883)는 독일의 작곡가, 극작가, 연출가, 지휘자, 음악 비평가 및 저술가이다.

5.2 사회문제인가 예술문제인가[17]

최근에 내가 《와세다문학》에 쓴 「새로운 세계를 위한 새로운 예술」[18]이라는 제목의 글에 대해 민중예술의 문제가 순수예술론에 속하는 것인지 혹은 사회문제에 속하는 것인지와 같은 아주 이상한 의문을 제기한 사람이 있다. 그 사람은 니시노미야 도조[19]씨다.

도조씨에 따르면 민중예술론자들은 하나같이 이 문제의 의의와 범위를 명확하게 의식하고 있지 않다. 따라서 모두 애매하고 불철저한 논의에 빠져 있다. 종래의 민중예술론자는 자못 도조씨가 말하는 대로였다. 그래서 나는 그것에 분개하여 적어도 논의로서 민중예술의 문제를 철저히 해두기 위해 그 글을 썼던 것이다.

그들은 민중이라는 것이 어떤 사람을 가리키는 것인지조차도 명확히 알지 못했다. 민중예술의 민중이란 평민노동자를 말한다. 그리고 그들은 민중과 예술이라는 두 개의 명사 사이에 끼어있는 전치사가 무엇을 위한 것인지, 무엇을 소유하는 것인지 또는 무엇에 의해 만들어지는 것인지조차도 잘 알지 못했다. 민중예술은 이러한 전치사 전부를 포함하지 않으면 안 되는 것이다. 마지막으로 그들은 민중예술이라는 것이 민중을 위한 것인지, 예술을 위한 것인지를 전혀 알지 못했다. 민중을 위한 것이라고는 알고 있어도 예술을 위한 것이라고는 아무도 알지 못했다.

민중예술론의 요점은 요컨대 이 세 가지에 있다. 그리고 이 요점은 세상 온갖 사물의 민본주의적 경향에서 유래한다고 하는 애매한

---

[17] 「사회문제인가 예술문제인가」(社會問題か藝術問題か, 1917.1). 《문명비평》 제1권 제1호에 발표되었고, 이후 『자유의 선구』에 수록된다.
[18] 《와세다문학》 143호, 1917.10
[19] 니시노미야 도조(西宮藤朝, 1891~1970)는 문예비평가·번역가·프랑스철학연구자·교육가이다. 1918년 《와세다문학》의 편집에 가담하여 평론 및 번역을 발표하였다.

제5장 민중예술

견해로는 도저히 다 파악할 수가 없다. 세계가 지금 어떠한 변환기에 처해 있는가. 그리고 이른바 민중이 이 세계의 변환에 어떠한 역할을 하려고 하는가. 우선 이 사실을 확실히 파악하지 않으면 안 된다. 그리고 예술의 어떤 표현이 이 세계의 변환에는 무관심한 채 영원한 생명을 가지고 있는지 아닌지를 알아야 한다.

나의 「새로운 세계를 위한 새로운 예술」은 민중예술론이 가진 이러한 내용을 처음으로 일본 문단·사상계에 명확하게 밝힌 것이었다. 종래의 민중예술론자에게도 민중예술이라는 것이 그러한 것임을 비로소 깨닫게 한 것이었다.

니시노미야 도조씨가 《문장세계》[20] 12호에 발표한 「민중예술론의 출발점」은 민중예술론자의 애매함과 불철저함을 언급하면서 더욱이 문제의 의의와 범위를 명확히 하려고 분발한 것이지만 그리고 특히 나 한 사람의 이름을 들어 자각 없이 부르짖은 것이지만, 사실 그 대부분은 나한테 배운 것을 무단으로 베껴 쓴 것이다. 다만 도조씨는 나한테 배운 것을 그대로 베껴 쓰지 않고 중간 중간에 자신의 얕은 지식을 드러내고 있어서 상당히 형편없는 것으로 만들었다.

도조씨는 먼저 민중예술의 문제가 사회문제이면서 동시에 예술문제라는 것을 불분명하게나마 나를 통해 알았다. 그리고 내가 사회문제로서의 민중예술과 예술문제로서의 민중예술을 혼동해서 문제의 성질을 흐리게 하고 혼란스럽게 만들었다고 말한다.

도조씨의 논의 전체를 읽어보니 내가 민중예술을 단지 예술론의 범위 안에서만 논했다면 마음에 들었을지도 모른다. 신성한 예술론 속에 하등한 사회문제론 따위를 섞은 게 잘못이라고 말하는 것 같다.

도조씨가 나의 글에서 "민중예술의 당연한 논의로서 예술적 운

---

[20] 《문장세계(文章世界)》는 하쿠분칸(博文館)이 1906년부터 1920년까지 발행한 잡지로, 1권 1호부터 15권 12호까지 발간되었다.

동과 함께 혹은 오히려 그에 앞서 사회적 운동을 따르지 않으면 안 된다"고 말하는 것이나 "증오나 반항에 미가 있는지 없는지 문제는 어떻든 상관없다. 그러나 이 증오나 반항에 가담하지 않는 자는 전혀 예술가도 아니고 인간도 아니다"고 말하는 것에서 특히 뒷 문장의 인간 두 글자에 방점을 찍고 분개해서 인용한 것을 보면 씨의 부르주아적 정신을 증명하고도 남는다.

그러나 민중예술의 문제가 가진 예술적 성질과 사회문제적 성질은 단지 "관점에 따라서는" 따위와 같은 애매한 관계의 것은 아니다. 방패의 양면이라기보다는 오히려 화학적으로 화합했다고 하는 편이 나을 정도의 것이다. 산소와 수소를 분리시키면 물은 사라져버리는 것처럼 이 두 개의 성질을 완전히 분리하면 민중예술의 문제도 사라져버린다.

민중이 만약 언제까지나 노예 처지에 있고 제대로 먹지도 못한 채 그저 고생하면서 일만 하는 동물이라면 어째서 그들에게 예술 따위가 필요할까? 또 오늘날 퇴폐하고 부패한 세계가 만약 언제까지나 이 상태로 존속한다면 어째서 이 세계의 반영이면서 동시에 퇴폐하고 부패한 예술에 갱생 따위가 필요할까? 민중예술의 문제는 이 두 개의 있을 수 없는 가정의 부정에서 생겨난다. 그것과는 완전히 상반된 두 개의 사실에서 생겨난다.

도조씨가 내가 가르쳐준 대로 민중예술을 "민중에 의해 태어난 예술"과 "민중을 위한 예술"과 "민중이 소유하는 예술"처럼 세 가지의 해석으로 분류한 것은 좋다. 그러나 그 하나 하나를 자세하게 설명하면 대부분 뻔하고 얕은 지식만 남는다.

민중에 의해 태어난 예술에는 민중 가운데서 예술가가 태어나는 것과 민중을 재료로 한 예술가가 태어나는 것, 두 가지의 의의가 있다고 한다. 전자는 단지 예술가의 출생계급을 표준으로 하고 후자는 예술재료로 삼은 생활이나 감정의 소속계급에 의해 결정된다. 전자의 의미에서는 고리키[21]파 예술가가 있다. 시라카바파白樺派[22]의 작가들은 귀족예술가이다. 후자의 경우 좋은 의미에서는 톨스토이, 나쁜 의미에서는 무라카미 나미로쿠[23]가 속할 것이다.

민중을 위한 예술에서는 하급노동자의 무지를 계발하고 교화하는 교도예술敎導藝術과 영화, 연쇄극[24] 따위의 희극예술, 민중의 생활개조예술이라는 세 가지 해석이 있다고 한다.

마지막으로 민중이 소유하는 예술에는 민중이 접할 기회가 많은 예술과 민중이 이해하기 쉽거나 환영받는 예술이라는 두 가지 해석이 있다고 한다. 전자는 무료 혹은 아주 싼값의 흥행물이나 인쇄물이다. 후자는 야담·창극[25]·신문소설·신파극 등 "될수록 많은 민중이 가지고 있을 법하거나 가질 수 있는 사상 내지 감정—그것이 동시에 아주 천박하고 저급한 것임은 당연하다—에 주로 호소하는 것이다."

그러한 것을 민중예술이라고 해서 안 될 것도 없다. 그러나 그렇게 해석하고 분류한 그 어디에 철저함이 있고 그 어디에 명료함이 있는가. 정말 바보같은 소리는 작작하는 게 좋다.

하고 싶은 말이 많지만 벌써 지면이 얼마 남지 않아서 성가신 일은 나중으로 미루고 한 칼에 정리하려고 한다.

---

21) 막심 고리키(Maxim Gorky, 1868~1936)는 러시아 소설가이다. 프롤레타리아트의 최하층 출신으로『어머니』(1906),『어린 시절』(1912~13) 등을 남겼다.
22) 무샤노코지 사네아쓰(武者小路實篤), 시가 나오야(志賀直哉), 아리시마 타케오(有島武郎), 야나기 무네요시(柳宗悅) 등 학습원(學習院) 출신의 귀족 청년들이 1910년에 창간한 잡지《시라카바(白樺)》를 중심으로 활동한 데서 붙은 명칭이며 톨스토이류의 이상적인 인도주의를 표방하였다.
23) 무라카미 나미로쿠(村上浪六, 1865~1944)는『당세오인남(當世五人男)』(1896)으로 민중들의 인기를 끌었던 소설가이다.
24) 무대에서 연극을 상연하는 도중에 실제 공연이 어려운 장면이나 풍경을 영상으로 만들어 중간에 끼워 넣는 형식을 가리킨다.
25) 나니와부시(浪花節)는 샤미센(三味線)의 반주로 부르는 의리와 인정을 주제로 한 창극으로 에도 말기에 생겨나 메이지 시대에 성행했다.

민중예술이란 새로운 사회의 어쩔 수 없는 표현이다. 그 언어이다. 그 사상이다. 그리고 위기에 처했을 때 자연스러운 형세로 조락하기 시작한 노쇠한 구사회를 상대로 투쟁하는 하나의 기관이다.

민중예술은 예술에도 민중에게도 생사의 문제이다. 만약 예술이 민중을 받아들이지 않는다면, 예술은 그 대표하는 사회와 함께 멸망할 수밖에 없다. 만약 민중이 예술의 길을 찾지 못하면, 인류는 타락하고 그 운명을 내던질 수밖에 없다." (로맹 롤랑)

5.3 정의를 구하는 마음[26]

민중은 최후에는 선이 이긴다고 하는, 모두가 마음속에 간직하고 있는 충심에서 비롯된 확신이 연극 속에서 증명되지 않으면 동의하지 않을 것이다. 이것은 그들의 마음이 순진하기 때문이 아니라 오히려 건전하기 때문이다. 민중의 이 확신에는 도리와 이치가 있다. 이 확신은 생명에 필요한 힘이고, 또한 진보의 법칙이기도 하다.

이것은 로맹 롤랑이『민중예술론』[27] 중「단순한 도덕」이라는 항목에서 민중극 각본가가 유념해야 할 사항 중 하나로 언급한 것이다. 그리고 로맹 롤랑은 민중극의 첫 번째 조건으로 오락을 이야기한 부분에서도 이와 관련해서 다시 다음과 같이 말한다.

> 소수의 어떤 사람들이 마치 '족제비가 달걀을 빨아먹듯 우울을 흡수하는' 일을 좋아한다며 귀족들의 지식적 금욕주의를 민중에게 강요할 수는 없다. 썩은 나무 위에 생긴 거대한 이끼처럼 유혹적인 그러나 일부의 행위를 죽이는 몽상으로 망친 선택된 사람들의 병적 감정의 복잡함을 평민에게 강요할 수는 없다. 우리가 아무리 그 병을 우리 자신 안에서 키우는 일에 아무리 만족한다고 해도 우리의 병을 민중에게 감염시킬 수는 없다. 우리보다 더 건전하고 가치있는 종족을 만드는 일에 힘써야 한다.
>
> 민중은 맹렬한 연극을 좋아한다. 그러나 그 맹렬함은 실생활에서도 그렇지만 무대에서도 민중이 자신을 동화시키면서 보고 있는 주인공을 파멸시켜서는 안 된다. 민중은 자신이 아무리 포기하고 아무리 낙담하더라도 그 몽상의 인물을 위해서는 꽤 낙관적이다. 슬픈 결말은 견딜 수가 없다. 마지막에 선이 이긴

---

26)「정의를 구하는 마음」(正義を求める心, 1918.1).《문명비평》제1권 제1호에 발표되었고, 이후『정의를 추구하는 마음』에 수록된다.

27) 로맹 롤랑의 평론으로 보통『민중극론』Le Théêtre du peuple, 1903으로 번역되며 당시 동아시아 문인들에게 큰 영향을 끼쳤다.

● 5.3 정의를 구하는 마음

다는, 모두가 마음속에 품고 있는 충심에서 생긴 확신이 연극 속에서 증명되어야 한다. 이것은 민중의 마음이 순진하기 때문이 아니라 오히려 건전하기 때문이다. 민중이 가진 이 확신에는 도리가 있다. 이 확신은 생활에 꼭 필요한 하나의 힘이고 진보의 법칙이기도 하다.

그렇다면 민중에게는 자신을 실컷 울려놓고 마지막에 가서 행복하게 잘 살았다는 결말의 멜로드라마 뿐이라는 것일까? 절대 그렇지는 않다. 그런 조잡한 허위는 알코올처럼 민중을 무기력하게 만드는 최면제이고 마취제이다. 우리가 예술에게 맡겼다고 생각하는 오락의 힘이 정신적인 활력을 희생하는 것이어서는 안 된다. 그것과 완전히 반대여야만 한다.(「노동운동과 개인주의」[p.234])

생명의 일반법칙은 공격에 대한 방어이다. 게다가 이 방어는 매우 자주 반격이자 방어적 공격으로 나타난다. 이것이 생활조직의 반사운동 혹은 자극성에서 유래하는 생명의 원시적 본능이다. 이 본능이 없다면 생명은 불가능하다. 그리고 이 본능의 발달로부터 확보되는 만큼, 더욱 쉽게 살아남는다.

개나 아이와 놀고 있을 때도 마찬가지이지만 가끔은 일부러 져주지 않으면 정말 물릴 수 있다. 맞아도 되갚을 수 없다는 것은 생존경쟁의 열패감을 느끼게 한다. 불평등을 느끼게 한다. 그래서는 도저히 견딜 수 없다. 살아가기 위해서는 때린 자에게는 되갚아주고 물리면 똑같이 물어줄 수 있어야 한다. 다른 곳에서 가해진 선악을 되갚을 수 없는 존재는 결국 생존경쟁의 장 속에서 사라질 수밖에 없다. 살아갈 수 없는 것이다.

생명이라는 것은 요컨대 복수다. 살아가는 것을 방해하는 훼방자에 대한 끊임없는 복수이다. 복수는 모든 생물에게 있어서 생리적인 요구이다.

제5장 민중예술

이런 생명의 요구는 고등동물인 인간에게 있어서도 다소 변화는 있지만 소멸하지는 않는다. 다른 여러 본능과 같이 그 방향이 변해도 그 힘은 여전히 존재한다. 의식적이 되더라도 약해지지는 않는다.

도덕 본연의 성질이라는 것은 생명에 필수적인 힘의 긍정이다. 자기와 타인에 대한 생활본능의 존중이다. 그리고 이 존중이 동물 및 인류 사회생활의 근저에 있고 또한 정의의, 자유·평등·우애의 근본 도리이다.

증오는 생활본능의 한 양식이다. 생명에 위험을 느끼는 것이다. 생물에게는 신경·근육계통의 귀중한 자극물이다.

다시 로맹 롤랑의 『민중예술론』에 있는 말을 다음과 같이 인용한다.

> 난폭함이라는 것은 결코 예술의 부대물이 아니다. 인간의 양심이 그것과 충돌해서 그것을 타파해야만 하는 부정불의의 부대물인 것이다. 예술은 투쟁의 절명이 목적이 아니다. 예술의 목적은 생을 풍부하게 하고 강력하게 하며, 더욱 크고 선하게 하는 것에 있다. 그러므로 만약 사랑과 결합하는 것이 그 목적이라면 증오는 아마도 어느 기간까지는 그 무기가 된다. 성 앙투안느 교회의 노동자가 모든 증오는 악이라고 주장하며 설교를 멈추지 않는 강연자에게 말했다. '증오는 선이다. 선은 증오다. 피압제자가 압제자에 반항해서 일어서게 하는 것이 이 증오다. 내가 어떤 남자가 다른 사람을 압제하고 있는 것을 본다면 그 압제에 분노한다. 그 남자를 증오한다. 그리고 분개하면서 증오하는 자신을 정당하다고 생각한다.' 악을 증오하지 않는 것은 또 선도 사랑하지 않는 것이다. 부정불의를 보고도 그것과 투쟁할 마음이 생기지 않는 것은 예술가도 아니고 또한 인간도 아니다.

부정불의라는 것은 자기 및 타인이 가진 생활본능의 유린이다. 최근 범죄학의 한 학자는 말한다. 범죄라는 것은 개인성의 침해라고.

5.3 정의를 구하는 마음

유인원의 일종이 다른 온갖 생물보다 우월하여 결국 인류로 발전할 수 있던 것은 생물학상 및 해부학상의 여러 가지 이유를 제외한다면 주로 단체 구성원의 상호 생활의지에 대한 무의식적인 승인이 고도로 발달했기 때문이다. 종족과 개인이 완전히 동일시되기까지 상호적 생활의지가 존중되었기 때문이다. 사회적 본능이 탁월했기 때문이다.

민중에게는 원시 이래 자유와 평등과 우애의 전통이 있다. 민중은 매우 실제적이고 활동적이다. 보고 듣는 모든 사물에서 행위의 규칙을 찾아내려고 한다. 타인의 생활 자체를 도덕의 실례로 보려고 한다.

탁월한 사회적 본능은 어떤 나쁜 사례의 성공이 자신의 귀에 속삭이며 악을 장려하는 것에 분노한다. 그리고 이 나쁜 사례의 성공이라는 것에서 그 사회의 파멸 한 요소를 발견한다. 자기 및 타인에게 닥칠 위험을 예감한다.

악이 성공하는 것은 견딜 수 없다. 무슨 수를 써서라도 악을 쳐부셔야 한다. 적어도 최후의 승리가 악인의 것이 되어서는 안 된다. 이리하여 민중은 항상 악이나 부정불의의 승리에 반항한다. 그리고 이 반항의 논리적 결과는 그 승리를 결코 확정적인 성질의 것으로 보지 않는 신앙으로 인도한다. 이 신앙은 동시에 또 진보의 신앙이다. 생명의 발전에 끝이 없이 나아가는 전진의 신앙이다.

민중이 지금 공격자와 방어자의 격투를 방관하려고 한다. 민중은 언제나 방어자에 동정한다. 그리고 공격자가 물러난 때 박수를 친다. 공격자는 적어도 겉으로 보기에는 그 순간의 치안을 문란하게 한 자이다.

경찰과 도둑이 격투하고 있을 때도 민중은 역시 내심 경찰의 실패와 패배를 바란다. 그 첫째 이유는 경찰이 치안유지자이고 도둑이

제5장 민중예술

치안문란자라고 배워온 이론과 감정에 따르지 않고 다만 그 순간에 겉으로 보이는 상황만 따르기 때문이다. 그리고 둘째 이유는 민중의 마음 깊은 곳에 과거에 배운 이론과 감정에 반하는 뭔가가 잠재하고 있기 때문이다. 우리는 이 후자의 감정을 왠지 두려워한다.

이 신앙이 파괴되었을 때 개인과 사회의 생명은 정체한다, 파멸한다.

그러나 생명력은 강하다. 특히 민중의 생명력은 강하다. 정의가 현실에서 행해지지 않게 되었을 때 민중은 질식할 것 같은 압제를 참아내면서 은밀히 새로운 생활양식의 사회적 동경을 하기 시작한다.

종교는 이 정의를 구하는 마음이 흘러넘치는 것 중 하나이다. 다만 종교는 이 정의적 실현을 현실에서 체념한 채 몽상 속에서 찾는다.

섭리라는 것을 인정하지 않는 종교는 없다. 섭리란 요컨대 선에는 행복, 악에는 고통이라고 하는 배분적 정의를 말하는 것으로 그것이 이 세상에서는 충분히 행해지지 않지만 저 세상에서는 완전하게 회복된다고 한다. 혹은 좀 더 근대적으로 말하면 육체적으로는 충분히 행해지지 않지만 정신적으로는 완전히 회복된다고 하는 것이다. 종교의 본질은 이러한 믿음에 기초한다.

불교·기독교·이슬람교 등 모든 종교는 정의가 현실에서 완전히 쇠퇴하려 하는 시기와 장소에서 나타났다. 빈부의 격차와 함께 생활본능의 상호 존경이 상실했을 때 민중의 새로운 사회적 동경과 함께 나타났다. 원시기독교로의 회귀라는 몇 차례의 기독교 종교개혁운동 또한 같은 상황에서 생겨났다.

그러나 민중은 벌써 이미 자주 종교에 속아왔다. 저 세상이나 내적인 배분적 정의에 만족하기에는 지나치게 실제적인 데다 활동적이다. 종교는 이미 민중에게는 소용이 없다.

5.3 정의를 구하는 마음

현실에서 지나칠 정도로 자주 정의의 패배를 맛보는 민중, 생활 본능이 너무 심각하게 유린되고 있는 민중은 이제는 정의의 승리에 굶주려 있다. 현실에서는 물론 적어도 문자에서, 무대에서만이라도 정의를 구하는 마음의 만족을 추구하고 있다.

만약 예술이 민중의 이 요구에, 새로운 사회적 동경에 응하지 않는다면 필시 민중은 영구히 예술을 돌아보지 않게 될 것이다. 또 만약 예술이 민중의 이 요구를 극히 피상적으로 해석하여 다만 울고 웃게 하면서 민중이 현실을 망각하게 하는 일밖에 하지 않는다면 예술은 그 민중과 함께 사멸로 향할 수밖에 없을 것이다.

민중은 지금 새로운 생명력에서 용출한 신생활의 동경 위에 서 있다. 예술은 민중의 이러한 동경에 기운을 북돋는 것이어야 한다. 이 동경을 현실 가운데로 나아가게 하는 원기를 주는 것이어야 한다. 가는 길의 암흑을 밝히는 이지의 광명을 비추는 것이어야 한다.

좀 더 바꿔 말하자면 새로운 세계를 위한 새로운 예술은 새로운 권선징악이어야 한다. 정의가 지배하는 예술이어야 한다. 만일 정의가 그 작품의 마지막까지 패배하고 있어도 그것 때문에 독자나 관중을 비탄케 하고 절망케 하는 것이 아니라 한층 더한 환희와 원기와 이지로써 현실의 투쟁 가운데로 뛰어들도록 하는 것이어야 한다.

5.4 나는 정신이 좋다[28]

나는 정신이 좋다. 그러나 그 정신이 이론화되면 대체로 싫어진다. 이론화라는 여정에서 대부분은 사회적 현실과 조화하거나 사대적인 타협을 하기 때문이다. 속임수가 있기 때문이다.

정신 그 자체의 사상은 드물다. 정신 그 자체의 행위는 더욱 드물다. 태어난 그대로의 정신조차 드물다.

그런 의미에서 나는 문단 제군의 분명하지 않은 민본주의와 인도주의가 좋다. 적어도 귀엽다. 그러나 법률학자나 정치학자의 민본 취급이나 인도 취급은 몹시 싫다. 듣기만 해도 신물이 난다.

사회주의도 몹시 싫다. 무정부주의도 어쩌면 조금씩 싫어진다.

내가 가장 좋아하는 것은 인간의 맹목적인 행위이다. 정신 그 자체의 폭발이다. 그러나 이런 정신조차 갖지 못한 자가 있다.

사상에 자유가 있기를. 그러나 그 행위에도 자유가 있기를. 그리고 동기에도 자유가 있기를.

---

[28] 「나는 정신이 좋다」(僕は精神が好きだ, 1918.2). 《문명비평》제1권 제2호에 발표되었고, 이후 『만문만화』・『자유의 선구』에 수록된다.

5.5 민중예술의 기교[29]

로맹 롤랑은 「민중예술」에서 그레트리[30]의 『민중음악론』 중 한 구절을 소개하면서 그레트리의 말을 그대로 결론으로 쓰고 있다. 덧붙여 말해두자면 그레트리의 『음악론』은 1795년 10월 프랑스혁명정부의 문부성령에 의해 국비로 출판된 것이다.

로맹 롤랑은 말한다.

> 평민극 중 곁에서 보거나 듣거나 하기 위해서 만들어진 것은 전부 배척되어야 한다. 큰 선이나 큰 덩어리여야만 한다. 거친 상태를 드러내야 한다. 빗자루로 그린 것과 같아야 한다.
>
> 복잡한 심리나 정치한 정서, 난해한 상징 등의 살롱예술이나 침실예술과는 절연해야 한다. 그런 예술이 만약 살아남으려면 구시대의 극장 안에서 그 늙어 쇠약해진 생명을 연명하는 편이 낫다. 우리 안에 있으면서 얻는 것이라고는 고작 성가신 민폐이자 우스꽝스러움이다.
>
> 우리의 평민극은 큰 행위, 큰 선으로 강하게 그린 모습, 단순하고 힘찬 리듬의 단순한 감정이어야 한다. 화폭 속의 그림이어서는 안 된다. 실내의 음악이어서는 안 된다. 벽화이어야 한다. 교향악이어야 한다.

나는 그레트리의 음악론 및 로맹 롤랑의 연극론이 동시에 여러 민중예술의 기교상의 근본원칙이어야 한다고 믿는다. 민중의 생명이 그대로 나타나는 방법이라고 믿는다.

내가 말하는 민중이란 평민노동자이다. 현 사회에서 자기의 지위·사명·역량을 자각한 신사회건설의 중심인물인 평민노동자이다.

---

29) 「민중예술의 기교」(民衆藝術의 技巧, 1918.7). 《민중의 예술(民衆の藝術)》 제1권 제1호에 발표되었다.

30) 앙드레 그레트리(André Grétry, 1741~1813)는 벨기에 태생의 프랑스 작곡가이다. 대화와 아리아가 포함된 프랑스 오페라인 오페라 코미크(Opéra-comique) 작곡가로 인기를 얻었다.

제5장 민중예술

　민중예술이란 평민노동자의 예술이다. 평민노동자가 대표하는 신발흥계급의 예술이다. "멈추려고 해도 멈출 수 없는 표현이다. 언어이다. 그 사상이다. 그리고 위기에 처했을 때 자연스러운 형세로 조락해가는 노쇠한 구사회를 상대로 투쟁하기 위한 하나의 무기이다."

　민중예술은 또 평민노동자가 건설하려는 새로운 세계를 위한 새로운 예술이다. 귀족·부르주아지를 위한 구사회의 멸망과 함께 퇴폐해버린 예술의 멸망을 의미하는 것이다. 사회의 갱생과 함께 예술의 갱생을 의미하는 것이다.

　평민노동자가 성취하려는 혁명은 정치조직의 혁명만이 아니다. 사회생활의 혁명이다. 인간생활 자체의 혁명이다. 인간의 사상과 감정 및 그 표현 방법의 혁명이다. 나는 평민노동자의 이 위대한 개인적이고 사회적인 창조력을 믿는다.

　내가 노동운동에 투신한 이유는 노동자계급의 노예적 생활 상태에 분노한 인도적 감정에만 있지 않다. 그리고 사회학적 혹은 경제학적 이유에서 노동자가 주도하는 현사회의 근본적 개혁을 믿는 과학적 지식에만 있지 않다. 또 현 사회의 온갖 중압에 대한 나 자신의 민감함에 수반되는 반역적 본능에만 있지 않다.

　나는 3년 정도 전에 말했다.

> 하지만 나는, 특히 최근의 나는 이러한 여러 가지 이유보다도 또 다른 큰 이유로 인해 노동운동에 끌린 것 같다. 그리고 그 이유가 최근 내 노동운동에 대한 태도를 결정짓는 것처럼 느껴진다. 그것은 크로포트킨 등의 저서를 통해서 오래전부터 이미 내 사회학적 지식이 되었지만 그것이 진정으로 나의 두뇌와 심장에 깊게 파고든 것은 최근 4~5년 내의 일이다. 즉 나는 노동자의 비참한 생활에 대한 연민이나 동정이 아닌 오히려 그 생활 속에서 어떤 위대한 힘을 발견하고 그 힘을 찬미하면서

5.5 민중예술의 기교

나도 그 힘 속에 동화되고 싶다고 느낀 것이다.

5년 전에 2년 반 정도 옥중생활을 하는 동안에 나는 조금씩 러시아문학에 친숙해지고 톨스토이·도스토옙스키·투르게네프·고리키 등이 가지고 있는 각기 다른 평민적 태도를 매우 흥미롭게 비교 관찰한 적이 있다. 그리고 특히 톨스토이와 도스토옙스키가 평민의 온순함과 인내에서, 고리키가 평민의 방자함과 반항에서 인생의 진리를 인정하는 것에서 매우 흥미로운 대조를 느꼈다. 나는 톨스토이와 도스토옙스키와 더불어 온순한 덕을 매우 존경하지만 노예적 처지에 있는 자의 인내는 오히려 지나치게 부덕하다고 생각했다. 그리고 고리키 주인공의 방자함과 반항에 강한 동감을 느꼈다. 이 점에 대해서는 머지않아 도스토옙스키론을 통해 자세하게 설명하겠다.

어쨌든 나는 옥중에서 그들 문학서의 영향과 이전부터 계속해온 생디칼리슴 연구에 의해 노동자가 가진 강렬한 생활본능과 반항본능 그리고 그것들의 본능적 행위로 나타난 결과인 위대한 개인적·사회적 창조력에 감동했다. 프랑스의 생디칼리스트들이 얼마나 각고의 노력으로 피와 살과 뼈로 자신은 물론, 자신이 근거를 둔 소사회를 구축했는지는 「개인주의자와 정치운동」에서 자세하게 설명했다. 또한 앞에서 언급한 노동총동맹의 조직도 그 좋은 예이다.

나는 이러한 사실을 보면서 노동자의 힘을 찬미하고 나 자신도 그 힘 속에 동화하고 싶다는 마음을 지울 수가 없었다. 그리고 노동자들 사이의 그 힘을 느끼고 비로소 앞에서 말한 경제적 진화의 경향이나 노동자가 신사회 건설의 중견이 된다는 지식이 진정으로 내 온몸 안에서 약동하기 시작한 것이다.

비단 머나먼 프랑스의 일만은 아니다. 나는 이미 일본에서도 노동자의 이런 힘과 마주하고 있다. 이렇게 자신을 창조해온 노동자가 비록 소수이긴 해도 적어도 내 주변에서 볼 수 있다. 그리고 나는 이런 노동자와 함께 더 깊숙이 사회적 창조에 파고들 수 있는 용감한 소수자이기를 바란다.(「노동운동과 개인주의」[p.312])

갱생은 어떤 의미에서는 그 원시로 돌아가는 것이다. 원시의 정신에 그 새로운 출발점을 두는 것이다.

사회의 갱생은 그 사회의 역사적 발달 중에 생겨난 다양한 방황을 거쳐 다시 그 사회생성의 원시적 정신으로 되돌아가는 것이다. 자유·평등·박애를 모토로 세우고 모든 점에서 그 모토를 유린하는 현 사회는 갱생과 더불어 이 대정신으로 돌아오지 않으면 안 된다.

평민노동자는 먼저 그 강렬한 생활본능의 부활에 따라 인간으로서 갱생의 첫발을 밟았다. 그 생활본능의 행위로 나타나기 전에 앞을 가로막는 수많은 장애물과 싸웠다. 방자하게 보일 때까지 현 사회의 온갖 도덕적 굴레를 벗고 생활본능의 자유분방함에 몸을 맡겼다.

고리키의 전기 작품에서 나타나는 주인공 대부분은 이러한 유형의 파괴적 평민노동자이다. 그러나 고리키의 이 평민노동자는 아직 자포자기적인 요소를 다분히 가지고 있었다. 앞서 말한 "현 사회에서 자기의 지위·사명·역량을 자각한 신사회건설의 중심인물인 평민노동자"는 아니었다. 하지만 어쨌든 그들은 자신의 생활에서 자신의 강한 의지에 따라 결정을 내리면 그것으로 충분하다는 점을 자각한 인간성을 가지고 있었다. 이 인간성에서 비로소 발랄한 생명이 솟는다. 창조의 힘이 생겨난다.

고리키의 후기 작품 중에 나타나는 주인공 대부분은 이러한 유형의 창조적 평민노동자였다. 시험삼아 『어머니』나 『동지』를 읽어 보면 좋을 것이다. 그들은 더 좋은 생활에 대한 본능적 동경을 품고 매일 고혈이 떨어지는 생활과 투쟁 사이에서 활동했다. 자신과 주변의 관계를 자각하여 독자적으로 사회 지식·사상을 획득했다. 그들은 독자적인 과학·철학·도덕 그리고 독자적인 개인·사회적 생활을 창조했다. 그리고 그들은 스스로 구축해온 이러한 생활 속에서 그들 자신의 창조력과 신사회건설의 맹아를 발견한 것이다.

5.5 민중예술의 기교

거듭 말한다. 민중예술이라는 것은 평민노동자의 예술이다. 평민노동자가 창조하려는 새로운 세계를 위한 새로운 예술이다. 평민노동자는 지금 구사회는 물론 그 모든 소산과 절연하고 새로운 출발점에서 새로운 생명을 창조하려고 한다.

새로운 생명은 복잡한 심리나 정치한 감정이나 난해한 상징을 가지고 있지 않다. 큰 행위와 큰 선으로 강하게 이끄는 모습, 단순하고 힘찬 리듬의 단순한 감정, 빗자루로 그린 듯한 거친 상태, 이것이 새로운 생명 그대로의 모습이다. 동시에 또 이것이 민중예술 자체와 그 기교상의 근본원칙이어야 한다.

제 5 장 민중예술

5.6 노동운동과 노동문학[31]

언제였던가 최근 들어 자주 계급의식이라든가 노동문학을 주장하는 아무개가 나를 방문했다.

> 안 돼, 자네. 자네가 아무리 그런 말을 해도 자네가 변함없이 작가 생활, 빈둥대는 생활을 하고 있는 동안은 말이지. 자네가 아무리 가난하다고 해도 자네에게 노동자라는 계급의식이 생겨 나지 않는다면, 자네의 붓끝에서 노동문학 같은 것은 생겨나지 않을거야.

나는 아무개의 그 잘난 논의를 한 마디로 내쳐 버렸다. 실제 나는 이때 이른바 노동문학이나 문학론에는 진절머리가 나 있었다. 구실이라면 누구나 뭐라도 말할 수 있다. 그렇기 때문에 이른바 노동문학론 쪽은 잠시 제쳐두고 노동문학이라든가 노동소설이라는 것을 살펴보자.

우선 처음 눈에 띄는 것은 실제로 모두 상당히 재미없다는 점이다. 이는 나의 눈에만 그런 것이 아니라, 누구의 눈에도 마찬가지일 것이다. 이른바 노동문학가는 이러한 평가에 대해서 "재미없는 것은 당연하다, 부르주아 문예비평가 따위에게 잘 보이려고 애쓸까 보냐"와 같은 말들을 할 것이다. 하지만 이것은 어쨌든 억지인 것 같다. 프롤레타리아가 읽어도 좋다거나 재미있다거나 한 것이 하나도 없어 보인다.

나는 이 재미있고 없고의 문제를 단순한 기교의 문제, 아무래도 상관없는 문제로 보고 싶지 않다.

---

[31] 「노동운동과 노동문학」(勞働運動と勞働文學, 1922.9).《신조(新潮)》10월호에 발표되었고, 이후 『자유의 선구』에 수록된다.

최근에 나는 나카니시 이노스케32)의 『붉은 흙에 싹트는 것』을 읽었다. 원래 나는 노동운동가로서 나카니시 이노스케를 심히 경멸하고 있었다. 개인적으로는 거의 모른다고 해도 될 정도지만 전차 종업원 조합의 회장인가 이사장인가를 하던 때, 그 지도자인 척 우쭐대는 태도나 노동 브로커 행세는 정말로 구역질이 날 정도였다. 그 이노스케가 장편을 썼다는 것에 다소 놀라면서 그에게서 기증받은 것을 어쩌다 읽어보기 시작했다. 침대에 들어가서 잠들기 전까지 시간을 때우기 위해서. 하지만 한 장, 두 장, 세 장, 네 장 읽어가면서 나는 이상하게 그 책에 빨려 들어가고 있음에 놀랐다. 문장은 구렸다. 글도 재미없었다. 하지만 왠지 모르게 그것에 빨려 들어갔다. 조선이라는, 생판 모르지만 상당히 염두에 두고 있던 나라가 무대가 되고 있다는 점이 다소 호기심을 끌었던 게 아니다. 좀 더 강한 끌림이었다.

실제 나는 그 사람이 어떻게 이렇게까지 사물을 확실하게 포착할 수 있게 되었을까 의아했다. 우쭐대는 사람이 정복자인 일본인으로 조선에 가서 학대 받는 조선인의 마음속을 어떻게 이렇게까지 정확하게 파악할 수 있었을까 신기했다. 게다가 그 조선인은 완전 까막눈으로 그 마음씨가 정말 정직하기는 하지만 그것을 ×××××× 일본인이 일일이 추적해 간 것은 무척이나 어려웠을 것이라 생각된다.

나는 이노스케에 대한 그때까지의 나의 경멸을 하마터면 아주 깨끗이 파기해 버릴 뻔 했다. 그리고 나는 본격적으로 그 책을 읽어 나갔다. 그런데 문득 거기에서 이노스케 같은 일본인이 나오자 갑자기 기분이 상해서 책을 덮어버리고 잤다. 그리고 다음날 밤은 또 그 일본인이 나오는 몇 페이지인가를 넘기고 그 다음부터 읽기 시작했다.

---

32) 나카니시 이노스케(中西伊之助, 1887~1958)는 작가・노동운동가・정치가이다. 『붉은 흙에 싹트는 것』의 원제는 『赭土に芽ぐむもの』改造社, 1922이다.

이렇게 일주일에 걸쳐 다 읽고나서 이노스케에 대한 나의 새로운 존경은 그 일본인이 나오면서 확실히 다시 땅에 떨어져 버렸다. 그리고 요컨대 이 책은 이노스케에 대한 나의 과거의 경멸을 아주 조금만 경감시킬 뿐이었다.

일본인이 나오면 묘사의 질이 갑자기 떨어진다. 조선인의 경우 묵직했던 필치가 갑자기 경망스레 날뛴다. 긴장하던 기분이 갑자기 붕 뜨게 되는 것이다.

그 조선인은 이노스케가 오랜 기간 조선에서 생활하던 때 얻은 상당히 인상 깊은 것이었다. 하지만 그 일본인은 이노스케가 우쭐한 기분으로 자신을 이상적으로 상상하면서 써내려간 것이었다. 자신을 정확하게 묘사할 수 없는 녀석이 변변한 녀석일 리 없다는 말은 어느 정도 사리에 맞지 않을까. 이노스케가 그 후 최근에《와세다문학》과 《개조》에 발표한 것은 아직 읽지 않았다.

미야지마 스케오[33)]의 것은 예전에 첫 작품인『갱부』의 서문을 쓴 인연도 있고 개인적으로도 꽤 친한 사이이기도 해서 갖고 있던 잡지에 연재되고 있던 것을 대강 읽었다. 나는 이른바 노동문학가 중에 스케오의 것이 비교적 가장 괜찮다고 생각한다.

이노스케의 조선에는 절망이 있을 뿐 희망은 없다. 그리고 그 일본인에게 희망은 있지만 성실함은 없다. 스케오의 노동자에게도 절망은 있지만 희망은 없다. 정의를 사랑하고 부정과 불의를 증오하는 감정은 남달리 강하지만 그 감정을 어떻게 살려갈 것인가라는 문제에 관해서는 조금도 낙관적인 희망을 갖고 있지 않다. 그리고 언제나 어두운 절망과 감상주의에서 자포자기로 빠져 들어간다.

---

33) 미야지마 스케오(宮嶋資夫, 1886~1951)는 소설가・승려이다. 초기 프롤레타리아 문인이었다. 1916년『갱부(坑夫)』를 사카이 도시히코[p.53]와 오스기 사카에의 서문을 붙여 간행하였다가 출판금지 처분을 받았다.

5.6 노동운동과 노동문학

스케오는 오랫동안 여러 노동에 종사하며 노동자를 보아왔다. 하지만 스케오의 노동자는 아직 노동운동을 모르던 과거의 노동자다. 그리고 그 노동자라는 것은 꽤나 잘 묘사되어 있지만, 언제나 거기에 수반되는 감상주의가 작품 전체에 그려지고 묘사에도 상당히 드러나있다. 새로운 노동자는 이 절망이나 감상주의를 타파하며 나오는 것이다.

같은 노동자 출신이라도 미야치 가로쿠[34]는 더 형편없다. 변변치 않음과 재미없음의 정도가 너무 심하다. 그리고 작품 속 노동자가 작가의 빈둥대는 생활을 갈망하여 근육노동을 버리고 싸구려작가로 승격된 것을 기뻐하고 게다가 그 새로운 지위에서 밀려날까봐 전전긍긍하기 때문에 정말로 질려 버린다.

오가와 미메이[35]·에구치 간[36]·가토 가즈오[37]의 것을 나는 노동문학이라 보지 않고 사회문학이라 말하고 싶지만 역시 상당히 따분하다. 특히 에구치 간의 것은 사회주의를 표방하기 때문에 더 재미없어지는 것 같다.

2.

나는 앞서의 아무개에게 계속해서 말했다.

> 그것보다도 한층 과감하게 노동생활을 해 봐. 그렇지 않으면 하다못해 노동자 거리에서 살아보기라도 해봐. 그런 게 없이는 어떻게 해도 노동자의 기분 같은 것은 알 수 없어.

나는 아무개에게 그러한 생활을 권하는 듯한 형태로 그렇게 말

---

[34] 미야치 가로쿠(宮地嘉六, 1884~1958)는 무산파문학의 기수로 알려져 있다.
[35] 오가와 미메이(小川未明, 1882~1961)는 일본의 안데르센으로 불리는 아동문학가이다.
[36] 에구치 간(江口渙, 1887~1975)은 소설가이다.
[37] 가토 가즈오(加藤一夫, 1887~1951)는 시인·평론가이다.

했다. 그러나 사실 이것은 노동운동에 대한 나의 태도라기보다는 오히려 노동운동가로 살아온 내 생활과 내 생각의 역사였다.

지식계급에서 사회주의운동으로 투신한 자라면 누구나 먼저 거치는 마음의 단계는 러시아의 브나로드(민중 속으로) 운동에 대한 동경이었을 것이다.

나는 다음으로 크로포트킨의 『한 혁명가의 추억』의 일부를 발췌하겠다.

— 러시아 전체는 카라코조프[p.131]와 그 동료들에 대한 법원의 공소장을 읽고 놀랐다. 거액의 재산소유자인 이 청년들은 서너 명이 한 방에 살면서 모두 한 달에 10루불도 쓰지 않는 생활을 했고 그리고 전재산을 자신들이 몸담고 있는 공동조합과 공동 공장 등에 사용했다.

— 그로부터 5년 후에는 러시아 청년 가운데 가장 우수한 수천, 수만명이 모두 이와 같은 것을 행했다. 브나로드! 민중 속으로! 라는 것이 그들의 슬로건이었다. 1860년부터 1865년 사이에 거의 모든 부유한 가정에서 낡은 전통을 유지하려는 아버지와 자신의 이상에 따라 생활할 권리를 주장하는 자식 사이의 비참한 투쟁이 계속되었다.

— 청년들은 군대와 상점과 공장을 벗어나 대학 소재의 대도시로 모여들었다. 귀족 집안에서 자라난 젊은 여성들도 빈 손으로 상트페테르부르크와 모스크바와 키에프 등지로 나아가 가정의 속박에서 벗어나려했고 또 아마도 언젠가 남편의 속박에서 벗어나게 해줄 기술을 배웠다. 그들 다수는 얼마간의 고생 끝에 개인의 자유를 얻었다. 그리고 지금 그들은 그 자유를 자신의 개인적 향락을 위해서가 아니라 민중을 위해 사용하고, 그들 자신을 해방시켜 주었던 지식을 민중 속에 퍼뜨리려 한다.

— 러시아의 모든 도시와 상트페테르부르크의 모든 구내에 자기개선과 자기교육을 위한 소단체가 설립되었다. 그리고 그들 단체에서는 철학·경제서와 러시아 신역사파의 여러 연구 등이 세심하게 낭독되었고 낭독 이후에는 끝없는 토론이 이어졌다.

낭독과 토론의 목적은 어떻게 민중을 위해 봉사할 것인가라는, 그들 앞에 놓인 커다란 문제를 해결하는 것이었다. 결국 그들이 생각해낸 유일한 방법은 민중 속에 들어가 민중의 생활을 하는 것이었다.

— 청년들은 의사 혹은 그의 조수가 되거나 소학교 교사·관청의 서기·농업 노동자·대장장이·나무꾼이 되어 여러 마을로 향했다. 그리고 거기서 농민들과 밀접한 생활을 하려 했다. 젊은 여성들도 소학교 교사 시험을 봤고 산파술을 배워 수백명이 여러 마을로 향했다. 그리고 거기서 마을의 극빈자를 위해 정말로 헌신적으로 일했다.

— 그들은 사회개조에 관해 어떤 이상도 또한 혁명에 관한 어떤 사상도 갖고 있지 않았다. 그들은 다만 농민에게 읽는 법을 가르치고 그들을 교육하고 의약을 제공하고 또한 어떻게 하든 그들이 무지와 궁핍 속에서 벗어나도록 도움을 주면서, 동시에 그들을 통해서 보다 좋은 사회생활에 관한 자신들의 이상을 찾으려고 했던 것에 불과했다.

내가 사회주의 운동에 막 발을 들였을 때에는 이 브나로드 사상이 동료 청년들을 사로잡고 있었다. 유행가처럼 불리고 있었다. 그리고 실제로 민중 속으로 들어가려고 했던 사람들도 적지 않았다. 최근에도 제국대학 학생들로 이루어진 신인회[38]에서는 기관지를 브나로드라고 이름 붙였다. 실제로 그 회원 중의 일부는 브나로드라는 말처럼 민중 속으로 들어갔다.

하지만 신인회의 청년들이나 우리들도 6, 70년 전의 러시아 청년과는 달리 이미 사회개조에 관한 어떤 이상을 갖고 있다. ×××××××××× 어떤 사상을 갖고 있다. 그리고 우리는 민중 속으로 들어가 그 이상과 사상을 고쳐시키려고 생각했다. ××××××××××××××××

---

38) 신인회(新人會)는 1918년 도쿄제국대학을 중심으로 결성된 학생운동단체로, 초기에는 인도주의, 이상주의적 사회주의의 경향을 띠다가 점차 일본공산당과 결부된 사회주의운동단체로 정착해갔다.

제 5 장 민중예술

　6, 7년 전에 나는 그때까지 나의 노동에 대한 태도와 노동운동가로서 나의 생활에 회의가 들어 다소 브나로드에 가까운 기분에 빠져든 적이 있었다.
　다시 나는 「프티부르주아적 감정小紳士的感情」이라는 제목으로 다음과 같은 글을 썼다.

　　―노동자의 마을에 살고 싶다. 그리고 가능하면 공동주택 생활의 일원이 되고 싶다. 이것은 꽤 오래된 나의 바람이었다.
　　― 과거에 나는 하급 관리나 지배인과 같은 중류계급의 도피처인 어느 조용한 교외에서 은둔자 같은 생활을 보내고 있었다. 그때부터 때때로 "우리들 평민노동자는…" 따위의 한가한 소리를 세상에 토해내고 있었다.
　　― 그러나 나는 평민노동자도 아니었고 또한 그들 생활에 관해서는 아무것도 몰랐다. 그 생활에 한편으로 적응하고 한편으로는 반역하고 있는 노동자의 마음에 대해 무엇 하나 진실로 아는 것이 없었다. 아는 것은 오직 타인의 말과 문자를 통한 개념화된 사실뿐이었다.
　　― 원래 나는 나의 어설픈 사회학을 통해 학대하는 자와 학대받는 자의 계급이 있다고 생각했다. 갑이라는 계급이 을이라는 계급을 학대하는 것은 자명한 이치라고 생각했다. 그리고 나의 이 지식은 얼마나 타인을 학대하는 자가 있어도, 또한 얼마나 타인에게 학대받는 자가 있어도 조금도 이상하다고 생각하지 않는 감정을 내 속에 키웠다. 학대하든가 혹은 학대받는가라는 것은 나에게 사실 그 자체에서 얻은 실감이 아니라 다만 책 속에서 배운 이론을 반영한 개념이었다. 직접 사실 그 자체에 부딪쳐 그 사실의 생생한 감명이 나 자신의 살이 되고 피가 된 적은 한 번도 없었다.
　　― 따라서 나는 어떤 사실에 대해서도 다만 방관자적으로 태연하게 바라볼 수 있었다. 그리고 그 사실 속으로 자신을 내던지지 않고 다만 멀리서 한가한 소리만을 낼 수 있었다. 게다가 그것만으로도 충분히 우쭐한 기분이 들었다.

— 나만이 아니다. 사회주의자나 무정부주의자를 자칭하며 폼 잡는 자들의 다수가 모두 그랬다. 그들이 자신을 평민노동자와 같다고 말하는 것은 모두 거짓말이다. 그들은 모두 자신의 개념 상에서만 평민노동자와 하나가 된다고 생각할 뿐이다. 개념과 사용하는 말 위에서만 평민노동자이며 그 외에는 완전히 프티부르주아이다. 그 감정도 행위도.

그리고 나는 우리들의 프티부르주아적 감정이 어떻게 나타나고 있는가를 상술한 뒤에 다음과 같이 끝을 맺었다.

— 우리 자신을 평민노동자와 같다고 생각하고 싶은 우리는 무엇보다 먼저 우리 자신 속에 프티부르주아적 요소를 밀어내지 않으면 안 된다. 프티부르주아적 감정을 완전히 없애야 한다. 그것을 위해서는 역시 우리의 프티부르주아적 생활을 버리지 않으면 안 된다. 가능한 한 우리 자신의 생활을 평민노동자처럼 만들고 그들의 생활에 다가가지 않으면 안 된다. 그리고 우리 자신 속에 평민노동자와의 일체화된 감정을 길러야 한다.

—나는 몇 년 동안이나 그 생각에 몰두해 있었다. 그 희망을 동경해왔다. 그리고 여전히 그 생각이나 희망은 조금도 실현되지 않았다. 나는 나 자신의 무기력함에 질려버렸다.

—하지만 생활의 곤경이 이제야 나를 강제로나마 노동자마을에 밀어 넣어주었다. 그래도 아직 얼마간의 보증금을 쥐고 있던 덕에 공동주택으로 들어가지 않고 단독 주택들이 모여 있는 근처에 프티부르주아풍의 방을 빌렸다. 아마도 나는 더욱 곤경에 빠지지 않는 이상 지금 이 생활에 안주할 게 뻔하다.

—그래도 아무튼 이 노동자마을로 떠밀려온 일만큼은 기분이 좋다. 크고 작은 수천 수백 개의 공장에서 들리는 탕탕거리는 소리와 자욱한 연기 속 수십만 명의 기름투성이와 그을음투성이인 노동자 사이에서 그런 실생활에 접근해 있다는 사실만으로도 기분이 좋다. 해이해진 마음이 다잡아진다. 이대로 있을 수 없다는 기분이 나날이 강해진다.

3.

소위 노동문학가들이 말하는 계급의식이라는 것은 한마디로 그들과 노동자의 일체적 감정이다. 그리고 이 일체적 감정은 생활이 일치하거나 또는 아주 근접해있지 않으면 도저히 생길 수가 없다. 그리고 이 일체적 감정에서 비롯되지 않으면 진정한 노동문학은 태어나지 못한다.

진정한 일체적 감정은 교화나 지도와 같은 제3자의, 게다가 위에서 내려다보는 생각이나 태도를 허용하지 않는다. 연민이나 오지랖을 허용하지 않는다. 프롤레타리아라는 계급 그 자체가 자신이다.

그리고 노동문학이라는 것을 나는 로맹 롤랑과 더불어 다음과 같은 의미로 이해한다.

> 지금 구사회는 그 번영의 절정을 넘어 이미 쇠퇴의 언덕을 내려오고 있다. 혹은 이미 빈사 상태에 있다고 해도 좋다. 그리고 그 폐허 위에 민중의 새로운 사회가 발흥하려고 한다.
> 이 새로운 발흥계급은 자신의 예술을 가져야만 한다. 결코 감출 수 없는 사상과 감정의 표현으로서, 젊은 발랄한 생명력의 발현으로 그리고 쇠퇴해가는 구사회에 대한 전투 기관으로서 새로운 예술을 가져야만 한다. 민중에 의해 민중을 위해 만들어진 예술을 가져야만 한다. 새로운 세계를 위한 새로운 예술을 가져야만 한다. 만약 이러한 예술이 생기지 않는다면 살아있는 예술은 없는 것이다. 과거의 미라가 잠들어 있는 일종의 묘지 같은 박물관이 있을 뿐이다. [p.230]

프롤레타리아는 힘과 생기로 넘치는 신흥계급이다. 이것을 부르주아의 쓰레기인 줏대 없는 지식계급이나 게으른 문사가 교화한다는 둥 지도한다는 둥 떠드는 것은 가소롭기 짝이 없다. 지식계급에서 나온 노동운동가나 노동문학가는 프롤레타리아 속에 자신의 몸을 밀어 넣고 거기에서 힘과 생기를 포착하지 않으면 안 된다. 또한 그 속에 흐르는 프롤레타리아 자체의 감정이나 이상을 배우지 않으면 안 된다.

그러나 프롤레타리아가 있는 곳마다 이런 힘과 생기가 넘쳐난다고 할 수는 없다. 이와 같은 새로운 감정과 사상과 이상이 가득 차 있는 것도 아니다. 이것은 오직 전위 속에만 있다. 그 밖의 대부분에서는 단순히 동경의 형태로 희미하게 나타나든지, 혹은 잠재력으로 아주 깊숙이 숨어있을 뿐이다. 오히려 무력함이나 죽음 그 자체처럼 보인다.

노동운동가와 노동문학가가 자신의 몸을 밀어넣어야 할 곳은 이러한 전위 속이다. 톨스토이나 도스토옙스키처럼 죽은 노동자를 다뤄서는 안 된다. 그리고 미야치 가로쿠처럼 자신의 빈약한 재능만 믿고 홀로 노동자에서 빠져나와 프티부르주아가 되려는 둥 하는 노동자의 배신자를 그려내서도 안 된다. 또한 오가와 미메이나 미야지마 스케오처럼 혼자서 울거나 화내기만 하는 노동자도 안 된다. 게다가 누구누구처럼 부르주아인 게으른 아들을 흉내 내며 오만상을 찌푸리고 있는 노동자를 다뤄서도 안 된다. 전위 속의 노동자를 포착해야 한다. 그것과 일체가 되어야 한다. 그리고 거기에서 다른 대부분의 민중이 가진 희미한 동경을 명확히 하고, 깊숙이 숨어있는 잠재력을 밖으로 꺼내는, 거대한 유도하는 힘을 만드는 것이다.

그러기 위해서는 프롤레타리아의 전위가 적과 대치하고 있는 전선 속으로 들어가야 한다. 전위의 전쟁 속에, 노동자의 대오 속에 가세해야 한다. 이른바 노동운동 속으로, 실제운동 속으로 들어가야 한다.

또 반복해서 말하지만 그 전쟁의 지휘관이며 사관이기를 절대 희망해서는 안 된다. 신인회의 여러분이 우애회[39]에 입회한 것과

---

[39] 우애회(友愛會)는 1912년 스즈키 분지(鈴木文治)에 의해 결성된 노동조합으

제5장 민중예술

같이 바로 최고 간부 중 한 사람이 되고 지도자가 되어서는 안 된다. 일개 졸병으로 들어가는 것이다. 그렇지 않으면 앞에서 말한 것처럼 일체적 감정은 아무리 애를 써도 얻을 수 없다. 나 혼자서 그런 기분이라고 해도 다른 노동자가 인정하지 않는다. 언제까지나 역시 타인으로 여길 뿐이다.

그렇다고 아리시마 다케오[40])처럼 계속 타인으로 보이는 것에 두려움이 생겨 일체적 감정에 절망해서는 안 된다. 노동자는 정직하다. 성의가 있는지 여부는 바로 구분해낸다. 이러한 성의를 존중하고 성의 없음을 경멸하는 것은 도덕적으로도 이미 퇴폐해질 대로 퇴폐해진 부르주아 따위에게는 도저히 찾아볼 수 없을 정도로 강하다. 노동자에게 받아들여지기를 바란다면 노동자와 일체가 되고 노동자와 같은 계급적 의식을 가지고 싶다는 성의가 있으면 된다.

본디 인간은 성의만으로 살아가는 동물이 아니다. 아무리 노동자와 일체가 되고 싶다는 성의가 뜨겁게 타올라도 그 사람의 과거 부르주아 또는 프티부르주아 생활의 잔여가 완전히 지워졌다고는 할 수 없다. 적어도 냄새 정도는 물씬 풍긴다. 노동자는 이 냄새조차도 싫어한다. 아무리 성의가 있어도 이 잔여가 너무 많거나 냄새가 강하면 노동자는 그 사람을 타인으로 취급한다.

그러나 성의만 충분히 인정받을 수 있다면 대수롭지 않은 약간의 흠 정도는 용서받을 수 있다. 노동자는 생각보다 관대하다. 비난하면서도 용서해준다. 우리는 그 관대함을 느낌으로써 그들과 일체가 되기 위해 더욱 힘차게 정진할 수 있다.

아리시마 다케오 자네도 의욕이 있다면 그렇게 겁내지 말고 부딪

로 1921년 일본노동총동맹으로 이어졌다.
40) 아리시마 다케오(有島武郎, 1878~1923)는 소설가로 《시라카바(白樺)》[p.242] 의 동인으로 참가했으며, 《부인공론(婦人公論)》의 기자이자 유부녀인 하타노 아키코(波多野秋子)와 동반자살한 것으로 유명하다.

혀보면 된다. 만약 자네에게 끝까지 성의를 밀고 나갈 수 있는 힘이 있다면 자네는 늦든 빠르든 결국 노동자에게 인정받을 수 있다. 자네가 걱정하는 것처럼 노동자의 짐이 되거나 방해가 되지 않고 도움이 되는 훌륭한 친구가 될 수 있다.

　나는 지금까지 노동운동과 노동문학을 혼동했던 것 같다. 노동운동가로의 생활상태와 노동문학가로의 생활태도를 동일시했던 것 같다. 그러나 그것은 잘못된 혼동은 아니다. 원래 그것을 완전히 같은 것처럼 인식하고 있는 것이다. 노동운동이 없는 곳에 노동문학은 없다. 그리고 이 노동운동 속에서가 아니면 노동문학은 태어나지 못한다. 노동운동은 노동자의 실제생활이다. 그리고 노동문학은 그 실제생활의 재현이다.

제6장

생디칼리슴

6.1 개인주의자와 정치운동[1]

1.

이 글은 바바 고초[2]와 그를 중의원 의원 후보자로 추대한 이쿠다 조코,[3] 야스나리 사다오[4] 등 제군에게 주어 그들의 대답과 반성을 구하는 동시에 다시 일반의 문단사상계를 향해 진지한 주목을 촉구하고자 한다.

바바·이쿠다·야스나리 제군은 선배 내지 친구로서 내가 항상

---

1) 「개인주의자와 정치운동」(個人主義者と政治運動, 1915.4). 제2차 《와세다 문학》 제113호에 발표되었으나, 이후에 수록된 『사회적 개인주의』에서 이 글의 2~4절의 상당 부분이 복자(伏字)처리되었고, 『정의를 추구하는 마음』에서는 '3'을 중심으로 본문이 삭제되었다.

2) 바바 고초(馬場孤蝶, 1869~1940)는 영문학자·평론가·시인이자 게이오기주쿠 대학교수이다. 1915년 제12회 중의원 선거에서 나쓰메 소세키, 이쿠다 조코, 모리타 쇼헤이, 히라쓰카 라이초, 사카이 도시히코[p.53] 등의 응원을 받아 입후보했으나 낙선했다.

3) 이쿠다 조코(生田長江, 1882~1936)는 평론가·소설가로 1904년 우에다 빈(上田敏), 바바 고초와 함께 《예원(藝苑)》의 동인이었다.

4) 야스나리 사다오(安成貞雄, 1885~1924)는 사회주의 평론가로 오스기 사카에와 아라하타 간손이 《근대사상》을 창간할 때 편집을 도왔다.

제6장 생디칼리슴

경애하는 사람들이다. 제군은 사회와 가능한 한 교섭하지 않는 생활을 대단하게 여기는 문단 안에서 솔선하여 사회적 흥미의 발흥에 힘쓴 새로운 동향의 선구자였다. 그리고 제군은 다른 많은 소위 가두론자街頭論者가 단지 거리에 나서고자 막연하게 주장만 하는 동안에 다시 솔선하여 거리에 나가야 할 목적을 어쨌든 구체적으로 지시한 새로운 주장의 선구자였다. 그리고 지금 제군은 다른 많은 이른바 사회개량론자가 그 수상쩍은 개인적 노력이라는 미명 하에 숨어 있는 사이에 다시금 솔선하여 제군 스스로가 그 새로운 주장을 실현해야 할 운명인 것처럼 새로운 운동의 선구자가 될 기회를 잡았다. 나는 제군과 사귀면서 제군의 됨됨이를 사모함과 동시에 또 제군의 이러한 선구자적 행동을 존경한다는 점에서 타의 추종을 불허한다.

그렇다고 해도 바바·이쿠다·야스나리 제군. 제군들이 "일단 거리로 나가야 할 목적을 구체적으로 지시"했지만 제군의 거리 자체에 대한 근본적인 비평은 아직 상당히 부족해 보인다. 제군의 사회 비평은 아직 근본에 도달하지 못한 것 같은 느낌이다. 제군의 사회에 대한 요구와 실현 방법은 아직 준비가 덜 된 것뿐만 아니라 그 자체에 근본적인 오류가 있는 것처럼 보인다.

이렇게 제군에 대한 나의 사모와 존경의 마음이 있어, 제군이 가야할 길을 잘못 든 이번 행동에 대해 다른 누구보다도 엄격한 직언을 제군들에게 보내지 않을 수 없다.

우선 조금 이상하게 들릴 수도 있지만, 나는 바바·이쿠다·야스나리 제군이 무지한 사람 또는 우둔한 사람이 아니라는 것을 전제로 둔다. 왜냐하면 긴 세월 동안 어쩔 수 없이 무지와 우둔함에 빠져있던 노동자라면 나는 그들 노동자를 상대로 사회의 근본적인 비평을 요구하지 않을 것이기 때문이다. 오히려 여러 학자들의 이른바 사회적 학설에 귀기울이지 말고, 오직 살고자 하는 본능이 명령하는 대로 맹목적으로 행동하기를 바란다. 이것이 현재의 노동자 자신에게 있어 가장 진실한 생활이고, 또한 장래에 더욱 커다란 사회적 진실을 얻을 수 있는 최선의 근본 방법이다. 이를 다시 철학적으로 말하면 그렇게 하여 노동자는 금일의 그릇된 합리주의라는 폐단에 영향받지 않고 비이지적 태도의 연속을 통해 그들 자신의 진실을 얻으면서 새로운 합리주의에 도달할 수 있다.

이를 인류의 진보에서 보자면, 최초의 행위에서 사상을 얻고 그 사상에서 행위를 얻는 동안에 고정된 사상을 파괴해온 것이 시간적으로도, 공간적으로도 일반 사실일 것이다. 오늘날의 사상계를 보면 사상들이 정체되고 고정된 반동으로 인해 비이지주의 혹은 행위주의가 나타날 수밖에 없는 시기인 듯하다. 나는 오히려 철학상의 이 최근 운동이 그전부터 무지하고 우둔한 노동자들 사이에서 오직 살고자 하는 본능의 요구에 따라 이미 두려울 만큼 강력한 운동이 되어 일상생활에서도 실현되고 있다는 점에 대단한 흥미를 느낀다. 조금 이야기가 옆으로 샐지 모르지만 이는 거의 모든 철학자가 비루하다 여겨 돌아보지 않던 노동운동에서, 그들이 추구했지만 여전히 얻지 못한 많은 것이 발견된다는 좋은 사례이기도 하다. 또 이것은 내가 철학이나 정치를 논할 때 누누이 노동운동을 이야기하는 이유이기도 하다.

바바·이쿠다·야스나리 제군은 문단에서는 드문, 다방면으로 지식이 풍부하고 총명한 사람들이다. 학습된 편견이 아직 완전히 파괴되지 않았지만 극히 적은 편견만을 가진 사람들이다. 이쿠다군 자신이 《반향反響》5) 3월호 「바바 고초씨의 입후보에 대해서」에서 말한 것처럼 제군은 "개인적인 생활에 대해서도, 사회적인 생활에

---

5) 이쿠다 조코가 모리타 소헤이(森田草平)와 공동편집으로 창간한 잡지로 1914년부터 1915년까지 1권 1호에서 2권 5호까지 발간되었다.

제6장 생디칼리슴

대해서도 극히 얼마 안 되는 진실을 파악하고 있을 뿐"이겠지만 어쨌든 제군은 "그 얼마 안 되는 진실에 입각해 가능한 한 개선을 바라는" 사람들이다. 제군은 진실에 입각해서 움직일지언정 맹목적으로 움직이는 사람들은 아니다. 또 제군이 이번에 내건 바는 제군들을 맹목적으로 움직이게 할 정도로 곤란한 문제는 아니다.

그럼에도 불구하고 적어도 나에게는 제군의 이번 거사가 어쩌면 맹목적일지도 모른다는 생각이 드는 데, 이는 어디에서 기인하는 것일까. 나는 앞에서도 말했다. 이는 제군들이 아직 거리 그 자체의 근본적 비평에 대해 심히 부족한 바가 있기 때문이라고. 이는 제군의 사회 비평이 아직 그 근본에 도달하지 못한 느낌이 있기 때문이라고.

나는 우선 최초의 그리고 최후의 문제를 바바·이쿠다·야스나리 제군에게 제시한다.

제군들은 적게나마 진실을 파악하고 있다고 자부한다. 여기서는 정치상의 문제이기 때문에 나는 이 진실이라는 말을 정치적 진실이라고 해석한다. 그렇다면 제군은 제군이 파악한 정치적 진실 위에 다시 철학적 고찰을 더한 일이 있는가. 환언하자면 보통선거라든가 언론의 자유라든가 하는 다양한 정치적 자유를 요구하기에 앞서 오늘날 정치 조직의 근본인 대의정치나 의회정치 혹은 더 나아가 정치 자체에 대해 진지한 비평을 시도한 일이 있는가.

제군은 일체의 낡은 사물에 대해 그 피상만이 아니라 실상에까지 먼저 깊은 회의를 품어야 하는 근대인이다. 제군은 일체의 낡은 관념에 대해 제군의 개인적 생활을 바탕으로 하나하나 엄격한 해부와 비판을 해야만 하는 근대인이다. 조금이라도 낡은 사물이나 관념 안에 갇혀버린 것이 제군 자신의 치욕이어야한다. 특히 피상적인 것에 구애되어 실상을 다루지 못한 점은 제군 자신의 큰 치욕이어야 한다. 나는 제군이 이러한 치욕을 견디지 못하는, 그리고 앞에서 말한 해부와 비평을 견딜 수 있는 새로운 인간이란 점을 믿기 때문에 제군에 대한 존경의 마음으로 감히 제군에게 이 근본적인 질문을 제시하는 것이다. 정치라는 요괴에 사로잡혀서 그 손아귀에서 벗어나는 일이 불가능한 사회주의자 사카이 도시히코나, 국가라면 앞뒤 가리지 않고 감사해하면서도 철저한 개인주의자라는 둥 헛소리를 해대는 찰나주의자인 이와노 호메이[6]나, 악의 없는 청년을 감쪽같이 속여 자신의 발판으로 삼고자 허언을 일삼으며 되는대로 지껄여 대는 제3제국의 가야하라 가잔[p.194]이나, 기타 이번 총선거에 튀어나온 어중이떠중이들인 고야마小山 모씨, 히구치樋口 모씨, 요사노與謝野 모씨, 오타케尾竹 모씨 등에 대해서는 나는 아무런 존경심이 없기 때문에 그들이 국회의원으로 출마한다고 해도 굳이 아무 말도 하지 않겠다. 이에 반해 그 근본문제인 대의정치와 정치 그 자체의 가치 여하에 대해 만약 제군이 비평하지 않는다면 혹은 제군의 비평이 부족하다면 추호도 주저함 없이 질타할 것이다.

바바·이쿠다·야스나리 제군, 다시 묻겠다. 과연 제군은 이 근본문제에 대해 정말로 고민해 본 적이 있는가. 내가 본 바에 의하면 제군은 이 근본문제를 진정으로 생각해 보지 않고 단지 그 뿌리에서 자라난 나뭇가지에만 주목하는 것처럼 보인다. 좀 더 선의로 해석하면 그리고 아마도 이 해석 쪽이 사실이겠지만, 이 뿌리에 대해서도 다소간 의혹을 품으면서 우선 그 나뭇가지만을 교정하려고 하는 것인지도 모르겠다. 그러나 제군의 의혹인 이 '다소'라는 것이 매우 막연하고 미미한 것이어야만 한다. 왜냐하면 만약 이 의혹이 명백한 데다 다량의 것이라면 제군의 정치 운동의 성질과 방향이 이번과는 달라야하기 때문이다. 그래서 제군의 행동은 거리로 나왔지만 갈팡질

---

6) 이와노 호메이(岩野泡鳴, 1873~1920)는 시인으로 '신비적 반수(半獸)주의'를 주장하고 순간의 쾌락을 중시하는 문예관을 강조했다. 대표작으로는 『탐닉』, 『방황』 등이 있다.

제6장 생디칼리슴

팡하면서 방향을 잡지 못한 채 다만 모두가 가는 방향대로 쫓아가는 것처럼, 혹은 경제에 흥미를 가져야 한다고 말하는 사업가가 되려는 것처럼 이번과 같이 우둔하게 나올 수밖에 없었던 것이다. 여기에서 나는 대의정치 혹은 정치 자체에 대한 의혹을 다시 나에게 품게 했던 유럽인의 의혹에 대해 써보고자 한다.

2.

어떤 유명한 천문학자는 그 논의의 권두에서 이렇게 말한다. "내실 있는 연구를 하고자 한다면 우선 배운 모든 편견을 하나하나씩 삭제하지 않으면 안 된다"라고. 이 말은 마찬가지로 모든 학문에도 적용된다. 특히 사회과학에서는 자연과학보다 더 잘 적용된다.

사회과학의 영역 구석구석에는 과거부터 이어져 온 편견과, 국민을 기만하기 위해 교묘하게 만들어진 허위의 사상이라는 다양한 함정으로 가득 차 있다. 이 영역 안에서 함정에 빠지지 않고 안전하게 벗어나고자 한다면 우선 상당한 편견부터 없애기 시작해야만 한다. 그리고 이 같은 편견 중에서도 우리가 가장 주목해야하는 것은, 근대의 모든 정치적 제도의 근본이자 개혁자로 칭하는 사람들의 거의 모든 사회적 학설에서조차 충실히 지켜지고 있는 대의정치에 대한 신앙이다. 경제에서는 현존 제도의 근본적 파괴를 주장하고 생산과 교환 방법을 완전히 변혁시켜서 오늘날의 자본가제도를 절멸시켜야 한다고 말하는 사람도 있다. 그렇지만 그러한 사람들조차도 정치적 이상에서 근본이라 할 수 있는 대의정치에 대해 굳이 언급하려 하지 않는다.

이 근본 문제에 대해 가장 명쾌한 답안을 준 것은 말할 것도 없이 유럽의 무정부의자이다. 그들은 대의정치에 의혹을 품었을 뿐 아니라 완전히 그것을 부인해 버렸다. 나는 지금 여기에서 무정부주의자의

6.1 개인주의자와 정치운동

비非대의정치론 혹은 비정치론을 상세히 논할 정도로 자유롭지 않다. 그렇기에 나는 그러한 논지의 내용에는 가능한 한 참견하지 않고 단지 바바・이쿠다・야스나리 제군 및 독자 제군의 연구 편의를 위해서 비대의정치론 혹은 비정치론의 대략적인 역사를 설명하려고 한다.

무정부주의는 현실을 떠난 이상론이 아니다. 실제 생활의 요구에서 생겨난 하나의 사회적 학설이다. 이것을 이론의 역사에서 본다면, 1793년 영국의 고드윈[7]이 『정치적 정의론』을 발표한 때부터 시작한다. 고드윈은 1789~1793년의 프랑스대혁명 때 이 혁명으로 생겨난 소위 혁명정부가 오히려 혁명 자체의 진행을 방해하는 힘이 된 것을 운좋게 바로 눈앞에서 볼 수 있었다. 고드윈은 또한 영국 의회정치의 허위를 알고 있었다. 그리고 고드윈은 어떠한 정부도 그것이 정부인 이상 국가의 옹호자여야 한다는 사실에서 필연적인 개인 해방의 장애물이라는 점과 혁명의 성공을 확실히 하기 위해서는 무엇보다도 먼저 법률・강권・질서・소유권 등 과거의 노예시대에서 계승된 모든 미신을 제거해야 한다고 주장했다.

이 초기 무정부주의자들은 당시의 형식상의 국가, 그리고 당시의 사회주의자들이 강권적 공산제도의 기초 위에 두려고 한 가면 쓴 형식 아래 있는 국가—오늘날 사회주의자들은 이 점에서 조금도 진보를 보여주지 못한다—에 지나치게 반항하다가 전부 개인주의적 무정부주의로 내달렸다. 그들은 각자가 자신을 위해 노동하고 개인 및 단체의 노동이 생산한 바를 마음대로 교환하는 사회를 건설해야 한다고 주장했다. 여기서 단체라는 것은 개인이 그 노동의 형편에 맞춰 조직한 것으로 각자 자신만의 이익을 위해 가입하는, 자유로운

---

[7] 윌리엄 고드윈(William Godwin, 1756~1836)은 영국의 저널리스트・정치학자・소설가이다. 『프랑켄슈타인』의 저자 메리 셸리의 아버지이자 여권 운동가 메리 울스턴크래프트의 남편이다. 그의 사상은 아나키즘의 시초중 하나로 여겨진다. 『정치적 정의론』의 원제는 *An Enquiry Concerning Political Justice*.

제6장 생디칼리슴

개인에 의해 이뤄진 자유로운 조합이다. 이 사상은 역시 톰슨의 저서 『인류를 가장 행복하게 할 부의 분배 원칙을 논한다』[8)]에 상세히 설명되어 있다. 이 사상은 독일에서도 막스 슈티르너의 『유일자와 그의 소유』에서 별도로 주장되고 있다. 슈티르너에 대해서는 다소 상세히 쓰고 싶지만 이는 내 논문집 『생의 투쟁』에서 논하고 있기 때문에 여기서는 생략한다. 슈티르너는 이 저서의 초판 출판 50여년 후에 시인 맥케이[9)]의 소설 『무정부주의자』에서 독일에 있는 그 계승자를 발견한다. 그리고 고드윈과 톰슨의 개인주권론은 다시 미국으로 들어와 한층 명확해져서 조시아 워렌,[10)] 스테판 펄 앤드루스[11)] 및 라이샌더 스푸너[12)] 등을 거쳐 오늘날에는 뉴욕에서 발행되고 있는 잡지 《자유》의 주필 터커[p.55]에 의해 대표되고 있다. 터커에게는 수년 전 저서 『국가사회주의와 무정부주의』가 있다.

하지만 나는 이와 같은 순수한 개인주의자보다 오히려 개인주의자이면서 동시에 인도주의자인 다른 무리의 사람들에게 더 큰 흥미를 가지고 있다. 그리고 내가 지금 문제삼고 있는 대의정치론에 대해서도 후자의 논의에서 한층 더 과학적인 논거를 발견할 수 있다.

---

8) 윌리엄 톰슨(William Thompson, 1775~1833)은 아일랜드 출신 정치철학자·사회개혁가이다. 공리주의에서 시작해 자본주의적 착취에 대한 초기 비평가로 이후 칼 마르크스뿐만 아니라 노동조합 운동에 영향을 끼쳤다. 『인류를 가장 행복하게 할 부의 분배 원칙을 논한다』*An Inquiry into the Principles of the Distribution of Wealth Most Conducive to Human Happiness*, 1824의 저자이다.

9) 존 헨리 멕케이(John Henry Mackay, 1864~1933)는 영국의 아나키스트·사상가·작가이다. 스코틀랜드에서 태어나 독일에서 자랐으며 대표작으로는 『무정부주의자』*Die Anarchisten*, 『자유의 탐구자』*Der Freiheitsucher* 등이 있다.

10) 조시아 워렌(Josiah Warren, 1798~1874)은 미국의 유토피아적 사회주의자·사회개혁가·작가이다. 역사가들 사이에서 미국 최초의 아나키스트로 간주 된다.

11) 스테판 펄 앤드루스(Stephen Pearl Andrews, 1812~1886)는 미국의 리버테리언 사회주의자(libertarian socialist)·개인주의적 아나키스트·언어학자이다. 노동운동과 아나키즘에 관한 책들로 유명하다.

12) 라이샌더 스푸너(Lysander Spooner, 1808~1887)는 미국의 개인주의적 아나키스트·정치철학자이다. 그의 경제·정치적 이데올로기는 리버테리언 사회주의, 자유시장 사회주의, 상호부조론 등으로 정의된다.

"전제군주에 대한 현혹에서 벗어난 우리는 보다 조심해야 하는 다른 현혹, 즉 대의제도에 갇혔다." 1828년 프랑스 역사가 오귀스탱 티에리[13]는 저서 『프랑스사에 관한 서한집』에서 이렇게 쓰고 있다. 또한 거의 동시대 영국의 벤담 역시 이와 비슷한 말을 하고 있다. 그러나 이 시대에는 그들의 경고가 전혀 세상에서 인정되지 않았다. 의회제도는 당대의 신앙이었다. 그리고 그들의 비평에 대해서는 어쨌든 그럴듯한 말들로 다음과 같이 답변되었다. "의회제도는 아직 그 전력을 다하지 않았다. 기반에 보통선거가 없다면 그것에 대한 어떤 비평도 가치가 없다"라고. 그러나 결국 보통선거가 시행되었다. 정부 관계자는 오랫동안 그것에 반대했지만 마침내 국민의 요구에 견딜 수 없게 되었고 게다가 특별히 시정에 지장을 주지 않는 것을 알게 되어서 이를 수용했다. 합중국에서는 이미 한 세기 전부터 보통선거가 행해지고 있다. 프랑스에서, 독일에서, 기타 주요한 유럽 국가들에서도 꽤 오랫동안 보통선거가 행해지고 있다. 하지만 대의정치에는 어떤 변화도 없었다. 여전히 티에리나 벤담의 시대 그대로의 대의정치이다. 보통선거는 결국 대의정치의 아무것도 개선하지 못했다. 이렇게 되자 "의회제도 자체, 대의제도 자체를 주의하라"는 목소리가 밀이나 스펜서와 같은 온화한 사람의 입에서조차 새어나오게 되었다. 밀의 『자유론』과 『대의정치론』[14]을 보라. 또한 스펜서의 『사회학연구 서론』, 『사회학 원리』[15] 및 기타 『논문집』을 보라. 그 사이 고드윈의 계통을 이어 무정부 공산주의의 시조라 불리는 프루동이 나타나 드디어 대의정치와 정치 그 자체에 일대 철퇴를 내렸다.

---

[13] 오귀스탱 티에리(Augustin Thierry, 1795~1856)는 프랑스의 역사가로 원전을 바탕으로 역사를 연구한 최초의 역사가 중 한명이다. 『프랑스사에 관한 서한집』 Lettres sur l'histoire de France의 저자이다.

[14] 『자유론』 On Liberty; 『대의정치론』 The Representative Government.

[15] 『사회학연구 서론』 Introduction to the study of Sociology; 『사회학 원리』 The Principle of Sociology.

제6장 생디칼리슴

　프루동은 1848년 혁명으로 이른바 혁명적 공화정부의 죄악을 목격함과 동시에 또 루이 블랑Louis Blanc 의 국가사회주의가 불가능함을 깨닫고, 그 저서『사회혁명의 일반 관념』과『혁명가의 고백』[16)]에서 대담하게 국가의 폐지를 논하고 무정부라는 이상을 말했다. 그리고 프루동의 무정부주의, 즉 자유자치 사회의 이상은 다시 바쿠닌을 거쳐 크로포트킨[p.102] 에 이르러 조금씩 이론으로 정돈되면서 동시에 마침내 국제적인 운동으로 세계 도처에서 국체國體를 보게 되었다. 바쿠닌의 비국가론으로 유명한『신과 국가』와『연합주의』[17)]가 있다. 크로포트킨의 비국가론으로는『국가론』이, 특히 대의정치론에 관해서는 논문집『모반인의 언어』[18)]에「대의정치론」이 있다. 앞서 말한 것처럼 나는 지금 여기에서 그들의 비국가론이나 비정치론을 상세히 논할만큼 자유롭지 않다. 그들의 이상을 한 마디로 말하면, 자유로운 각 개인이 자유합의에 의해 단체를 만들고 각각의 자유자치 단체가 또 자유합의에 의해 상호 연합을 도모하는 사회이다. 그러나 이는 무정부주의자들만의 이야기는 아니다. 최근 세계 여러 나라에서 대의정치가 다양한 방식으로 실패하는 것을 보면 대의정치·의회정치의 가치라는 것이 구미 제국에서는 이미 떠들썩한 문제 중 하나가 되었다.

　바바·이쿠다·야스나리 제군은 구미 문제가 곧 일본의 문제는 아니라는 식으로 말하는, 최근 유행하는 어리석은 주장을 토로할 사람들이 아니다. 제군은 구미에서 일어난 대의정치의 가치에 대한 문제를 일본에 있는 제군 자신의 문제로 삼기를 거부할 정도로 우둔한 사람들이 아니다. 또한 제군은 구미의 이러한 문제를 일본에서도

---

16) 『사회혁명의 일반 관념』*L'Idée générale de la Révolution sociale*;『혁명가의 고백』*Confessions d'un Révolutionnaire*.
17) 『신과 국가』*Dieu et l'État*;『연합주의』*Fédéralisme*.
18) 『모반인의 언어』*Paroles d'un Révolté*.

같은 문제로 다뤄야 한다는 사실을 듣거나 깨닫지 못했을 정도로 천학淺學하거나 둔감한 사람들이 아니다. 다만 제군의 나태함 때문에 제군들이 진심으로 이 문제를 생각해 보지 못했던 것 뿐이다. 그리고 그 결과 제군들이 무비판적으로 정치 무대에서 춤추게 된 것이다.

3.

바바・이쿠다・야스나리 제군은 각 개인의 충실한 활동을 희망하고 여러 정치적 자유를 요구한다. 여기에는 이중의 오류가 있다. 그 하나는 대의정치에 대한 무비판적인 동의에서 비롯된다. 그리고 다른 하나는 의회에 대한 무비판적인 과신에서 비롯된다. 첫 번째 오류는 대의정치 그 자체가 각 개인의 충실한 활동을 방해한다는 사실을 모른다는 점에 있다. 두 번째 오류는 의회가 자유를 부여하지 않는다는 사실을 모른다는 점에 있다. 이 첫 번째 문제에 대해서는 나중에 설명하기로 하고 우선 두 번째 문제에 대해 논해 보자.

의회는 자유를 부여하는 곳이 아니라 자유를 승인하는 곳이다. 대의정치나 의회가 국민에게 자유를 부여한다는 것은 권력자의 편의에 따라 주입된 편견에 지나지 않은 것으로, 권력자를 대표하는 학자의 말을 빌리면 금일 우리들이 전제군주의 시대에 갖지 못했던 여러 정치적 자유를 갖게 된 것은 대의정치 내지는 의회의 덕분이라는 것이다. 그렇지만 이는 결과를 가지고 원인으로 삼는, 좀 더 정확히 말하면 동일한 하나의 원인에서 나온 두 가지 결과 중 하나를 다른 원인으로 삼는 사실상・논리상의 심각한 오류이다.

대의정치나 의회 자체는 국민이 자유의 정신과 반역의 정신으로 전제군주의 손에서 빼앗아 온 것이다. 모든 정치적 자유 또한 마찬가지로 국민이 자유와 반역의 정신으로 이 대의정치 내지 의회로부터 빼앗아 온 것이다. 또한 일단 의회에서 빼앗아 온 이와 같은 정치적

제6장 생디칼리슴

자유도 그것이 사실상 시행되거나 계속되기 위해서는 마찬가지로 국민이 자유와 반역의 정신으로 부단히 방어해야만 하는 것이다. 이 자유를 갈망하면서 그것을 얻을 수 없거나 혹은 그것을 빼앗기려 할 때, 바로 반역 행위를 할 준비가 되지 않은 국민이거나 혹은 특히 이같이 자유와 반역 정신으로 꽉 찬 계급도 없는 국민은, 의회의 유무와 상관없이 또 정치적 자유를 보증하는 법률의 유무와 상관없이 진정한 자유를 가질 수 없다. 일본의 헌법은 하늘에서 내려온 헌법이라고 전해지지만 헌법 발포 이전에 이른바 자유민권의 맹렬한 운동이 있었던 사실은 다 알고 있을 것이다. 그리고 헌법 발포 이후 정부가 어떻게 국민의 자유와 반역 정신을 박멸시키려고 온 힘을 다했는지 그리고 과거 보장되던 모든 정치적 자유를 완전히 사문화시켰는지에 대한 사실은 누구나 다 알고 있을 것이다.

정치적 자유는 국민 스스로의 힘을 통해 이미 기정사실이 된 후에, 혹은 국민이 그것을 바라는 반역의 행위에서 나왔거나 또는 나오려고 할 때 비로소 의회에 의해 승인되는 것이다. 아주 흔한 예를 들자면 경찰이 "어이, 어이"하고 불러도 여전히 시민이 굽실굽실 머리를 조아린다면 경찰은 영원히 "어이, 어이"를 계속한다.

영국은 세계에서 가장 자유로운 국가라고 한다. 그리고 그 자유는 대의정치 내지 의회가 가장 오래 이루어진 덕분이라고 한다. 그렇지만 영국에서 정치적 자유는 다수가 봉기적 성질을 가진다. 이와 같은 자유는 언론의 자유, 집회의 자유, 결사의 자유 등으로 모두 국민의 힘으로 봉기 반란 혹은 그냥 내버려 두면 발생할 소요를 통해 의회로부터 빼앗아 온 것이다. 노동자가 단결의 권리와 동맹파업의 권리를 획득한 것도 법률로 금지 당했지만 몇 년 동안 노동자 스스로가 노동조합을 조직하고 끊임없이 동맹파업을 실행해서 결국 의회가 사실을 승인하게 한 것이다. 또 런던 시민이 거리나 공원에서 시위 운동할 수 있는 권리도, 무슨 일이 있을 때마다 무수한 군집이 하이드파크의

6.1 개인주의자와 정치운동

철책을 때려 부수고 경비를 맡은 경관을 들이받아서 마침내 의회가 그 사실을 승인하게 한 것이다. 의회는 자유를 부여하는 것이 아니다. 어쩔 수 없이 자유를 승인할 수밖에 없는 것이다.

나는 바바·이쿠다·야스나리 제군이 이 정도의 명백한 사실을 전혀 모른다고 생각하지 않는다. 또 의회에 이러한 자유를 요구하는 것 외에 다른 실현 방법이 있다는 것을 모른다고 생각하지 않는다. 다만 제군은 종래의 이른바 정치운동에만 익숙하고 최후의 형식에 눈이 현혹되어 의회에서 요구하는 것이 가장 빠른 길이라고 생각하기 때문일 것이다. 여기에 제군이 반성해야 할 경솔함이 있다.

그럼에도 제군이 더욱 깊이 반성해야 하는 것은 앞서 말한 첫 번째 오류, 즉 대의정치 그 자체가 각 개인의 충실한 활동을 방해한다는 사실을 모른다는 점이다. 바바 고초군은 「입후보의 이유」(《반향》 3월호 게재)의 첫머리에서 다음과 같이 말한다.

> 민족의 흥륭興隆은 그 민족의 원자인 각 개인의 충실한 활동을 기다려야 한다.
>
> 일국의 정치는 이같이 인민의 충실한 활동을 기초로 해서 이루어져야 한다.
>
> 따라서 일국의 법규는 각 개인의 자각이나 정당한 활동에 방해가 되고 불편한 것이 되어서는 안 된다.
>
> 우리나라 국법은 각 개인의 자각을 촉구하고 정당한 활동을 자유롭게 하는 정신에서 만들어진 것이라고 말할 수 있을까. 우리는 도저히 그렇다고 인정할 수 없다.
>
> 우리 국민의 대다수는 자기의 의지를 국정에 관철할 수 있는 법적인 권리를 빼앗겼다. 즉 우리 국민의 대다수는 참정권을 빼앗겼다.
>
> 현행 우리 국법에는 국민 총수의 2.5%, 즉 6천만 명 중에 겨우 150만 명이 참정권을 갖고 있을 뿐이다. 이와 같은 상황에서는

제 6 장 생디칼리슴

> 국민의 대다수가 국정에 대해 어떤 책임도 질 수 없기 때문에 국민 각 개인은 자존심을 증진시킬 수가 없다. …
> 우리는 선거권의 대확장을 요구해야만 한다. 우리 국법이 좀처럼 사람으로 여기지 않는 여자에 대해서도 어떤 제한을 두고 참정권을 부여할 것을 요구해야만 한다.

이야말로 바로 정치꾼들의 상투어다. 일찍이 내가 《평민신문》에서 말했던 것처럼 참정권이란 인간으로서 기권이고 국정이란 인간을 가축화시키는 일이다. 이 견해에서 보면 "일국의 법규는" 원래 "각 개인의 자각이나 정당한 활동에 방해가 되고 불편할" 뿐이고, 따라서 "국정에 대해 어떤 책임도 질 수 없기 때문에 국민 각 개인은 자존심을 증진시킬 수가 없다"고 할 수 없다. 그러나 뒤에서 말하겠지만, 국민 각 개인은 국정에 대해 어떤 책임을 짐으로써 오히려 그 자존심에 상처를 입을 수밖에 없다. 또한 이 국정을 ×× 혹은 ××함으로써 진정으로 그 자존심을 증진시켜야 한다. 그러나 국정이란 인간을 가축화시키는 일이라는 가장 근본적인 문제에 대해서는 구체적으로 설명하는 데 제한이 따르기 때문에, 그리고 이에 대해서는 『생의 투쟁』 중 「정복의 사실」에서 막연하게라도 썼기 때문에 여기에서는 다만 참정권은 인간으로서 기권이라는 선거제와 개인의 관계에 대해서만 말하고자 한다.

이에 대해서 일찍이 나는 《평민신문》에서 언급했다. 당사자 스스로가 자기 생활에 대해 상의하는 일 없이 전부를 타인에게 맡긴다는 것이 인간으로서 기권이 아니면 무엇이겠냐고.

이쿠다·야스나리 제군. 제군이 바바군을 내세워 입후보시킨 것은 한편으로 많은 사람에게 인간으로서 기권을 강요하는 것이면서, 한편으로 바바군으로 하여금 많은 사람의 인간으로서 권리를 약탈하게 하는 것이다. 이는 추대한 제군도, 추대된 바바군도 아마 전혀 신경 쓰지 못한 중요한 점이라고 생각한다. 총명한 제군과 비교하는 것이 심히 실례이겠지만 뭐든지 아는 체 하는 가야하라 가잔[p.194] 같은 사람도 일전에 나를 방문해 책상 위에 있던 《평민신문》 원고를 읽고 "이건 진기한 논의다. 처음 듣는다"고 말하면서 잠시 고개를 갸우뚱했다. 그러나 이것은 단순히 '진기한 논의'가 아니라 눈앞의 사실이다. '처음 듣는다'고 하기 전에 진심으로 개인의 권위를 중요시하는 사람이라면, 배워온 편견을 타파한 사람이라면 누구라도 반드시 알아채야만 하는 눈앞의 사실이다. 그렇지만 추상적 문제만 막연하게만 취급해 온 이른바 사상계의 사람들인 제군이 이러한 매우 거대한, 그러나 많은 엄폐물 밑에 가려진 사실을 놓친 것도 무리는 아니다. 조금 침착하게 생각해 보시는 편이 좋겠다.

어떤 나라의 대의정치에 대표되는 것과 대표하는 것, 즉 선거인과 피선거인 사이 혹은 선거인 상호 사이에 빈틈없이 딱 맞아 떨어지는 관계가 있는가. 또 어떤 나라의 대의정치에 이러한 관계의 가능성이 있는가. 요컨대 대의정치란 자치라는 양두羊頭를 내걸고 전제專制라는 구육狗肉을 파는 것이다. 자기가 자기를 지배한다는 명목하에 자기를 지배하는 주인을 선택하게 하는 것이다.

지금 유럽의 국제 철도회의나 우편회의 혹은 기상학자나 통계학자 등의 국제회의를 예로 들자면, 각국 혹은 각 회사가 그 대표자를 파견하는 사정은 정치상의 그것과는 완전히 다르다. 즉 수십 수백 명이 매일 같은 일을 함께 하고 함께 보며 서로 마음의 밑바닥까지도 안다. 어떤 문제에 대해 모든 방면으로 서로 의논하고 결정하는 사람들이 그중에 몇 명을 골라서 역시 같은 성질의 다른 단체의 대표자와 함께 이 특수한 문제에 대해 서로 논의하게 한다. 이 대표자는 대표하는 단체가 어떤 이유로 그 같은 결론에 도달했다는 것을 다른 단체의 대표자 앞에서 설명한다. 각 대표자는 서로 지시하는 일 없이 다만 서로의 합의를 구한다. 그리고 그 결과로 나온 제안을 각자의

제6장 생디칼리슴

단체로 가져온다. 각 단체의 회원들은 다시 논의하여 그 제안을 채용하거나 거절한다. 이러한 종류의 합의 방법은 정치 이외의 많은 다른 단체에서도 볼 수 있다. 내가 국제적으로 큰 회의를 예로 들기 위해 이러한 예를 유럽에서 찾았지만 사실은 어느 나라에서나 볼 수 있다. 또 학자 단체가 아니라도 무지한 평민의 일상생활에서도 볼 수 있다. 더 나아가 야만인에게서도 찾아볼 수 있다. 그리고 각 개인이 서로 지시하는 일 없이 합의하는 일이 우리 생활의 대부분이자 게다가 진실한 부분이라는 점은 사실이다.

그렇다면 다시 정치를 보자. 수천 수만 혹은 수십만이 서로 보지 못하고 알지 못하는, 또 어떤 공동의 사업에도 관여하지 않는 이른바 선거인들이 어떤 한 사람을 선출한다. 이 피선출자가 어떤 특수한 문제를 설명하기 위해서 혹은 어떤 특수한 문제에 대한 결의를 주장하기 위해서 의회에 보내지는 것이 아니다. 이른바 국회의원들은 의회에서 어떠한 일이나 서로 논의·결정할 수 있으며 그 결의는 곧바로 법률이 되어 국민 위에서 논의된다. 이같이 그들은 극히 복잡한 인간생활의 전부를 결정하고 선거인은 자기의 주권이라는 미명 하에 실은 기권을 강요받는 것이다.

선거과정이나 의회의 의사議事에서 나타나는 모든 폐해는 전부 이 근본적 사실에서 도출된다. 따라서 이 근본 사실에 수정을 가하지 않는 한 이와 같은 폐해는 점점 교묘해지거나 혹은 점점 노골적으로 속출될 것이다. 인권의 확장을 거의 유일한 강령으로 삼는 바바군이 이에 주목하지 않고 가장 먼저 나서서 보통선거를 주장하고 스스로 타인의 인권을 약탈하는 직업에 나가고자 하는 것은 실로 괘씸하기 짝이 없는 모순이라 말하지 않을 수 없다.

그러나 문제는 여기서 그치지 않는다. 내가 근본적 사실이라고 말한 대의정치 혹은 정치 자체가 필연적으로 그렇게 될 수밖에 없는 이유를 갖고 있다. 정치란 중앙집권적 성질이라는 필연적인 이유로 다른 많은 사회 생활에서와 같이 개인과 개인 혹은 단체와 단체의 관계를 그 영역 안에서 허용할 수가 없다. 그리고 그 중앙집권적 성질은 오늘날의 국가조직 내지 사회조직의 필연적인 산물이다. 여기서 나는 다시 근본적인 그리고 좀 더 확대된 사회조직의 유래와 진화의 문제로 들어가야 하지만, 그리고 다시 국정이란 인간을 가축화시키는 일이라는 문제로 돌아가야만 하지만 이는 앞에서와 같은 이유로 삼가해 둔다. 그렇다면 나는 정말로 개인의 권위를 중요시하는 우리가 어떠한 정치운동에 종사해야만 하는지에 관한 이 글의 결론으로 옮겨가고 싶다. 그러나 이에 앞서 나의 정치적 이상에 대해 한 마디 해둘 필요가 있다.

나의 정치적 이상은 앞에서도 말한 바와 같이, 각 개인이 서로 지시하는 일 없이 합의하고 그런 개인에 의해 이루어진 각 단체도 마찬가지로 서로 지시하는 일 없이 합의하는, 개인도 단체도 모두 완전한 자치의 연합제도이다. 그리고 이 이상은 요원하거나 현실화할 수 없는 성질의 것이 아니라 이미 우리 일상생활에서 개인과 개인의 관계 그리고 다양한 단체와 단체의 관계에서 이미 실현된, 게다가 진실한 생활이라고 여겨지는 것이다. 우리는 다만 우리의 일상생활 속에 있는 이 사실을 더욱더 충실히 하고 확장해서, 나아가 이 진실로 다른 여러 사회생활을 그리고 마침내 정치적 영역을 지배하게 하면 되는 것이다.

그럼에도 이 정치적 영역은 다른 모든 사회적 생활 중 적어도 겉으로 보기에는 최상부에 위치하고 다른 다양한 사회적·경제적 관계와 밀접하게 연속된 것이기 때문에 우리는 단순히 정치적 영역 자체만을 그 진실에 의해 점령하게 할 수는 없다. 인류 사회를 일시적 현상을 제거하고 본질적으로 보면 정치적 제도는 항상 그 사회의 경제적 제도의 충실한 발현이다. 따라서 정치의 근본적인 개혁을 도모하고자 한다면 우선 그 사회의 경제적 제도에 근본적인 개혁을 가해야만 한다. 우리가 정치에 있어 연합제도를 이상으로 삼는 동시에 경제에 있어 공산제도를 이상으로 삼는 이유도 여기에 있다. 그러나 지금 여기서는 정치적 제도와 경제적 제도의 관계를 서술하는 일은 곧 국정이란 인간을 가축화시키는 일이라는 문제임을 다시 한 번 언급해둔다.

4.

바바·이쿠다·야스나리 제군. 꽤 긴 논의가 되었는 데 좀 더 들어주길 바란다. 즉 나의 결론인, 그렇다면 진정한 개인의 권위를 중요시하는 우리가 어떠한 정치운동에 종사해야 하는지 또 어떠한 정치운동 방법이 가장 효과적인지에 대해 좀 더 들어주길 바란다.

그러나 여기서도 나는 편의상 내 자신의 주장을 쓰는 대신 우리에게 매우 참고가 될 만한 유럽의 노동운동, 특히 생디칼리슴의 정치운동을 소개하고자 한다.

나는 앞서도 말했다. 무정부주의는 현실을 떠난 이상론이 아니라 실제 생활의 요구에서 생겨난 사회적 학설이라고. 그러나 무정부주의가 운동보다 이론, 현실보다 이상에 경도되어 그 이론이 매우 추상적이었던 점도 사실이다. 그리고 이론이 주로 학자에 의해 조직된 점도 사실이다. 그러나 내가 여기에서 소개하고자 하는 생디칼리슴은 이것과는 완전히 반대로 무지한 노동자의 일상생활과 매일매일 일어나는 자본가와의 투쟁 속에서 거의 자연적으로 생겨난 운동이자 이론이다. 원래 생디칼리슴은 그 긴 형성과정에서 무정부주의의 영향도 받고 있지만 동시에 다른 다양한 사회적 학설의 영향도 받고 있다. 그럼에도 생디칼리슴은 그 영향에 의해 형성되었다기보다는 오히려 노동자가 단지 살고자 하는 본능에 내몰려 혹은 좌충우돌하여 결국 그들 생활의 자각과 경험이라는 끊임없는 윤회를 거쳐서 창조된 것이다. 그들은 처음부터 이상을 가지지 않았다. 또 정해진 운동방법도 없었다. 애초부터 어떤 사회적 학설 등을 가지고 있었을 리가 없다. 그들은 단지 무턱대고 목전의 죽음을 피하고 보다 나은 삶을 살기 위해서 그들이 할 수 있는 모든 힘을 썼다. 이렇게 해서 그들이 숱한 살과 피와 뼈로 구축한 생디칼리슴은 마침내 무정부주의와 일치해서 우연하게도 후자의 추상적인 이론을 점차 구체화시키고 후자의 다소 가공적인 이상을 점차 사실화시켰다. 여기에 생디칼리슴의 대단한 재미가 있는 것이다. 또 우리가 모범으로 배워야 할 대단한 교훈이 있는 것이다.

최초 노동자는 그 생활의 곤란에 내몰려서 곤궁한 자들이 서로 의지하고 돕는 이른바 상조조합을 조직했다. 질병 혹은 실업했을 때에 서로 구조하는 것이 주된 목적이었다.

그러나 노동자는 근대 자본가제도의 발달과 함께 고용주와의 관계에서 누차 이해의 충돌을 경험했다. 그리고 앞에서 말한 상조조합은 그 본래의 성질을 유지하면서도 다시 고용주와 절충하는 기관으로 사용되게 되었다. 즉 이해를 함께 하는 노동자가 결속하여 그 이해를 위해 고용주와 싸우는 기관이 되었다. 임금 증가, 노동시간 감소, 공장 내 여러 설비의 개량 등이 투쟁의 목적이었다. 그리고 스트라이크, 보이콧, 사보타주 등 투쟁 방법이 필요에 따라 발생하고 발달했다. 특히 당시의 노동자에게는 고용주와 노동자의 이해충돌이 일시적일지, 영구적일지에 대해 생각할 여유도 없이, 단지 그들은 조금이라도 생명의 위협을 피하고 더 좋은 생활을 얻을 수 있다면 그것으로 충분했던 것이다.

그러나 노동자의 요구는 대부분의 경우 쉽사리 고용주에게 받아들여지지 않았다. 그리고 자본가제도가 점점 발달하면서 노동자와 고용주의 충돌은 점점 빈번해지고 점점 격해졌다. 마침내 노동자는

제6장 생디칼리슴

적어도 겉으로 드러난 사실을 통해 이 충돌의 영구성과 보편성을 다소나마 생각해 냈다. 그리고 한편으로는 필요에 의해 다른 많은 노동자단체와 맺은 그 힘을 강대하게 할 것을 도모하면서 다른 한편으로는 습성상 정부가 자기의 생명을 보호해주기를 바랐다. 노동자에 동정하는 정당은 이미 있었다. 특히 노동자의 우군이라 할 수 있는 사회당도 이미 있었다. 정부는 모든 국민을 평등하게 대하는 공화정부였다. 이렇게 노동자는 정당을 통해 정부에 호소하여 노동자 보호의 법령을 통해 자신의 생명에 대한 안전을 기대하려고 했다.

그럼에도 노동자는 매사에 이 정부와 정당에게 기대를 배반당했다. 정부의 조치는 모든 고용주에게 관대하고 노동자에게 혹독했다. 고용주에 대한 노동자의 직접적인 요구는 빈번히 정부에 의해 관철을 방해받았다. 또 정부는 법령으로 이미 노동자의 거의 모든 운동 방법을 금지하였다. 노동자가 보다 나은 삶을 살고자 하는 노력인 노동운동은 거의 항상 정부에 의한 벌금과 처벌, 때로는 사형과 같은 희생을 지불하게 했다. 만약 노동운동이 조금이라도 대대적으로 행해지기라도 하면 정부는 곧 경찰관과 군대를 보내서 남녀노소 노동자를 말발굽으로 혹은 총포로 거리낌 없이 학살했다. 노동자가 고용주에 대해 보다 나은 자신의 생활을 요구하는 것을 정부는 국가에 대한 반역 행위로서 간주했던 것이다. 정부가 노동자에게 부여한 보호 법령 또한 거의 모두 노동자를 상대로 한 사기였다. 장래 생활의 보장을 위해 보험을 혹은 저금을 강요하는 일은 하루하루 생활조차 곤란한 노동자들에게 어떠한 고마움도 있을 리가 없다. 또 노동자가 반드시 양보해야 하는 중재재판도 노동자에게는 대단히 성가신 것이었다. 그 밖에 노동자에게 진정한 이익이 있어 보이는 많은 법령 역시 만약 노동자가 이를 고용주에게 강요할 힘을 갖고 있지 않으면 절대 실시되는 일이 없다. 오히려 이와 같은 보호 법령을 약속한 여러 정당 및 사회당조차도 결국 노동자를 절망하게 했던 것이다. 이와 같은

6.1 개인주의자와 정치운동

정당이 의회에서 획득했다고 하는 노동자의 진정한 자유 및 이익도 실은 노동자 자신이 원외院外에 있는 세력과 시위로 획득된 것이었다.

사회당이 수년 혹은 수십 년간 원내에 제출했지만 받아들여지지 않았던 많은 요구는 노동자가 겨우 며칠 동안 원외에서 한 큰 시위운동으로 성취되었다. 정당들은 적어도 결과로 판단하자면 노동자에게 동정하는 것처럼 보여서 사람들한테 더 많은 표를 얻으려고 하는 속셈이 있었다. 노동자를 속이고 정권 쟁탈의 도구로 사용하려는 것이었다. 노동자에게 더 많이 동정하는 정당일수록 정권을 잡으면 노동자를 더 많이 학살했다. 원래 사회주의자였고 총동맹파업의 최초 주창자이자 노동조합의 열렬한 보호자인 브리앙[19]은 앞서 말한 대로 말굽과 총포로 노동자를 학살했다는 점에서 가장 위대한 내각의 대신이었다.

노동자가 더 나은 삶을 살고자 들인 이 수십 년간의 적극적인 노력은 이윽고 그들에게 스스로의 힘과 사회적 지위를 명백하고 강고하게 자각시켰다. 그들은 우선 노동자와 고용주의 이해충돌이 자본제와 임금제 위에 구축된 오늘날의 경제조직이 존속하는 한 도저히 조화할 수 없음을 깨달았다. 또 오늘날의 정치조직은 그 이름이 무엇이고 그 인물이 어떠하든지 상관없이 이 경제조직의 유지와 확장을 그 임무로 삼고 있음을 깨달았다. 정부가 전적으로 자본가계급의 괴뢰이고 노동자계급의 원수임을 깨달았다. 동시에 그들은 종래의 모든 거룩한 사회적 제도 및 개인적 감정조차도 전부 그들의 살고자 하는 본능을 억압하는 사기임을 깨달았다. 그들은 하루라도 빨리 모든 것을 버리고 오직 그들 자신의 생의 본능에 따를 수밖에 없었다. 그 본능의

---

[19] 아리스티드 브리앙(Aristide Briand, 1862~1932)은 프랑스의 정치인이다. 처음에는 사회주의자・생디칼리스트로 정치활동을 시작했으나, 1910년 총파업에 탄압을 가하는 등 점차 사회주의 색체가 옅어졌다. 1926년 노벨평화상을 수상했다.

제 6 장 생디칼리슴

적나라한 발현으로 얻은 그들 자신의 감정과 사상에 따를 수밖에 없었다. 그들은 본능이 명하는대로 모든 사물과 부딪히고 충돌하면서 거기에서 그들 자신의 어떤 것을 발견 혹은 창조했다. 모든 가치를 전도시켰다.

이렇게 그들은 그들 자신이 새로운 인간으로서 개인적으로 완성되면서, 그들의 단체 역시 새로운 사회생활의 맹아로서 발달해 왔다. 그들 단체는 위에서부터 아래가 아니고 복잡함에서 단순함이 아닌, 아래에서 위로 단순함에서 복잡함으로 조직되었다. 그들이 가장 중요시했던 것은 개인의 발의였다. 서로 가장 밀접한 관계와 이해를 갖는 같은 직업·공업의 노동자의 발의에 의해 각 개인이 다른 모든 발의를 방해받지 않는 이른바 생디카^{syndicat}, 즉 노동조합이 먼저 발달했다. 이 수백 명의 동업노동자에 의해 이뤄진 소단체가 그들 자신의 새로운 사회조직의 단위였다. 이 소노동조합은 다시 그 자신의 발의에 의해 한편으로는 전국의 같은 공업의 노동조합 전국동맹을 만드는 동시에, 다른 한편으로는 같은 지방 혹은 같은 도시 각 공업의 노동조합 지방동맹을 만들었다. 그리고 이 노동조합 전국동맹과 노동조합 지방동맹이 합쳐서 이른바 C.G.T.[20] 즉 노동총동맹을 조직했다. 그러나 이 총동맹은 다른 민주적 단체에서처럼 지휘명령하는 기관이 아니다. 다만 노동계급의 혁명적 행위를 조직하고 세우기 위한 강대한 기관일 뿐이다. 따라서 다른 소위 민주적 단체에서처럼 중앙집권에 의해 각 단위의 활력을 억압하는 것이 아니다. 거기에는 연결은 있지만 중앙집권은 없다. 충돌이 있지만 명령은 없다. 연합주의는 모든 곳에 미친다. 각 개인·노동조합·전국동맹·지방동맹은 모두 완전한 자치이다. 또 그 충동 역시 위에서 오지 않는다. 어느 곳에서 어느 한

---

20) 노동총동맹(La Confédération générale du Travail)은 1895년 리모주에서 설립되었으며, 프랑스의 5대 노총 중 가장 오래되었다. 원래 생디칼리슴 성향의 노총이었고, 생디칼리슴의 총본산이었다. 1차대전 이후로는 프랑스 공산당의 영향을 받게 된다.

점에서 출발해서 사방으로 점점 강해지고 점점 커져서 파동을 친다.

이렇게 해서 노동자는 그 단체를 완전히 그들 자신이 추구하는 방향에 따라 조직하고 발달시키면서 또 그들 자신의 방향에 따라 그 안에서 점점 많은 신사회의 맹아를 길러냈다. 그들은 각 개인·단체의 활동 속에서 장래의 사회 전체를 경영하기에 충분한 모든 능력을 발달시켜 나갔다. 특히 노동조합 지방동맹은 성질상 가장 활발한 파괴 운동에 종사하면서 가장 활발한 건설운동으로 향했다. 그리고 이 지방동맹은 오늘날의 도시를 대신하여 장래 사회의 중심이 되려고 한다.

생디칼리슴은 부단한 창조의 과정에 있는 것이다. 그리고 그 윤곽이 만들어진 것은 겨우 수년에 불과하다. 따라서 그 이론도 운동도 아직 불완전함에서 벗어나지 못했다. 그렇지만 그 진화의 역사와 넘쳐나는 활력의 왕성함을 보면 그 장래가 점점 창조력으로 풍요로워질 것은 의심할 여지가 없다.

생디칼리슴은 오늘날의 경제제도를 근본에서부터 부인하면서 오늘날의 정치제도도 그 근본에서부터 부인한다. 그리고 그들은 무정부주의자와 완전히 일치해서 공산과 연합이라는 신제도를 이상으로 삼는다.

생디칼리슴의 이러한 근본적인 견해는 직접행동이라는 그들 자신의 운동방법을 탐색하게 했다. 노동자의 해방은 노동자 자신의 일이어야 한다고 한다. 그리고 이 원칙은 오늘날의 정치에 대한 그들의 운동에서도 매우 충실하게 적용되었다. 그들은 가장 빨리 그들에게 이익이 되는 방법을 얻기 위해 의회에 그것을 청원하는 일을 하지 않는다. 또 의회에 대표자를 보내는 일도 하지 않는다. 다만 스스로의 힘으로 그들 자신이 그것을 실현하거나 강탈하려고 한다. 즉 원외에서 오는 압박을 이용해서 의회가 그것을 승인하지 않을 수 없게 만드는 것이다. 그들이 정치적 자유를 획득하는 방법은 오직 그들 스스로의 자각·실행과 전도 그리고 의회에 대한 외부에서의 시위압박만 있을 뿐이다. 이렇게 해서 노동자는 진일보하고 의회와 정치의 생명을 소멸시키려고 한다.

바바·이쿠다·야스나리 제군. 이 생디칼리슴 이론이나 운동을 유럽의 일이라고 해서 또한 노동자의 일이라고 해서 제군들에게 완전히 무의미하지는 않을 것이다. 적어도 제군은 거기서 배워야 할 많은 것을 발견할 것이다. 여기서 나는 이 생디칼리슴에 대해 좀 더 깊은 연구를 하려고 하는 사람을 위해 미국의 루이스 로윈[21]의 『프랑스에서의 노동운동』을 일독하기를 추천한다. 이 책은 대단히 간명하고 정직하게 생디칼리슴의 이론과 운동의 정수를 소개한 아마 가장 좋은 책일 것이다.

5.

바바·이쿠다·야스나리 제군. 나는 제군에게 큰 난제를 던졌다. 그러나 이것이 난제라면 그만큼 제군에게 깊은 반성의 재료가 될 것으로 생각한다. 그리고 나는 제군이 이에 대해 적당히 대답하는 사람들이 아님을 믿기 때문에 감히 이 난제를 제군에게 던진 것이다.

제군은 앞서 나의 이 공개토론에 대해, 대의정치 자체에 대해, 특히 제군이 거의 유일한 강령으로 삼는 인권의 견지에서 제군의 비평을 제시해야만 한다. 동시에 제군은 또한 대의정치 자체가 인권을 무시하는 것이라는 나의 견해를 비평해야만 한다. 다음으로 제군은 이 두 가지 비평과 필연적으로 관련되고 내가 매우 간략하게 소개한 무정부주의와 생디칼리슴의 정치에 관한 이론과 운동에 대해 제군의

---

[21] 루이스 로윈(Lewis Levitzki Lorwin, 1883~1970)은 러시아계 유대인 출신의 미국 경제학자·노동 역사가로 저서 『프랑스에서의 노동운동』 *Labor Movement in France; A Study in Revolutionary Syndicalism*이 있다.

비평을 제시해야만 한다. 마지막으로 제군은 이 세 가지 비평의 결론으로서 오늘날 선거에 대한 제군 자신의 관점을 제시해야만 한다.

바바군은 일찍이 내가 『생의 투쟁』의 비평을 요청했을 때 그 서문에서 말했다.

> 오스기군 등이 품고 있는 주의에 대해서 말하자면 나는 그 주의를 역사적으로 봤기 때문에 그것에 공통된 정신적인 측면밖에 모른다. 즉 지금은 그 이상의 지식을 갖고 있지 않기 때문이다. 이 정신이 명백한 진리임을 나도 믿게 만드는 그 주의의 실행자인 오스기군 등에게, 아직 그러한 실행까지는 결심 못하고 있는 내가 감히 어떤 비평도 할 수 없음은 자명하지 않은가.

그런데 바바군은 이번 선거를 통해서 이미 이러한 보통의 정신 실행에 착수한 것이다. 따라서 나에 대한 비평을 더 할 필요가 없다는 그 자명한 이치가 소멸되었다. 또한 "지금 그 이상의 지식을 갖고 있지 않다"는 식으로 더 이상 도망갈 수도 없다.

이쿠다군은 일찍이 내가 일부러 나의 저서에 대한 비평을 요청했을 때 그 비평 대신에 이쿠다군이 나와 같지 않다는, 즉 이쿠다군이 위험인물이 아니라는 변명문을 건네주었다. 그 서문에서 말한다.

> 나는 아직 군들처럼 철창 안에 갇히거나 군들의 동지와 같이 교수대 위에 설 마음이 없다. 나는 내면생활에서도, 외부적 사정에서도 아직 그렇게 큰 생각에 도달하지 못했다. 그러한 각오에 대해서는 아직 준비가 되지 않았다. 그러한 준비를 필요로 하는 곳까지 도달하지 못했다. 또한 특히 자신이 뿌린 씨를 수확하는 것이 아니라 타인이 뿌린 씨가 어쩔 수 없이 수확되는 것을 알아채지 못하는 감정도 무시하기 어렵다. 구체적으로 말하면 군들에 대해 꽤 큰 경의를 품고 있지만, 그럼에도 불구하고 아무렇게나 군들과 한 무리라고 간주되어 일망타진당해 어두운 곳에 갇혀 억울한 죄명을 뒤집어쓰고 소중한 이 머리를 싹둑 잘리게 될 것을 두려워하는 것이다.

이쿠다군은 이 기회를 통해 그 '내면생활'과 '외부의 사정'을 상술하고, 우리와 같이 '큰 의견에 도달하지 못한' 이유를 분명히 밝혀서 '일망타진'의 공포에서 완전히 벗어나는 것이 유리할 거라고 생각한다. 그리고 "자아나 생의 창조와 교육칙어 사이에 어떤 관계가 있느냐고 물으면 갑자기 새파랗게 질려서 움츠러드는 '사상가'들과는 하나가 되고 싶지 않다" 또는 "현존하는 사회조직을 순진하게 혹은 궤변적으로 긍정할 수 없다" 또는 "어쩔 수 없다는 식의 담백한 체념도 할 수 없다" 또는 "어떻게든 해야만 한다고 생각합니다, 무언가 하려고 생각합니다"라는 군 자신의 말을 내 이 공개토론에 대한 답변으로 세상에 알릴 수 있으면 좋겠다.

야스나리군은 "의회정책 같은 건 재미없다"고 2-3일 전에도 선거사무소에서 내게 말했다. 그러나 그 재미없는 일을 충분히 열심히 하고 있는 당신의 이유는 들을 수 없었다. 이것은 기필코 들어봐야 할 중요한 일이다.

6.2 노동운동과 프래그머티즘[22]

1. 서론

일찍이 나는 「개인주의자와 정치운동」(《와세다문학》 4월호 게재)에서 다음과 같이 말한 바 있다.

> 왜냐하면 긴 세월 동안 어쩔 수 없이 무지와 우둔함에 빠져있던 노동자라면 나는 그들 노동자를 상대로 사회의 근본적인 비평을 요구하지 않을 것이기 때문이다. 오히려 여러 학자들의 이른바 사회적 학설에 귀기울이지 말고, 오직 살고자 하는 본능이 명령하는 대로 맹목적으로 행동하기를 바란다. 이것이 현재의 노동자 자신에게 있어 가장 진실한 생활이고, 또한 장래에 더욱 커다란 사회적 진실을 얻을 수 있는 최선의 근본 방법이다. 이를 다시 철학적으로 말하면 이렇게 하여 노동자는 금일의 그릇된 합리주의라는 폐단에 영향받지 않고 비이지적 태도의 연속을 통해 그들 자신의 진실을 얻으면서 새로운 합리주의에 도달할 수 있다.[p.271]

그리고 여기에 덧붙여 이렇게 말했다.

> 이를 인류의 진보에서 보자면, 최초의 행위에서 사상을 얻고 그 사상에서 행위를 얻는 동안에 고정된 사상을 파괴해온 것이 시간적으로도, 공간적으로도 일반 사실일 것이다. 오늘날의 사상계를 보면 사상들이 정체되고 고정된 반동으로 인해 비이지주의 혹은 행위주의가 나타날 수밖에 없는 시기인 듯하다. 나는 오히려 철학상의 이 최근 운동이 그전부터 무지하고 우둔한 노동자들 사이에서 오직 살고자 하는 본능의 요구에 따라 이미 두려울 만큼 강력한 운동이 되어 일상생활에서도 실현되

---

[22] 「노동운동과 프래그머티즘」(勞働運動とプラグマティズム, 1915.10). 《근대사상》 제3권 제1호에 발표되었고, 단행본 『사회적 개인주의』・『노동운동의 철학(勞働運動の哲學)』(東雲堂書店, 1916, 발매 금지)・『정의를 추구하는 마음』에 수록된다. 크로포트킨의 『근대과학과 아나키즘』 *La Science moderne et l'anarchie*, Paris: P.-V. Stock, 1913을 참고했다고 알려져있다.

제6장 생디칼리슴

고 있다는 점에 대단한 흥미를 느낀다. 조금 이야기가 옆으로 샐지 모르지만 이는 거의 모든 철학자가 비루하다 여겨 돌아보지 않았던 노동운동에서, 그들이 추구했지만 여전히 얻지 못한 많은 것이 발견된다는 좋은 사례이기도 하다. 또 이것은 내가 철학이나 정치를 논할 때 누누이 노동운동을 이야기하는 이유이기도 하다. [p.271]

지금 나는 다시 이 문제로 돌아가 노동운동과 프래그머티즘의 관계를 논하고 나의 견해를 다소 분명히 해두고 싶다.

2. 최근 철학의 양대 조류

현대 철학에는 전혀 상반된 방향으로 흐르는 양대 조류가 있다.

그 하나는 실험과학이 눈에 띄게 진보함에 따라 완전히 그 방법에 안주하는 사람들의 무리이다. 그들조차도 자신이 모든 진리를 파악한다고는 처음부터 믿지 않는다. 그들 자신도 지극히 작은, 게다가 여기저기에 흩어져 있는 단편을 가지고 있을 뿐이라는 점을 충분히 알고 있다. 그러나 그들은 진리라고 인정되거나 그들의 정신을 만족시킬 수 있는 모든 것이 과학적 방법으로만 얻을 수 있다고 굳게 믿는다. 그런데 다른 한편에는 이런 과학을 무시하지 않고 오히려 그것에 깊은 관심과 경의를 보내면서도 소위 과학적 방법에는 충분히 만족하지 못하는 사람들의 무리가 있다. 즉 이들의 정신, 특히 감정은 과학적 방법으로 만족할 수 없는 어떤 요구를 가지고 있다.

지금 내가 이 양대 조류에 대해 간단하게 설명하면서 한쪽에는 정신이, 다른 한쪽에는 정신 중에서도 특히 감정이라고 말했다. 전자는 이지·이성을 중시하고, 후자는 본능·감정을 숭상하는 경향이 있다. 그리고 이러한 모든 경향에 농담 강약 정도가 다양하게 있다는 것은 두말할 필요도 없다. 그러나 개괄하면 전자를 과학파^{Scientism} 혹은 주지파^{Intellectualism}, 후자를 실제파^{Pragmatism} 혹은 비이지파$^{\text{Anti-Intellectualism}}$로 불러도 무방할 것이다.

실제파는 과학파의 주지주의와 주리주의^{Rationalism}를 비난하고, 과학을 이용하면서도 과학 밖에서 혹은 때에 따라 과학에 반대하여 진리를 얻으려 한다. 과학파가 중시하는 이지와 이성을 인간의 피상적 재능이라 간주하고 대신 그 근본이라고 여겨지는 감정, 본능, 경향, 욕망 혹은 동경을 숭상한다. 실제파에 따르면 이지와 이성의 소산인 과학은 자연에 대한 우리의 능력을 확인하게 하는 것에 불과하다. 사물의 이용을 우리에게 가르쳐 주는 것에 불과하다. 그 본질에 관해서는 어떤 것도 가르쳐주지 않는다. 우리 자신이 어떤 본질을 가지고 있는지, 우리가 어디에서 와서 어디로 가는지 혹은 어디로 가려고 하는지를 우리 자신의 비이지적인 근저나 때로 무의식 안에서 찾지 않으면 안 된다. 우리의 어두운 동경과 본능은 우리의 이성의 밝은 판단보다도 훨씬 그것을 잘 가르쳐 준다. 과학은 무시하고 멸시해야 할 대상이 아니지만 이차적인 지식에 불과하다. 가장 진정한 지식은 우리의 감정적 직관 안에서 찾아야 한다. 과학은 우리에게 물질적인 만족을 안겨준다. 하지만 아무 정신적인 만족도 주지 못한다.

3. 과학의 이른바 파산

과학파와 실제파를 비교할 때 곧바로 우리 머릿속에 떠오르는 것은 과학의 파산이라는 말이다. 이 과학의 파산으로 실제파가 생겨났고 실제파의 부흥에 따라 과학의 파산이 확실해졌다고 자주 회자된다.

이른바 이 과학의 파산은 기성 과학 자체의 불완전함과 과학자의 우매하고 불손한 태도에서 생겨났다. 즉 어떤 학자는 과학의 급속한 진보에 취해서 과학의 만능을 믿거나 과학의 기성 법칙이 불후의 진리인 것처럼 주장했다. 하지만 과학 그 자체의 새로운 진보는 분명

기성 법칙, 그것도 근본을 이루는 여러 법칙을 타파했다.

예를 들어 천문학자나 물리학자는 여러 종류의 현상 사이에 어떤 관계, 즉 물리적 법칙이 존재하는 것을 발견했다. 뒤를 이어 학자들은 더욱 상세하게 이 법칙의 적용을 연구했다. 하지만 이윽고 이러한 연구에 따라 수많은 사실이 축적되면서 이들 학자들은 앞선 법칙으로 설명하기에는 여러 사실이 너무나 어긋나고 있음을 깨달았다.

혹성들이 태양 주위를 도는 운동에 관한 그 유명한 케플러의 법칙 같은 것 역시 이런 경우를 벗어날 수 없었다. 혹성의 운동에 관한 정밀한 연구는 이 최초의 법칙이 진실이라는 것을 확인했다. 즉 태양의 위성들은 태양을 중심으로 타원 궤적으로 운동하는 것이 입증되었다. 하지만 천문학의 보다 새로운 진보는 여러 혹성이 타원 궤적으로 운동하는 동안에 여러 종류의 횡보가 발생한다는 사실을 발견했다.

즉 앞에서 말한 이른바 법칙은 수학자가 항상 사용하는 제1근사값First approximation이었다. 그리고 이런 제1근사값은 그것이 발견된 것과 같은 과학적 법칙에 따라 필연적으로 그리고 당연히 제2 혹은 제3근사값으로 이동하려는 것이다. 그리고 제1근사값의 파멸에 편승해서 기존 과학의 불완전함, 과학자의 우매함 내지 불손함 혹은 과학 그 자체의 어떤 방면에서의 무능함을 비평하며 다시 다른 방법으로 제2 혹은 제3근사값을 찾으려하는 것이 실제파의 철학자이다.

그럼에도 불구하고 과학파 학자들은 정신과 물질의 일원론에서 출발해, 이 두 세계에 관한 모든 연구에서도 과학적인 방법으로 진행하려고 한다. 또한 실제파 철학자들은 이른바 사물의 피상인 물질계의 연구를 과학자의 연구에 맡겨두고 이른바 사물의 본질인 정신계의 연구를 특수한 방법을 통해 스스로 책임지려 한다. 그렇다면 문제는 이 정신계의 연구에서 과학파의 귀납법과 실제파의 직관법 중 어느 쪽이 제2 혹은 제3근사값을 얻는 데 성공할 것인가로 귀착된다.

4. 프래그머티즘의 정신

이상 과학파와 실제파에 대해 가능한 한 선의를 가지고 최대한 공평하게 대략적인 비교를 했다. 그러나 실제파의 기원을 보면 정신계보다 오히려 사회계에서 진실을 추구한다는 점에서 이른바 과학적 방법의 정정으로 출현했던 것이다.

물리학과 화학 등 이른바 정확과학에서는 종래의 과학적 방법으로 충분했을지도 모른다. 그러나 그런 과학에 익숙한 학자들은 어쨌든 인간의 본능이나 의지나 감정이나 동경 등을 무시하고 단지 지력과 이성에 중점을 두는 경향이 있었다. 그리고 이런 지력과 이성 위에 세워진 체계를 진실과 법칙으로 간주하고 게다가 그것을 일정불변의 절대적인 것으로 단정해 버렸다. 이 주지주의적 진실 안에는 본능과 의지와 감정과 동경을 무시하고 있다는 점에서 인간미가 전적으로 결여되었고 또한 불완전한 인간의 지력과 이성을 과신한다는 점에서 필연적으로 오류가 있었다. 따라서 이른바 사회적 법칙과 진실은 오직 이론만 추구하는 것으로, 실제로는 인간과 동떨어져 실제 생활과 맞지 않는 경우가 많았다. 그래서 이런 결점을 보완하고 오류를 바로잡기 위해 동일한 관찰과 실험에 따른 과학적 방법을 도입하면서도 그 관찰과 실험을 지력과 이성보다 오히려 본능과 행위에 토대를 두는 프래그머티즘, 즉 고유한 의미의 실제주의가 생겨난 것이다.

이런 의미의 프래그머티즘은 1877년 11월 및 1878년 1월《통속과학월보》에서 처음 이 말을 사용한 미국의 과학자 퍼스[23]의 독창적 견해이다. 프래그머티즘이란 행위의 철학, 결과의 철학, 이익의 철학이다. 어떤 사상의 진위를 판단하는 데 있어 바로 이성과 논리를 따르지 않고 먼저 행위에 집중해서 본다. 즉 사상을 실제 문제와

---

23) 찰스 퍼스(Charles Sanders Peirce, 1839~1914)는 미국의 철학자·논리학자로 프래그머티즘의 창시자이다.

부딪혀 본 후에 본다. 그리고 행위가 초래한 결과와 이해에 따라 그 사상의 진위를 결정한다. 이렇게 모든 사상을 공상이 아니라 살아있는 것으로, 추상에서 구체로 이행시켜 실험해 보는 방법의 첫 번째 조건은 의지와 정력이다. 퍼스의 프래그머티즘은 이후 캘리포니아대학의 교수 윌리엄 제임스[p.127]에 의해 주석이 더해져 한층 종교적인 것이 되었고, 또한 옥스퍼드대학 교수 실러[24)의 인본주의가 되었고, 나아가 베르그송의 창조설이 되었고, 다양하게 발전하고 변화한 끝에 앞서 말한 오늘날의 실제파적 대세를 형성하기에 이르렀다. 그러나 요컨대 고유한 의미에서 프래그머티즘의 기원과 그 근본은 행위 및 그것이 요구하는 의지와 정력에 따라 주지주리파의 과학적 방법의 정정을 계획한 것에 있었다.

5. 생디칼리슴과 프래그머티즘

하지만 종래의 이른바 사회적 법칙·진실이 대부분의 경우에 허위이거나 혹은 쉽게 그 진위를 판단할 수 없는 것은, 사회과학 자체나 연구방법이 지금 말한 의미에서 불완전하다는 것 외에 실제파 철학자들이 전혀 알지 못하지만 우리가 잊어서는 안 되는 중요한 이유가 있다. 즉 학자와 철학자 역시 우리와 같은 인간이며 그들이 속한 사회적 계급으로서 심성을 갖고 있다. 그들의 다수는 적어도 유한계급에 속하며 또한 직접적으로 권력계급에 빌붙어있다. 이해가 일치하지 않는 정복계급과 피정복계급을 사회가 양극단으로 분리하고 학자가 정복계급의 심성을 갖고 있을 때, 그 사회적 진실이라는 것이 대부분의 경우 피정복계급의 생활 현실에 맞지 않는 것은 두말할 필요가 없다.

노동운동, 나아가 넓은 의미의 모든 민중운동은 정복계급의 소위

---

24) 퍼디낸드 실러(Ferdinand Canning Scott Schiller, 1759~1805)는 독일 고전주의 극작가·철학자·역사가이다.

6.2 노동운동과 프래그머티즘

사회적 진실과 마주했을 때 최초에는 생활면에서 나타난 무의식적 반역이었다. 또한 프래그머티즘은 사회의 이와 같은 계급적 구별을 조금도 고려하지 않은, 오직 주지파의 사회적 진실에 대한, 방법상 처음부터 의식적인 반역이었다. 그리고 전자의 생활에서 일어난 반역이 후자의 방법을 이용해서 일으킨 반역과 최초에는 무의식적으로 일치하는 것이었다.

더욱이 나는 이런 사실의 일치와 동시에 극단적인 실업주의 국가인 미국에서 퍼스와 제임스의 프래그머티즘과 함께 소위 IWW, 즉 노동당[25]이 생겨나고 극단적인 주리주의의 프랑스에서 베르그송[p.121]의 창조론과 함께 소위 C.G.T., 즉 노동총동맹[p.290]이 생겨난 사실이 일치한다는 점에서 매우 흥미롭다는 생각을 한다. 노동총동맹의 생디칼리슴은 노동운동 중에서 프래그머티즘이 가장 훌륭하게 구체화된 대표사례이다.

생디칼리슴은 무지한 노동자들의 일상생활과 날마다 벌어지는 자본가와의 투쟁에서 거의 자연적으로 일어난 운동이자 이론이다. 게다가 생디칼리슴은 긴 시간에 걸쳐 형성되는 동안에 사회개량주의에서 무정부주의에 이르는 여러 사회적 학설의 영향을 받았다. 하지만 이 학설의 지도로 형성되었다기보다는 오히려 학설들이 우왕좌왕하는 동안 오직 노동자들이 살고자 하는 본능으로 행위를 통해 그들의 학설을 음미하다가 결국에는 그들의 생활 자체의 경험과 직관으로 끊임없이 변화를 거듭하면서 창조된 것이다. 그들은 처음부터 이상을 갖고 있지는 않았다. 또한 정해진 운동방법을 갖고 있지도 않았다. 처음부터 어떤 사회적 학설을 갖고 있을 리도 없었다. 그들은 단지 맹목적으로 눈앞에 직면한 죽음에서 벗어나기 위해, 나아가 보다 좋

---

25) 세계 산업 노동자연맹(Industrial Workers of the World)은 1905년 시카고에서 형성된 아나르코생디칼리슴 성향의 노동조합이다.

은 삶을 위해 할 수 있는 모든 힘을 쏟아부었다. 이렇게 해서 그들은 그들 자신의 피와 살을 가지고 그들 자신의 진실을 구축한 것이다.

그들은 이러한 긴 노력을 하는 동안, 여러 사회적 학설에 의존해 실패한 결과 모든 사회적 이론을 배척하고 단지 그들 스스로의 경험에만 의존하게 되었다. 보다 잘 살려는 의지에 방해가 되는 모든 사물을 내치고 그 결과에서 자신들에게 이익이 되는 것만을 골라냈다. 그들의 운동방법·단체 조직·장래 이상도, 그들의 도덕·철학도 전부 논리로 만들어낸 것이 아니라 오직 모든 사실과 부딪쳐 보고 그 결과 획득한 것이다. 이런 내용에 관해서는 「개인주의자와 정치운동」의 마지막에 대강의 사실을 적어두었기에 지금 여기에서는 다시 설명하지 않겠다.

6. 생디칼리슴과 무정부주의

그럼에도 불구하고 나는 이런 일치 외에 또 하나의 매우 흥미로운 일치를 갖고 있다. 그것은 전적으로 과학적 방법에 따라 형성된 무정부주의와 실제적 방법에 따라 형성된 생디칼리슴이, 즉 개별적인 방법으로 획득된 각각의 사회적 진실이 마지막 결론에서 거의 합치했다는 점이다. 그리고 나는 이와 같은 합치에서 현대철학계의 양대 조류인 과학파와 실제파의 향후 교섭 방향을 어렴풋하게나마 암시받은 것 같았다. 생디칼리슴과 무정부주의의 결론이 일치한 점에 대해 이미 「개인주의자와 정치운동」에서 대략적인 내용을 적어두었기에 지금 여기에서는 다시 설명하지 않겠다.

무정부주의는 인간의 본능·감정과 의지·동경을 무시하고 사회의 계급적 분리를 무시하는 이른바 주지주리적 학파가 아니다. 무정부주의는 관찰과 실험으로 얼마간의 사실을 귀납하고 동시에 인간을 전인적으로 취급하면서 사회적 진실을 추구하려 했던 과학파이다.

6.2 노동운동과 프래그머티즘

그리고 이런 무정부주의와 다만 보다 잘 살려고 하는 활발한 본능의 충동을 통해 모든 사회적 사물에 부딪혀온 결과로 형성된 생디칼리슴의 일치는 과학적 방법이 적어도 사회적 진실의 탐구에 있어서는 불완전한 것이 아니라는 증거가 아닐까? 나아가 사회적 진실만이 아니라 이른바 정신적 진실의 탐구에서도 그것이 충분히 이루어지기만 하면 마찬가지로 불완전하지 않다는 암시가 아닐까? 과연 그렇다면 당초 프래그머티즘에서 발전한 이른바 여러 종류의 실제파는 이른바 과학의 파산에 대한 반동으로 정곡을 초월해서 극단까지 치달은 것이 아닐까?

이 지점에서 어떤 야심도 없는 성실한 지식인의 노동운동에 대한 태도는 다음과 같이 결정된다. 그는 자신의 사회적 학설 외에 모든 사회적 학설을 허위라고 믿는다. 하지만 노동자는 그런 학설의 진위 여부에 관해 비평하고 확증할 지적 능력이 없다. 따라서 그들은 자신이 진실이라고 믿는 학설을 완성된 형태로 노동자에게 강요하는 일은 불가능하다.

그들은 단지 노동자가 정말로 살고자 하는 본능에 따라 행동하는 것처럼 모든 사실에 부딪혀보는 의지를 획득하는 것으로 충분하다. 그들이 생각한 대로 행동하게 하고, 부딪혀본 후의 판단을 그들 자신에게 맡기면 된다. 그리고 끊임없이 부딪쳐가는 방법을 고안하게 하면 된다. 이렇게 해서 노동자는 비로소 여러 사회적 학설에 대한 자신의 비평이 가능해진다. 즉 자신과 사회적 환경과의 관계에 대한 진정한 지식, 진정한 자각이 가능해진다.

부기. 이 논문은 조만간 「생활과 예술 총서」중 한 편으로 나올 『노동운동의 철학』에서 더욱 상세하고 다방면에 걸쳐 부연 설명해서 발전된 형태가 될 것이다. 목하 집필 중으로 10월 중순에는 세상에 나올 것으로 생각한다. (광고면 참조)

6.3 노동운동과 개인주의 — 노동자의 개인적·사회적 창조력[26]

1. 생디칼리슴과 개인주의

자유파 경제학의 권위자인 피에르 르루아볼리외[27]는 그가 예속된 부르주아 계급에서 가장 충실한 학자이며 과거의 저서『집산주의』를 통해 사회주의를 논박하는 데 전력을 다했는 데, 심지어 부록에서는 생디칼리슴의 박멸을 주장했다. 한 단락에서는 생디칼리슴의 개인주의를 거론하면서 다음과 같이 말한다.

> 노동총동맹은 다수라는 것에도, 평등이라는 것에도 심한 모멸을 선언한다. 보통선거도 그 멸시를 피할 수 없다. 그렇게 노상 입버릇처럼 매도하는 것은 바로 '다수당'이라는 단어이다. 그리고 노상 그 '다수당의 미신'에 반항하고 있다.

> 노동총동맹은 여전히 대담한 xx적 소수파의 부단한 활동 말고는 아무것도 기대하지 않는다. 이 노동총동맹 참모 본부의 형태를 만드는 노동자와 구노동자는 이런 점에 관해서는 과히 니체와 비슷하다. 무엇보다도 그들은 니체의 사상 따위에는 대부분 무지하지만 말이다.

생디칼리슴과 니체주의의 유사 관계는 피에르 르루아볼리외만이 아니라 더 많은 학자가 인정하는 바이지만, 생디칼리슴의 이 주장을 밝히기 위해서 중심운동가 중 한 명인 에밀 푸제[p.153]의 말을 가져와 르루아볼리외는 다음과 같이 인용하고 있다.

---

26) 「노동운동과 개인주의 — 노동자의 개인적·사회적 창조력」(勞働運動と個人主義—勞働者の個人的社會的創造力, 1915.12).《근대사상》제3권 제3호에 발표했으나 발매 금지되었고, 『노동운동의 철학』·『정의를 추구하는 마음』에 수록된다.

27) 피에르 르루아볼리외(Pierre Paul Leroy-Beaulieu, 1843~1916)는 프랑스의 경제학자이다. 『집산주의(集産主義)』*Collectivism: A Study of Some of the Leading Social Questions of the Day*의 저자이다.

6.3 노동운동과 개인주의

노동조합운동은 다수당의 논의를 부인하는 데 있다. 만약 다수자의 말을 채용하기를 바란다면 노동조합에 가입하지 않은 큰 노동자 무리가 있다는 사실을 잊어서는 안 된다. 만약 다수의 권리를 존중하면 노동조합에 가입한 노동자는 늘 다른 겁쟁이 무리를 따를 수밖에 없다. 항상 약탈에 만족하는 비겁자를 따를 수밖에 없다. 그러나 자각한 노동자는 의지의 실체와 주위 다수 세력의 영향을 받지 않는 반역자 외에 이 사회에 가치 있는 것이 없다는 사실을 알고 있다. 그리고 노동조합에 가입한 모든 사람은 다소간의 반역자이다.

이것은 노동조합 안에서나 사회에서도 마찬가지이다. 오직 활동적인 자, 노동조합 사업에 종사하는 자, 전도하는 자만이 의지할 수 있다. 수금원한테 압박당해서 인상을 쓰면서도 일단 회비는 꼬박꼬박 잘 내는 순한 양과 같은 노동조합원은 노동조합 안에서 세력을 가질 수 없다. 그들은 스스로가 그 세력을 거부하는 것이다.

하지만 어쩌다 기회가 오면 끝없이 생겨나는 소수자는 그 방사적放射的 세력으로 양과 같은 노동조합원에 활력을 넣고 노동조합 외부에 있는 전혀 자각하지 못한 군집도 그 세력 안으로 끌어들이고 만다. 이렇게 해서 소수자의 활동력이 나타나기 시작한다.

피에르 르루아볼리외가 말하는 것처럼 생디칼리스트들은 니체의 사상 따위에 대해서는 다른 대부분의 과학자와 철학자의 사상과 마찬가지로 완전히 무지했다. 그러나 이런 무지함 속에서 이뤄냈다는 점에 그들 사상의 거대한 진실과 강점이 있는 것이다. 그들의 지식과 사상은 타인한테 배우거나 서적에서 모방한 것이 아니다. 그들의 지식과 사상은 인간미를 벗어난 추상적 진실, 또는 머릿속에서 짜낸 것이 아니다. 그들은 오직 생활의 곤란과 빈사의 상태를 벗어나 더 나은 생활을 하고자 하는 본능적인 동경과 활동으로 매일매일 고혈이 뚝뚝 떨어지는 생활과 투쟁하는 사이에 자신과 주변과의 사회적 관계를 자각하고 지식을 얻으면서 사상해 온 것이다.

제6장 생디칼리슴

　이 사실은 먼저 《와세다문학》 4월호에 실린 「개인주의자와 정치운동[p.269]」에서 자세하게 논했고 논집 『사회적 개인주의』에 다시 수록하려 했으나 불행히도 그 부분만 말살당하는 지경에 이르렀다. 따라서 지금 나는 노동자가 어떻게 독자적인 사회적 지식과 사상을 획득해왔는지를 노동운동 역사의 사실에 따라서 자세하게 설명하는 데 제한이 따른다. 그러한 이유로 더 자세한 설명은 가까스로 발매 금지의 화를 면한 《와세다문학》 4월호와 《근대사상》 복간호에 실린 「노동운동과 프래그머티즘[p.295]」(『사회적 개인주의』에 재수록)을 참조하기 바란다. 후자의 논문은 이것을 완전히 철학적으로 설명한 것으로 우리의 사상과 행위에 대한 방법론의 암시이다.

　생디칼리스트들은 신자처럼 행위하면서 회의자처럼 사색한다. 강렬한 생활 본능에 따라 행위하면서 그 행위를 하는 자신에게 주어진 결과에 대해 가능한 모든 판단에 골몰한다. 대부분 직관적으로 이루어진 그들의 사상은 행위와 판단에 전력을 다한 결과의 축적이다. 그래서 나는 이 축적 중 하나인 그들의 개인주의에 대해서 그들의 담론이 아닌 그들 자신의 생활을 통해 설명해보려고 한다.

　그러나 생활이라고는 해도 이와 같은 생활에 이른 경로는 앞에서 언급한 이유로 생략하고 어쩔 수 없이 그 도착점인 사실에 대해서만 설명해야 한다는 것이 유감스럽다. 그리고 그 도착점에 대해서도 앞에서 피에르 르루아볼리외와 에밀 푸제의 말을 인용한 것처럼 운동 방법 상의 사실이 아닌, 고르고 골라서 가장 무난하게 넘어갈 것으로 여겨지는 그들의 단체 조직에 한정할 수밖에 없다는 사실 또한 매우 유감스럽다.

2. 노동총동맹의 조직

국가 안에 국가가 있음을 인정하지 않고 국가는 유일하고 분할 불가능하다는 것은 근세 국가학의 근본 원칙이다. 그러나 프랑스는 물론 다른 여러 국가에서도 예외(라기보다는 오히려 규칙)는 얼마든지 있었으니 그 국가 안에는 강대한 조직인 일대 적국이 숨어있다. 프랑스의 참모본부는 이웃 나라들에 대한 공격과 방어의 작전계획을 따르면서 국내의 적국에 대한 작전도 게을리 할 수가 없다. 과거 모로코 문제 때문에 프랑스와 독일의 국교가 위기에 처했을 때 프랑스의 혁명당들, 특히 노동총동맹의 전쟁방지 총동맹파업 계획에 대해 참모본부의 방에서 매우 주도면밀한 진압 작전이 비밀스럽게 이루어졌다는 것은 숨김없는 사실이다.

프랑스의 C.G.T. 노동총동맹[p.290]은 1904년에 병사가 겨우 16만 명에 지나지 않았으나 1910년에는 갑자기 36만 명이 되었다. 그리고 그 프랑스 국가의 일대 적국은 자연스럽게 태어난 민주적 사회와는 완전히 다른 독자적으로 창조한 신조직을 가지고 있다. 게다가 생디칼리스트들은 어떤 과학적인 발견이나 철학적인 체계에 기반해서 그 독자적인 조직을 창출한 것이 아니다. 그들은 단지 더 잘 살아보려는 강렬한 본능에서, 하루하루의 생활과 투쟁의 필요에 따라서 이와 같은 조직을 구축해온 것이다. 그들 스스로 구축해온 이 조직 안에서 그들 자신의 사회적 창조력을 발견한 것이다. 그리고 그들은 자신들의 조직을 신사회 건설의 맹아라고 하면서 더욱 내실 있게 확장해서 결국에는 사회조직으로 성장시키려는 것이다.

노동총동맹이 가진 조직의 근본적인 원칙은 경제적 이해의 일치를 통해 각 조합원들을 하나로 결연하는 데 있다. 즉 일단 동일한 직업 또는 공업의 종사자는 정치·철학·종교적 의견에 상관없이, 그리고 인종·국적·성에 상관없이 오로지 임금노동자라는 자격만으로 노동조합syndicat에 가맹한다. 그렇게 노동조합에 가맹하는 노동자는 어떤 정강政綱에 조인하지도 않고, 신앙고백을 하지도 않고, 또한 신앙 조항에 따르지도 않는다. 오로지 그 사회적 지위에 따라 정해진 관계 속으로 들어가는 것이다. 이렇게 해서 동료와 단결하면서 생존경쟁의 장에서는 자신의 강대함을 꾀하면서 다른 동료의 강대함에도 기여하게 된다.

이렇게 조합 내의 노동자는 공통 이해를 위해 상호 단결하지만 그밖에 모든 생활에서는 완전히 자유로운 개인이다. 그리고 바로 여기에서 모든 사람이 생산과 소비의 경제적 관계에 협력해서 생활의 기초를 다진 후에 각 개인의 자유로운 발달을 기대한다는 사회적 개인주의의 근본 사상이 태어난 것이다.

이 자유·자주적 개인의 집합인, 그리고 노동총동맹의 조직 단위인 노동조합도 다른 노동조합과 결합할 때는 오직 공통이해에 있어서만 협력할 뿐 단체의 완전한 자유·자주를 보류한다. 그러나 이 노동조합은 조합원의 이해만이 아니라 직업 또는 공업에 종사하는 일반 노동자의 이해도 대표한다. 즉 생디칼리스트들은 오래된 동업조합의 알량한 이기심을 버리고, 노동계급이라고 불리는 넓은 시계視界 아래 선다. 이렇게 다양한 직업 또는 공업에 속하는 같은 지방의 다양한 노동조합이 모여서 노동조합 지방동맹[28]을 형성하게 되면 그 동맹은 적어도 그 지방의 모든 노동자의 이해를 대표하게 된다. 그리고 생디칼리스트들은 그 지방 동맹조직을 통해 오늘날 시정촌을 대신할 장래 사회의 단위를 내다보는 것이다.

노동조합은 각종 노동조합의 결합인 그 지방동맹 외에, 동종업 또는 동공업의 노동조합 결합인 동업노동조합 전국동맹[29]을 형성한다.

---

28) 원어로는 Bourse du Travail ou Union des Syndicats라고 부른다.
29) 원어로는 Fédération nationale corporative라고 부른다.

그리고 각지의 지방동맹이 일대연합을 이루면서 각 동업전국동맹도 일대연합을 이루고 이 두 개의 연합이 상부상조해서 더욱 큰 노동총동맹 조직이 된다.

이렇게 해서 프랑스 혁명적 운동가단체는 삼단으로 조직되어, 제1단은 노동조합, 제2단은 지방동맹과 전국동맹 그리고 마지막 제3단은 노동총동맹으로 완성된다. 즉 이 노동총동맹 속에 노동계급의 모든 조직이 집중되는 것이다. 노동계급의 모든 조직은 이곳에서 접촉하면서 경제적 활동을 연합하고 다지고 또한 보급한다. 개인주의적 원칙으로 출발한 이 조직은 마지막까지 그 원칙을 관철한다. 즉 총동맹은 다른 소위 민주적 단체와 같은 지휘명령의 기관이 아니다. 오직 노동계급의 혁명적 활동을 조직해서 강대하게 만든 기관에 불과하다. 따라서 다른 소위 민주적이라 일컫는 단체처럼 중앙집권을 통해 각 단위의 활력을 억압하는 기관이 아니다. 거기에는 연대가 있다. 그러나 중앙집권은 아니다. 충동이 있다. 그러나 명령은 아니다. 연합주의는 도처에 퍼져있다. 각 개인·노동조합·전국동맹·지방동맹은 모두 완전한 자유·자주이다. 또한 충동도 위에서 오는 것이 아니다. 어딘가 가장 활력이 넘치는 어떤 한 점에서 생겨나서 사방으로 더 강하게 더 크게 파동친다.

또한 그들 단체는 먼저 총동맹, 다음에 전국동맹 또는 지방동맹 그리고 마지막에 노동조합이라는 형태로 위에서 아래로 또는 복잡함에서 단순함으로 조직된 것은 아니다. 오히려 반대로 먼저 노동조합, 다음에 지방동맹 또는 전국동맹 그리고 마지막에 총동맹이라는 형태로 아래에서 위로 또는 단순함에서 복잡함으로 조직된 것이다. 그리고 그 조직의 각 단위에서도 그리고 각 단위 속에서도 늘 자유로운 개인적 발의가 가장 큰 역할을 한다. 즉 노동총동맹은 대체로 자주와 연합의 사회적 개인주의의 근본원칙에 기반을 둔다.

3. 노동자의 사회적 창조력

종종 우리는 왜 굳이 노동자 속으로 들어가서 그들과 일을 도모하려 하는가라는 질문을 받는다.

그 이유 중 하나는 우리는 경제적 진화의 경향을 보면서 노동자가 신사회 건설의 중견이 될 수 있음을 알고 있기 때문이다. 오늘날의 자본가사회는 경제적 제도의 필연적인 결과로, 즉 사회적 생산과 개인적 분배의 모순(『사회적 개인주의』 중 「현대사회관」 참조)이 점점 커지면서 결국 언젠가는 근본적인 개혁을 해야 한다는 필요에 임박해 있다. 이 개혁은 오늘날 사회제도에 따라 특권 또는 이익을 얻고 있는 자에 의해서가 아닌 그로 인해 가장 불이익을 당하는 자에 의해 계획되고 실행되어야 한다. 그리고 노동자는 그 지위에 있으면서 동시에 사회의 원동력인 생산 자체를 손에 쥐고 있다. 그들은 단지 바라기만 하면 되는 것이다.

이 경제학적 그리고 사회학적인 이유가 우리를 지식적으로 노동자의 무리에 뛰어들게 한다. 그리고 이미 오늘날의 사회적 제도에 의해 다소의 이익과 특권을 가진 우리와 같은 중등 계급의 무리가 이러한 노동자 무리에 뛰어드는 것은 그 지식적인 이유 외에도 다른 중요한 동기가 있다.

이 지식과 더불어 발달한 것일 테지만 우리에게는 주변의 압박에 대한 민감함과 강렬한 반항본능이 있다. 그리고 아마도 그 민감함과 반항본능이 우리를 일으켜 세운 가장 큰 이유일 것이다. 어린 시절부터 부모나 연장자, 교사들의 압박. 학교를 나온 후에는 세상과 생활의 압박. 내 자신의 성장을 돌아보면 압박과 거기에 대한 반항의 연속이었던 것 같다. 그리고 나는 주로 사회주의에서 얻은 사회학·경제학적 지식으로 그러한 압박 대부분이 같은 뿌리에서 나온다는 점을 배웠고 거기에 대한 반항을 인정하는 도덕을 부여받았다.

동시에 우리는 우리의 눈과 귀로 접하는 노동자계급 사람들의 무지와 우매와 곤궁에 대해서 일종의 인도적인 열정을 느끼지 않을 수 없다. 대부분의 사회주의자 또는 무정부주의자는 자신이 당하는 압박보다도 오히려 그들 노동자의 생활 상태에 분개해서 노동운동에 몸을 던진 것이리라. 나 자신의 경우에는 그 반대였지만 나조차 이러한 인도적 감정에는 최고의 존경을 표하고 나 자신한테도 그것이 다분히 있다는 것을 부정할 수 없다.

하지만 나는, 특히 최근의 나는 이러한 여러 가지 이유보다도 또 다른 큰 이유로 인해 노동운동에 끌린 것 같다. 그리고 그 이유가 최근 내 노동운동에 대한 태도를 결정짓는 것처럼 느껴진다. 그것은 크로포트킨 등의 저서를 통해서 오래전부터 이미 내 사회학적 지식이 되었지만 그것이 진정으로 나의 두뇌와 심장에 깊게 파고든 것은 최근 4~5년 내의 일이다. 즉 나는 노동자의 비참한 생활에 대한 연민이나 동정이 아닌 오히려 그 생활 속에서 어떤 위대한 힘을 발견하고 그 힘을 찬미하면서 나도 그 힘 속에 동화되고 싶다고 느낀 것이다.

5년 전에 2년 반 정도 옥중생활을 하는 동안에 나는 조금씩 러시아문학에 친숙해지고 톨스토이·도스토옙스키·투르게네프·고리키 등이 가지고 있는 각기 다른 평민적 태도를 매우 흥미롭게 비교 관찰한 적이 있다. 그리고 특히 톨스토이와 도스토옙스키가 평민의 온순함과 인내에서, 고리키가 평민의 방자함과 반항에서 인생의 진리를 인정하는 것에서 매우 흥미로운 대조를 느꼈다. 나는 톨스토이와 도스토옙스키와 더불어 온순한 덕을 매우 존경하지만 노예적 처지에 있는 자의 인내는 오히려 지나치게 부덕하다고 생각했다. 그리고 고리키 주인공의 방자함과 반항에 강한 동감을 느꼈다. 이 점에 대해서는 머지않아 도스토옙스키론을 통해 자세하게 설명하겠다.

어쨌든 나는 옥중에서 그들 문학서의 영향과 이전부터 계속해온

제6장 생디칼리슴

생디칼리슴 연구에 의해 노동자가 가진 강렬한 생활본능과 반항본능 그리고 그것들의 본능적 행위로 나타난 결과인 위대한 개인적·사회적 창조력에 감동했다. 프랑스의 생디칼리스트들이 얼마나 각고의 노력으로 피와 살과 뼈로 자신은 물론, 자신이 근거를 둔 소사회를 구축했는지는 「개인주의자와 정치운동」에서 자세하게 설명했다. 또한 앞에서 언급한 노동총동맹의 조직도 그 좋은 예이다.

나는 이러한 사실을 보면서 노동자의 힘을 찬미하고 나 자신도 그 힘 속에 동화하고 싶다는 마음을 지울 수가 없었다. 그리고 노동자들 사이의 그 힘을 느끼고 비로소 앞에서 말한 경제적 진화의 경향이나 노동자가 신사회 건설의 중견이 된다는 지식이 진정으로 내 온몸 안에서 약동하기 시작한 것이다.

비단 머나먼 프랑스의 일만은 아니다. 나는 이미 일본에서도 노동자의 이런 힘과 마주하고 있다. 이렇게 자신을 창조해온 노동자가 비록 소수이긴 해도 적어도 내 주변에서 볼 수 있다. 그리고 나는 이런 노동자와 함께 더 깊숙이 사회적 창조에 파고들 수 있는 용감한 소수자이기를 바란다.

6.4 철저사회정책[30]

1.

얼마 전에 경보국장은 "최근 노동조합의 공인 문제와 치안경찰법 개정 문제가 세상에서 논의되고 있는 데"라는 말을 시작으로 그에 대한 사적인 의견이 아닌 정부의 의견을 신문 지상에 발표했다. 그리고 회의에서 제기된 이 두 가지 문제에 관한 제안과 질문에 대해 꽤 정중하게 앞선 의견서에 대한 자세한 부연 설명을 하고 있다.

이 의견서와 회의의 답변을 통해 경보국장, 즉 그가 대표하는 정부의 노동문제에 대한 태도를 상당히 분명하게 짐작할 수 있다. 그 내용에 따르면 우선 노동문제에 대한 근본적인 견해는 본래 자본과 노동은 협력·조화해야 마땅하다. 그리고 모든 노동쟁의는 자본가와 노동자의 입장차가 큰 데서 비롯된 것이다. 이는 결코 일개 가와무라 다케지[31] 경보국장이나 하라 내각[32]이 새롭게 발명한 탁견은 아니다. 대부분의 학자, 특히 경제학자들이 일찍부터 주장해 온 어리석은 견해 혹은 눈속임용 이론이다. 또한 정부나 자본가들이 항상 주장해 온 망언이다.

2.

자본과 노동이 원래 협력·조화해야 함은 말할 필요도 없다. 협력·조화라기보다 오히려 일치·융합해야 한다. 그 사이에는 어떤 이해와

---

30) 「철저사회정책」(徹底社會政策, 1919.4). 월간 《자본과 노동(資本と勞働)》 4월호에 발표되었고, 이후 《노동운동》 제1차 제2호(1919년 11월 13일) 1면에 재수록되었다.
31) 가와무라 다케지(川村竹治, 1871~1955)는 일본 제국의 관료이자 정치인이다. 와카야마 현지사, 가가와 현지사, 아오모리 현지사, 내무차관, 대만 총독, 귀족원 의원, 남만주철도 사장, 사법대신 등을 역임하였다.
32) 중의원 의원 하라 다카시(原敬)가 제19대 내각총리대신으로 임명되어 1918년 9월 29일부터 1921년 11월 13일까지 존재한 일본의 내각이다.

충돌은 물론 입장차도 없다.

이 사실만 인지한다면, 즉 자본과 노동이 가진 본래의 성질을 알고 있다면 이 두 가지가 이해충돌하고 입장차가 두드러지는 장면을 보고도 왜 다음과 같은 의문을 제기하지 않을까? 이것은 자본과 노동이 원래의 성질을 유지할 마땅한 위치에 있지 않기 때문은 아닐까하고.

앞에서 언급한 학자나 정부 관계자·자본가들의 견해가 어리석고 눈속임용 이론이며 망언이라고 한 이유는 이 의문을 간과, 묵과하고 이것에 속은 채로 자본과 노동의 본래 성질을 곧바로 자본가와 노동자의 관계에 끌고들어왔기 때문이다.

3.

본래 융합·일치해야 마땅한 성질의 자본과 노동은 자본가와 노동자 각각으로 나눠졌을 때 본래의 성질을 잃는다.

모든 사회·노동문제는 그 자본과 노동이 나뉘어 있기 때문에 발생한다. 따라서 가장 철저한 이상적인 해결 방법은 이 나뉨의 중지, 즉 공동자본과 공동노동이 되어야 하는 것이다.

도코나미 다케지로[33] 내무대신은 노동자의 지식 계발을 간절히 바라고 가와무라 경보국장은 노동자의 자각 향상을 기대하고 있다. 그리고 노동자 중에 진짜 지식이 있고 자각이 있는 자는 이미 철저徹底한 사상에 도달해 있다.

그러나 오늘날 사회와 국가가 자본과 노동의 분리에 기초하고 이를 통해 안녕과 질서를 유지할 수 있다고 한다면, 즉 가장 철저하고 이상적인 방법이 오늘날 사회 및 국가의 존립을 위태롭게 하는 것이라고 한다면 어쩔 수 없다. 여러분은 그저 이상을 가슴 깊은 곳에 묻

---

33) 도코나미 다케지로(床次竹二郎, 1867~1935)는 일본의 관료, 정치가이다. 중의원의원, 내무대신, 철도대신, 체신대신 등을 역임했다.

6.4 철저사회정책

어두고 현실과의 모순을 최대한 완화 경감할 수 있는 방법을 찾아야 한다.

자본과 노동은 조화한다. 그러나 그것을 나눠 가진 자본가와 노동자는 도저히 조화될 수 없다. 적어도 이 사실만큼은 누구든 정직하게 인정해야 한다. 진정한 정치나 사회정책은 이 사실을 정직하게 인정한 데 기반을 두어야 한다. 눈을 감아서는 안 된다. 속여서는 안 된다. 기만해서는 더욱 안 된다.

그렇다면 도저히 조화될 리 만무한 자본가와 노동자를 어떻게 조화시킬 수 있을까? 문제는 언뜻 불가능해 보이지만 사실 아주 간단하다. 그리고 딱 한 가지 방법뿐이다. 즉 자본가와 노동자가 가진 각각의 성질을 조금씩 변화시키는 것이다. 자본가는 쉽게 노동자가 되지 못할 수도 있다. 그러나 노동자는 즉시 자본가가 될 수 있다. 노동자이면서 동시에 자본가가 될 수 있다.

그리고 노동자이면서 동시에 자본가이기 위해서는 정부나 자본가의 억지 타협이나 양보만으로는 부족하다. 노동자가 자본가가 가진 내적 자격을 얻게 하려면 우선 그 자치의 자유로운 발달을 이루게 해야 한다. 그 앞에 놓인 모든 걸림돌을 제거해야 한다.

이렇게 밝혀진 사실로 미루어 노동조합의 공인이나 치안경찰법의 개정 혹은 철폐는 자명한 일로 당장 실행되어야 한다. 그러나 대부분의 학자와 정치가들이 요구하는 식으로 노동조합을 이러이러한 조건으로 공인한다는 등의 법률 제정은 전혀 쓸모없는 일이다. 그런 조건은 분명 노동자의 자주자치의 자유로운 발달에 걸림돌이 될 것임에 틀림없다.

이렇게 구 사회·구 국가 속에서 신 사회·신 국가가 자연스럽게 성장한다. 자연스럽게 사회와 국가의 개조가 이루어진다.

6.5 노동운동의 정신[34]

1.

노동운동이라 하면 누구라도 우선 임금 증가와 노동시간의 단축을 요구하는 노동자 운동을 떠올릴 것이다. 그것은 틀림없다. 우리도 입만 열기만 하면 무엇보다 먼저 이 두 가지를 요구한다.

궁핍한 생활을 벗어나 조금이라도 여유 있는 생활을 하고 싶다고 말한다. 이것은 인간만이 아니라, 모든 생물에 통용되는 첫 번째 요구이다. 그런데 우리 인간 중 노동자는 이 생물적 요구조차 충족시키지 못하고 있다. 다른 모든 생물이 하고 있는 다소의 여유있는 생물적 생활조차도 영위하지 못하고 있다. 우리가 한 사람의 몫이 아니라 한 마리의 몫, 즉 생물로서의 요구를 부르짖는 것이 어디가 이상하랴.

우리는 하루 종일 악착같이 일해도 변변히 먹지조차 못한다. 그리고 우리 생활에서 하루 종일 아등바등 해야 하는지 아닌지, 그런다고 제대로 먹을수 있을지 아닌지는 새삼 말할 필요도 없이 임금과 노동시간의 많고 적음에 따라 직접 결정된다.

따라서 임금의 증가와 노동시간의 단축은 어느 나라의 노동자 사이에서건 항상 제일 먼저 제기된다. 이것이 적어도 초기 노동운동의 2대 주안점이었던 것이다.

2.

그러나 노동자가 인간인 한, 노동운동은 결코 이 생물적 요구에서만 그치지 않는다. 노동자라고 해서 오로지 다소 편하게 먹기만 하면 좋은 것은 아니다. 그 이상으로 조금 더 나아가 어떤 인간적인 요구를

---

[34]「노동운동의 정신」(勞働運動의 精神, 1919.10).《노동운동》제1차 제1호에 발표되었고, 이후『정의를 추구하는 마음』에 수록된다.

갖고 있다.

노동운동의 이런 인간적인 요소를 보지 못한다면 노동운동에 대한 진정한 이해는 불가능하다. 또한 노동자가 자신의 요구 안에서 이 인간적인 요소를 확실히 자각하지 않는 한 노동운동은 결국 진정한 가치가 있는 노동운동으로 나아갈 수 없다.

그렇다면 그 인간적 요구란 무엇인가. 우리는 그것을 우리 마음속에서 보았다. 또한 많은 노동자 친구들의 마음속에서 보았다.

우리는 자본가에게 임금의 증가나 노동시간의 단축을 요구한다. 물론 그것은 거의 언제나 실제로 궁핍하기 때문이다. 생물적 요구에 쫓기기 때문이다. 그러면서도 동시에 우리는 우리 마음속에 무언가가 꿈틀거리고 있음을 느낀다. 꿈틀거릴 뿐만이 아니다. 때에 따라서는 거친 파도와 같이 휘몰아침을 느낀다.

그 무언가 안에는 물론 우리의 궁핍에 반비례하는 자본가의 사치에 대한 분개도 있다. 그들의 무지나 몽매, 횡포에 대한 격앙도 있다. 그러나 그 분개나 격앙의 심연에는 오히려 그러한 것을 용솟음치게 하는 근원이라고 여겨지는 더 깊고 커다란 무언가가 있음을 느낀다.

3.

노동자의 마음에도 시대정신의 반향은 있다. 근대적 자의식의 거센 파동은 노동자의 가난한 마음속에도 전달된다.

우리는 자신의 생활이 자신의 생활이 아님을 우리의 공장생활을 통해 가장 통감하고 있다. 우리는 자신의 생활, 자신의 운명을 전혀 스스로 지배하지 못하고 있다. 모든 것이 타인에게 맡겨져 있다. 타인의 뜻대로 자신의 생활과 운명이 좌우되고 있다.

앞서 말했던 노동자 생활의 직접 결정조건인 임금과 노동시간의

제6장 생디칼리슴

많고 적음이 전적으로 자본가에 의해 결정된다. 공장 내 위생 설비도 그렇다. 그 외에 고용이나 해고의 권력도, 직원에 대한 상벌의 권력도, 원료나 기계 등에 관한 생산기술상의 권력도, 상품이라는 생산물의 가격을 결정하는 권력도 모두 자본가가 쥐고 있다.

우리는 전제군주인 자본가에 대한 절대적인 복종의 생활, 노예의 생활에서 우리 자신을 해방시키고 싶다. 자기 자신의 생활, 자주자치의 생활을 얻고자 하는 것이다. 스스로 자신의 생활, 자신의 운명을 결정하고자 하는 것이다. 조금이라도 그 결정에 관여하고 싶다.

공장 내의 생활을 우리 자신의 생활로 삼고자 하는 것이다. 그러나 그에 앞서 우리는 우리 자신을 가져야 한다. 우리 자신이란 노동계급 자신, 노동단체 자신의 자주자치적 능력이다. 자의식이다. 그리고 우리는 노동조합의 조직이야말로 우리 자신을 지지하는 최고의 방법이라고 믿는다.

노동조합은 그 자체가 노동자의 자주자치적 능력을 점점 충실히 행하고자 하는 표현임과 동시에 밖으로는 그 능력을 점점 확대해 가고자 하는 기관이다. 그리고 이렇게 노동자가 스스로 창출해 가고자 하는 장래사회의 맹아이어야 한다.

반복해서 말한다. 노동운동은 노동자의 자기 획득 운동, 자주자치적 생활 획득 운동이다. 인간운동이다. 인격운동이다.

6.6 지식계급에 고함[35]

1.

최근 여러 신문잡지에 지식계급 측, 특히 노동운동에 깊은 동정심을 가진 사람들로부터 노동자에 대한 이런저런 불만이 나타나고 있다.

그들의 불만은 스스로 노동운동에 참여하기를 바라거나 혹은 이미 참여하고 있는 사람들에 대한 노동자의 태도에 관한 것이다. 그리고 그 불만과 함께 혹은 그것과는 별도로 지식계급이 노동운동에 가져오는 이익이라는 것이 자주 주장되고 있다.

그런 사람들의 이유를 들어보면 모두 지당하며 때에 따라서는 지나치게 지당할 정도이다. 그러나 요컨대 그 대부분은 알고보면 노동자를 정말로 모르며, 동시에 또한 자신도 정말로 모르는 푸념이거나 혹은 '자만'이다. 그리고 그들은 이 푸념과 '자만'이 거꾸로 점점 자신을 노동자와 분리시키고 있다는 것을 모를 정도로 무지하다.

자신을 모르고 타인도 모르며 인간 그 자체도 모르는 그들은 대수롭지 않은 지식을 무기로 삼으려한다. 지식계급이 노동운동에 가져오는 이익이란 가소롭기 짝이 없다.

2.

현재 일본의 노동운동계를 보면 노동자 자신의 자발성에 의한 운동과 지식계급의 선동 내지 지도에 의한 운동이 있다. 전자의 단체로서 가장 대표적인 것은 일본인쇄공조합 신우회信友會이다.

신우회는 20년의 긴 역사를 지식계급과 어떤 교섭도 없이 인쇄 활판공 종업원으로만 만들어왔다. 그들에게는 그것이 가장 중요한

---

[35] 「지식계급에 고함」(知識階級に與ふ, 1920.1).《노동운동》제1차 제3호에 발표되었고, 이후 『정의를 추구하는 마음』에 수록된다.

자부심이다. 그리고 그중 소수의 강경파는 일반 지식계급에 대한 상당한 모욕과 반감으로 불타고 있다. 이른바 직업적·자본가적·야심적 노동운동가에 대해서는 물론이고 이상주의적 노동운동가에 대해서도 그다지 호감을 갖고 있지 않다.

이상주의적 노동운동가는 틈만 나면 아직은 이상이 명확하지 않은 노동자들에게 자신의 이상을 강요하려 한다. 그 이상에 따라 노동자운동을 지도하려 한다. 그리고 이런 이상주의자들은 서로 약간의 의견 차이에서 시종 이러저런 일로 으르렁거리고 짖어대며 그 소심한 다툼의 씨앗을 노동자 사이에 옮겨 심으려 한다.

3.

처음에는 지식계급의 선동·지도에 의해 일어난 노동단체도 숱한 노동쟁의에 대한 직접적 경험을 통해 다수의 노동자가 점차 자각하기 시작했다. 그리고 지도자 등의 야심·우둔함·비겁함·전횡 등을 깨닫기 시작했다. 그것의 가장 대표적인 것은 대일본노동총동맹 우애회友愛會의 노동자이다.

그리고 그들 또한 신우회 노동자와 함께 노동자의 해방은 노동자 스스로 달성해야만 한다고 외치며 최근 왕성하게 반지식계급의 열기를 높여가고 있다. 그 과격분자 중에는 아직은 당분간 허용하겠지만 조금이라도 방해가 된다면 언제라도 쫓아내겠다고 공언하는 자조차 있다.

신우회의 노동자는 이른바 이상주의자가 말하는 구미 여러 나라들의 이론과 운동을 따르는 바가 많고, 따라서 다소간의 경의를 표하고 있다. 우애회의 노동자도 소위 지도자 등이 오늘날까지 그들 단체를 키워왔던 노력에 고마움을 느끼고 있다. 앞으로도 그들이 갖고 있는 경의와 느끼고 있는 감사에는 아마도 변함이 없을 것이다. 그들도 지식계급이 제공하는 이익을 결코 망각하고 무시하진 않는다. 오히려 그들은 적극적으로 그 이익을 하나도 빠짐없이 얻으려고 애쓴다.

그럼에도 불구하고 지식계급 속의 이른바 이상주의자들 혹은 지도자들이 제공하는 것 가운데는 노동자 자신이 원하는 이익과는 반대로 노동자에게 불이익을 초래하는 것도 많이 섞여있다. 원하는 것조차도 강매당하면 어느 정도 반발이 생기기 마련인데 원하지 않는 것까지 무리해서 강매하려 한다. 정당한 경의와 감사 그 이상을 강요한다.

노동자에게 반지식계급의 열기가 높아지는 것은 조금도 이상할 것이 없다.

4.

노동운동은 노동자의 전유물이 아니다. 지식계급이 거기에 가담하는 것에 아무 문제도 없다. 그러나 노동운동의 주체는 역시 노동자이어야 한다.

노동운동은 그 정신에서 노동자의 모든 능력과 인격의 획득 운동이다. 노동운동에 참여하려고 하는 지식계급은 무엇보다 노동운동의 이러한 본질에 철저해야 한다. 그리고 지식계급 자체의 역사적 임무가 권력계급의 비호이자 피압제 계급의 기만이었던 것에 대한 반성과 이번에야말로 피압제 계급의 진실된 친구가 되겠다는 새로운 각오를 철저히 해야 한다.

푸념과 자만은 이런 반성과 각오의 불철저함에서 비롯된다.

6.7 노동운동의 전환기[36]

1.

마침내 불경기가 왔다.

전쟁이 한창이던 때부터 곧 온다 곧 온다 했던, 그리고 그때가 되면 험악한 노동운동이 일어날 거라고 경계했던 불경기가 마침내 왔다.

불경기가 온 것은 사실이다. 하지만 과연 동시에 노동운동이 험악해졌는지는 아직 모르겠다. 그리고 그 소위 험악함이 과연 누구에게 있어 험악함인지, 정부나 자본가인지 아니면 노동자 자신인지 그것도 아직 확실히 모르겠다.

그러나 이 불경기가 오기 전에 이미 일본 노동운동에 큰 전환기의 조짐이 있던 것은 사실이다. 게다가 그것은 가장 활동력이 있는 노동자 안에서였다. 하지만 이 노동운동의 전환기와 일반 경제계의 불경기가 과연 어떻게 연결되는지 역시 아직 확실히 모르겠다.

모든 것은 여러 가지 조건에 달려있다. 그리고 나는 이 여러 가지 조건 중에서도 노동자의, 게다가 가장 활동력 있는 노동자의 심적 상태에 무게를 둔다. 마지막 열쇠는 거기에 있다.

2.

작년부터 일본 노동운동 발흥은 주로 일반 경제계의 호경기에 편승한 것이었다.

그것은 물가급등에 의한 생활의 불안에서 비롯되었다고 전해진다. 사실 그렇기도 하다. 또한 러시아와 독일 혁명의 교훈이나 기타 구미

---

[36] 「노동운동의 전환기」(勞働運動の轉機, 1920.4). 월간《노동운동》제1차 제5호에 발표되었고, 이후『정의를 추구하는 마음』에 수록된다.

6.7 노동운동의 전환기

국가들에게서 받은 민주사상의 급격한 자극에서 비롯된 것이라고도 한다. 그것도 맞다.

그러나 이것을 시간상으로 보자면 일본의 이른바 지식인 사이에서 갑자기 노동문제가 떠들썩해진 것은 재작년 여름에 있었던 쌀소동 米騷動37)부터이다. 그리고 노동자 사이에 갑자기 노동운동이 일어난 것은 그 다음 해인 작년 봄부터였다.

쌀소동-노동문제의 유포-노동문제의 발흥. 나는 이 사실의 연쇄 속에서 흥미로운 심리 현상을 보았다.

쌀소동은 일본의 권력계급에게 상당한 위협이자 공포였다. 이 위협과 공포가 없었다면 권력계급은 노동계급에게 주어진 생활의 불안에 관심을 두지 않고 세계로 확대되는 민주사상에도 귀를 기울이지 않았을 것이다. 그들은 노동문제를 논의로서 허둥지둥 제시했다. 미봉적인 해결 방법을 강구해낸 것이다. 작년부터 노동운동의 발흥은 심리적으로 봐서 권력계급에 대한 위협의 맛을 기억하고 그 권력계급의 낭패에 편승한 것이었다. 틈새 없는 곳으로 무리하게 치고 들어간 것이 아니었다.

하지만 노동자의 소위 이런 습성이 일 년 가까이 지속될 수 있던 이유는 대체로 호경기 덕이었다. 자본가에게 노동자의 요구를 받아들일 수 있는 충분한 여유가 있었기 때문이다. 자본가가 폭리를 탐하기 위해서나 호경기를 이어가기 위해서는 노동자가 등을 돌리면 큰일이었기 때문이다. 노동자는 그러한 사정에 편승해 왔던 것이다.

---

37) 쌀소동(米騷動)이란 1918년 일본 민중이 쌀 도매상의 가격 담합에 항의한 사건을 말한다. 당시 참가자만 수백만 명을 넘었고, 출동한 진압 병력은 10만 명 이상이었다. 쌀 소동의 영향으로 여론은 데라우치 내각의 퇴진을 요구했고, 일본 최초의 정당 내각인 하라 다카시 내각이 탄생했다.

3.

호경기는 일반사회도 그렇지만 노동운동가도 경솔함과 천박함에 빠뜨린다. 노동운동이 너무나 대수롭지 않은 듯이 자신도 모르는 사이에 우쭐대는 마음이 생기기 때문이다.

생각한 바는 대체로 즉시 관철시킨다. 세상은 환호하며 요란하게 부추긴다. 우쭐대지 않을 수 없다.

그러나 그동안 적어도 성실하고 가장 활동력이 있는 노동자 사이에서는 이런 우쭐대는 마음에 대한 반동이 일어났다. 그들은 가장 우쭐대는 이른바 우두머리들이 그 운동의 승리를 자랑하는 사이에 승리 자체에 대해 의혹을 갖기 시작했다. 어느 정도 임금은 늘어났다. 노동시간도 다소 감소했다. 그러나 그것은 단지 표면적인 것에 지나지 않았다. 그들의 생활은 조금도 개선되지 않았다.

하나의 의혹은 다른 여러 가지 의혹을 낳는다. 그리고 마침내 노동운동이 교착되었다는 탄식의 소리가 여기저기 노동자 사이에서 새어 나오기 시작했다.

교착은 아니다. 자각의 제1단계에서 제2단계로 이동하는 과도기였던 것이다. 과거를 돌아보고 더욱 새로운 미래로 들어갈 준비기로 진입한 것이다.

그와 동시에 다소 소극적이지만, 정부나 자본가의 공포와 낭패에서 비롯된 마음가짐의 쇄신이 노동자의 종래 운동에 대한 의혹에 힘을 실어준 면이 있었다. 저자세였던 정부나 자본가가 점점 고자세가 되었다. 노동자는 점점 생각하지 않으면 안 되었다.

노동자의 보통선거운동이 의회 해산 이후 갑작스럽게 쇠퇴한 것도 다른 여러 가지 원인이 있겠지만, 소위 정치적 운동에 대한 노동자의 의혹이 중요한 하나의 원인임은 의심할 여지가 없다.

4.

노동자는 지금 골똘히 생각하고 있다. 종래의 이른바 경제적 운동이나 정치적 운동에 의심을 품는 것과 함께, 정부나 자본가의 강경한 태도가 점점 역력해지면서 그 운동을 처음부터 다시 생각하게 되었다.

그런 찰나에 불경기가 온 것이다. 호경기에서 노동운동과 불경기에서 노동운동은 완전히 다르다. 특히 불경기는 노동자에게 있어서 무엇보다 실업을 의미한다. 실업문제는 노동문제의 일대 난관이다. 일본의 노동운동은 지금 큰 전환기를 맞이하면서 비로소 그 일대 난관에 직면하려는 것이다.

노동자는 아무튼 더욱 진지해질 수밖에 없다. 그 심각함이 어떤 식으로 나타날까? 과거의 경험이 거기에서 어느 정도로 발휘될까? 그것은 앞으로의 사실을 통해 지켜볼 수밖에 없다.

제 6 장 생디칼리슴

6.8 사회적 이상론[38]

1.

무정부주의자, 특히 크로포트킨은 종종 말한다. "노동자는 우선 건설하려는 미래사회에 대한 확실한 관념을 가져야 한다. 이 관념을 분명하게 파악하지 않은 노동자는 혁명의 도구는 될 수 있어도 주인이 될 수는 없다"고.

실제 노동자는 오늘날에 이르는 어떤 혁명에서도 항상 구사회를 파괴하는 도구로만 이용되고 신사회 건설에는 거의 이바지하지 못했다. 대부분 자신들의 힘으로 파괴해놓고서는 그것이 끝나면 남은 모든 일을 타인한테 맡겨버린다. 그리고 이른바 신사회가 전적으로 구사회와 마찬가지로 타인을 위한 것이 된다는 사실을 전혀 자각하지 못한다.

그러나 이것은 노동자에게 신사회 조직에 대한 명확한 관념이 없어서라기보다는 오히려 자신의 일은 끝까지 자신이 한다는 진정한 의미의 자주심이 없기 때문이 아닐까.

예를 들면 노동자에게 신사회 조직의 관념이 없어도 스스로 구사회의 파괴와 더불어 신사회 건설에도 이바지한다면 혁명의 주인이 될 수 있는 것이다. 하지만 노동자가 그 관념을 가지고 있다고 하더라도 그것이 타인의 지혜로 만들어진 것이라면 혁명의 진정한 주인이 될 수는 없을 것이다. 관념이 있다고 해도 건설은 전과 같이 타인에게 맡겨버리는 셈이다.

따라서 노동자가 진정한 혁명의 주인이 되기 위해, 자신들을 위한 신사회를 만들기 위해서는 무엇보다도 우선 노동자의 해방은 노동자

---

[38] 「사회적 이상론」(社會的理想論, 1920.6). 《노동운동》 제1차 제6호에 발표되었고, 이후 『정의를 추구하는 마음』에 수록된다.

스스로가 성취한다는 자주심을 철저히 하는 데 힘쓰지 않으면 안 된다.

나는 지금 이를 특히 크로포트킨의 이른바 '신사회 조직에 대한 확실한 관념'을 파악하는 것과 관련해서 논해보고자 한다.

2.

신사회 조직에 대한 관념이나 이상이라는 것에 대해 우선 어떤 관념, 어떤 이상을 가져야 좋을지 알 수 없다. 노동자의 눈앞에는 이미 여러 가지 본보기가 만들어져 있다. 무정부주의의 본보기도 있다. 사회민주주의의 본보기도 있다. 생디칼리슴도 있다. 길드사회주의도 있다.

그러나 노동자는 지금 당장은 그 중에서 어떤 것을 선택해야 할지 모른다. 어차피 전부 그 나름대로의 그럴싸한 논리가 있다. 그러나 그 중에 어떤 것이 가장 좋을지 아직 노동자는 제대로 모른다. 게다가 노동자는 그런 관념이나 이상 등의 본보기를 논리적으로 비교 연구하기에 앞서 궁지에 몰린 생활의 최소한의 개선을 꾀하지 않으면 안 된다. 그것이 노동자의 급선무이다.

노동자는 이 급선무에 노력하는 동안에 자본가와 노동자의 관계나 정부와 자본가·노동자와의 관계에서 그 지위를 점차 자각해왔다. 오늘날 사회제도의 근본적인 오류까지 깨닫기 시작했다. 또한 노동조건을 개선하기 위해 노력하면서 더 강렬하게 마음속에서 솟아나는 자유의 정신을 자각했다.

이는 내가 지금 대부분의 노동자에게서 보고 있는 사실이다. 그리고 그러한 노동자는 지금 눈앞에서 목격한 여러 종류의 사회적 관념이나 이상을 그대로 수용하기 전에 그들 자신이 획득해온 사회적 지식과 자유의 정신을 결합하려고 노력 중이다. 본보기의 도입보다 그 본보기의 자극 아래서 자신의 물건을 만들어내려고 한다.

3.

인생이란 무엇인가는 과거 철학사에서 다루어진 주제였다. 그리고 그에 대한 다양한 해답이 이른바 대철학자들에 의해 제시되었다.

그러나 인생은 결코 미리 예정된, 즉 완벽하게 완성된 한 권의 책이 아니다. 각자가 그곳에 한자 한자 써내려 가는 백지의 책이다. 인간이 살아가는 그 일이 바로 인생이다.

노동운동이란 무엇인가라는 문제도 마찬가지이다. 노동문제는 노동자에게는 인생 문제이다. 노동자는 노동문제라는 백지의 커다란 책에 그 운동을 통해 한 자씩, 한 줄씩, 한 쪽씩 써넣어가는 것이다.

관념과 이상은 그 자체가 이미 하나의 커다란 힘이고 빛이다. 그러나 그 힘과 빛도 자신이 구축해온 현실의 지상에서 벗어나면 벗어날수록 그만큼 약해진다. 즉 그 힘이나 빛이 진정한 강함을 유지하기 위해서는 자신이 한 자씩, 한 줄씩 써온 문자 그 자체에서 해방된 것이어야만 한다.

노동자가 건설하려는 장래사회에 대한 관념, 이상에 대해서도 마찬가지이다. 무정부주의·사회민주주의·생디칼리슴·길드사회주의 등 미래사회에 대한 관념과 이상은 어쩌면 유럽이나 미국의 노동자 자신이 구축해온 힘과 빛일지도 모른다. 그들은 그 힘과 빛이 있는 곳으로 나아가면 된다. 그러나 그 관념과 이상은 일본 노동자가 오늘날까지 구축해온 현실과는 아직 상당한 거리가 있다.

우리는 우리 자신의 기질과 주변 상황에 대응해 우리의 현실을 고양하기 위해 노력하면서 그것을 통해 우리에게 걸맞은 관념과 이상을 찾아 나갈 수밖에 없다.

그리고 그럴 때 이른바 "종교 신자처럼 행동하면서 회의자처럼 사색한다"는 표어가 출현하는 것이다.

6.9 새로운 질서의 창조[39]

1.

이번 달에도 역시 특별히 평론해보고 싶은 마음이 들 정도의 평론이 보이지 않는다. 오로지 하나 《선구先驅》[40] 5월호에 게재된 「4월 3일 밤」(도모나리 요사키치友成與三吉)가 살짝 신경이 쓰였다.

그것은 4월 3일 밤에 간다의 청년회관에서 문화학회 주최로 열린 언론압박 문책연설회에 우리가 야유하러 간 것에 대해 쓴 기사이다. 도모나리 요사키치라는 자가 어떤 사람인지는 모르지만 상당히 눈과 귀가 좋은 사람인 것 같다. 내가 하지도 않은 일을 보거나 하지도 않은 이야기를 듣는다. 예컨대 그 기사에 따르면 가가와 도요히코[41]가 연설하는 중에 내가 자주 연단으로 뛰어올라가 뭔가를 말했다는 것이다.

그러나 그런 일은 어떻든 상관없는 데 단 하나 그냥 무시하거나 넘어갈 수 없는 것이 있다. 그것은 가가와와 내가 대기실에서 나눈 대화 중에 내가 "나는 컨버세이션conversation 의 역사를 조사해봤다. 청중과 변사는 대화가 가능하다"고 말하자 가가와가 "그건 도대체 무슨 말인가"하고 관심을 보였다. 거기에 대해 내가 프랑스 의회에서 있었던 이런 저런 일로 적당히 둘러댔다고 하는 마지막 문장이다. 뭐가 적당히란 말인가. 이 남자는 자신이 모르는 일은 전부 적당히 둘러대는 것처럼 들리는 모양이다.

---

39) 「새로운 질서의 창조」(新秩序の創造, 1920.6). 월간 《노동운동》 제1차 제6호에 발표되었고, 이후 『정의를 추구하는 마음』에 수록된다. 이것은 오스기 그룹이 당시 활발하게 행하고 있던 '연설회접수[p.361]'라는 운동에 관한 보고이다.

40) 신인회(新人會)에서 발간한 잡지로, 1920년 2월 창간호를 시작으로 8월까지 총 7호 발간되었다.

41) 가가와 도요히코(賀川富彦, 1888~1960)는 장로교 목사·기독교 사회주의자이다. 일본 농민운동, 프롤레타리아 정당운동, 생활협동조합운동, 일본농민조합 창설 등 활발한 기독교 사회주의 운동을 했다.

제6장 생디칼리슴

　연설회에서 우리가 이른바 야유하거나 또는 훼방 놓는 일에 대해서는 이미 세간에도 충분한 악평이 있었다. 그래서 나는 이 기회를 이용해서 이 악평에 대한 악평을 해보려고 한다.

2.

요전번에 고베에서 가가와를 만났을 때 가가와도 줄곧 소위 우리의 야유라는 것을 비평하고 사카이 도시히코[p.53]가 한 말까지 인용하면서 너무 세상의 반감을 사지 않도록 하라고 친절한 충고까지 해주었다.

　우리의 야유에 대해 가장 반감을 가진 자는 경찰관이다. 경찰관은 대체로 손쓸 도리가 없는 멍청이지만 그래도 그 직무의 성질상 사건에서 소위 선악이라는 냄새를 구분해 내는 예민한 직감을 가지고 있다. 경찰관의 판단은 대부분의 경우에 맹목적이긴 하지만 신용해도 괜찮다. 경찰관이 좋다고 느끼는 일은 대체로 나쁜 일이다. 나쁘다고 느끼는 일은 대체로 좋은 일이다. 이 논리는 소위 지식인들에게는 조금 이해하기 어려울지 모르지만 노동자라면 바로 알 수 있다. 적어도 노동운동에 다소의 경험이 있는 노동자는 타인한테 배우지 않아도 바로 알 수 있다. 그리고 그것을 종종 자신의 판단 기준으로 삼는다. 이른바 노동자의 상식이다.

　우리의 야유에 반감을 갖는 자는 노동자의 이 상식에서 추측해보면 경찰관과 같은 일을 하거나 동일한 심리를 가진 인간이다. 우리는 그런 인간들과 싸울 수밖에 없다.

3.

본디 세상에는 경찰관과 같은 업무, 그와 동일한 심리를 가진 인간이 실로 많다.

　예를 들면 연설회에서 "옳소, 옳소"하는 연호나 박수갈채는 기분 좋게 들으면서, 조금이라도 태평스러운 소리를 한다거나 단순한 이야기를 하면 바로 경찰관과 한통속이 되어 끌어내라든지 두들겨 패라든지 하며 지껄인다. 뭐가 되었든 선창자의 선창에 맞춰 모두가 춤을 출 수 있다면 그것으로 만족하는 것이다. 그리고 자신이 무슨 무슨 의원이라는 직함을 얻어 빨간 천조각이라도 팔에 두르면 그것으로 제법 그럴싸한 개라도 된 듯이 의기양양해진다.

놈들이 말하는 정의란 무엇인가. 자유란 무엇인가. 그것은 단지 선창자와 개를 바꾸는 것에 지나지 않는다.

우리는 지금의 선창자만 싫어하는 것이 아니다. 지금의 그 개만 싫어하는 것도 아니다. 선창자나 개 자체가 싫다. 일체 그런 것 하나 없이 모두가 마음대로 춤을 추고 싶다. 모두의 그 마음대로라는 것이 하나가 되어 조화를 이루기를 바라는 것이다.

그러기 위해서는 역시 무엇보다도 우선 언제 어디서나 모두가 마음대로 춤출 수 있게 배우고 연습해야 한다. 어려운 표현을 쓰자면 자유발의와 자유합의를 배우고 연습해야 한다.

이 발의와 합의의 자유가 없는 곳에 어떤 자유가 있을까. 어떤 정의가 있을까. 우리는 새로운 선창자의 선창에 따라 춤을 추기 위해서 연설회에 모이는 것이 아니다. 발의와 합의를 배우고 연습하기 위해서 모인 것이다. 다른 목적이 있다고 해도 많은 사람이 모인 기회를 이용해서 새로운 생활을 배우고 연습한다. 그것만이 아니다. 그렇게 도처에서 자유발의와 자유합의를 발휘하면서 비로소 현실의 새로운 생활이 한발 한발 구축되는 것이다.

새로운 생활은 멀거나 혹은 가까운 미래의 새로운 사회제도 속에서 처음으로 첫발을 내딛는 것이 아니다. 새로운 생활의 한 걸음 한 걸음 속에서 장래의 새로운 사회제도가 싹을 틔우는 것이다.

4.

긴 대사는 옛날 연극의 특징으로, 새로운 연극에서는 짧은 대화가 이어진다. 예술은 사회의 거울이다. 세상이 연극이라는 거울에 비춰진다.

다른 사람의 긴 이야기를 묵묵히 듣고 있는 것은 선창자, 즉 상위 계급의 사람을 상대할 때뿐이다. 같은 계급의 사람 사이에는 긴 대사가 사라지고 짧은 대화가 이어진다. 긴 독백에서 짧은 대화로, 이것이 대화의 진화이다. 인간의 진화이다.

선창자의 선창에 따라 춤을 추는 사회에서는 학교나 연설회에서도 그렇지만 강단이나 연단 위에 있는 사람이 홀로 긴 독백을 이어가면서 밑에 있는 사람들을 가르친다. 밑에 있는 사람들을 이끈다. 그러나 인간이 점점 발의를 중시하게 되면 긴 독백이 때때로 청중의 질문이나 반박으로 중단된다. 그리고 마침내 강의나 연설이 단상 위의 사람과 단상 아래 사람들의 대화로 바뀌어 일종의 토론회가 출현한다.

연설회는 토론회가 아니라고 한다. 또한 그렇게 되면 회장의 질서가 지켜지지 않는다고 말한다. 그리고 변사의 연설에 한 두 마디 비평을 가하는 우리를 그 연설회를 방해하거나 망치러 온 사람으로 여겨 경찰관과 주최자, 청중이 하나가 되어 비난을 해댄다. 어리석은 일이다.

5.

그러나 가장 빨리 깨닫는 자는 청중이요 민중이다. 우리의 이른바 야유에 대해 처음에는 맹렬하게 고함을 지르던 청중이 점점 우리 편이 된다. 그리고 마지막에는 대부분의 사람이 우리 편이 된다. 게다가 회장의 이른바 질서는 새로운 형태가 되어 훌륭하게 지켜진다.

어느 날 밤이었던 것 같다. 처음 우리가 야유를 시작했을 때 청중

6.9 새로운 질서의 창조

대부분은 일어서서 우리를 끌어내라거나 조용하라고 고함을 쳤다. 경찰관이 우리를 둘러쌌다. 그리고 우리의 손발을 잡고 끌어내리려 했다. 그러나 우리 쪽 기세도 만만치 않게 강해서 만약 경찰이 밀어붙인다면 오히려 회장의 질서가 완전히 파괴되는 형세가 되었다. 그러다가 우리가 경찰관한테 폭력을 당할 상황이 되자 청중 속에도 갑자기 민중적인 본능을 드러내면서 우리를 비호하는 자가 나타났다. 민감한 경찰관들은 곧바로 그것을 눈치채고 어쩔 수 없이 손을 뗐다.

우리는 그 기세에 힘입어 더욱 야유했다. 변사 언설의 애매함과 모순을 지적했다. 말하고자 했지만 말하지 않은 점을 보충했다. 우리의 야유는 대체로 그런 급소를 찔렀다. 청중은 우리의 야유에 박수를 치기 시작했다. 그리고 자신들도 점점 변사의 언설에 대한 질문과 반박, 이른바 야유하기 시작했다. 변사와 주최자, 경찰관은 아주 못마땅한 표정으로 어쩔 수 없이 묵인했다.

마지막으로 내가 연단에 섰다. 처음 우리를 끌어내라고 미치광이라고 욕을 하던 청중이 지금까지 섰던 변사들에게 했던 것보다 더 맹렬한 박수를 퍼부었다.

나는 변사로서 연단의 위와 아래 사이에서 대화나 토론을 시도해보려고 했다. 사실 나 자신으로서도 수백 또는 수천이라는 청중 앞에서 처음 하는 시도였다. 나의 말더듬과 눌변으로 인해 그리고 대연설회라는 자리에 익숙하지 않은 두려움이 있어서 마음속에서는 과연 생각대로 잘 될까 하는 걱정이 컸다.

그러나 나는 연단에 오르자마자 바로 기분이 좋아졌다. 무슨 이야기를 할지 준비한 것도 아무것도 없었다. 나는 다만 지금 현재 회장의 모든 사람들 사이에 실제적인 문제가 되고 있는 회장의 질서 자체에 대해 모두 함께 이야기를 나누려고 생각했다. 그러나 그 나누려던 이야기는 이미 모두 훌륭하게 이해되고 있었다. 새로운 질서의 기운이

제6장 생디칼리슴

온 회장에 넘쳐흘렀다.

나는 평소의 말더듬도, 그 자리에 익숙하지 않은 두려움도 완전히 잊은 채 취한 것처럼 기분이 좋아져서 청중 모두와 이야기하고 토론했다. 나는 그런 기분 좋은 연설회는 태어나서 처음이었다.

변사와 청중의 대화는 아주 소수의 모임이어야만 한다든가, 충분한 소양이 없으면 불가능하다든가와 같은 반대론은 사실상 그 일로 완전히 파괴되었다.

우리의 이른바 야유는 결코 단순한 파괴를 위한 것도 아니며, 단순한 전도를 위한 것도 아니다. 언제라도 그리고 어디서라도 새로운 생활, 새로운 질서를 한 발 한 발 구축하기 위한 실제적인 운동이다.

소리치려는 녀석은 소리를 쳐라. 고함을 지르려는 녀석은 고함을 질러라. 선창자놈들아. 개자식들아.

6.10 조합운동과 혁명운동[42]

지금 우리 사이에 두 가지 회합이 있다. 그 하나는 매월 첫째, 셋째 주 일요일 저녁 고지마치麴町 유라쿠초有樂町에 있는 핫토리[43]의 집에서 열리는 노동조합연구회다. 또 하나는 매월 1일, 15일 저녁에 고이시카와小石川 사시가야指谷町에 있는 와타나베[44] 집에서 개최되는 도쿄노동운동동맹회의 정례회다.

연구회에서는 과거 주로 아라하타 간손[p.53]이 무언가를 강연했는데 그가 오사카로 간 후에는 사카이 도시히코가 이를 대신했다. 동맹회에서는 주로 내가 무언가를 강연했으며 보통은 누군가가 문제를 제안하면 모두 같이 토론하는 식이 되었다. 회원 대부분은 양쪽에 겹친다.

동맹회에서는 때때로 흥미로운 문제가 나왔다. 최근에는 '조합운동인가, 혁명운동인가'라는 문제가 한 달 동안 토론의 주제가 되어 그것이 연구회까지 이어져서 지금까지 양쪽 모임에서 매번 불꽃 튀는 논의가 이뤄지고 있다. 문제의 제안자는 이와사 사쿠타로[45]였다.

최근 노동조합운동이 성행하게 되면서 노동조합 만능론이라 할만한 일종의 노동조합주의가 강조되기 시작했다. 그것은 노동조합 자체의 자연스러운 발달이 결국 혁명을 성취한다는 것이다. 노동조합은 자본가제도와 매일 벌이는 투쟁의 결과로 서서히 그러나 필연적으로

---

42) 「조합운동과 혁명운동」(組合運動と革命運動, 1920.6). 《노동운동》제1차 제6호에 발표되었다.

43) 핫토리 하마지(服部濱次, 1878~1945)는 사회운동가로 요코하마 평민결사 결성을 원조하였으며 아라하타 간손, 야마카와 히토시 등에 협력해 일본사회주의동맹 창립에 참가하였다.

44) 와타나베 마사타로(渡邊政太郎, 1873~1918)는 사회운동가이다. 다이쇼 시기 오스기 사카에의 《근대사상》, 《노동신문》 등에 협력하였으며 아나키스트나 전투적 청년활동가를 육성하였다.

45) 이와사 사쿠타로(岩佐作太郎, 1879~1967)는 아나키스트로 마르크스주의에 반대하며 비타협적 혁명을 주장하였다.

제 6 장 생디칼리슴

자기 안에 장래 사회의 건설적인 발달을 이룬다. 그리고 이러한 발달이 이뤄지지 않는 한 혁명은 몽상이며 불가능하다고 말한다. 우리 중에는 아라하타가 가장 명백한 대표자일 듯하다.

그렇게까지 평가하지 않아도 가령 사카이 도시히코는 이른바 사회민주주의자라기보다는 오히려 길드사회주의에 접근해서 노동조합 생산기관 관리설을 주장했다.

아라하타는 그 필연론의 결과 노동조합의 장래를 낙관만 하면서 그 여정 속에서 생기는 여러 가지 횡보를 어쩔 수 없는 것으로 인정한다.

또 사카이는 노동조합 생산관리설 속에 원래 그 기원인 사회민주주의의 중앙집권설을 몰래 숨겨두었다.

이와사의 「조합운동인가, 혁명운동인가」는 요컨대 이 중앙집권설에 대한 반박이면서 동시에 노동조합의 필연적인 자주자치적 발달설에 대한 의심이다.

이와사는 이 의심을 과장했다. 노동조합은 그 성질상 자주자치적인 혁명적 정신을 가질 수 없다. 그는 철두철미하고, 전제적이고, 중앙집권적 성질을 가졌다고까지 극론했다. 하지만 그것이 단순한 과장이라서 그 이유에 대한 설명이 매우 불명확했다.

이 과장을 제외하면 나는 이와사의 노동조합 의심설에도, 또 중앙집권 반대설에도 거의 전적으로 동의한다.

노동조합운동이 대체적으로 오늘날 자본가제도의 파괴에 이끌린다는 점은 나도 인정한다. 하지만 그것이 어떻게 과거를 파괴하고 새로운 것을 건설할 것인가는 미리 정해진 필연적인 길을 따르지 않는다. 그 진행하는 길은 조합운동 내외에 있는 다양한 경향간의 관계로 결정되는 것이다. 그 모든 조건을 알 수 없거나 파악하지 못하는 동안 그 결정은 우연적이면서도 개연성이 있어야 한다.

이른바 과학적 사회주의에서 주장하는 필연론의 공식인 생산방법을 운운하는 것은 단순히 그와 같은 경향들의 실현 가능성을 가져오는 것으로, 그 경향들 중에서 어느 것을 실현시킬지 미리 정한 필연성을 가져오는 것이 아니다. 자본가제도가 사멸한 후의 신사회는 여러 조건이 어떻게 놓이느냐에 따라 어떤 사회에서든 모든 사회적 이상의 실현이 가능하다.

노동조합의 진화 역시 마찬가지이다. 그 장래는 미리 정해져 있지 않다. 노동조합운동은 자신 안에, 또 일반 사회 안에서 무엇인가 건설적 경향을 확립해 가는 일대 방법이다. 그러나 건설적 경향이 신사회의 기초 자체가 될 정도로 충분한 발달을 이뤘다고 할만한 '충분한 발달'의 정도가 어떤 것인지도 미리 결정할 수 없다. 또한 아마도 사회는 소위 '충분한 발달'에 이르기 훨씬 전에 파괴될 것이다.

그래서 나의 노동운동 방법은 우선 내 자신의 경향과 일치하는 경향을 그 속에서 찾아서 그것을 돕는 일이다. 그 경향에 온 힘을 다해 돕는 일이다.

그렇다면 그 돕는 방법이란 무엇인가. 그것은 지금 여기서 말할 수 없다. 설명이 지나치게 추상적이 되어버렸다. 마지막에는 몹시 애매한 것이 되어버렸다. 양해 바란다. 또 여기에서 인용했던 제군들의 주장에 대해, 만약 나와 생각이 다른 바가 있다면 교시해주기를 바란다.

좋은 문제다. 꽤 어려운 문제이긴 하지만 꽤 진일보한 문제다.

6.11 왜 진행 중인 혁명을 옹호하지 않는가?[46]

처음에 생사생生死生으로부터 매우 짧은 질문의 엽서가 왔다. 나는 그것에 대해 좀 더 상세하게 설명해 달라고 요구하는 답신을 보냈다. 그러자 그 요구에 대한 대답으로 이런 문장이 왔다. 생사생의 본명은 본인이 원하지 않으므로 말하지 않겠다. (사카에)

오스기 사카에씨에게 묻는다 ― 생사생

세계의 모든 무산계급이 지향하는 최후의 목표가 무엇인가 하면, 당연히 전인류가 서로 사랑하는 덕치사회인 무정부공산사회임을 저는 확신합니다. 그럼에도 이것이 실현될 운동의 실제 방면을 보면 거기에서 저는 많은 유감을 느끼며 느끼지 않을 수 없습니다.

그게 무엇일까요? 요컨대 제가 말하고 싶은 것은 협동의 목적 아래에 서 있는 사람들이 왜 협동전선에 서려고 하지 않는가라는 것입니다. 이렇게 말하면 당신은 너무 어려서 이론의 입각점을 모른다고 비웃을지 모릅니다. 저는 그 조소를 감수하면서도 그 뚜렷한 예를 맑시스트와 아나키스트에서 보고 있습니다.

1870년대의 바쿠닌과 마르크스의 이반부터 최근 노농러시아를 중심으로 한 두 파에 대한 배제와 같은 것이 그렇습니다.

제가 보기에는 무산계급의 손에 처음으로 이행되었던 (파리코뮌은

---

[46] 「왜 진행중인 혁명을 옹호하지 않는가?」(何故進行中の革命を擁護しないのか, 1922.9). 《노동운동》 제3차 제7호에 발표되었고, 이후 『만문만화(漫文漫畵)』・『무정부주의자가 본 러시아 혁명(無政府主義者の見たロシア革命)』에 수록된다. "진행 중인 혁명을 옹호하고 이것에 조력을 아끼지 않는 자야말로 진정한 무산계급의 벗"이라는 생사생(生死生)의 질문을 전문 인용한 다음, 오스기는 국내의 "일종의 협동전선인 노동조합총연맹의 문제"와 연관지어 답하고 있다. 오스기는 "생사생의 본명은 본인이 원하지 않으므로 말하지 않겠다"고 적고 있지만, 오늘날 다이쇼기의 전투적 사회운동가로 알려진 다카오 헤이베(高尾平兵衞)로 여겨지고 있다.

6.11 왜 진행 중인 혁명을 옹호하지 않는가?

별도로 하더라도) 러시아의 정권을 지지하는 것이야말로 좋든 싫든 협동의 목적이 있는 자의 현재 임무이며 당면한 의무라고 생각합니다.

×× ×× ×××× ×××× ××× ××× ××× ×× ×××× 진행 중인 혁명을 옹호하고 이것에 조력을 아끼지 않는 자야말로 진정한 무산계급의 벗이라고 저는 믿습니다. 만약 이에 반할 경우 협동의 적에게 공연히 기회와 조력을 제공하는 것과 같은 결과가 되지 않을까요?

이런 의미에서 골드만[47]이 전우에게 보였던 태도는 감정이 지나친 것이 아니었을까요? 그녀가 과거 몇 년간 철창 안에서 견뎌온 것을 생각하면 반혁명과 기아와 그 밖의 모든 곤란과 싸우고 있는 젊은 러시아의 전우에 대해서 약간의 관용이 허용되지 않을 리 없다고 저는 생각합니다. 만약 레닌 일파의 혁명진행 상의 수단과 방법에 대해 불평불만이 있다면 조력을 아끼지 말고 적절하게 모든 충고를 시도해야 하지 않을까요? 저를 이해시키려면 먼저 그들을 이해해야 합니다. 이 점에서 아나키스트는 맑시스트를 이해하고 있는지 어떤지 의심스럽습니다.

같은 일이 현재 일본에서 발견된다는 점이 저는 유감입니다. 제가 질과 양의 문제를 모르는 것이 아닙니다. 하지만 당면한 사실로서 현재 일본의 노동계급이 당하고 있는 자본계급의 총공격에 대해서 어떻게 대처할 것인지 그 기로에 서 있는 데 단순한 감정싸움은 적에게 자신의 약점을 보여주는 셈이 되지 않을까요?

과거 바이분샤賣文社 해산 이후 다카바타케씨[48]가 취한 태도는 세상에 이미 잘 알려져 있습니다. 그는 사실 무산계급의 배신자가 아닐지도 모릅니다. 하지만 현재 진짜 스파이보다 나은 점은 겨우 자본론을 번역했다는

---

[47] 엠마 골드만(Emma Goldmann, 1869~1940)은 러시아 출생의 미국 무정부주의자로 산아제한 운동, 반전활동에 힘썼다. 저서로『러시아에 대한 나의 환멸』*My Disillusionment in Russia* 등이 있다.

[48] 다카바타케 모토유키(高畠素之, 1886~1928)는 사회사상가·철학자이다. 1905년 사회주의 잡지《동북평론(東北評論)》을 간행했고 이후《신사회(新社會)》지의 중심적인 집필자가 되어 러시아 혁명에 대한 정보 분석에 힘을 쏟았다. 1924년에는 영문으로 접한『자본론』을 일본 최초로 완역하였다.

것뿐입니다. 돈벌이를 위한 것이라는 점과는 별개로 나는 귀하를 그와 비교할 생각은 결코 없습니다. 또 조금도 그렇게 생각하지 않습니다. 오히려 제가 항상 걱정의 혁명가로서 귀하를 존경하는 점에 있어서는 크로포트킨·프루동·바쿠닌에 대한 것과 같습니다.

저는 왜 아나키스트와 맑시스트는 과거에도 지금도 서로 배척해야만 하는지 이해할 수 없습니다. 저는 전에도 썼던 것처럼 학문적 배경이 없고 또 금전의 여유도 없습니다. 그래도 저는 가능한 한 귀하의 책을 사서 읽었는 데 벌써 이삼년 전이라 생각됩니다. 귀하의 어떤 문구에서 최근의 귀하에게서 보이는 것과는 완전히 다른 귀하를 본 것을 기억합니다. 이렇게까지 쓰면 귀하는 제가 아나키스트를 비난하고 있다고 생각할지 모르겠지만 저는 아나키즘을 이해하고 있는 한 사람이라고 스스로 믿고 있습니다.

그것이 맑시즘에 대한 태도에서 볼 때 현재 귀하와 제가 완전히 반대편에 있는 것처럼 보이는 것은 제 자신이 아나키즘에 철저하지 못한 결과이겠지만, 저는 그것을 올바르다고 생각하고 있습니다. 즉 아나키즘 사회에 도달하기에 앞서 지금의 노농러시아가 통과하고 있는 과정을 어쨌든 통과하지 않을 수 없다고 믿는 한 사람입니다. 전全생산력이 불충분한 현재로부터 단숨에 천국의 미래로 가는 것은 무모하다고 믿고 있습니다.

물론 현재 러시아 노농정부의 방식이 전부 괜찮다고는 결코 생각하지 않지만 그들은 지금 모든 곤란과 싸워가며 건설의 사업에 뛰어들고 있습니다. 새로운 건설에 앞선 파괴작업조차도 충분히 끝났다고 할 수 없습니다. 하물며 영원한 토대를 구축하기 위해 필요한 대청소조차도 좀처럼 진척이 없습니다. 이런 때에 그들의 작업을 방해하는 것이나 그들의 사업을 곤란하게 만드는 것은 세계의 무산계급이 결코 이해할 수 없는 일이며 장래에 부정적인 요인을 남기는 것이라고 생각됩니다.

6.11 왜 진행 중인 혁명을 옹호하지 않는가?

　이와 같은 문제는 일본의 노동운동·사회주의운동에서도 지적하는 바가 아닐까요? 적에 대한 협동전선 위에 서 있는 아군의 전투력을 말살하는 것은 다만 적을 이롭게 하는 것으로 끝날지 모릅니다. 어쩌면 적은 독으로 독을 제압하기 위해서 자주 우리들 내부의 어떤 자를 조종하여 동지들끼리 반목하게 만드는 일이 있을지도 모릅니다. 사실은 그렇지 않은 경우라도 우리들 내부의 어떤 자가 자신의 안전을 위해서 그저 초연한 태도로 전우를 비난한다고 여겨지는 경우가 생길지도 모릅니다. 이것은 아나키스트만이 아니라 맑시스트에서도 보여지는 비난이라고 저는 생각합니다.

　어쨌든 현재의 형세는 무산계급 전체가 자신의 뿌리를 내려야할 때라고 생각합니다. '협동전선' 앞에서 모든 감정은 무시해야 한다고 저는 생각합니다.

　다행히 귀하의 명쾌한 교훈이 배움이 부족한 저를 일깨워준다면 큰 영광일 것입니다.

생사생에게 답하다

생사생의 나에 대한 비난을 구체적으로 말하면 요컨대 왜 내가 러시아의 볼셰비키 정부를 공격하는가에 있는 것 같다.

　그리고 그것에 관한 생사생 주장의 근거는 먼저 무정부주의 사회를 향해 가는 데에 볼세비즘을 통과해야 한다는 점이고, 또 하나는 협동의 적에 대해서는 협동으로 맞서야 한다는 점이다. 그것을 통해 무산계급의 손에 처음으로 넘겨진 러시아의 정권을 지지하는 것이야말로 어쨌든 협동의 목적을 가진 자들의 현재의 임무이자 당연한 의무라고 생각했던 것 같다.

　단숨에 천국으로 갈 수 있을지는 나도 의심스럽다. 하지만 무정부주의로 가기 위해서는 우선 사회주의를 통과해야만 한다든가

제6장 생디칼리슴

볼셰비즘을 통과해야만 한다든가 하는 것을 나는 무정부주의의 적이 고안해낸 궤변이라고 생각한다.

러시아혁명 초기에는 레닌을 비롯해 볼셰비키들은 자주 그런 것을 말했다. 일본에서도 공산주의의 초기 선전시대에는 자주 그런 것을 들었다. 하지만 한 번 그 효과를 본 뒤로 그들의 무정부의자에 대한 태도는 어떠했는가? 그들은 마치 자본가 다음은 무정부주의자라는 식이 아니었던가?

'전생산력이 불충분한 현재에서 단숨에 뛰어올라'와 같은 그럴듯한 경제론을 나는 조금도 신용하지 않는다. 하지만 그런 논의는 이런 잡지의 한두 페이지로 끝날 일이 아니다. 상세한 이야기는 언젠가 다시 논하기로 하고 어쨌든 나는 무정부주의의 즉각적인 실현을 믿는 자라는 것만을 분명히 해둔다.

다음으로 협동의 적에게는 협동으로 맞서야 한다는 것이다. 이것에 대해 일단 나는 찬성한다. 협동의 적, 즉 한마디로 자본가제도와 싸울 때에 나는 노자^{勞資}협조론자에서 개인주의적 무정부주의자에 이르는 모든 사람들과의 협동을 거부하지 않는다. 다만 내가 그 동안에 보류해 두고 싶은 것은 내 비평의 자유이다. 서로 협정을 맺은 전선의 안팎에서 나의 행동의 자유이다. 그것이 허용되기만 한다면 나는 어떤 자와의 협동전선에 서는 일 정도는 참을 수 있다.

실제 문제로 들어가 이야기를 진전시켜 보자. 지금 일본의 노동운동계는 유럽의 소위 '협동전선'의 문제와 완전히 독립해서 일종의 협동전선인 노동조합총연합의 문제가 일어나고 있다. 노동자가 아니므로 어떤 조합에도 속해 있지 않은 나는 조합원으로서 직접 이 문제에 관여할 수 없지만 이 문제에 관해서는 제3자보다 가까운 입장에서 다소간 진전시켜보려고 한다.

하지만 나와 다른 여러 사회운동가의 관계에 대해 말하면 최근

● 6.11 왜 진행 중인 혁명을 옹호하지 않는가?

나는 같은 주의를 가진 사람들 외에 거의 모든 방면에서 협동을 요청받은 일이 없다. 내 쪽에서 그것을 원해서 특히 일본의 볼셰비키에게 그것을 요청한 적은 수차례 있었지만 언제나 보기 좋게 혹은 따끔하게 퇴짜를 맞을 뿐이다. 그리고 드물게 함께 할 수 있다 해도 그 결과는 동지애도 우정도 심하게 배반당하는 것으로 끝났다.

그러나 나는 지금 여기에서 나의 불평을 늘어놓고 싶지는 않다. 다만 처음에 나는 실수로 볼셰비키와 협동의 가능성을 믿었고, 그것을 주장했고, 그것을 실행해서 보기 좋게 그들로부터 배신을 당했다는 나의 어리석음을 밝혀둠으로써 후배들이 교훈으로 삼을 수 있으면 충분하다.

나는 지금 일본의 볼셰비키들을, 예를 들어 야마카와[p.219]·사카이[p.53]·이이 게이[49]·아라하타[p.53] 등이 모두 사기꾼이라고 생각한다. 사기꾼들과의 협동은 진심으로 거절한다. 하지만 여기에 덧붙이고 싶은 것은 그들이 정말로 자본가계급과 싸울 때는 나도 역시 그들과 같은 전선 위에 서서 협동의 적과 싸우는 것을 피하지 않을 것이다.

볼셰비키 정부에 대한 비평! 나는 그것을 매우 긴 시간 회피했다. 나뿐만이 아니다. 세계의 무정부주의자 대다수가 그랬다. 또한 혁명의 초기에는 스스로 선택해서 공산주의자들과 협동전선에 섰던 이들도 결코 적지 않았다. 러시아의 무정부주의자들은 거의 그러했다고 봐도 무방할 것이다.

러시아 이외 나라의 무정부주의자는 우선 러시아의 진상을 잘 몰랐다. 그리고 또 하나는 실제로 반혁명을 싫어했다. 그리고 그들은 충분한 동정심을 갖고 러시아혁명의 진행을 지켜보았다.

---

49) 이이 게이(伊井敬)는 사회주의운동가 곤도 에이조(近藤榮藏, 1883~1965)의 필명이다.

하지만 진상이 점점 밝혀졌다. 노농정부, 즉 노동자와 농민의 정부 자신이 혁명의 진행을 방해하는 가장 유력한 반혁명적 요소라는 것까지 알게 되었다. 이와 같은 사실을 이 잡지에서 매호 써갈 생각이다.

모두가 러시아의 혁명을 돕는다. 하지만 그런 볼셰비키 정부를 과연 도우려는 자가 있을까?

'생명'을 중심으로 한 변혁 구상

월경의 사상가 오스기 사카에

김병진[†]

1 들어가며

근대를 전후하여 한국을 포함한 동아시아에서 서구문화 수용과정은 주체적인 재창조의 과정이었다고 생각된다. 다시 말해 동아시아의 인문지식 생산은 서구로부터 아시아나 한국으로의 일방향적인 영향관계가 아니라 서구를 포함해 동아시아 국가들의 상호 영향 속에서 이루어진 다면적이고 복합적인 것이었다. 그리고 이런 과정의 중심에는 지식생산의 역동적인 주체들이 존재했다. 예를 들어 근대 이전 한국에서는 중국으로 간 연행사·일본으로 간 통신사와 이들을 수행한 역관들을 중심으로 새로운 지식들이 이동하고 새로 수용되며

[†] 이 글은 김병진,「20세기 전환기 자유의 각성과 생명의식 — 월경의 사상가 오스기 사카에」,『일본문화연구』62집, 동아시아일본학회, 2017을 수정·가필한 것이다.

재창조되었다면, 근대 이후에는 일본 및 서구 유학파를 중심으로 한 지적교류와 지식인 간의 네트워크가 형성되었다. 이들 지식교류의 주체는 잡지, 번역서, 근대 신문 등의 다양한 매체를 통해 동아시아의 지적 네트워크를 형성했고 지식생산방식과 유통방식 등을 새롭게 재편했다. 바로 그러한 지식교류 중에서도 근대를 표상하는 지식 중 하나이자 사회변혁의 실천 테제였던 사회주의가 소개·확산되는 과정에서 중요한 역할을 했던 오스기 사카에大杉榮(1885~1923)에 관해 이야기를 풀어보겠다.

오스기 사카에는 고토쿠 슈스이幸德秋水와 더불어 일본의 대표적인 아나키스트로 일컬어지는 인물이다. 고토쿠가 메이지시기에 아나키즘을 일본에 도입한 인물이었다면, 오스기는 민중운동이 고양되던 시기에 사회주의이론을 실제 노동운동에 본격적으로 연결시킨 최초의 인물로 소개되고 있다.[1] 그는 일본에서 본격적인 활보를 개척해 가던 사회주의가 1910년 '대역사건'을 계기로 궤멸된 이후, 이른바 일본 사회의 '겨울 시대'에 고독한 싸움을 이어가며 운동의 불씨를 살려내며 왕성한 활동을 펼쳤다. 특히 제1차 세계대전을 기회로 중화학공업 중심의 급격한 산업발전을 이루어낸 일본에 고양되기 시작한 노동운동 영역에서 마르크스주의와의 대립을 심화시키며, 개인주의와 반권위주의적 감성을 중시하는 이론을 전개해 나아갔다. 그러다 운동의 동반자이자 인생의 반려였던 이토 노에伊藤野枝와 함께 관동대지진의 혼란 속에서 살해당하면서 일본의 아나키즘은 쇠퇴하게 되었다고 평가된다.

그는 《근대사상近代思想》과 같이 문단의 주목을 받던 잡지의 편집자이자 평론가, 그리고 다양한 서구사조의 번역자로도 크게 명성을 떨쳤다. 그리고 당연하겠지만 크로포트킨[p.102]과 같은 서구 아나키즘

---

1) 秋山淸『日本の反逆思想』現代思潮社, 1960, p.76.

의 번역을 통해 '지도적인 아나키즘 사상가'로서, 그리고 당시의 노동운동에서 크게 영향력을 발휘한 아나르코 생디칼리슴 Anarcho-syndicalism 진영의 '카리스마적' 이론가로도 알려져 있다. 오스기의 사상은 공동전선, 프롤레타리아문학, 노동운동·정치운동에 있어서 중앙집권주의 대 분권주의, 노동자에 대한 지식인의 역할, 혁명 이후 사회의 성질, 당파의 이해관계를 넘어 사용될만한 전술 등 사회변혁을 지향하는 사람들에게 있어 매력적인 관심사를 여전히 발산하고 있다.[2]

한국 학계에서도 크로포트킨이나 바쿠닌과 같은 서구 아나키즘이 식민지 조선으로 수용된 경로에 관한 연구나 사회주의, 혹은 아나키즘운동사 연구에서 그의 이름이 거론되어 왔다.[3] 또한 유치진의 민중연극[4]이나 염상섭의 문학[5]이라는 조금은 낯선 곳에서 오스기 사상과의 연계가 드러나기도 한다. 그것은 오스기의 아나키즘이 바쿠닌이나 크로포트킨 등의 서구 아나키즘의 단순한 계승이 아니라 그것과 더불어 다양한 사상적 요소를 포함한 발전적 확산이기 때문일 것이다.

간략히 살펴보자면 오스기가 저술한 텍스트에는 '생'이나 '본능'과 같은 단어가 빈번히 보인다. 오스기 논조의 특징은 생물학적인

---

[2] 1960년대 대중운동, 학생운동의 융성기에 오스기가 소환되는 현상이나 최근 아베 정권하에서 반핵운동 등을 중심으로 한 시민운동이 주목받고 있는 시점에 오스기의 전집이 재간행되는 현상의 이유를 여기에서 찾아볼 수 있을 것 같다.
[3] 박양신(2012)과 박종린(2008)은 바쿠닌과 슈티르너, 크로포트킨 등의 서구 아나키즘의 수용에 있어서 그 매개자로 오스기를 조명한 대표적인 논의로 들수 있겠다. 박양신, 「근대 일본의 아나키즘 수용과 식민지 조선으로의 접속 ― 크로포트킨 사상을 중심으로」, 『일본역사연구』35집, 일본사학회, 2012; 박종린, 「바쿠닌과 슈티르너의 아나키즘과 식민지 조선」, 『한국동양정치사상사』7권 1호, 한국동양정치사상사학회, 2008.
[4] 김흥식(2005)은 민중예술론이 한국에 들어오는 과정에서 이기영에게 나타난 오스기의 영향에 관해 논의를 하고 있다. 김흥식, 「이기영의 문학과 아나키즘 체험」, 『한국현대문학연구』17집, 한국현대문학회, 2005.
[5] 권정희(2012)는 염상섭에서 나타나는 '생명담론'을 오스기 언설과의 유사성에 주목하여 논의하고 있다. 권정희, 「〈인형의 집〉수용과 1920년대 '생명'담론」, 『한국학연구』42집, 고려대학교 한국학연구소, 2012.

'생명'을 중심으로 한 변혁 구상

특징을 갖는 '생'이나 '본능'을 통해 이를 억압하는 사회제도를 비롯해 사회규범 등을 통한 각 개인의 억압적 '주체화'를 비판하는 점이다. 이러한 접근은 일본의 다른 사회주의자들에게서는 좀처럼 보이지 않는 특징이라 할 수 있다. 그는 사회주의운동의 근거를 생물학적인 '생'이나 '본능'에 두면서 동시대의 '다이쇼大正 생명주의'의 흐름과 밀접한 접점을 갖고 있다.

한국어로도 출간된 오스기의 『자서전』에서도 언급하고 있듯이, '생명'에 대한 오스기의 관심은 오카 아사지로丘淺次郎의 『진화론강화進化論講話』(1904)를 처음 접하면서 비롯되었다. 이후 다윈의 『종의 기원』을 비롯한 자연과학에 대한 관심은 바이즈만August Weismann, 헤켈Ernst Haeckel과 같은 다위니즘계열의 진화론과 함께, 이에 비판적인 크로포트킨의 『상호부조론』이나 드브리스Hugo de Vries의 돌연변이설로 이어지고 파브르의 『곤충기』의 번역 작업으로도 전개된다. 이러한 자연과학에 대한 관심은 베르그송[p.121]의 『창조적 진화』로도 넓혀지며, 조르주 소렐[p.156]이나 장마리 귀요Jean-Marie Guyau, 윌리엄 제임스[p.127]를 비롯한 동시대 서양 철학에도 천착하면서 자신의 아나르코 생디칼리슴을 정당화시키는 기제로 사용한다. 이처럼 오스기는 한편에서 일견 상호 충돌하는 듯이 보이는 서구의 철학과 과학사조를 보편적인 '생명'을 매개로 재편시키며 독특하게 통합해 사회운동론으로 만들어 갔다.

이렇게 형성된 그의 사상은 일본으로 유학을 간 식민지 조선의 지식인들을 통해 1920년대 이후 수용되면서 사회주의운동, 노동운동 영역뿐만이 아니라 문예의 다방면으로 확산된다. 또한 오스기는 다른 아시아 혁명가들과 인적인 교류도 활발히 펼쳤다. 리스청李石曾이나 리우스페이劉師培·창기張繼와 같은 중국 아나키스트들[6]은 물론 대한

---

6) 川上哲正「大杉榮のみた中國」『初期社會主義硏究』15號, 弘隆社, 2002.

민국임시정부 요인들과도 네트워크를 형성하였다. 이처럼 오스기는 일본의 아나키즘 혹은 비공산당 계열 사회주의운동 및 문예운동뿐만이 아니라, 동아시아의 지적 네트워크를 가늠함에 있어서도 중요한 인물이라고 하겠다.

2 '생의 확충'과 실천

사회주의자로의 길

오스기 사카에는 고지식한 군인 아버지와 아름다우면서도 억척스러운 어머니 사이에서 장남으로 태어났다. 당시 일본은 청일전쟁 이후 청으로부터 할양받았던 요동반도를 프랑스, 독일, 러시아의 외압으로 청에게 돌려주게 되면서 국민들 사이에서 내셔널리즘이 팽창하던 시기였다. 군인 집안이었던 만큼 군인을 지망하고서 육군유년학교에 입학하게 된다. 입학당시 인기가 높았던 독일어과를 희망했지만 입학 석차순에 따라 프랑스어과에 배속된다. 우연찮은 이 결정은 오스기가 이후에 바쿠닌과 크로포트킨 등 러시아 출신이지만 라틴 유럽에서 활동했던 아나키스트들의 사상과 베르그송, 소렐, 귀요, 파브르 등의 생명사상으로의 접근을 용이하게 하였다.

메이지정부에 대항해 세이난전쟁西南戰爭[7])을 일으켰던 반역자 사이고 다카모리西鄕隆盛를 존경하면서 무술에 열중했던 오스기는 이윽고 반역을 동경하면서 낭만주의 문학에 심취하게 된다. 상관에 대한 맹목적 복종을 강요하는 학교 분위기에 질려 교관에게 반항하는 불량생도가 된 그는 결국 동기생과의 결투가 원인이 되어 학교에서 퇴학당하고 만다. 재학 2년 동안의 성적은 '실과'에서 수석, '학과'

---

[7]) 1877년에 현재의 구마모토현·미야자키현·오이타현·가고시마현에서 사이고 다카모리가 맹주로서 주도하여 일으킨 사쓰마 번 사무라이의 무력 반란이다. 사이고가 할복하고 신정부군의 승리로 끝났다.

'생명'을 중심으로 한 변혁 구상

에서 차석이지만 '소행'은 최하위로 극단적이었다.

그 후 오스기는 문학가가 되기를 희망하고 상경하지만 부친의 반대로 어학연구를 빙자해 도쿄외국어학교(현 도쿄외국어대학) 불문과에 입학한다. 어학열이 높았던 당시 일본 육군의 분위기가 반영된 타협이었다. 하숙생활 도중에 동료의 권유로 『진화론강화』를 읽으며 새로운 지적 세계를 접하게 된다. 그러면서 일본 최초의 대형 공해재해라 불리는 아시오광독足尾鑛毒 문제8)에 대한 학생들의 시위를 목격하면서 사회문제에도 관심을 갖기 시작한다.

러일전쟁의 전운이 감돌던 무렵 고토쿠 슈스이幸德秋水와 사카이 도시히코[p.53] 등이 반전론과 경제적 평등을 주장하는 사회주의를 전면에 내세우며 《평민신문平民新聞》을 창간하자 오스기도 평민사의 문을 두드린다. 평민사의 강연회와 '사회주의연구회'에 참석하면서 차츰 사회주의에 감화되어 갔지만, 졸업한 이후의 진로로 육군대학의 프랑스어 교관을 지망하기도 한다. 유년학교에서 받은 처우에 대한 일종의 보복을 꿈꾼 것이었다. 취업활동과 함께 평민사의 활동을 이어가던 중 도쿄시의 전차요금인상을 반대하는 시위의 선두에 서다가 체포당한다. 당시 시위지도부의 온건화 방침에도 불구하고 수천 명의 시위대가 투석과 선로점거, 경관들과의 난투 등으로 과격해져 갔는데 오스기 또한 이들과 함께했다. 단순한 참여만이 아니라 지도적 사회주의자로 체포, 투옥될 정도로 '눈부신' 활약을 보였고 이것으로 취업활동은 자의반타의반으로 '중단'되면서 사회주의운동에 투신하게 된다.

1900년을 전후해서 초기 일본사회주의는 고토쿠나 사카이와 같이 마르크스주의를 기반으로 독일의 사회민주당을 모델로 하는 그

---

8) 메이지시기 초기부터 도치기(栃木)현과 군마(群馬)현의 와타라세(渡良瀨)천 주변에서 벌어진 아시오 구리광산의 매연과 광독수 등에 의해 일어난 공해 사건.

룹과 아베 이소오安部磯雄나 기노시타 나오에木下尚江와 같이 프로테스탄티즘에 입각해 사회개량을 추구하던 기독교사회주의 그룹으로 크게 나뉘어 있었다. 하지만 두 그룹 모두 사회주의 실현에 있어서 의회주의적인 노선을 지향하면서 상호 협력하고 있었다. 그러나 러일전쟁기간 동안의 반전운동을 빌미삼아 당국이 강경한 탄압으로 응대하자 고토쿠 슈스이를 중심으로 하는 그룹은 의회노선을 철회하고 시위나 공장점거 등의 직접행동을 통해 사회주의를 실현하는 방향으로 급선회하게 된다. 이들 급진그룹을 일컬어 '직접행동파'라 하고 이전대로의 방식을 고수하던 그룹을 '의회정책파'라고 부르게 된다. 대체적으로 전자의 그룹에 신진세대들이 다수 포진하게 된다.

오스기는 타고난 행동력과 출중한 어학능력을 활용해 이들 직접행동파의 투사로서 두각을 나타낸다. 위험문서를 번역, 출간하고 집회에서는 도발적이고도 대담한 행동으로 체포, 투옥을 반복하며 도합 3년 4개월간을 옥중에서 보낸다. 투옥 생활을 하는 동안 에스페란토·이탈리아어·스페인어·독일어·러시아어 등의 어학공부를 하는 한편 헉슬리[p.105]·헤켈·다윈 등의 진화론을 비롯한 자연과학에서부터 사회학·경제학·인류학·철학·문학에 이르기까지 방대한 서적을 독파한다.

'겨울 시대'와 지적 독립의 길

오스기가 옥중에서 스스로를 단련해 가고 있던 1910년, 고토쿠 슈스이를 포함한 24명의 사회주의자들이 천황암살을 모의했다는 혐의로 체포되어 이듬해 사형을 선고받고 그중 절반이 처형되는 '대역사건'이 일어난다. 오스기는 감옥에 있던 탓에 화를 면했다. 하지만 살아남은 자의 슬픔은 이듬해 그가 쓴 '춘삼월 교수형에서 남겨져 꽃잎에 흩날린다春三月縊り殘され花に舞ふ'는 시에서도 역력히 드러난다.

'생명'을 중심으로 한 변혁 구상

'대역사건'이란 대탄압 이후, 사회주의자들에게 '겨울 시대'라 불리는 운동의 후퇴기가 도래하였다. 사카이 도시히코 등 메이지기 이래의 사회주의자 잔당들은 바이분샤賣文社를 세워, 대필·문장 대행 등으로 생활비를 벌면서 전국의 동지들과 연락을 주고받으며 사회주의운동의 명맥만을 유지하고 있었다. 오스기도 출옥 후에는 바이분샤에 몸을 의탁하지만 강요된 침묵을 견디지 못하고 1912년 10월에 아라하타 간손[p.53]과 더불어 《근대사상》을 창간한다.

《근대사상》은 '사회주의운동의 부활을 노래하는 나팔'을 추구했지만 탄압을 피하기 위해 철학과 문예의 영역에서 논전을 전개해 갔다. 방편으로 문예잡지라는 외양을 썼다고는 하지만 문단에서 평판은 무척이나 호의적이었다. 옥중에서 '예전에 탐닉하듯이 긁어모았던 [사회]주의 지식을 거의 대부분 내던져 버리고 그 자신의 머리를 처음부터 개조하고자 기획'했다는 말처럼 자립을 향한 첫 기획이 바로 《근대사상》이었다. 그렇다고 오스기는 그간 섭렵한 서구 사조들을 순수한 철학이나 문예영역에 한정시켜 사고하지는 않았다.

오스기는 《근대사상》을 통해 그의 '생의 철학'을 자아론으로 전개한다. 오스기는 각 개인의 '생'의 근원에 목적이 없는 행동의 원동력 그 자체로서 '힘'의 존재를 인정한다. "자아란 요컨대 일종의 힘이다." 그리고 이러한 "우리 생의 필연적 논리"는 우리 자신에게 활동과 확장을, 나아가 생의 확충을 방해하는 모든 사물을 제거하고 파괴할 것을 명령한다.

오스기가 살았던 사회에서 '생의 확장'을 가로막는 주요 장애물이 각종 사회제도인 것은 분명하다. 하지만 이러한 사회제도 또한 '생의 확충'에서 기인하였다. 사회제도에 의해 유지되는 '정복의 사실'은 애초에 여러 개인의 '생의 확충'의 결과물인 것이다. 왜냐하면 사회 안에 다양한 인간이 존재하는 이상, 각자가 '생의 확충'를 추구한 결과 "서로의 투쟁과 이용"이 불가피했다. 이러한 '투쟁'과 '이용'이 고조된 결과 "정복자와 피정복자의 양극"이 생겨 피정복자의 생의 확충이 '멸절'로 귀결되기에 이르렀다.(「생의 확충[p.31]」)

이렇게 구축된 정복자 대 피정복자, 주인 대 노예의 관계가 또다시 투쟁으로 전복되지 않도록 사회제도를 통해 고정화시킨다. 심지어 무력을 통한 지배관계의 유지는 경제적이지 않기 때문에 피지배자의 합의를 이끌어내는 방식으로 통치 형태는 다양화되고 교묘해진다. 규칙을 위반하지 않는 행위를 피정복자의 '권리'로 인정하는 것처럼 인식되도록 하면서 법이라는 '일반적 규칙'을 강제한다. 그리고 교육을 통해 피정복자가 열등하다는 것을 자명한 듯한 관념을 심어준다. 이처럼 사회제도는 교묘하게 '생'에 내재한 '힘'의 자유로운 발휘를 막고, 노동자의 "깨어있는 야만적 용기"는 전시에 국가를 위해 발휘하도록 교묘하게 회로화한다(「야만인」). 이렇게 여러 제도는 확충하려는 '생'에 대해 개인의 외부와 내부에서 속박하고 있으며, 지배관계를 유지하기 위한 장치는 개인을 둘러싸고 있는 미시 영역에 편재하고 있다. (「정복의 사실[p.25]」)

이러한 사회제도 중에서도 오스기는 '도덕'에 대한 비판을 강조한다. 왜냐하면 '도덕'을 내면화하는 것은 '노예'라는 자기 정체성을 스스로 공고히 하는 것이며, '힘'의 자유로운 발동을 포기하는 것이기 때문이다. 오스기는 「쇠사슬 공장[p.38]」에서 자기가 제조한 쇠사슬을 스스로의 몸에 칭칭 감는 직공의 그로테스크한 이미지를 통해, 「자아의 탈피[p.68]」에서는 '강제된 발걸음'을 '자신의 본래 발걸음'으로 착각하는 군대의 비유를 통해 도덕과 아이덴티티의 내면화를 비판한다. "우리가 자신의 자아-자신의 사상·감정·본능-라고 생각하는 대부분은 실은 언어도단이지만 타인의 자아"인 것이다. 그리고 이러한 가상의 자아를 벗어던지는 운동이 '자아의 탈피'이다.

오스기에 따르면 사회제도는 반드시 자아의 '생'을 일방적으로 억압하는 외부의 존재가 아니라, 자아의 내부에서 '주체화'를 강요하면서 작동하는 기제이다. 그렇기에 사회제도와 개인의 '생'은 '사회'와 '개인'이라는 물리적 경계에 의해 이원적으로 대립하는 것이 아니다. '사회'는 '개인' 안에 녹아들어 있다. 따라서 사회제도에 대한 저항이란 흔히 '직접행동'으로 이미지화되는 것처럼 제도에 대한 폭력적 파괴로 환원될 수 없다. 그렇다고 해서 사회를 비판하는 것이 단순히 사회에 등을 돌리고 스스로의 실감에만 의존하여 기존의 '자기'를 절대화하는 것으로도 이루어질 수 없다. 왜냐하면 실감의 차원에서 이미 다양한 사회적 규범이 '자아'를 구성하고 있기 때문이다. 반면 이러한 억압적인 '주체화'의 메커니즘에 주목하는 것을 통해 사회제도의 상대화와 변혁의 실마리를 찾는다. 《근대사상》제1권 제1호에 게재된 「본능과 창조」에서 쓰보우치 쇼요[p.11]의 입센에 대한 논의를 비판하면서 다음과 같이 쓰고 있다.

> 나는 이 충동적 행위 혹은 본능적 행위가 근대의 지나치게 총명하고 지나치게 우유부단한 청년에게 일종의 해독제가 되고, 나아가 베르그송의 이른바 창조적 진화의 한 원동력이 되어 현대의 침체된 퇴폐적 기분을 구할 수 있는 중요한 요소가 되지 않을까하고 생각한다. 그리고 민중의 정신이 원시적 상태로 돌아가 모든 것이 본능적으로 되고 창조적으로 되며 또는 시적으로 될 때, 거기서 역사의 반복이 일어난다고 말한 비코의 이른바 순환론도 이런 점에서 보면 다소 의미가 있다고 생각한다.[p.16]

잠바티스타 비코[p.16]와 베르그송을 인용하면서 원시시대부터 축적되어 온 지식을 지니고 있는 근대인이기 때문에 스스로를 속박시키고 있는 관습과 제도를 혁파하고 재래의 환경을 벗어나 스스로의 경험과 본능에 의해 새로운 세계를 열어가라고 주문한다. 이 글에서 오스기는 문단의 지식인들에게 현실참여라는 문제를 제기하고 있다. 그리고 '근대사상 소모임'을 통해 도키 아이카土岐哀果·소마 교후[p.56]·바바 고초[p.269]·가미쓰카사 쇼켄上司小劍·이바 다카시伊庭孝와 같은 당대의 문학자들과 교류도 확대해 간다. 그와 문학자들이 공유했던 연결고리는 당시 문학의 주요 관심사였던 '자아의 확립'이었다. 오스기에게는 '자아의 확립'이란 필연적으로 이를 가로막고 있는 현존 사회에 대한 '반역'으로 귀결될 수밖에 없는 것이고 문학자, 지식인들이 당연히 그 결론에 도달할 것이라 여겼다. 그리고 소마 교후와의 논쟁이나《청탑靑鞜》에 대한 계몽적 발언 등 전적으로 쓴소리를 하는 쪽이었다는 인상을 주기도 한다. 하지만 그의 전반적인 비판의 방향성은 사회주의 이념을 내세워 사회적 관심이 희박한 개인주의자를 일방적으로 재단하는 것과 같은 단순한 것은 아니었다.

오스기가 펼치는 주장의 근거에는 '생의 철학'을 바탕으로 모든 지식과 제도에 대해 일체의 목적론에서 벗어난 개인의 '생'의 존재를 우위에 두고 있다. 이처럼 개인주의의 원칙에 따라 오스기가 동시대 사상적 흐름을 어떻게 파악하였는지는 「근대 개인주의의 제상[p.85]」을 통해 엿볼 수 있다. 그는 근대의 개인주의 변천을 세 단계로 나누어 논한다. 제1기의 '사회적 개인주의'는 "개인이 사회를 지배하고 몽상에 따라 사회를 개조하려고 하는 자신만만하고 웅대한 반역"이었다. 그러나 이 '사회적 개인주의'는 "개인은 사회의 한 요소로 간주되며 사회를 위해서만 존재하는 것처럼 인정하는 경향"으로 인해 사회에 대한 개인의 우월성을 인정하지 않는 '결점'을 가지고 있다. 반면, "개인과 사회가 결국 조화되지 못하는 깊은 모순의 실감"을 가진 제2기의 '심리적 개인주의'는 "사회적 숙명과 질곡 앞에 적의를 품고 있으면서도 그것과의 싸움을 어쩔 수 없이 단념"하는 "영원한 패배자"로 평한다. 따라서 이러한 '심리적 개인주의'는 모든 사회조직을 부정하는 비관론에 빠지기는 하지만 "개별 자아의 유일성·차별성"

에 대한 깊은 인식을 가능케 하는 양면성을 가진다. 그리고 오스기는 비관적이고 내향적인 제2기의 '심리적 개인주의'가 다시 사회로 눈을 돌릴 때, "사회조직에 대한 객관적 지식을 결여하고 있으며 그 결과 일찍이 모든 사회조직을 인정하는 낙관설"에 빠진 제1기 개인주의의 단점을 시정하는 제3기 개인주의가 될 것이라고 예상한다.

오스기는 이러한 관점으로 동시대 일본 지식계를 평한다. 1918년에 쓴 「최근 사상계의 경향」에서 오스기는 《근대사상》을 창간할 당시의 개인주의 유행을 제2기의 '심리적 개인주의'와 중첩시켜 이야기한다. 당시 일본의 문단이나 사상계가 정치적·사회적·경제적 강압 아래에서 "자기완성, 무엇보다도 자기 삶의 충실, 주위와의 몰교섭, 자기를 괴롭히거나 해치려는 주변으로부터의 도피, 조용한 내적 성찰과 관조"의 경향을 강화하고 있었다고 회고한다. 그리고 그는 이러한 '심리적 개인주의'가 내적 성찰이나 관조에 그치지 않고 "더욱 적극적으로 자기를 괴롭히거나 해치려는 주위에 당면해 도전하지 않으면 안 된다"고 말한다. 한편으로는 "자기완성 또는 자기 생명의 충실"이라는 발상 자체에는 깊이 공감을 나타내면서 "처음부터 치열한 개인주의적 감성과 함께 인도주의적 열정을 겸비한" 시라카바白樺파에 대해 제3기 개인주의로의 바람직한 이행의 조짐을 예상하기도 한다.

이처럼 오스기는 제2기의 비극적·내향적 성격을 지닌 '심리적 개인주의'을 통해 개인을 무시한 사회변혁 사상을 시정하려고 하였다. 즉 사회변혁에서 개인주의를 존중하려는 태도는 그의 노동운동론에서 핵심적인 의의를 가지게 된다.

오스기는 '생의 철학'을 통해 자아론을 구상하고, 자아에 내재한 생명의 자유로운 발동에 최고의 가치를 인정하면서 '생의 확충'을 가로막고 있다는 이유로 현존하는 사회제도를 비판했다. 따라서 오스기에게 있어 노동운동의 목적은 객관적인 계급제도의 타파뿐만

2 '생의 확충'과 실천

아니라 근본적인 자아의 자유 실현이어야만 했다. 즉 오스기에게 노동운동의 목적은 자기결정의 권리를 내세우며 자치의 원칙을 관철시키는 것이다. 이것은 '생의 확충'을 유일한 '생의 의무'로 삼은 그의 아나키즘 철학에서 나온 논리적 귀결이었다.

오스기는 노동운동이 임금 인상과 노동시간 단축과 같은 '생물적 요구'만이 아니라 '인간적 요구'에 더 깊이 뿌리를 두고 있다고 말한다. 그리고 노동자의 생활의 직접적 결정 조건인 임금과 노동시간의 많고 적음, 고용과 해고, 상벌 등 모든 결정권을 자본가가 쥐고 있다는 점을 지적한다. 즉 노동자는 자기 삶에 대한 자기결정권을 가지고 있지 않다. 그리고 노동자의 마음속에서 격렬하게 요동치는 '인간적 요구'는 '자기 획득'의 요구라고 말한다. 그러나 노동자의 자기 획득 요구는 사회주의 사회가 도래해야만 실현될 수 있는 것은 아니다. 그 전에, 혹은 그와 동시에 노동자는 '자주자치적 능력'을 키워나갈 필요가 있다. 그리고 오스기는 노동조합이야말로 '자주자치적 능력'을 키우기 위한 가장 좋은 방법이라고 생각하면서 생디칼리슴에서 특별한 의미를 찾는다. 나아가 노동운동 자체가 "노동자의 해방은 노동자 스스로가 성취해야 한다"는 '자주자치의 원칙'에 의해 관철되어야 함을 강조한다.(「노동운동의 정신[p.316]」)

오스기는 이러한 논리로 마르크스주의적 필연론을 비판한다. 그에 의하면 마르크스주의자들에게 사회주의 사회의 실현은 '운명적 생성 le devenir fatal'이며, 그들은 "이상적 환경에 이르기까지 각 개인의 태도에 대해서는 진정한 개인의 태도에 대해서는 결국 말해주는 바가 거의 없었다". 게다가 이상사회는 일회적인 혁명, 즉 하부구조의 변혁에 의해 필연적으로 이루어진다고 믿었다. 그러나 생디칼리슴에서 사회주의 사회의 실현은 '임의적 구성 la formation volontaire'인 이상, 단계적인 프로세스가 차례차례 기계적으로 도래하는 것은 있을 수 없다.(「생의 창조[p.45]」)

'생명'을 중심으로 한 변혁 구상

　　오스기가 《근대사상》에서 사회혁명의 길을 걸어왔던 동료 사회주의자들이 아닌 문단의 지식인을 대상으로 서술했던 것은 단순히 치안당국의 탄압이라는 이유만은 아니었다. 사카이 도시히코 등 메이지시기 이래로 사회주의자 주류는 '제2인터내셔널 정통파 마르크스주의'를 따른다는 입장이었다. 그들은 당시의 통속적인 마르크스 해석에 입각해 경제적 상황 등 물적 토대가 무르익기 전에는 사회주의 혁명은 불가능하다는 견해를 가지고 있었다. 이것은 순수한 이론적인 면뿐만이 아니라 '겨울 시대'가 강요한 침묵에 대해 그들 스스로에게 합리성을 부여하는 논리가 되기도 했다. 오스기는 그들이 안주하고 있는 점을 사상의 한계성으로 지적하고서 그 극복을 역설한다. 그는 일본의 마르크스주의자들이 사회를 '과중시'한 결과 '인간', 구체적으로는 '개인'과 그와 관련된 일체의 문제를 배제시켰고, 그 결과 '숙명론적인 기계적 결정론'으로 빠지게 되었다고 비판한다. 이것은 당시 일본 사회주의운동이 침체된 상황을 타개하려는 의도와 함께, 제2인터내셔널의 이른바 '혁명적 대기론', 즉 경제적 위기가 발생하여 분위기가 성숙될 때까지 대기하여야 한다는 전략에 대한 비판이기도 했다.

　　그리고 오스기가 동료 사회주의자들에게 비판의 날을 세운 데에는 또다른 이유가 존재한다. '대역사건' 이후 일본의 폐쇄적 상황, 즉 관헌의 탄압뿐만이 아니라 무산계급조차 사회주의운동에 비호의적인 태도를 보였던 것이다. 무산계급은 힘든 일상 속에서 기존의 자본주의적 제도와 생활양식에 충실해야만 그나마 기초적인 생존이 가능하기에 당연히 이에 순종적이 될 수밖에 없었다. 이렇듯 무산계급이 자본주의 경제체제뿐만이 아니라 지배계급의 헤게모니 안에 포섭되어 있는 상황 속에서, 사회 변혁의 가능성과 사회의 새로운 구성을 고민하게 된 것이다.

　　다시 정리를 하자면 당대 마르크스주의의 속류화된 유물론적 사유가 전체 사회의 동학으로 자본주의 발전단계론을 설정했다면, 오스기는 대항적인 노동의 새로운 구성을 통해 사회 변혁을 창출했다고 말할 수 있겠다. 물론 그도 자본주의사회의 역사적인 발전이, 체제 자체를 위기에 몰아넣고 또한 그것을 파괴하는 주체, 즉 적대적인 주체로서 노동자계급을 형성시킨다는 견해를 인정하고 있다. 그렇지만 진정한 위기는 외부요인에 의해 결정되는 것이 아니라. 노동자계급의 대항적인 자율성이 자본의 질서에 압박을 가할 때에만 나타날 것이라고 보았다.

한편 오스기는 1914년 9월에《근대사상》을 '지적 마스터베이션'이라는 자조와 함께 폐간하고 10월에《평민신문》을 창간해「제정신인 광인[p.53]」임을 자부하면서 시사잡지를 통해 본격적으로 사회참여에 나선다. 그리고 궤를 같이 하여 정례적인 노동연구회를 열어 노동자운동 속으로 다가가려 노력한다. 이렇게 오스기는 노동운동의 실제에 다가가고자 했지만 거기에는 또 하나의 모진 시련이 기다리고 있었다. 시대는 여전히 엄혹한 계절이었다. 시사비평과 노동운동 관련 기사를 게재한《평민신문》은 계속해서 발행금지 처분을 받게 된다.《평민신문》의 유지가 어려워지자 다시《근대사상》을 복간시켰으나 당국의 발행금지 처분은 집요하게 오스기 일행의 발목을 잡는다. 자신의 뜻대로 나아가지 않는 운동의 전망과 경제적 궁핍에 더불어 세계대전이 임박한 유럽에서는 사회주의운동이 퇴보하고 있다는 소식이 들려온다. 크로포트킨조차도 연합국 지지성명을 발표하는 등 대다수 사회주의자들이 애국주의라는 소용돌이에 휩쓸리며 전쟁을 제지할 수 없는 상황에 다다른 것이었다. 내외적으로 운동이 벽에 부딪히자 그의 울분은 다른 분출구를 찾게 된다.

'생명'을 중심으로 한 변혁 구상

3 동아시아 네트워크와 혁명의 소용돌이 속에서

고립을 벗어나 새로운 출발

오스기는 아내인 호리 야스코와의 결혼을 계속 이어가던 상황에서도 신문기자인 가미치카 이치코神近市子나 개인주의적 아나키스트 시인 쓰지 준辻潤의 아내이자 《청탑靑鞜》의 신인이었던 이토 노에와도 연애관계를 맺는다. 오스기는 평소에 그가 주장했던 자유연애이론의 실천에 나선 것이지만 현실의 애증관계에서는 여지없이 무너지고 말았다. 하야마葉山의 히카게차야日陰茶屋라는 요리점에서 가미치카가 오스기의 목을 찔러 생사의 경계를 오갈 정도의 중상을 입힌 것이다. 이 사각연애 스캔들은 여론의 대대적인 비난을 받았고 동지들 대부분이 그의 곁을 떠나게 된다. 오스기는 그의 곁을 지킨 이토 노에와 생의 마지막 날까지 함께하게 된다.

하야마사건 약 1년 후, 심신을 회복한 오스기와 이토 노에는 새로운 출발을 꾀하며 도쿄의 노동자마을인 가메이도龜戶로 들어간다. 그들과 함께 부대끼며 노동자들의 감정을 실감하고자 했기 때문이다. 1917년에 일어난 러시아혁명의 영향도 점차 나타나 일본에서 노동운동이 왕성하게 전개되던 시기였다. 제1차 세계대전 동안 연합군의 병참기지 역할을 하며 중공업 중심으로의 급속한 산업재편으로 인해 공장단위로 조직된 남성 노동자층이 급증하게 된 것이 주요 원인이었다. 1918년 1월 창간된 《문명비평》은 오스기의 재생을 알리는 사상문예 잡지였으나 계속된 당국의 탄압으로 인해 겨우 3호를 내고 폐간된다. 하지만 오스기의 주도하에 2월부터 정례적으로 열린 '노동운동연구회'는 멀어졌던 동지들과의 관계회복을 꾀함과 동시에 생디칼리슴적 방식을 일본의 노동운동에 널리 알리는 역할을 한다.

한편 1920년대부터 전후 불황이 점차 가시화되면서 노동쟁의도 증가하자 오스기의 활동 또한 활발해진다. 크로포트킨 저작의 번역

등을 비롯한 출판활동과 더불어 '연설회접수'[9]를 통해 노동대중들로부터 공감을 확대시켜 간다. 도쿄인쇄동업조합의 총파업 때, 오스기는 동지와 사회주의자들을 움직여 쟁의지원에 힘을 쏟았고,[10] 아시오광산의 광부들이 조직한 대일본광산노동동맹회(1920)의 지원에도 분주했다.[11] 1920년 2월에 용광로 5기를 정지시키며 일어난 관영 야하타八幡 제철소[12]의 대투쟁에서도 오스기의 영향이 드러난다. 쟁의를 지도한 아사하라 겐조淺原健三는 1919년 7월부터 노동운동사에 드나들면서 오스기에게 감화를 받았으며 쟁의발발 2년 뒤인 1922년 2월에 파업 2주년 연설회 때 오스기에게 부탁을 한 것도 이러한 연유에서였다.[13]

실천과 동아시아 네트워크

이와 같이 활발한 활동을 벌이고 있던 오스기에게 중국으로부터 밀사가 도착한다. 상하이에서 열리는 극동사회주의자회의에 참석을 요청하기 위해서였다. 1919년 러시아혁명을 좌우지한 볼셰비키 정부는 세계혁명의 사령탑으로 제3인터내셔널(코민테른)을 창설한다. 각국 사회주의운동을 지원하고 러시아혁명 정부의 동맹군을 획득하기 위해서이다. 그런 맥락에서 1920년 10월에 상하이에서 코민테른이

---

9) '연설회접수'(演說會もらい)란 연사의 연설회에서 질문공세와 자기주장을 통해 선전의 장으로 접수해버리는 선전활동이다. 이 방식은 라이벌 연사의 연설장에 들어가 비판을 통해 그만두게 하는 과정에서 청중들을 참여시키면서 연설장의 관계를 양방향, 다방향, 대등한 관계로 전환하고자 했던 실천이었다. '대역사건' 이후 고토쿠 슈스이의 후계자로 지목되어 당국의 압력으로 오스기는 연설회와 같은 대중활동을 좀처럼 못하고 있었기 때문에 이와 같은 방법을 사용하였다.
10) 水沼辰夫「大杉と日本の勞働運動」『勞働運動』第4次 第2號, 勞動運動社, 1924.
11) 和田久太郎「騷擾中の足尾(二)」『勞働運動』第1次 第3號, 勞動運動社, 1920.
12) 1901년에 일본 정부가 직접 세운 제철소. 이와테(岩手)현의 다나카(田中)제철소에 이은 일본에서 세워진 두 번째 제철소로 제2차 세계대전 때까지 일본내 철강생산량의 절반 이상을 책임지고 있었다.
13) 淺原健三『溶鑛爐の火は消えたり』新建社, 1930.

주최한 극동사회주의자회의가 열린다.

　코민테른이 처음부터 오스기를 초청하고자 하였던 것은 아니었다. 애초의 초청 대상은 일본공산당을 건설하게 될 사카이 도시히코나 야마카와 히토시山川均였으나 모두 그 제안을 거절하였던 것이다. 이들은 코민테른으로부터의 밀사[14]를 일본정부의 첩자가 아닌지 의심했고, 설령 코민테른의 밀사라 할지라도 이 사실이 당국에 발각될 경우 내란죄에 저촉될 것을 두려워했던 때문이었다. 이들이 거절하자 오스기에게도 참석에 관한 요청이 도달했고 그는 주저없이 승낙한다. 그의 첫 번째 상하이행은 이렇게 이루어졌다. 이를 두고 오스기의 모험가적인 성격에서 연유한 것으로 일반적으로 그려지곤 하지만 실은 이미 이전부터 중국행을 계획하고 있었던 차에 좋은 기회가 생겼기 때문이었다. 이야기를 조금 거슬러 올라가 오스기와 중국혁명가들과의 네트워크에 관해 살펴보겠다.

　오스기와 중국인 혁명가들과의 교류는 1907년 가을 무렵으로 거슬러 올라간다. 중국인 혁명가 창기, 리우스페이와 인도인 펄한, 바오스 등이 중심이 되어 반제국주의를 목표로 1907년 여름에 결성된 아주화친회亞洲和親會에 고토쿠 슈스이를 비롯해 오스기 등의 직접행동파 멤버들도 참여를 하였다. 베트남 유학생과 필리핀인들도 참가하였지만 당시 800여명 있던 한국인 유학생들은 일제에 의한 국권침탈상황에서 일본인들이 참여하는 것에 대한 거부감에 조소앙을 제외하고는 거의 참여하지 않았다. 오스기는 이곳에서 알게 된 중국인 혁명가들이 시작한 사회주의강습회에서 강연을 요청받고 '바쿠닌의 연방주의'에 관해 이야기한다. 호평을 받았던 탓일까 3차례에 걸쳐

---

14) 당시 밀사는 대한민국임시정부의 재무부장 이춘숙(李春熟)이라는 미야모토(宮本正男)의 설과 주오대학(中央大學) 학생이었던 이증림(李增林)이라는 야마이즈미(山泉進)의 설이 존재한다. 宮本正男「大杉, 上海に行く」『社會評論』3月, 社會評論社, 1985; 山泉進「大杉榮, コミンテルンに遭遇す」『初期社會主義研究』15號, 初期社會主義研究會, 2002.

이루어진 강연에서 국경이 없는 '동양연방'을 만들 필요성에 대해 언급하였다. 그리고 에스페란토 강의를 통해서도 이들과의 관계를 긴밀히 하였다.

그러나 일본이 러일전쟁이후 서구열강들과 긴밀한 협조관계를 맺으면서 아주화친회에도 탄압의 그림자가 드리워진다. 핵심인사들이 체포되거나 국외 추방되면서 아주화친회는 와해된다. 오스기도 감옥생활과 대역사건이후 치안당국의 간섭으로 좀처럼 아시아의 동지들과 교류를 가질 수 없었다. 다시 교류의 소식이 들려온 것은 오스기가 《평민신문》 창간호에 「지나무정부당支那無政府黨」이란 글을 실으면서부터였다. 상하이에서 '무정부공산주의동지회'가 결성, 그리고 프랑스 파리에서 《신세기新世紀》가 창간, 신해혁명 당시의 '지나사회당'에 대한 소개와 《민성民聲》이 창간된 소식 등을 전한다. 중국으로 건너간 야마가 다이지山鹿泰治 등의 동지를 통해 서로간의 연락이 닿게 되면서 중국을 방문할 결심을 하고 있었다. 극동사회주의자대회 출석요청이 있기 2년 전부터 이미 상하이로 향할 계획이 있었던 것이다.

이때 코민테른의 계획을 따라 임시정부의 군무총장을 역임하고 있던 이동휘李東輝가 밀사를 보낸 것이다. 오스기는 치안당국의 미행을 따돌리고 밀항을 통해 상하이에 도착한다. 상하이에서는 이증림의 안내로 이동휘와 만나 회담을 갖게 된다. 그리고 다음날 코민테른의 극동사회주의자대회에 참석한다. 회의는 사회주의잡지 《신청년新靑年》을 발행하고 있던 중국인 혁명가 천두슈陳獨秀의 거처에서 열렸다. 참석자는 오스기와 천뒤슈, 코민테른 극동지부의 책임자 보이틴스키Grigori Voitinsky, 그리고 임시정부 외무부장을 맡고 있던 여운형呂運亨이 함께 했다.

회의에서는 보이틴스키의 주장과 오스기의 주장이 대립하게 된다. 오스기는 '무정부주의자와 공산주의자의 제휴' 가능성과 필요성을 이야기하면서도 '각국의 모든 혁명당 운동의 자유'가 필요하다고 주장하며 코민테른의 산하에 들어가는 것에 반대하였다. 이러한 그의 주장에 천두슈와 여운형도 동조했다고 한다.[15] 보이틴스키도 어쩔 수 없이 운동방식의 자율성을 보장하고서 운동자금을 오스기에게 전달하게 된다. 이 운동자금을 바탕으로 그는《노동운동》(제2차)을 발행하면서 공산당계열의 인사들과 공동전선을 펼치게 된다. 그런데 그가 상하이에 체류한 1개월 동안, 일본에서는 그의 '행방불명'에 관해 다양한 억측이 돌았다. 원고 작성을 위해 기타신슈北信州 혹은 조슈上州 온천으로 갔다는 이야기를 비롯해, 시베리아로 갔다거나 러시아에서 백금을 손에 넣어 돌아왔다거나 하는 소문이 나돌았다.[16]

공동전선의 목소리를 알리는《노동운동》(제2차) 1호에서 오스기는 '시베리아에서, 조선에서, 중국에서부터 시시각각 분열(혁명)이 다가오고 있다'고 말한다. 그렇기에 혁명의 가능성을 믿고 자본주의와 군국주의가 막다른 곳에 이르렀다는 것을 알아채기 시작한 일본인들의 자각을 위해 잡지를 발행하게 되었다고 표명한다. 그러나 노동자 스스로가 성장해서 스스로의 힘을 확신하지 못하게 되면 다가오는 혁명의 기운은 일본에서 성공할 수 없다면서, 노동자들이 노동조합이라는 조직적인 힘을 가지고 스스로 확신을 얻어야만 구체적인 위력을 갖게 된다고 주장한다.

> 노동자는 모든 사회적 사건에 대해 노동자 스스로의 판단, 노동자 스스로의 상식을 갖춰야 한다. 그 상식을 구체화할 수 있는 위력을 얻기에 충분한 단체적 조직을 가져야 한다. 노동자의 장래는 단지 노동자 자신의, 그 힘의 정도에 달려있다.(「일본의 운명」)

---

15) 「日本脱出記」『大杉栄全集』第13卷, 現代思潮社, p.27.
16) 鎌田慧『大杉榮 自由への疾走』岩波現代文庫, 2003, p.288

3 동아시아 네트워크와 혁명의 소용돌이 속에서

그러나 공동투쟁의 기운은 이르게도 1921년으로 넘어오자 빠르게 깨지게 된다. 1921년 4월에는 코민테른 극동부위원회가 다시금 대표파견을 요청했을 때, 사카이와 야마카와 등은 마침 장결핵으로 요양 중이던 오스기를 배제하고 일본공산당계열의 곤도 에조近藤榮藏를 파견한다.[17] 그런데 코민테른의 자금을 받은 곤도가 귀국도중에 시모노세키下關의 고급요리점에서 사치를 벌리던 것을 수상히 여긴 경찰에 의해 연행되면서 지금까지의 과정이 고스란히 당국에 드러나게 된다. 이 사건이 촉매가 되어 《노동운동》(제2차)은 폐간되지만 러시아혁명의 전개과정을 바라보면서 노동자, 지식인, 노동조합의 역할을 둘러싼 의견충돌이 빈번해지고 있던 차였다.

아나·볼 논쟁과 일본탈출

오스기의 경우 개별적으로 구성된 혁명적 주체가 집단적인 활동과 연결망을 통해 사회가 새롭게 건설되는 구상을 갖고 있었다. 중앙집권적인 '근대적 주권'이 아닌 생산자조합의 연합체, 즉 '네트워크적인 권력'으로의 변혁을 꾀한 것이다. 이러한 그의 관점은 자본주의의 국가권력은 물론이거니와 인민대중을 지배하려는 공산당에 대해서도 반대하게 된다. 그의 이러한 견해는 20세기 초반 프랑스 등을 중심으로 펼쳐진 생디칼리슴의 영향이 크다. 하지만 그가 주목했던 것은 노동조합 조직체의 구성 및 총파업 등 유럽 생디칼리슴의 외양적인 면이 아니었다. 그 이론에 내포되어 있던 노동자들의 자발성에 관한 함의에 있었다.

메이지기 이래로 사회주의운동에서 직접행동파 동료였던 아라하타 간손, 야마카와 히토시도 역시 생디칼리슴에 경도되어 왔다. 그들은 제2인터내셔널 중앙파의 의회주의에 불만을 갖고 그것에 대한

---

17) 近藤榮藏「コミンテルンの密使」『世界評論』4(4), 世界評論社, 1949.

수정안으로 생디칼리슴에 관심을 갖게 된다. 하지만 1917년 러시아 혁명이후 생디칼리슴의 수정으로 볼셰비즘이 등장했다고 보고 볼셰비즘으로 급속히 이동했다. 그들은 노동조합 주도의 총파업에 의한 사회주의 건설이라는 전략전술로 생디칼리슴을 바라보았을 뿐이었다. '전위'로서 공산당이 주도하는 혁명이라는 혁명전술(볼셰비즘)이 1921년을 전후로 새롭게 부상하자 그들은 혁명이론조차 발전단계적으로 갈아타게 된다.[18]

그러나 오스기는 '프롤레타리아독재'를 공산당의 독재로 전락시킨 러시아공산당에 대해 시종 비판적 입장을 견지했으며, 폭력혁명이 아닌 운동주체의 자기변혁에 기반한 사회의 재구성을 혁명으로 사유하였다. 이와 같은 견해로 오스기는 당시의 러시아공산당 내의 노동자반대파나 안톤 판네쿡^{Anton Pannekoek} 등의 평의회운동에 지지를 표명했으며 그들과의 유사성을 보였다.

일본 국내에서 이른바 아나키스트계열과 공산당계열의 대립이 극렬해지고 있던 무렵 프랑스에서 한 통의 편지가 도착한다. 1922년 12월 베를린에서 개최예정인 국제아나키스트대회에 참석을 요청하는 내용이었다. 1922년 늦가을에 그는 일본을 탈출해 다시 상하이로 밀항을 감행한다. 긴박하게 전개되는 일본 사회주의운동 내의 세력관계에 등을 돌려서라도 그가 유럽으로 향하고자 했던 것은 국제아나키스트대회에 참석이라는 이외에 다른 목적이 있었다.

그는 아나키스트인 알렌산드르 베르크만^{Alexander Berkman}과 엠마 골드만[p.339]을 통해 러시아혁명에 관한 정보를 얻고서《노동운동》(제3차) 지상에 번역하여 싣고 있었다. 크론슈타트 봉기의 배경이 된 페트로그라드의 노동자 동맹파업의 진압에 대한 소식, 신경제정

---

18) 김병진, 「오스기 사카에의 「혁명적 생디칼리슴」」, 『일본역사연구』39집, 일본사학회, 2014.

책^{NEP}, 노동조합을 둘러싼 논쟁과 노동조합반대파에 대한 내용, 우크라이나의 아나키즘적 농민운동인 마흐노운동 등 당시 러시아혁명에 대해 러시아공산당이나 보수언론과는 차별화된 내용을 전달하고 있었다. 마흐노운동의 중심인물인 네스토르 마흐노$^{Nestor\ Makhno}$ 와의 만남도 계획하는 등 러시아혁명의 실상을 유럽에서 보다 소상히 조사할 목적도 있었던 것이다.

그가 두번째로 일본을 탈출해 프랑스로의 밀항이 가능했던 것은 리우시후^{劉師復}를 비롯한 중국인 아나키스트 단체인 민성사^{民聲社} 동지들의 도움 덕분이었다. 이들의 도움으로 중국인 위조 여권을 지참할 수 있었을 뿐만 아니라 상하이, 마르세유, 리옹 그리고 파리로 이어진 여정 속에서 오스기는 중국인 동지들과 동아시아에서의 필요한 국제 조직에 관한 논의를 이어갔다고 한다. 이러한 체험은 그의 저서 『일본탈출기^{日本脫出記}』에 상세히 기록되었지만, 당시 검열로 인해 자세한 사항은 모두 복자^{伏字} 처리된 부분이 많다. 그러나 오스기가 상하이에서 프랑스 리옹을 거쳐 파리에 나타나게 된 것은 결코 우연이 아니라, 당시 중국과 프랑스 외교관계, 중국 아나키스트 운동의 확대와 깊은 관련을 갖고 있다.[19]

2월 13일 마르세유에 도착하지만 계속해서 대회가 연기되는 것에 더해 세계대전 이후 국경 검문 강화로 독일로 쉽게 넘어갈 수도 없었다. 그는 결국 국경을 넘지 못한 채 프랑스에서 노동운동의 퇴조를 목도하며 5개월간을 보내게 된다. 이윽고 5월 1일 파리근교의 생드니에서 노동절 행사의 연단에 서서 프랑스 노동자들을 고무시키며 노동운동의 나아갈 길과 국제연대에 관한 연설을 하던 도중에 경찰에 의해 체포된다. 그의 연설이 통했던 탓일까. 생드니에서는

---

[19] 手塚登士雄「師復とその弟子たちとの交流」「大杉栄と仲間たち」編集委員会『大杉栄と仲間たち : 『近代思想』創刊100年』ぱる出版, 2013, pp.93-105

그후 경관과 노동자들의 격렬한 난투가 있었다고 한다.[20] 그는 라상테 교도소에서 수감되는 데, 오스기 사카에임이 판명되면서 재판 후 강제송환이 결정되어 7월 11일에 고베에 도착한다. 오스기가 다시 '행방불명' 되었을 때도 여러 가지 억측들이 신문지상을 난무하였다.

> 돌연, 오스기씨 상하이에서 모습을 감추다. 교묘하게도 엄중한 감시의 눈을 뚫고 고베에서 비밀리에 승선. 공산당과 적화 연락을 위해. 경시청의 대 낭패(《국민일보國民日報》1923년 1월 20일)
>
> [시베리아의 도시]치타에 나타났다. 오스기 사카에씨. 앞으로 모스크바를 향해 출발(《도쿄일일신문東京日日新聞》1923년 2월 22일)

물론 '러시아공산당과 전혀 양립할 수 없기 때문에' 러시아 잠입을 부정하는 기사도 보이지만,[21] 러시아 행을 사실화로 보는 추측성 기사가 횡행했다. 일본에 돌아온 오스기는 1920년 상하이 밀항과 이번의 프랑스 밀항에 관한 글을 《개조改造》7월호와 9월호에 싣는다. 코민테른에게 일본혁명의 자율성을 요구한 점, 러시아혁명과 공산당에 대한 우려의 뜻을 읽어낼 수 있는 내용이었다. 그러나 이 글은 오스기에게 러시아 밀정露探의 이미지를 덧씌우기 충분했다. 오히려 항간에 떠도는 오스기의 표상이 각 신문지상에서 러시아 잠입설을 재생산하게 한 원인이라 생각된다.[22]

오스기는 귀국 후 얼마 지나지 않은 1923년 9월 16일 관동대지진의 혼란이 아직 수습되기 전에 이토 노에와 6살의 조카 다치바나 소이치橘宗一와 함께 헌병들에게 연행된 이후 학살당한다. 살해의

---

20) 鎌田慧『大杉榮　自由への疾走』岩波現代文庫, 2003, pp.335-352.
21) 《讀賣新聞》1923년 1월 29일
22) 김병진, 「관동대지진과 오스기사건: 포비아와 쇼비니즘에 왜곡된 표상」, 『日語日文學硏究』95집 2호, 한국일어일문학회, 2015.

실행용의자로 헌병대위인 아마카스 마사히코^{甘粕正彦}와 그의 부하들이 군법회의에 회부되어 유죄판결을 받는다. 육군 혹은 치안당국의 조직적 개입이 의심스러운 대목이었으나 재판에서는 어디까지나 아마카스의 독단적 판단에 따른 우발적 사건으로 결론지어졌다. 하지만 10년형을 언도받았던 아마카스는 3년의 형기를 겨우 채웠을 때 가석방된 후 프랑스로 유학, 귀국 후에는 다시 만주로 건너가 만주영화협회 2대 이사장에 오르는 등 승승장구하였다. 만주국 건국 당시 황제 푸이^{溥儀}를 포섭하는 데 공을 세운 그는 일본정부의 의도대로 만주국을 뒤에서 조정했다고 평가받는다.

관동대지진 당시 군부가 '러시아의 과격파와 본국의 사회주의자가 연락'한다는 도식을 통해 여론을 호도하려고 오스기를 선택했다는 의심을 지울 수 없다. 희생양 메커니즘이 작동한 것이다. 실제 오스기의 사유는 군부의 예상과는 전혀 다른 혁명관을 지니고 있었다고 하더라도 말이다. 그렇지만 일본 내 혁명운동의 분쇄라는 본래의 목적은 달성되었다고 할 수 있다. 왜냐하면 오스기 사후에 일본 사회주의사상에서 혁명이 '자율적 주체성'의 문제를 떠나 '역사적 필연'의 차원에서 체제적 혁명이라는 구조에 매몰되게 되기 때문이다.

4 나가며

오스기의 생애를 따라가며 그의 사상과 활동을 간략히 조망해보았다. 오스기는 타고난 기질을 바탕으로 진화론을 비롯한 자연과학의 지식과 '생명'을 근본원리에 두는 서구 철학의 논의들을 조합하여 '생'과 '본능'을 기조로 하는 그만의 독특한 아나키즘, 아나르코 생디칼리슴을 만들어냈다. 이것은 20세기 초기에 국제적으로 대두된 생명주의가 일본의 사회운동, 민중운동이란 영역에서 드러난 현상이기도 하다. 즉 기독교의 신이나 유물론의 물질이 아니라 최고 원리로 우주의 생명 에너지를 상정하고 전개된 사유들이 사회운동을 포함한 일본의 지식장 안에서 재편된 것이다. 이것은 러일전쟁 등 근대적 전쟁과 물질문명의 급속한 전개에 따른 민중들 각 개인이 생명의 위기감을 심각하게 느끼고 있던 현실과 당대의 지적 구도를 배경으로 하고 있다.

근대라는 위협적인 물질문명을 넘어서기 위한 노력은 제도적 변화의 요구로 이어졌다. 하지만 대안으로 제시된 '사회주의'도 자본주의의 모순에 의해서 언젠가 필연적으로 도래할 미래라는, 인간의 의지가 배제된 물적 토대의 변화로 설명되면서 '생명'의 발현으로서 인간과는 무관한 역사법칙의 발전으로만 제시되고 있었다. 이런 속에서 오스기는 사회주의의 기초를 생산력의 발전이 아니라 무엇보다도 인간의 사회적 관계로 바라보며 인간의 자기발현으로, 그리고 이것을 '생명'의 보편적 요구로 정당화를 꾀한다. 그렇기에 그가 생각한 '사회주의'는 생산수단의 국유화가 아니라 철저히 자발적인 상호부조와 협동적 공동체들의 연합이었다. 그가 사용하는 '혁명'은 기존 국가권력의 전복이나 새로운 사회공동체에 의한 국가권력의 장악을 통해서 실현될 수 있을 것으로 믿지 않았다. 그에게 '혁명'은 지금과는 다른 종류의 인간관계 형성, 제도·관습·도덕 등에 대해 다른 방식의 관계맺기를 통해 이루어지는 것이었다. 또한 이러한 그의 사고는 텍스트에 활자화된 내용으로 끝나는 것이 아니었다. 노동운동의 지원 현장에서든, 극동사회주의자대회에서든 실천의 방식으로 실현하고자 하였다. 이러한 일관된 노력을 통해 일본의 사회운동에서, 그리고 동아시아의 지식인들에게도 동의를 얻을 수 있었고 파급력을 가졌던 것이다.

역자 후기와 부록

역자 후기

동아시아 근대 사상사에서 오스기 사카에大杉栄라는 고유명은 이채를 발하는 보배와 같다. 그는 일본에서 가장 급격한 사회 전환이 이루어지고 가장 자유로운 사상이 유행하던 다이쇼기를 무대로 하여 당시 주류이던 사회주의와는 차별화되는, 독자적인 노선을 견지했던 인물이었다. 그리고 그는 아나키즘을 단순히 정치적인 주의·주장으로 사유하는 데 그치지 않고 노동 현장 속으로 들어가 노동자들 스스로 자신의 생활을 주재하는 연합사회를 기획했던 인물이었다. 이런 그에게 좁게는 아나키스트, 넓게는 생명사상가라는 수식어가 따라다닐 만큼 오스기는 다채로운 스펙트럼을 발산하는 사상가라 할 만하다.

이 책은 바로 그러한 오스기 사상의 정수를 담은 글을 가려 뽑아 번역한 선집이다. 그간 국내에서 『오스기 사카에 자서전』(실천문학사, 2005)만이 소개된 실정을 감안한다면, 이 선집은 국내에 오스기의 사상을 소개하는 본격적인 시도가 될 것이다. 이 책을 번역한 이들은 공교롭게도 한국문학, 일본문학, 일본사상을 전공하는 다양한 연구자로 구성되어 있다. 애초 생명 사상을 중심으로 동아시아 근대 사상의

역자 후기와 부록

족적을 더듬는 세미나를 진행하던 중 이른바 다이쇼 생명주의의 한계로서 오스기의 존재를 알게 되었고, 차차 그의 글을 읽는 묘미를 국내의 독자들과 함께 할 필요성을 느끼게 되었다. 때마침 국내 오스기 사카에 연구의 권위자인 김병진 선생님이 번역 작업에 활기를 불어넣었고, 정기적인 모임을 통해 구성원들이 오스기의 주요한 글을 한 땀 한 땀 머리를 맞대고 강독하는 방식으로 번역을 진행하였다. 이 책은 바로 지난 6년 동안의 지지부진한 시간과 고투해온 결과물이다.

이 책은 오스기의 사상 체계를 편의상 총 6장으로 나눠 소개하고 있다. 독자에 따라서는 문학·과학·사상·정치·예술·노동운동 등 각자의 관심사에 따라 오스기의 글을 접할 수 있겠으나, 가장 먼저 오스기 사상의 핵심을 담고 있는 '제1장 생과 자아'를 읽기를 추천한다. '제1장 생과 자아'에서 오스기는 인간을 주인과 노예, 정복계급과 피정복계급의 구도에 따라 예속해온 인류의 역사를 분쇄하는 가운데 생과 자아를 기반으로 하는 개인의 자유로운 활동과 창조를 역설하고 있다. 그의 이런 입장은 '제2장 과학'에서 자연과학·사회과학·생물학 등 근대 과학의 이론을 통해, '제3장 서양사상'에서는 니체·베르그송·조르주 소렐·표트르 라브로프·막스 슈티르너·크로포트킨 등 다양한 지적 여정을 통해 합리화되고 있다. 나아가 이는 '제4장 전쟁'에서 국가주의와 결탁한 군국주의를 비판하는 방식으로, '제5장 민중예술'에서 노동자의 실상과 괴리된 민중예술론을 비판하는 방식으로, '제6장 생디칼리슴'에서 노동자의 이상으로부터 동떨어진 노동운동을 비판하는 방식으로 구체화되는 등 당대 일본의 사회 문제와 연동되고 있다.

역자들은 번역하는 과정에서 오스기의 글이 지닌 단단한 사유와 거친 어조를 보다 생생하게 전달하기 위해 되도록 원문에 가깝게 옮기는 것을 원칙으로 삼았다. 그럼에도 불구하고 문맥상 표현이 어색하다고 판단되는 경우 한국어의 질감을 살려 번역하였고, 신사벌과 같이 의미를 제대로 파악하기 어려운 용어의 경우 현대적인 표현으로 바꿔 번역하게 되었다. 그리고 특수한 인명이나 개념의 경우 독자들의 이해를 돕는 선에서 일반적인 내용을 토대로 하는 주석을 달았으나, 오스기가 사용한 외래어 중 데이터 검색으로 미처 확인할 수 없는 경우 부득이하게 오스기의 원래 표기를 살려 번역할 수밖에 없었다. 역자들은 초역 이후 재차 원문과 대조하는 작업을 거치고, 누차 독자들에게 좀 더 매끄러운 한국어 문장을 전하기 위한 수정 작업을 거쳤으나, 여전히 남아 있는 미진한 부분은 앞으로 계속해서 보완해갈 과제임을 밝혀둔다. 모쪼록 눈 밝은 독자들의 따뜻한 아량과 엄정한 질정을 기다리는 바이다.

사실 2023년 9월은 일본에서 관동대지진이 발발한 지 100주년이 되는 해이자 관동대지진의 소용돌이 속에서 오스기가 참혹하게 살해된 지 100주년이 되는 해이기도 하다. 이 책이 그에 맞춰 나왔다면 오스기 서거 100주년을 기념하는 의미 있는 작업이 되었겠지만, 역자들의 게으름으로 인해 출간이 늦어지게 된 것에 아쉬움이 없지는 않다. 그런 상황에서 빈서재 출판사 정철 편집장님의 배려와 노고가 없었다면 이 책은 무사히 세상의 빛을 보지 못했을 것이다. 부디 국내 독자들이 이 책을 통해 오스기 사상과 문장의 매력을 충분히 만끽할 수 있기를 바란다.

역자를 대표하여 최호영 씀

역자 후기와 부록

연보

1885(0세)   1월 17일 가가와香川현 마루가메丸亀시에서 태어남. 아버지 오스기 아즈마大杉東는 일본 육군 군위사단 소위였으며, 근무시 대대장의 중개로 어머니와 결혼. 사카에는 아버지의 전임과 함께 도쿄로 이사.

1889(4세)   도쿄에 있는 유치원을 다녔지만, 12월 아버지의 전임으로 니가타현 시바타新発田시로 옮김.

1898(13세) 육군 유년학교 시험에서 낙제. 시바타 중학교의 동맹휴교에 참가.

1899(14세) 봄 나고야의 육군 유년학교에 입학.

1901(16세) 4월 30일간의 금족禁足 처분. 이때부터 군인이 되는 것에 대한 의심을 품기 시작. 친구와 결투하여 중상. 시바타시에 돌아와 정착하지만 자택에서도 정신 이상 취급을 받아 퇴학처분이 됨.

1902(17세) 1월 도쿄가쿠인東京学院중학교 5학년 수험과에 입학. 6월 어머니의 갑작스러운 죽음으로 일시 귀향. 10월 준텐順天중학교 5학년으로 편입학. 아시오 광독사건에 관심을 갖게 됨. 《만조보万朝報》에서 고토쿠 슈스이幸徳秋水 등의 반전 논문을 읽음. 그 해 혼고카이도에서 에비나 단조海老名弾正로부터 세례를 받음.

1903(18세) 9월 외국어학교(현 도쿄외국어대) 불문과에 입학. 11월 고토쿠 슈스이幸徳秋水, 사카이 토시히코堺利彦 등과 함께 주간지 《평민신문平民新聞》 창간. 12월경 평민사平民社를 방문한 이후 매주 사회주의 연구회에 참석.

1904(19세) 러일전쟁 개시. 아버지 출정. 에비나 단조의 전쟁 지지에 반발하고 종교를 저버리다. 《평민신문》에 활동보고 「나고야로부터名古屋より」를 집필. 이것이 활자화된 첫 문장.

1905(20세) 7월 외국어학교 불문과 졸업. 20세 정도 연상의 여성과 지요다구 로쿠반초에서 동거.

1906(21세) 2월 일본 사회당에 가입. 3월 전철 임금인상 반대 운동에 참가해 집단적 폭동죄 용의로 체포. 보석 후 작가 호리 시잔堀紫山의 여동생 호리 야스코堀保子와 결혼. 일본 에스페란토 협회에 참가하여 에스페란토 학교를 시작. 연말경부터 《가정잡지家庭雜誌》의 편집 발행을 맡음. 11월 《빛光》에 번역 게재한 「신병 제군에게 준다新兵諸君に与ふ」로 기소.

1907(22세) 3월 크로포트킨의 「청년에게 호소한다」를 번역 게재해 추가 기소. 5월 스가모 감옥에 투옥되어, 11월 출옥.

1908(23세) 1월 금요회 옥상 연설 사건으로 사카이 도시히코堺利彦, 야마카와 히토시山川均 등과 함께 구속. 3월에 출옥. 6월 아카기赤旗 사건으로 주모자로서 구속, 징역 2년 6개월에 처해져 9월 치바 감옥에 투옥.

1909(24세) 옥중에 아버지가 사망.

1910(25세) 옥중에 대역 사건의 조사를 받았지만, 연루는 피함. 11월 도쿄 감옥에서 출소 후 12월에 사카이 도시히코 등과 함께 바이분샤売文社를 만듦.

1912(27세) 10월 《근대사상近代思想》을 아라하타 간손荒畑寒村와 함께 창간.

역자 후기와 부록

1913(28세) 7월 아라하타 간손과 함께 생디칼리슴 연구회를 개시. 이 해 폐결핵 재발.

1914(29세) 9월《근대사상》을 자발적으로 폐간하고, 오스기판이라고 불리는《평민신문》을 발간. 제4호를 제외하고 모두 발매금지 당함. 이 시기 이토 노에伊藤野枝와 알게 됨. 다윈의『종의 기원』을 번역. 　　『생의 투쟁』

1915(30세) 3월《평민신문》을 폐간 후 10월《근대사상》을 복간. 가을 즈음 가미치카 이치코神近市子와 맺어지다.
　　　　　　　　　　　　　　　　　『사회적 개인주의』

1916(31세) 1월 제2차《근대사상》을 폐간. 4월 이토 노에와 동거 시작. 11월 하야마葉山 히카게차야日蔭茶屋에서 가미치카 이치코神近市子에게 찔린다.　　『노동운동의 철학』

1917(32세) 1월 아내 호리 야스코와 헤어짐. 9월 이토 노에 사이에서 장녀 마코大杉魔子가 태어남. 러시아 혁명의 개시와 함께 혁명을 전면 지지. 로맹 롤랑『민중예술론』번역, 크로포트킨『상호부조론』번역.

1918(33세) 1월《문명비판文明批評》을 창간, 제3호 발매금지로 폐간. 5월 와다 큐타로和田久太郎 등과 월간《노동신문労働新聞》 발간. 제2·3·4호 모두 발매금지로 폐간. 오사카에서 가마가사키釜ヶ崎 쌀소동에 가담.

1919(34세) 3월경 와타나베 마사타로渡辺政太郎, 곤도 겐지近藤憲二 등의 북풍회와 합동으로 이른바「연설회 쟁취 투쟁演説会もらい闘争」을 시작. 5월 순경 구타 사건 발생, 7월에 기소. 10월 월간《노동운동》(제1차) 발간. 12월에는 도요타

마마豊玉감옥에 투옥. 12월 차녀인 에마(이후 사치코幸子로 개명)가 태어남. 『옥중기』

1920(35세) 3월 출소 후, 6월 《노동운동》 폐간. 8월 일본 사회주의 동맹의 발기인이 됨. 10월 코민테른 주최 극동사회주의자회의 참석차 상하이 밀항, 11월 하순에 귀국. 12월 사카이 도시히코, 야마자키 케사야山崎今朝弥 등과 함께 일본 사회주의 동맹 창립 준비회를 열어 결성을 선언. 크로포트킨 『어느 혁명가의 추억―革命家の思い出』 번역.
『거지의 명예』, 『크로포트킨 연구』

1921(36세) 1월 주간 《노동운동》(제2차) 발간. 2월 장티푸스 병으로 병원에 입원. 3월에 셋째 딸이 태어남. 다시 에마라고 이름 짓다. 6월 제2차 《노동운동》 폐간. 여름 무렵부터 「자서전」의 집필 시작하여 《개조》에 연재 개시. 12월 콘도 겐지·와다 큐타로·이토 노에와 월간 《노동운동》(제3차)을 창간, 무정부주의 입장에서 볼셰비키 비판의 논지를 전개. 『정의를 추구하는 마음』, 『악희』

1922(37세) 6월 넷째 딸 루이즈 태어남. 7월 일본 공산당이 비합법 하에 창당되지만 참가하지 않고. 9월 일본노동조합총연합 창립대회 참석차 오사카에 갔다가 자유연합파自由連合派를 앞장서서 지도. 12월 일본에서 상하이, 발리로 밀항길에 오른다. 파브르 『곤충기』 번역.
『두 사람의 혁명가』, 『만문만화』
『무정부주의자가 본 러시아혁명』

1923(38세) 2월 프랑스에 중국인으로 위장해 도착. 5월 파리 근교 생드니의 노동절 집회에서 연설, 체포되어 생드니 감옥에 수감. 6월 프랑스에서 추방당하고 7월 귀국. 8월 장남

네스토르가 태어남. 9월 1일 관동대지진 발발. 9월 16일 이토 노에 및 조카와 함께 헌병에 연행되어 살해되었다. 11월 아마카스 마사히코^{甘粕正彦}에게 최고 징역 10년의 군법회의 판결이 내려진다(2년 반 만에 석방). 12월 16일 야나카^{谷中} 장례식장에서 3사람의 합동장례가 치러짐.

『일본 탈출기』,『자서전』

1924   9월 와다 큐타로가 전 계엄사령관인 후쿠다 마사타로^{福田雅太郎}를 저격했지만 실패. 이어서 후루타 다이지로^{古田大次郎}, 고토 겐타로^{後藤謙太郎}, 나카하마 테츠^{中浜哲} 등 기로틴사^{ギロチン社}의 폭탄 사건 발각.

『자유의 선구』

저술 목록

단행본

- 『生の鬪爭』1914年, 1923年4月30日
- 『社會的個人主義』1915年(發禁)
- 『勞働運動の哲學』1916年(發禁)
- 『乞食の名譽』1920年(伊藤野枝との共著)
- 『クロポトキン硏究』1920年
- 『正義を求める心』1921年9月9日
- 『惡戲』1921年
- 『二人の革命家』1922年(伊藤野枝との共著)
- 『漫文漫畵』1922年(望月桂との共著)
- 『無政府主義者の見たロシア革命』1922年
- 『自由の先驅』1924年

자서전

- 『獄中記』1919年
- 『自敍傳』1923年
- 『日本脫出記』1923年

번역

- 『昆蟲記』第1卷 1922年
- ピョートル・クロポトキン『相互扶助論　進化の一要素』1924年

수록된 글의 출처

오스기 사카에의 글은 잡지에 발표한 뒤 묶어 단행본으로 만드는 형태가 많았다. 이 중 『사회적 개인주의』와 『노동운동의 철학』은 검열로 발매되지 못했다. 이 두 책에 실으려던 글은 이후 주로 『정의를 추구하는 마음』과 『자유의 선구』에 묶여 나오게 된다. 이 외의 글들은 오스기 사후 편집된 다양한 단행본과 전집에 묶여서 출간되었다.

『생의 투쟁』, **1914**

- 근대과학의 경향(1912.11, p.71)
- 사색인간 — 동물인간·기계인간·사색인간(1913.1, p.81)
- 정복의 사실(1913.6, p.25)
- 생의 확충(1913.7, p.31)
- 쇠사슬 공장(1913.9, p.38)
- 생의 창조(1914.1, p.45)
- 주관적 역사론 — 표트르 라브로프(1914.4, p.130)
- 제정신인 광인(1914.5, p.53)
- 도박본능론(1914.7, p.61)

『크로포트킨 연구』, **1920**

- 인류사에서의 전통주의(1917.10, p.170)

『정의를 추구하는 마음』, **1921**

- 개인주의자와 정치운동(1915.4, p.269)
- 노동운동과 프래그머티즘(1915.10, p.295)
- 근대 개인주의의 제상(1915.11, p.85)

- 의지의 교육 — 막스 슈티르너의 교육론(1915.11, p.142)
- 노동운동과 개인주의 — 노동자의 개인적 사회적 창조력(1915.12, p.304)
- 베르그송과 소렐 — 베르그송씨의 심리학과 소렐씨의 사회학 (1916.1, p.151)
- 새로운 세계를 위한 새로운 예술(1917.1, p.221)
- 정의를 구하는 마음(1918.1, p.244)
- 노동운동의 정신(1919.10, p.316)
- 지식계급에 고함(1920.1, p.319)
- 노동운동의 전환기(1920.4, p.322)
- 사회적 이상론(1920.6, p.326)
- 새로운 질서의 창조(1920.6, p.329)

『무정부주의자가 본 러시아 혁명』, **1922**

- 왜 진행 중인 혁명을 옹호하지 않는가?(1922.9, p.338)

『자유의 선구』, **1924**

- 본능과 창조(1912.10, p.11)
- 노예근성론(1913.2, p.18)
- 창조적 진화 — 앙리 베르그송론(1913.3, p.121)
- 헛꽃(1913.8, p.37)
- 자아의 탈피(1915.5, p.68)
- 이른바 정부적 사상 — 디킨슨의『전쟁시비』(1915.11, p.199)
- 사회문제인가 예술문제인가(1917.1, p.239)
- 나는 정신이 좋다(1918.2, p.250)
- 민족국가의 허위(1918.4, p.211)

- 생물학에서 본 개성의 완성(1919.4, p.104)
- 노동운동과 노동문학(1922.09, p.256)

기타

- 부르주아의 애국심(1914.10, p.189)
- 이른바 신군국주의(1915.10, p.194)
- 민중예술의 기교(1918.7, p.251)
- 철저사회정책(1919.4, p.313)
- 조합운동과 혁명운동(1920.6, p.335)

연구 목록

향후 연구에 참고가 될 수 있도록 한국에서 발행된 오스기 사카에 관련 논저 대부분과 일본에서 발행된 주요 논저를 정리하였다.

한국내 발행 논저

- 김병진, 「20세기초 생명주의에 기반한 래디컬리즘의 발현—오스기 사카에의 '생의 철학'」, 『일본문화연구』 88집, 동아시아일본학회, 2023
- 최호영, 「오스기 사카에의 아나키즘 논리와 오이켄 사상의 비판적 수용—『와세다문학』과 이나게 소후와의 접점을 중심으로」, 『일본문화연구』 88집, 동아시아일본학회, 2023
- 유봉희, 「진화론과 1920년대 다이쇼 생명주의」, 『국제어문』 94집, 국제어문학회, 2022
- 최호영, 「오스기 사카에(大杉栄)의 아나키즘과 염상섭의 '자아'론」, 『한국문학이론과 비평』 90집, 한국문학이론과 비평학회, 2021
- 김병진, 「다이쇼기 '아·볼 논쟁' 재고—오스기 사카에의 일본탈출과 마흐노운동」, 『일본학』 52집, 동국대학교 일본학연구소, 2020
- 최호영, 「혁명의 사상, 문학의 사상—오스기 사카에(大杉栄)의 아나키즘과 『학지광』 문인의 아나키즘 문학사상」, 『일본학』 52집, 동국대학교 일본학연구소, 2020
- 이형진, 「1920년대 신경향파 문학과 아나키즘 사상 간의 상관성에 관한 논고」, 『석당논총』 73집, 동아대학교 석당학술원, 2019
- 구리하라 야스시 저, 번역공동체 잇다 역, 『마을을 불살라 백

치가 되어라—이토 노에 평전』, 논형, 2019
- 이종호, 「염상섭 문학의 대안근대성 연구」, 성균관대학교 박사학위 논문, 2017
- 김병진, 「관동대지진과 오스기사건—포비아와 쇼비니즘에 왜곡된 표상」, 『일어일문학연구』95권 2호, 한국일어일문학회, 2015
- 김병진, 「오스기 사카에의 「혁명적 생디칼리즘」—운동 주체의 변혁에 바탕을 둔 혁명관」, 『일본역사연구』39집, 일본사학회, 2014
- 김병진, 「朝鮮の社會主義と大杉栄—その知的受容様態に関する考察」, 『일본어문학』61집, 한국일본어문학회, 2014
- 김병진, 「大杉栄の「政治的な理想」論— 戰略としての「自己獲得運動」の意味」, 『일본학보』97집, 한국일본학회, 2013
- 최인숙, 「염상섭문학의 개인주의」, 인하대학교 박사학위 논문, 2013
- 권정희, 「<인형의 집>의 수용과 1920년대 '생명'담론」, 『한국학연구』42집, 고려대학교 한국학연구소, 2012
- 박양신, 「근대 일본의 아나키즘 수용과 식민지 조선으로의 접속—크로포트킨 사상을 중심으로」, 『일본역사연구』35집, 일본사학회, 2012
- 권정희, 「'생명력'과 역사의식의 간극—김우진의 '생명력'의 사유와 일본의 생명담론」, 『한국민족문화』40집, 부산대학교 한국민족문화연구소, 2011
- 유병관, 「1910년대 일본의 개인주의와 아나키즘—오스기 사카에(大杉榮)와 『근대사상(近代思想)』을 중심으로」, 『일본언어문화』20집, 한국일본언어문화학회 , 2011
- 김병진, 「大杉栄における「生」と「本能」」, 『일본어문학』40

집, 한국일본어문학회, 2009
- 박종린, 「바쿠닌과 슈티르너의 아나키즘과 식민지 조선」, 『한국동양정치사상사연구』 7권 1호, 한국동양정치사상사학회, 2008
- 성해준, 「일본 근대 아나키스트 오스기 사카에의 생애를 통한 사상고찰」, 『동북아 문화연구』 1권 16호 , 동북아시아문화학회, 2008
- 오스기 사카에 저, 김응교 역, 『오스기 사카에 자서전』, 실천문학사, 2005
- 정우택, 「『근대사조』의 매체적 성격과 문예사상적 의의」, 『국제어문』 34집, 국제어문학회, 2005
- 김문봉, 「민중예술론고」, 『일어일문학』 10집, 대한일어일문학회, 1998

일본내 발행 논저

- 渡辺一樹「生の拡充：大杉栄の自己超越思想」『初期社会主義研究』(29), 初期社会主義研究会, 2021
- 鍵本優『「近代的自我」の社会学：大杉栄・辻潤・正宗白鳥と大正期』インパクト出版会, 2017
- 梅森直之『初期社会主義の地形学 (トポグラフィー)：大杉栄とその時代』有志舎, 2016
- 子安宣邦『「大正」を読み直す：幸徳・大杉・河上・津田、そして和辻・大川』藤原書店, 2016
- 田中ひかる「大杉栄たちの虐殺を世界に伝えたアナーキスト・ネットワークについて」『初期社会主義研究』(26), 初期社会主義研究会, 2016
- 大和田茂「一九一〇年代の一元論」「——大杉栄と平沢計

七における「政治と文学」──」『日本文学』(63巻 11号), 日本文学協会, 2014
- 「大杉栄と仲間たち」編集委員会『大杉栄と仲間たち 『近代思想』創刊100年』ぱる出版, 2013
- 栗原康『大杉栄伝：永遠のアナキズム』夜光社, 2013
- 飛矢崎雅也『現代に甦る大杉榮：自由の覚醒から生の拡充へ』東信堂, 2013
- 飛矢﨑雅也「大杉の「本能」、樗牛の「本能」：「日露戦争後の新しい世代」と『近代思想』の関係をめぐる序説」『初期社会主義研究』(24), 初期社会主義研究会, 2012
- 大杉豊「『近代思想』の読者たち：受容されたメッセージの意志」『初期社会主義研究』(24), 初期社会主義研究会, 2012
- 佐山美佳「大杉栄と大正期の文壇・出版ジャーナリズムに関する一考察─『漫文漫画』を端緒として」『国文学研究資料館紀要』(37), 国文学研究資料館, 2011
- 渡辺克典「大杉栄における社会学構想と「吃音者として生き続けること」」『名古屋大学社会学論集』(30), 名古屋大学, 2009
- 星野太「崇高なる共同体：大杉栄の「生の哲学」とフランス生命主義」『表象文化論研究』(6), 東京大学大学院総合文化研究科超域文化科学専攻表象文化論, 2008
- 服部宏昭「ヤジと演説会の「秩序」：大杉栄「新秩序の創造-評論の評論-」を手がかりに」『中京國文學』(27), 中京大学文学会, 2008
- 鍵本優「大杉栄における「自己無化」言説」『ソシオロジ』(51巻 2号), 社会学研究会, 2006
- 小南浩一「賀川豊彦と大杉栄：大正デモクラシー期にお

- ける労働運動の可能性」『法政論叢』(43巻 1号), 日本法政学会, 2006
- 竹山護夫『大正期の政治思想と大杉栄』名著刊行会, 2005
- 飛矢崎雅也『大杉榮の思想形成と「個人主義」』東信堂, 2005
- 大窪一志『アナ・ボル論爭』同時代社, 2005
- 宇波彰「大杉栄とベルクソン」『新日本文学』(58巻 6号), 新日本文学会, 2003
- 大和田茂「大杉栄、叛逆精神とメディア戦略」『國文學：解釈と教材の研究』(47巻 9号), 學燈社, 2002
- 梅森直之「芸術としての労働運動−大杉栄における「歴史」の問題」『初期社会主義研究』(15), 初期社会主義研究会, 2002
- 西山拓「大杉栄の「新しき村」批評−アナキズムと共同体主義の接点」『初期社会主義研究』(15), 初期社会主義研究会, 2002
- 川上哲正「大杉栄のみた中国」『初期社会主義研究』(15), 初期社会主義研究会, 2002
- 山泉進「大杉栄、コミンテルンに遭遇す−(付)季増林聴取書・松本愛敬関係書類」『初期社会主義研究』(15), 初期社会主義研究会, 2002
- 林淑美「<心の革命>と<社会の革命>−夏目漱石と大杉栄のベルグソン」『文学』(1巻 2号), 岩波書店, 2000
- 梅森直之「号令と演説とアナーキズム−大杉栄における「吃音」の問題」『初期社会主義研究』(11), 初期社会主義研究会, 1998
- 嵯峨隆「大杉栄と中国−近代における日中社会主義運動交流の一側面」『教養論叢』(108), 慶應義塾大学法学研究会,

1998
- 板垣哲夫「大杉栄の社会観−共同性と政治性」『山形大学紀要. 社会科学』(17巻 1号), 山形大学, 1986
- 岩淵慶一「大杉栄の革命思想」『立正大学人文科学研究所年報. 別冊』(4), 立正大学人文科学研究所, 1983
- 大津山国夫「大杉栄と白樺派は結びつくか」『國文學：解釈と教材の研究』(23巻 11号), 學燈社, 1978
- 曽田秀彦「大杉栄とロマン・ロラン−「憎悪」と「調和」の美学」『文芸研究：明治大学文学部紀要』(31), 明治大学文芸研究会, 1974
- 大沢正道『大杉栄研究』法政大学出版局, 1971
- 飛鳥井雅道「ロシア大革命と大杉栄−第二インターナショナルをどうこえるか」『現代の理論』(4巻 10号), 現代の理論社, 1967

찾아보기

【ㄱ】

가가와 도요히코 329
가야하라 가잔 194, 273, 283
가와이 데이치 200
가토 가즈오 259
개인주의 55, 85, 86, 88–91,
　　　93–103, 130, 136, 142, 149,
　　　151, 152, 195, 245, 253, 275,
　　　276, 304, 306, 309, 342, 346,
　　　355, 356, 360, 380, 381, 384
개인주의자와 정치운동 306
개조 .. 93, 102, 134, 150, 242, 258,
　　　261, 315, 352, 355, 368, 377
갱부 258
게르만 로파틴 132
게오르그 브라네스 25
결정론 137,
　　　138, 161, 162, 164, 358
계급의식 256, 264
계급투쟁 26, 135, 199, 227
고이즈미 신조 199, 205, 207
고토쿠 슈스이 53, 199,
　　　346, 350, 351, 361, 362, 374
고트프리트 라이프니츠 98
골즈워시 로우스 디킨슨 199
공산당선언 26, 30, 48, 53
관능파 문학 90
구스타프 라첸호퍼 27
국가론 158, 197, 198, 278
국부론 76

【ㄴ】

군국주의 .. 194–197, 209, 364, 372
근대 개인주의의 제상 355
근대사상 25,
　　　31, 56, 61, 77, 81, 121, 142,
　　　151, 210, 227, 269, 295, 304,
　　　306, 335, 346, 352, 354–
　　　356, 358, 359, 375, 376, 384
기계인간 81, 83, 84, 380
길드사회주의 327, 328, 336

【ㄴ】

나카니시 이노스케 257
나카무라 세이코 224
나카에 조민 85
나카자와 린센 194
네오로맨티시즘 95, 96, 101
노동운동과 프래그머티즘 306
노동운동의 정신 357
노동조합 153, 265, 276,
　　　280, 289–291, 301, 304, 305,
　　　308, 309, 313, 315, 318, 335–
　　　337, 342, 357, 364–367, 377
노동총동맹 ... 153, 253, 266, 290,
　　　301, 304, 307–309, 312, 320
노만 에인절 204, 206, 208
니시노미야 도조 239, 240
니체 11, 50, 104, 105, 108,
　　　109, 141, 157, 304, 305, 372
니힐리즘 131

389

찾아보기

【ㄷ】
다나카 오도 194
다나카 준 224
다윈 123, 126-
     128, 174-177, 348, 351, 376
다카바타케 모토유키 339
다카야마 조규 25
다케베 돈고 154, 158
대역사건 61, 199,
     346, 351, 352, 358, 361, 363
대의정치 272-
     274, 277-281, 283, 284, 292
도모나리 요사키치 329
도미타 사이카 224
도스토옙스키 253, 265, 311
동물인간 81-84, 380
드미트리 카라코조프 131
디오니소스적 96, 101
딜레탕티슴 90

【ㄹ】
라 로슈푸코 11
라마르크 123, 128
라이샌더 스푸너 276
러시아혁명 342,
     343, 360, 361, 365-368, 377
러일전쟁 199,
     350, 351, 363, 370, 375
레스터 워드 25, 135
로맨티시즘 95, 96, 98, 101
로맹 롤랑 103, 222,
     223, 226, 229, 232, 237, 238,
     243, 244, 246, 251, 264, 376
루돌프 오이켄 160
루소 86
루이스 니엘 153
루이스 드 보날 87

루이스 로원 292
루트비히 굼플로비치 27

【ㅁ】
막스 슈티르너 98,
     142, 148, 276, 372, 381
막심 고리키 242
맑시즘 340
메치니코프 133
멘델레예프 133
모반인의 언어 278
무라카미 나미로쿠 242
무사노코지 사네아쓰 200
무정부주의 54, 55,
     61, 71, 102, 103, 250, 275,
     276, 278, 286, 287, 292, 301-
     303, 327, 328, 341, 342, 377
문장세계 56, 240
미야지마 스케오 258, 265
미야치 가로쿠 259, 265
미하일 바쿠닌 102
민본주의 158, 194, 239, 250
민약론 85
민중예술 255
민중예술론 264
밀네드와르스 127

【ㅂ】
바뤼흐 스피노자 98
바바 고초 269, 271, 281, 355
바이분샤 339, 352, 375
배분적 정의 248
뱅자맹 콩스탕 92, 98
버나드 쇼 53, 207
베르그송 16,
     58-60, 108, 109, 111, 121,
     122, 125, 126, 128, 151-153,

155, 157-163, 165-167, 300, 301, 348, 349, 354, 372, 381
베르너 좀바르트 155
베이컨 133
벤저민 터커 55, 276
벨린스키 133
보들레르 90
보통선거 272, 277, 284, 304, 324
볼드윈 스펜서 65
볼셰비즘 341, 342, 366
볼셰비키 341-344, 361, 377
부르주아 48, 54, 86, 130, 163, 164, 189-193, 231, 233, 241, 252, 256, 264-266, 304, 382
브나로드 260-262
빅토르 그리퓌엘 153, 167
빌헬름 리하르트 바그너 238

세계 산업 노동자연맹 301
세계고 95
셸링 133
소마 교후 56, 200, 355
쇠사슬 공장 353
수세미꽃 53
순수지속 160, 161
스탕달 90, 98
스테판 펄 앤드루스 276
시라카바 200, 242, 266, 356
시마무라 호게츠 56, 225
신공론 104
신군국주의 196, 197, 382
신우회 319, 320
신인회 261, 265, 329
실증철학 134
쌀소동 323, 376
쓰보우치 쇼요 11, 221, 354

【ㅅ】
사색인간 81-84, 380
사카이 도시히코 53, 199, 258, 269, 273, 330, 335, 336, 343, 350, 352, 358, 362, 375, 377
사회개량주의 165, 301
사회동학 134
산베 긴조 199
상호부조론 171, 174, 176, 177, 186, 276, 348, 376
새로운 시대 71
생디칼리슴 47, 49, 59, 151-160, 167, 169, 253, 269, 286, 287, 290-292, 301-304, 312, 327, 328, 357, 360, 365, 366, 372, 376
생의 창조 357
생의 확충 353

【ㅇ】
아나르코 생디칼리슴 347, 348, 369
아나키의 철학과 이상 71
아나톨 프랑스 61-63
아돌프 92, 191
아라하타 간손 53, 54, 61, 269, 335, 343, 352, 365, 375, 376
아르투어 쇼펜하우어 95
아리스티드 브리앙 289
아리시마 다케오 266
아서 톰슨 128
아우구스트 바이스만 124
아폴론적 96, 101
안토니오 라브리올라 46
안톤 멩거 206
알렉산더 헤르첸 131
알렉시 드 토크빌 87

알프레드 드 비니 86
앙드레 그레트리 251
앙드레 쇼메 167
앙투안 오귀스탱 쿠르노 100
애덤 스미스 76
앨프리드 러셀 월리스 174
야마다 가키치 224
야마다 와카 224
야마카와 히토시 219,
    335, 343, 362, 365, 375
야스나리 사다오 227, 269
에구치 간 259
에두아르 베르트 153
에두아르트 베른슈타인 153
에드몽 페리에 126
에드워드 코프 123
에리코 말라테스타 102
에밀 푸제 153, 304, 306
에피쿠로스의 정원 61, 62
엘렌 케이 223, 227-229
엠마 골드만 339, 366
엥겔스 26, 45, 49, 132
연설회접수 329, 361
연합주의 100, 278, 290, 309
오가와 미메이 259, 265
오귀스탱 티에리 277
오귀스트 콩트 100, 134, 154
오야마 이쿠오 212
오쿠마 시게노부 61
와세다문학 151,
    221, 239, 258, 295, 306, 383
와타나베 마사타로 335, 376
요네다 쇼타로 158
우애회 265, 320
우치무라 간조 199
위베르 라가르델 153
윌리엄 고드윈 275

윌리엄 제임스 127, 300, 348
윌리엄 톰슨 276
유물론 75,
    131, 153, 156, 358, 369
유일자와 그의 소유 ....
        .. 142, 149, 276
율리우스 골드슈타인 160
의식의 직접 요건 58, 160
이시자카 요헤이 224
이와노 호메이 273
이와사 사쿠타로 335
이이 게이 343
이쿠다 조코 269, 271
인형의 집 12, 347, 384
일본 및 일본인 200

【ㅈ】
자본론 339
자아의 탈피 353
자유론 99, 277
자주자치 315, 318, 336, 357
자코모 레오파르디 95
자코뱅주의 78
자크 엘리제 르클뤼 102
잠바티스타 비코 16, 354
전진 49, 132, 157, 247
정복계급 28-30, 34,
    69, 207, 216-218, 300, 372
정복의 사실 215, 353
정치적 정의론 275
제3공화국 97, 191
제정신인 광인 359
조르주 소렐 59,
    151-153, 155-158, 160, 162,
    163, 166-169, 348, 372
조르주 이브토 153
조르주 팔랑트 85

조시아 워렌 276
조제프 르낭 100
조제프 아르튀르 드 고비노 86
조지 고든 바이런 95
존 스튜어트 밀 99
존 헨리 멕케이 276
종의 기원 75, 175, 348, 376
주세페 마치니 236
줄리언 헉슬리 105, 351
쥘 게드 141
지식계급 200,
　　　203, 260, 264, 319-321, 381
진화론 122-124, 128,
　　　174, 348, 350, 351, 369, 383

【ㅊ】
찰스 라포포트 141
찰스 퍼스 299
찰스 푸리에 135
참정권 29, 217, 281, 282
창조적 진화 16, 121, 122, 126,
　　　151, 162, 167, 348, 354, 381
청일전쟁 199, 349
체르니셰프스키 131, 133

【ㅋ】
카라코조프 260
칼 마르크스 25, 135, 143, 276
칼 프리드리히 킬마이어 124

【ㅌ】
테어도르 에이머 123
테오딜 리보 101
토머스 헉슬리 176
톨스토이 11, 76, 85, 133,
　　　200, 236, 242, 253, 265, 311
투르게네프 133, 253, 311

【ㅍ】
파리코뮌 191, 193, 338
퍼디낸드 실러 300
페르낭 펠루티에 153
평민신문 282,
　　　283, 350, 359, 363, 374-376
폭력론 59, 156, 169
폴 델레살 153
폴 베를렌 132
표트르 라브로프 130,
　　　133, 134, 141, 372, 380
표트르 크로포트킨 71,
　　　102, 194, 278, 346
푸시킨 133
프래그머티즘 .. 151, 152, 159, 194,
　　　295, 296, 299-301, 303, 380
프리드리히 실러 230
프티부르주아 .. 262, 263, 265, 266
피에르 르루아볼리외 304-306
피에르 앙리 르루 159
피에르 조제프 프루동 157
피정복계급 28-30, 33, 34,
　　　69, 207, 216-218, 300, 372
피히테 133

【ㅎ】
하라 다카시 313, 323
하인리히 하이네 92
한 혁명가의 추억 260
핫토리 하마지 335
허버트 스펜서 100, 135
혁명가의 고백 278
혼마 히사오 221,
　　　224, 226, 227, 229
후쿠다 도쿠조 158
훔볼트 99
휴고 드 브리스 124
휴양적 교양론 227